REVISTA DE DIREITO MERCANTIL
industrial, econômico e financeiro

119

Publicação do
Instituto Brasileiro de Direito Comercial Comparado
e Biblioteca Tullio Ascarelli
do Departamento de Direito Comercial
da Faculdade de Direito da Universidade de São Paulo

Ano XXXIX (Nova Série)
julho-setembro/2000

MALHEIROS EDITORES

REVISTA DE DIREITO MERCANTIL

industrial, econômico e financeiro

Nova Série — Ano XXXIX — n. 119 — julho-setembro de 2000

REVISTA DE DIREITO MERCANTIL
publicação trimestral de
MALHEIROS EDITORES LTDA.
Rua Paes de Araújo, 29, conjunto 171
CEP: 04531-940
São Paulo, SP - Brasil
Tel. 3842-9205 - Fax. 3849-2495

Assinaturas e comercialização:
CATAVENTO DISTRIBUIDORA DE
LIVROS S.A.
Rua Conselheiro Ramalho, 928
CEP 01325-000
São Paulo, SP - Brasil
Tel. 289-0811 - Fax. 251-3756

Diretor Responsável: Álvaro Malheiros
Diretora: Suzana Fleury Malheiros

Supervisão Gráfica: Vânia Lúcia Amato
Composição: *Scripta*

SUMÁRIO

HOMENAGEM AO PROFESSOR WALDIRIO BULGARELLI

PROFESSOR WALDIRIO BULGARELLI
— Luiz Gastão Paes de Barros Leães 7

PRIVATIZAÇÃO E PARCERIAS: CONSIDERAÇÕES DE ORDEM CONSTITUCIONAL, LEGAL E DE POLÍTICA ECONÔMICA
— Mauro Rodrigues Penteado 9

A PROPRIEDADE INTELECTUAL NA INTERNET E A QUESTÃO DOS NOMES DE DOMÍNIO
— Newton Silveira 26

DOUTRINA

DIREITO E INCERTEZAS DA BIOTECNOLOGIA: CUSTO SOCIAL DAS PESQUISAS
— Rachel Sztajn 34

CÉDULA DE CRÉDITO BANCÁRIO
— Paulo Salvador Frontini 52

APONTAMENTOS SOBRE ASPECTOS JURÍDICOS DO *E-COMMERCE*
— Paula A. Forgioni 68

ATUALIDADES

RESPONSABILIDADE ADMINISTRATIVA — A LEGISLAÇÃO DE "LAVAGEM DE DINHEIRO"
— Odete Medauar e Marcos Amaral 86

A VISÃO JURÍDICA DA EMPRESA NA REALIDADE BRASILEIRA ATUAL
— Marcos Paulo de Almeida Salles 94

FUNDO MONETÁRIO INTERNACIONAL (FMI) — ASPECTOS JURÍDICOS DE SUAS OPERAÇÕES DE SUPORTE ECONÔMICO AOS PAÍSES-MEMBROS — ASPECTO NÃO CONTRATUAL
— Luiz Machado Fracarolli 109

REFORMA DAS S/A E CONSELHO FISCAL
— Nelson Eizirik 121

MONOPOLIZATION, ATTEMPT TO MONOPOLIZE E A INTERPRETAÇÃO DO INCISO II DO ART. 20 DA LEI 8.884, de 1994
— Luis Fernando Schuartz 128

OS VALORES MOBILIÁRIOS COMO TÍTULO DE CRÉDITO
— João Luiz Coelho da Rocha e Marcelle Fonseca Lima 137

O SISTEMA CAMBIAL BRASILEIRO E A IMPLANTAÇÃO DE PROGRAMAS DE *STOCK OPTION*
— Almir Rogério Gonçalves ... 142

O USO DE DUPLICATAS PARA A COBRANÇA DOS SERVIÇOS PRESTADOS PELOS CONCESSIONÁRIOS DE SERVIÇO PÚBLICO
— Plínio José Lopes Shiguematsu ... 155

ASPECTOS JURÍDICOS DA CÉDULA DE PRODUTO RURAL
— Ilene Patrícia de Noronha ... 168

A EXECUTORIEDADE DO CONTRATO DE ABERTURA DE CRÉDITO EM CONTA CORRENTE — CHEQUE ESPECIAL
— Daniella Maria Neves ... 173

JURISPRUDÊNCIA COMENTADA

DUPLICATA SIMULADA
— Haroldo Malheiros Duclerc Verçosa ... 177

ANTECIPAÇÃO DE TUTELA E DISSOLUÇÃO PARCIAL DE SOCIEDADE
— Carlos Augusto de Assis ... 188

ESPAÇO DISCENTE

CONSIDERAÇÕES SOBRE O SISTEMA DE TELEFONIA AMERICANO E O BRASILEIRO SOB A ÓTICA DO DIREITO ANTITRUSTE
— Érica Cristina Rocha Gorga ... 196

ASPECTOS DA TEORIA JURÍDICA DA EMPRESA
— Betyna Ribeiro de Almeida ... 236

PARECERES

ANULAÇÃO DE ASSEMBLÉIA DE TRANSFORMAÇÃO DE SOCIEDADE ANÔNIMA
— Erasmo Valladão A. e N. França ... 255

DESESTATIZAÇÃO DO SISTEMA TELEBRÁS: DIREITO DE VOTO EM SEPARADO NA ELEIÇÃO DE MEMBROS DO CONSELHO DE ADMINISTRAÇÃO
— Carlos Alberto Alvahydo de Ulhôa Canto ... 268

COLABORAM NESTE NÚMERO

ALMIR ROGÉRIO GONÇALVES

Advogado atuante na área de Direito Bancário

BETYNA RIBEIRO DE ALMEIDA

Advogada e estagiária da Escola da Magistratura do Rio de Janeiro

CARLOS ALBERTO ALVAHYDO DE ULHÔA CANTO

Advogado no Rio de Janeiro

CARLOS AUGUSTO DE ASSIS

Mestre e Doutorando pela Faculdade de Direito da Universidade de São Paulo. Professor de Direito Processual Civil da Faculdade de Direito da Universidade Mackenzie. Advogado em São Paulo

DANIELLA MARIA NEVES

Pós-Graduanda da Faculdade de Direito da Universidade de São Paulo

ERASMO VALLADÃO A. e N. FRANÇA

Professor-Doutor de Direito Comercial da Faculdade de Direito da Universidade de São Paulo

ÉRICA CRISTINA ROCHA GORGA

Graduanda da Faculdade de Direito da Universidade de São Paulo

HAROLDO MALHEIROS DUCLERC VERÇOSA

Mestre e Doutor em Direito pela Faculdade de Direito da Universidade de São Paulo. Professor de Direito Comercial nos Cursos de Graduação e Pós-Graduação da USP e da UNICID

ILENE PATRÍCIA DE NORONHA

Pós-Graduanda da Faculdade de Direito da Universidade de São Paulo

JOÃO LUIZ COELHO DA ROCHA

Professor de Direito Comercial da Pontifícia Universidade Católica do Rio de Janeiro. Advogado no Rio de Janeiro

LUIS FERNANDO SCHUARTZ

Mestre em Direito Constitucional e Doutor em Filosofia do Direito pela Faculdade de Direito da Universidade de Frankfurt. Advogado

LUIZ GASTÃO PAES DE BARROS LEÃES

Professor Titular da Faculdade de Direito da Universidade de São Paulo

LUIZ MACHADO FRACAROLLI

Sub-Procurador-Geral aposentado da Fazenda Nacional. Ex-Coordenador de Operações Financeiras Externas da Procuradoria-Geral da Fazenda Nacional. Ex-Professor Assistente. Doutor da Faculdade de Direito da Universidade de São Paulo. Ex-Advogado do Banco Mundial

MARCELLE FONSECA LIMA

Pós-Graduanda em Direito de Empresas pela Pontifícia Universidade Católica do Rio de Janeiro. Advogada no Rio de Janeiro

MARCOS AMARAL

Doutor em Direito pela Universidade de São Paulo. Professor responsável de Direito Administrativo da Universidade São Judas Tadeu

MARCOS PAULO DE ALMEIDA SALLES

Doutor e Professor em Direito Comercial. Advogado em São Paulo

Mauro Rodrigues Penteado

Mestre, Doutor e Livre-Docente. Professor Associado de Direito Comercial da Faculdade de Direito da Universidade de São Paulo

Nelson Eizirik

Advogado no Rio de Janeiro e São Paulo

Newton Silveira

Doutor em Direito Comercial e Mestre em Direito Civil pela Faculdade de Direito da Universidade de São Paulo. Secretário-Geral-Adjunto do Instituto Interamericano de Direito do Autor — IIDA. Procurador junto ao Instituto Nacional da Propriedade Industrial. Advogado

Odete Medauar

Professora Titular da Faculdade de Direito da Universidade de São Paulo

Paula A. Forgioni

Doutora em Direito pela Universidade de São Paulo. Professora de Direito Econômico da Escola de Administração de Empresas de São Paulo — Fundação Getúlio Vargas. Advogada em São Paulo

Paulo Salvador Frontini

Professor de Direito Comercial das Faculdades de Direito da Universidade de São Paulo e da UNIFIEO. Doutor em Direito. Membro aposentado do Ministério Público do Estado de São Paulo. Ex-Procurador-Geral de Justiça. Advogado em São Paulo

Plínio José Lopes Shiguematsu

Pós-Graduando da Faculdade de Direito da Universidade de São Paulo

Rachel Sztajn

Professora Associada da Faculdade de Direito da Universidade de São Paulo

PROFESSOR WALDIRIO BULGARELLI

Luiz Gastão Paes de Barros Leães

A aposentadoria, por limite de idade, do Professor Waldirio Bulgarelli priva o Departamento de Direito Comercial e a Faculdade de Direito da Universidade de São Paulo do concurso de um dos seus mais acatados e renomados Mestres. Certamente continuaremos a contar com a sua valiosa participação na Presidência do Instituto e Biblioteca Tullio Ascarelli, anexo ao Departamento de Direito Comercial, e na Supervisão Geral da *Revista de Direito Mercantil*, às quais o Professor Bulgarelli vem há longos anos prestando contribuição inestimável. Oxalá possamos também contar com a participação de Sua Excelência em cursos extra-curriculares, já que a aposentadoria o colhe no auge do seu brilho intelectual e de sua produção científica.

A multiforme personalidade do Professor Bulgarelli se destaca não só pelas suas raras qualidades de jurista, e de jurista moderno, atento às novas realidades econômicas e sociais, mas principalmente pela probidade com que cumpriu a sua vocação de magistério, timbrando a sua atividade profissional com elevado padrão ético. Sua obra é vasta e variada. Dignos de destaque os quatro volumes do seu *Direito Comercial*, ora em 15ª edição, resultado de sua experiência didática. De suas preocupações metodológicas e filosóficas são mostra maiúscula as *Normas Jurídicas Empresariais*, sem dúvida um clássico da literatura jurídica brasileira. Os seus inúmeros livros de estudos e pareceres reúnem lições inesquecíveis de um jurista afeiçoado aos problemas práticos. Sua contribuição no campo das sociedades cooperativas se destaca no contexto do Direito brasileiro, como produção ímpar. A completar sua rica personalidade, não se pode deixar de aludir ao seu belíssimo livro de poemas, *Canto de Angústia Apenas*, elogiado por vários poetas de escol.

A bibliografia a seguir transcrita nos dá a exata dimensão das qualidades morais e intelectuais que exortam a personalidade do ilustre Professor. Todos os que tivemos o privilégio do convívio com o Professor Bulgarelli, sempre amável e inteligente, alimentamos o desejo de que uma nova etapa de trabalho conjunto agora se inicie, tão profícua quanto a que ora se encerra.

Obras de Waldirio Bulgarelli

1. *Canto de Angústia Apenas* (Poesias). Eliahu-Behar, 1958, 2ª ed., São Paulo, Atlas, 1996.

2. *Natureza Jurídica da Sociedade Cooperativa*. Clas. Científica, 1ª ed., 1961; 2ª ed., 1962.

3. *Tratado Geral de Crédito Cooperativo*. Clas. Científica, 2 vs.

4. *O Kibutz e as Cooperativas Integrais*. 1ª ed. DAC, 1964; 2ª ed. ISPECO, 1965; 3ª ed., São Paulo, Pioneira, 1966.

5. *Regime Jurídico das Sociedades Cooperativas*. São Paulo, Pioneira, 1965.

6. *As Cooperativas e o Plano Nacional de Habitação*. São Paulo, Pioneira, 1966.

7. *Elaboração do Direito Cooperativo*, Tese de concurso ao Doutoramento da Faculdade de Direito da USP. São Paulo, Atlas, 1967.

8. *Tendências Atuais da Legislação Cooperativa*. Centro Moçambicano de Estudos Cooperativos. Moçambique, Lourenço Marques, 1968.

9. *As Sociedades de Economia Mista sob o Regime Cooperativo*, Centro Moçambicano de Estudos Cooperativos, 1968.

10. *Tendências Atuais do Estado Brasileiro*, Keppe, 1970.

11. *PIS – Programa de Integração Social*. 1ª ed., 1971; 2ª ed., 1972, São Paulo, Atlas.

12. *Apontamentos de Direito Comercial*. São Carlos, 1971.

13. *Fusão e Incorporação de Empresas*. São Paulo, Atlas, 1972.

14. *Regime Tributário das Cooperativas*. São Paulo, Saraiva, 1974.

15. *Código Comercial Anotado – Organização das Notas Remissivas*. Editora Universitária de Direito, 1974.

16. *A Revolução Industrial – 1780-1820* (trad. de Jean-Pierre Rioux). São Paulo, Pioneira, 1975.

17. *A Incorporação das Sociedades Anônimas*. Editora Universitária de Direito, 1975.

18. *O Direito dos Grupos e Concentração de Empresas*. Editora Universitária de Direito, 1975.

19. *A Proteção às Minorias na Sociedade Anônima*. São Paulo, Pioneira, 1977.

20. *Comentários à Lei das Sociedades Anônimas*. São Paulo, Saraiva, 1978, v. IV.

21. *Fusão, Incorporação e Cisão de Sociedades Anônimas*. Resenha Universitária, 1978.

22. *O Direito das Empresas e Estudos de Direito Empresarial*. Ed. RT, 1979.

23. *Questão do Direito Societário*. Ed. RT, 1983.

24. *A Teoria Jurídica da Empresa*. Ed. RT, 1985.

25. *O Conselho Fiscal nas Companhias Brasileiras*. Ed. RT, 1988.

26. *Problemas do Direito Empresarial Moderno*. Ed. RT, 1989.

27. *Direito Empresarial Moderno*. Revista Forense, 1992.

28. *Questões Contratuais no Código de Defesa do Consumidor*. Atlas, 1993.

29. *Questões Atuais de Direito Empresarial*. Malheiros Editores, 1995.

Coleção Direito Comercial

30. *Direito Comercial*, 12ª ed., São Paulo, Atlas, 1997.

31. *Manual das Sociedades Anônimas*. 9ª ed., São Paulo, Atlas, 1997.

32. *Títulos de Crédito*. 12ª ed., São Paulo, Atlas, 1997.

33. *Contratos Mercantis*. 9ª ed., São Paulo, Atlas, 1997.

34. *Sociedades Comerciais; Empresas e Estabelecimento*. 6ª ed., São Paulo, Atlas, 1996.

Coleção Direito Empresarial

35. *Normas Jurídicas Empresariais*. São Paulo, Atlas, 1992.

36. *Tratado de Direito Empresarial*. 3ª ed., São Paulo, Atlas, 1997.

37. *Concentração de Empresas e Direito Antitruste*. 3ª ed., São Paulo, Atlas, 1997.

38. *Fusões, Incorporações e Cisões de Sociedades*. 3ª ed., São Paulo, Atlas, 1998.

HOMENAGEM AO PROFESSOR WALDIRIO BULGARELLI

PRIVATIZAÇÃO E PARCERIAS: CONSIDERAÇÕES DE ORDEM CONSTITUCIONAL, LEGAL E DE POLÍTICA ECONÔMICA[1]

MAURO RODRIGUES PENTEADO

1. Estatização: breve histórico. 2. Reação: o controle das estatais e as três fases da privatização. 3. O atual Programa Nacional de Desestatização: 3.1 Reformas constitucionais; 3.2 Legislação infraconstitucional. 4. Observações de ordem político-econômica: 4.1 O açodamento; 4.2 A ausência de planejamento adequado; 4.3 O abandono do ótimo modelo da privatização gradual; 4.4 Conseqüências. 5. As parcerias. 6. Parcerias e legislação da desestatização. 7. Modalidade de parcerias, 8. O consórcio.

1. O Brasil vem experimentando, há cerca de cinco anos, uma nova ou terceira etapa, mais aprofundada, do processo de retirada do Estado da exploração direta das atividades econômicas, funções essas que o Poder Público assumira, diretamente ou através das chamadas empresas estatais,[2] levado por "imperativos" de "relevante interesse coletivo" (Constituição Federal de 1988, art. 173, *caput*; Emenda Constitucional 1, de 1969, art. 170).

Esse interesse maior exsurgiu diante da falta de iniciativa dos empresários privados em explorar determinadas atividades, sobretudo aquelas ligadas à construção de infra-estrutura industrial e de serviços — e é explicável porque tais empreendimentos, no mais das vezes, são de capitalização intensiva e de lenta maturação empresarial, em termos de retorno, sob a forma de lucros, do capital investido.

Historicamente a participação do Estado em atividades econômicas privadas pode ser identificada com a criação do Banco do Brasil S/A, primeira sociedade de economia mista fundada pelo Alvará de 12.10.1808, do Príncipe Regente, ao qual se seguiram, em ordem cronológica, o Banco do Estado de São Paulo S/A, o Banco Mineiro da Produção e o Banco de Crédito

1. Notas atualizadas de Conferência proferida no II Seminário Nacional — Obrigações, Negócios & Contratos — Administrativos, Civis e Comerciais, organizado pelo IBAJ — Instituto Brasileiro de Atualização Jurídica, em convênio com a Fundação Escola do Ministério Público do Estado do Rio de Janeiro — FEMPERJ, no Centro de Convenções do Hotel Glória/RJ, sob o título "O moderno Direito Comercial: as novas combinações empresariais. Privatizações e parcerias".

2. Que não são apenas as sociedades de economia mista e empresas públicas, mas abrangem todas as empresas controladas direta ou indiretamente pelo governo federal ou pelos governos estaduais, conforme demonstramos em nosso estudo "As sociedades de economia mista e as empresas estatais perante a Constituição de 1988", publicado na *Revista de Informação Legislativa* 102/49-68, Senado Federal, 1989, e, também, na *RDM* 73/5-21, Ed. RT, 1989.

da Borracha.[3] Com o início da industrialização, e sob a égide da Carta de 1937, começaram a ser criadas uma série de sociedades de economia mista, voltadas para atividades econômicas básicas ou de infraestrutura industrial e de serviços, como o Instituto de Resseguros do Brasil (Decreto-lei 1.186/30), a Cia. Siderúrgica Nacional (Decreto-lei 3.002, de 1941), a Cia. Vale do Rio Doce (Decreto-lei 4.352/42), a Cia. Nacional de Álcalis (Decreto-lei 5.684/43), a Cia. Hidroelétrica do São Francisco (Decreto-lei 8.081/45), a Fábrica Nacional de Motores S/A (Decreto-lei 8.699/46),[4] a Petrobrás (Lei 2.004, de 1953), Eletrobrás (Lei 3.890-A, de 1961) e, numa etapa ulterior, a Telebrás (Lei 5.792, de 1972) e a Siderbrás (Lei 5.919, de 1973) — além de o Estado haver adquirido o controle de outras empresas estatais, sem prévia autorização de lei específica (*v.g.*, Usiminas e Cosipa).

O processo de intervenção estatal na atividade econômica privada veio a ser posteriormente distorcido, mormente no regime instaurado a partir de 1964, com a assunção do controle de empresas mediante a capitalização de créditos detidos por agentes do Poder Público (sobretudo com o BNDES), que continuaram a atuar sob o comando do Estado, mas em regime de concorrência com o setor privado, sem que houvesse um claro relevante "interesse coletivo" para tanto, este bem caracterizado nas companhias acima citadas (chegando a ser incluídas, dentre as quase 500 empresas estatais existentes no âmbito federal, os segmentos de hotelaria, informática etc., para não citar as participações em nível dos Estados-membros da Federação). Disso decorreu a hipertrofia da máquina governamental, colaborando para o aumento da dívida estatal, interna e externa, tudo em detrimento do regular exercício de funções públicas essenciais, como a seguridade e a assistência social, saúde, habitação, educação e cultura (CF, arts. 194, 196, 203, 205 e 215).

2. Nada mais natural que tais distorções, e suas seqüelas, dessem azo ao surgimento de um movimento em sentido oposto que, num primeiro momento, circunscreveu-se à edição de normas de controle e gestão das empresas estatais, cujas origens remontam ao final do regime militar, quando foi baixado o Decreto 84.128, de 29.10. 1979, criando a SEST — Secretaria de Controle das Empresas Estatais.[5]

Tal reação tornou-se mais efetiva a partir do governo Sarney que, pelo Decreto 91.991, de 28.11.1985, instituiu o Programa de Privatização, posteriormente aprimorado pelo Decreto 95.886, de 29.3.1988, este criando o Programa Federal de Desestatização, com o fito de "transferir para a iniciativa privada atividades econômicas exploradas pelo setor público" (art. 1º, inc. I), visando "concorrer para a diminuição do déficit público" (idem, inc. II) e "propiciar a conversão de parte da dívida externa do setor público federal em investimentos de risco, resguardado o interesse nacional" (idem, inc. III).

Numa segunda fase, o governo Collor, adotando o ideário liberal ou neoliberal, levou tal movimento ao extremo, ao incluir, no "pacote" de Medidas Provisórias baixadas em 15.1.1989, a de n. 26, que autorizava a alienação da totalidade ou parte das ações representativas do controle do capital social de empresas estatais federais, com a exclusão daquelas que, pela Constituição, exploravam atividades monopolizadas pela União (*v.g.*, arts. 2º e 3º, Petrobrás, Eletrobrás, Telebrás).

Essa Medida Provisória foi convertida, com alterações, na Lei 8.031, de 12.4.

3. V., a respeito, o conhecido estudo do Ministro Bilac Pinto, "O declínio das sociedades de economia mista e o advento das modernas empresas públicas", publicado na *RDA* 32/4, 1953.

4. V., sobre o assunto, Trajano de Miranda Valderde, *Sociedade por Ações*, 1, 22ª ed., Forense, 1953, pp. 46-50.

5. V., sobre a matéria, o estudo de nossa autoria, que sob o título "As empresas estatais e os sistemas de supervisão e controle", foi publicado na *RDM* 45/20 e ss., Ed. RT.

1990, que criou o Programa Nacional de Desestatização — diploma legal que, com suas modificações posteriores, especialmente as recebidas pela Medida Provisória 1.481, veio a ser revogado pela Medida Provisória 1.942, também modificada mais de duas dezenas de vezes em suas sucessivas reedições) —, disciplinou o processo de privatização, cuja execução, nos termos de seu art. 4º, vinha sendo processada segundo uma das seguintes "modalidades operacionais": "alienação de participações societárias, inclusive o controle acionário, preferencialmente mediante a pulverização de ações" (inc. I); "abertura de capital" (inc. II); "aumento de capital com renúncia ou cessão, total ou parcial, de direitos de subscrição" (inc. III); "alienação, arrendamento, locação, comodato ou cessão de bens e instalações" (inc. IV); "dissolução de sociedades ou desativação de seus empreendimentos com a conseqüente alienação de seus ativos" (inc. V); concessão, permissão ou autorização de serviços públicos" (VI). O § 1º desse artigo, em sua nova redação, prevê que "a transformação, a incorporação, a fusão ou a cisão de sociedades e a criação de subsidiárias integrais poderão ser utilizadas a fim de viabilizar a implementação da modalidade operacional escolhida".

3. O atual governo federal acolheu as premissas econômicas do Programa Nacional de Desestatização, acima mencionado, aprofundando-o com as alterações constantes da já citada Medida Provisória 1.481, editada pela primeira vez em 3.5.1995, posteriormente reeditada, até 15.5.1997, por 49 vezes e, por fim, convertida na Lei 9.491, de 9.9.1997, com modificações substantivas em relação a sua redação inicial, por ela introduzidas, ou pela Medida Provisória 1.942, que ainda vem sendo reeditada mensalmente, constituindo os diplomas legais de regência da matéria. Manteve-se, paralelamente, o processo de abertura do mercado nacional deflagrado no governo Collor, seja com o ingresso de capitais estrangeiros para a aquisição de ações ou mesmo o controle de empresas estatais ou privadas, seja com a desoneração indiscriminada das importações, que, segundo essa ótica, constituiriam exigências, irremovíveis, da chamada globalização da economia — soluções de eficácia e resultados muito duvidosos, sobretudo em países em vias de desenvolvimento, como mencionaremos no item subseqüente.

3.1 Para aprofundar o Programa Nacional de Desestatização, cuidou o governo federal, inicialmente, de fazer aprovar reformas na Constituição, primeiro, e através da Emenda Constitucional 6, de 15.8.1995, para suprimir da Carta Constitucional o seu art. 171, que fixava o conceito de empresa brasileira de capital nacional (inc. II): "aquela cujo controle efetivo esteja em caráter permanente sob a titularidade direta ou indireta de pessoas físicas domiciliadas e residentes no País ou de entidades de direito público interno, entendendo-se por controle efetivo da empresa a titularidade da maioria do capital votante e o exercício, de fato ou de direito, do poder decisório para gerir suas atividades"), assegurando-lhe "proteção e benefícios especiais temporários para desenvolver atividades consideradas estratégicas para a defesa nacional ou imprescindíveis ao desenvolvimento do País" (idem, § 1º, inc. I), bem como tutela especial visando sua atuação em "setor imprescindível ao desenvolvimento tecnológico nacional" (idem, § 2º).

Com tal modificação constitucional — aprovada sem a prévia e alongada discussão no seio da sociedade acerca da mudança radical que a mesma operava no projeto nacional consubstanciado na redação original da Constituição de 1988 —, o conceito de empresa nacional remanesce, agora, adstrito ao que dispõe a legislação ordinária, que faz tábula rasa do efetivo detentor do controle societário, interno ou externo,[6] bastando, para a caracterização como

6. Sobre essas modalidades de controle, o *interno*, fundado na titularidade de ações ou quotas, e o *externo*, calcado na noção de "influência domi-

nacionais, de sociedades mercantis ou civis, o fato de que sejam "organizadas na conformidade da lei brasileira e que tenham no País a sede de sua administração" (Decreto-lei 2.627, de 26.9.1940, art. 60), o que abrange as subsidiárias de empresas estrangeiras aqui constituídas.

A aludida emenda também modificou a redação do art. 176, § 1º, da Constituição de 1988, com o mesmo propósito, de molde a que a pesquisa e a lavra de recursos minerais e o aproveitamento de potenciais de energia hidráulica possam ser realizados, mediante autorização ou concessão, a despeito do monopólio da União, também por subsidiárias de empresas estrangeiras, desde que sejam constituídas nos termos do decreto-lei citado.

Paralelamente, a Emenda Constitucional 5, da mesma data, alterava a redação do art. 25, § 2º, permitindo aos Estados-membros explorar diretamente ou mediante concessão às empresas privadas (na acepção ampla acima indicada), os serviços locais de gás canalizado, concessões essas que, na redação original, somente poderiam ser outorgadas a empresas estatais.

Nessa mesma linha, inúmeras foram as Emendas Constitucionais aprovadas pelo atual governo: a de n. 8, de 15.8.1995, confirmou a competência da União para a exploração direta dos serviços de telecomunicações, autorizando, entretanto, a outorga de concessões a empresas privadas, e não apenas a "empresas sob controle estatal", como constava da redação primitiva do art. 21, inc. XI; a de n. 7, também de 15.8.1995, suprimiu a preponderância anteriormente reconhecida aos armadores nacionais e navios de bandeira brasileira no transporte marítimo (redação original do art. 178, *caput*, inc. II) e aos armadores, proprietários, comandantes e tripulantes (idem, §§ 22 e 30); a de n. 9, de 9.11.1995, deu nova redação aos §§ 12 e 22 do art. 177, "flexibilizando" o monopólio da União sobre a pesquisa e lavra de petróleo, gás natural e outros hidrocarbonetos fluidos, ao permitir que tais atividades sejam contratadas com empresas estatais ou privadas — estas últimas na nova concepção aprovada pela Emenda 6, acima comentada; a de n. 13, de 21.8.1996, suprimiu a exigência de autorização de órgãos resseguradores, que não se limitam ao Instituto de Resseguros do Brasil — IRB, este já em fase de privatização.

3.2 No plano infraconstitucional, o governo federal começou por baixar a já citada Medida Provisória 1.481, convertida na Lei 9.491, de 9.9.1997, com modificações substantivas em relação a sua redação inicial, por ela introduzidas, ou pela Medida Provisória 1.942, que acrescentou mais dois "objetivos fundamentais" para o Plano Nacional de Desestatização — PND: "contribuir para a reestruturação econômica do setor público, especialmente através da melhoria do perfil e da redução da dívida pública líquida" (art. 1º, inc. II) e "contribuir para a reestruturação econômica do setor privado, especialmente para a modernização da infra-estrutura e do parque industrial do País, ampliando sua competitividade e reforçando a capacidade empresarial nos diversos setores da economia, inclusive através da concessão de créditos" (idem, inc. IV).

O art. 2º da lei que instituiu o PND foi também modificado, para estabelecer, em primeiro lugar (*caput*), que "poderão ser objeto de desestatização: I — empresas, inclusive instituições financeiras, controladas direta ou indiretamente pela União, instituídas por lei ou ato do Poder Executivo; II — empresas criadas pelo setor privado e que, por qualquer motivo, passaram ao controle direto ou indireto da União; III — serviços públicos objeto de concessão, permissão ou autorização; IV — instituições financeiras públicas e estaduais que tenham tido as ações de seu capital social desapro-

nante" decorrente da supremacia econômica ou tecnológica de não-acionistas, v. a clássica obra de Fábio Konder Comparato, *O Poder de Controle na Sociedade Anônima*, 3ª ed., Forense, 1983.

priadas, na forma do Decreto-lei 2.321, de 25.2.1987"; e, em segundo lugar, para definir (§ 1º) o que "considera-se desestatização: a) a alienação, pela União, de direitos que lhe assegurem, diretamente ou através de outras controladas, preponderância nas deliberações sociais e o poder de eleger a maioria dos administradores da empresa; b) a transferência, para a iniciativa privada, da execução de serviços públicos explorados pela União, diretamente ou através de entidades controladas, bem como daqueles de sua responsabilidade".

Ainda na esfera infraconstitucional, o Poder Executivo emprestou seu total apoio à aprovação do Projeto de Lei 1.564, de 1996, do Deputado Federal, depois Ministro de Estado e, hoje, ainda deputado, Sr. Antônio Kandyr, que assinalou, na respectiva "Justificação", que com o texto proposto procurava remover óbices à privatização (notadamente quanto a duas das "modalidades operacionais" assinaladas no item 3.1, *supra*, a saber, a cisão e a alienação do controle), sob o fundamento de que, "no Brasil, atrasamo-nos na modificação do marco legal referente ao mercado de capitais, ao mesmo tempo em que a economia brasileira, no curso dos anos 90, passou a sofrer profundas transformações em suas estruturas produtiva, financeira e tecnológica, desencadeadas fundamentalmente pelo término do regime de economia fechada e coadjuvadas pelo processo de desestatização".

Com sua conversão na Lei 9.457, promulgada no dia 5.5.1997, foi substancialmente modificada a Lei 6.404, de 15.12. 1976, que rege as sociedades por ações, para, dentre outras alterações, suprimir o direito de retirada até então assegurado aos acionistas na hipótese de aprovação, pela assembléia-geral de acionistas, de operações de cisão e dissolução (nova redação de seus arts. 136 e 137) e eliminar a exigência de realização de oferta pública de aquisição das ações dos minoritários como condição prévia para a alienação do controle de empresa estatal aberta e das companhias abertas em geral (nova redação dos arts. 255 e 256).[7]

Sobre suprimir o direito dos acionistas não-controladores de receber oferta pública para aquisição de suas ações, nas alienações de controle, ou de retirar-se, a nova lei restringiu ainda mais o direito de retirada, inclusive para permitir a cisão precedida da separação da parte "podre" das companhias (arts. 136 e 137, de constitucionalidade duvidosa); o que revela haver sido o legislador obnubilado, nesses aspectos, pelos problemas suscitados pelo processo de privatização, pois a ele não se circunscreveu, alterando o regime geral a que estão sujeitas todas as sociedades por ações, mesmo as não estatais, em que tais soluções são pouco defensáveis, no atual estágio vivido por nosso mercado de capitais, ao ponto de órgãos classistas patronais, do porte da Federações da Indústria e do Comércio do Estado de São Paulo, dirigirem apelo ao Chefe do Executivo para que vetasse esses dispositivos da lei recém-promulgada.

Mercê dessas modificações constitucionais e legais, incorporou-se na retórica das autoridades governamentais o termo "parcerias",[8] de forma recorrente e pouco precisa, na medida que a colaboração interempresarial já era, entre nós, prevista e operacionalizada desde há muito, inclusive sob a forma de modelo jurídico próprio, tal como será assinalado nos itens 5 a 8, abaixo, albergando essa noção não só a associação do Estado com capitais privados, nacionais ou estrangeiros, como a colaboração entre empresas privadas, igualmente nacionais ou estrangeiras.

7. Sobre o assunto, v. nossos estudos, "Direito de retirada dos acionistas na Lei 9.457/97", publicado na obra coletiva *A Reforma da Lei das S/A*, Atlas, 1997 e "A tutela dos minoritários na Lei 9.457/97", na obra coletiva *Reforma da Lei das Sociedades por Ações*, Pioneira, 1997.

8. *V.g.*, no Prefácio que o Presidente Fernando Henrique Cardoso escreveu ao livro *O Direito de Parceria e a nova Lei de Concessões*, de autoria de Arnold Wald, Luíza Rangel de Moraes e Alexandre de M. Wald, 1ª ed., Ed. RT, 1996.

4. Ao estudioso do Direito não é dado subtrair-se à obrigação maior que tem, antes, como cidadão, de formular juízos de valor sobre questões metajurídicas suscitadas por modificações estruturais da profundidade daquelas que estão sendo comentadas, sob pena de isolar-se numa redoma asséptica onde gravitam em sua pureza, institutos jurídicos, abstraindo os efeitos e conseqüências que sua utilização acarreta no mundo real.

Nessa perspectiva, longe de criticar pura e simplesmente os processos de privatização e parcerias em curso, há de se reconhecer, inicialmente, que a retirada do Estado do setor privado é uma exigência incontornável que a situação econômica do País impõe, como também é indisputável que a reduzida poupança interna está a recomendar o aproveitamento de capitais externos, de risco, na exploração de atividades econômicas. O que não obsta a discussão sobre os métodos e as formas pelos quais vem se pautando a desestatização e a participação estrangeira em empresas nacionais.

4.1 Isto posto, emerge, desde logo, a constatação de que a privatização não tem sido precedida dos necessários debates e reflexões no seio da sociedade, daí porque produziu efeitos nem sempre compatíveis com a ordem econômica constitucional. É o que se verifica, p. ex., no setor siderúrgico, onde macroempresas do escalão da CSN, CST, Cosipa e Usiminas tiveram seu controle transferido para a iniciativa privada sem as cautelas quanto ao atendimento do princípio da "livre concorrência", fixado na Constituição Federal como pedra angular da ordem econômica e financeira (art. 170, inc. IV) e, por derivação, do princípio da defesa do consumidor (art. 170, inc. V). Os aumentos de preço que concertadamente têm se verificado nesse setor, após a privatização, vêm ensejando denúncias nos meios empresariais a respeito da cartelização, em nível horizontal, do segmento da produção de aços planos, ao que se sabe já alvo de apuração pelo CADE — Conselho Administrativo de Defesa Econômica. A privatização da Cia. Vale do Rio Doce tende a constituir fator agravante do problema, pois aí o domínio dos mercados pode se dar verticalmente, na medida que seu grupo controlador passou a ser integrado por adquirentes importantes dos insumos que a empresa produz.

4.2 O aspecto extrajurídico mais polêmico reside na ausência de um claro e definido projeto nacional sobre as privatizações e a abertura de mercados, que coloca em dúvida a própria conveniência e oportunidade de transferir-se para a iniciativa privada, pura e simplesmente, o controle de empresas estatais eficientes, bem-sucedidas e rentáveis, que atuam em setores estratégicos ou relevantes da economia, apenas para atender a necessidades conjunturais de redução do déficit público com o produto da venda[9] (necessidades, frise-se, desaten-

9. Francisco Gros, Presidente do Banco Nacional do Desenvolvimento Econômico e Social — BNDES, divulgou, recentemente, os seguintes ganhos que o Brasil teria tido com ele: "uma rápida mostra que, ao privatizar, o Brasil reduziu suas dívidas em 95 bilhões de dólares. Aplicando-se uma taxa de 16% ao ano — que são as taxas de juros que o Banco Central paga pelos papéis da dívida pública — são 28 bilhões de reais que se está deixando de pagar anualmente para o mercado financeiro". Mais duvidoso ainda é o que a citada autoridade monetária assevera a seguir (além dos próprios cálculos em si, que encambulham dólares com reais, taxas internas de juros com taxas cobradas no mercado financeiro externo e taxas subsidiadas concedidas pelas Agências de fomento internacionais aos países em desenvolvimento, as últimas substancialmente inferiores aos juros internos, como sabido): "essa economia é dinheiro que não se vê, mas que deixou de ser pago. Esses recursos fiscais, em vez de serem desviados para pagamento de juros, *estão sendo investidos no social* (*sic*)" (nossos os grifos; em entrevista publicada nas "Páginas Amarelas" da *Revista Veja* 1.670, de 11.10.2000, p. 14). Vale frisar que, dias após, o próprio Banco Central do Brasil se incumbiu de desmentir essa visão otimista e irreal da privatização à brasileira. Em 13.10.2000 foram divulgados dados oficiais que revelam a seguinte evolução do chamado "estoque" da dívida pública interna do país, nos últimos sete anos, expressos em bilhões de reais: dez./94, 61,7; dez./95 108,4; dez./96, 176,2; dez./97, 255,5; dez./98, 323,8; dez./99, 414,9; ago./2000, 506,1. O mais grave, segundo de-

didas, visto que os ganhos com as privatizações são pífios em comparação com o montante da dívida pública); solução muito discutível, mormente diante da existência de fórmulas, já experimentadas com êxito, de privatização gradual, mediante a cessão parcial de ações de controle. A comprovação dessa asserção é dada pelas vacilantes modificações introduzidas nas sucessivas regulamentações da privatização, a partir da Medida Provisória 1.481, de 3.5.1995, muitas delas desastrosas, pois coloca em segundo plano o processo de privatização gradual, que é indubitavelmente a fórmula melhor indicada para a desestatização de empreendimentos de grande porte e valor patrimonial.

4.3 A constatação do sucesso desta fórmula se deu nas Centrais Elétricas de Minas Gerais S/A — Cemig que, em leilão realizado em 28.5.1997, teve 33% de seu capital votante (correspondente a apenas 1/7 ou 14,4% do capital total) transferido ao consórcio formado pela Southern Electric Brasil Participações (controlada pela empresa norte-americana Southern Electric), AES Coral, da Virgínia, EUA, e grupo de investidores institucionais estruturado pelo Banco Opportunity, pelo preço de US$ 1,13 bilhão — praticamente o mesmo obtido pela União, proporcionalmente, com a alienação das ações da Vale. A associação do Estado a esses "sócios estratégicos" (aqui sim, autêntica parceria) foi realizada após cuidadoso planejamento financeiro e de investimentos, e mercê da reorganização societária da Cemig, que assegura aos novos parceiros três dos nove cargos da Diretoria e quatro dos onze assentos do Conselho de Administração, com a previsão de que as decisões desses órgãos administrativos sejam adotadas por unanimidade, em matérias relevantes e, nas demais, por maioria qualificada, de oito votos no Conselho e de seis na Diretoria. Com a implementação de programas de produtividade e racionalização administrativa, a Cemig projetou faturamento de U$ 2,1 bilhões em 1997, e que daí vem gerando lucros substanciais para um patrimônio líquido estimado em US$ 10 bilhões,[10] permanecendo o

poimento do Economista-chefe do Bacen (Rogério Mori) e do Secretário-adjunto do Tesouro (Rubens Sanderberg), é o deterioramento do perfil dessa dívida fabulosa: em dez./94 os juros contratados apresentavam a seguinte divisão: 8,3% mediante correção cambial; 16% com correção pela taxa diária de juros e 40,2% por percentual pré-fixado. Já em agosto de 2000 esses percentuais se modificaram, pela ordem, para 20,7%, 53,6% e 15% respectivamente. Segundo as autoridades citadas (também alertados pelo Primeiro Vice-Presidente e Diretor-Gerente do Fundo Monetário Nacional, Stanley Fischer, que igualmente opinou a respeito) essa alteração no perfil da dívida torna o Brasil extremamente vulnerável a "choques" ou desequilíbrios externos, pois os juros prefixados contratados (que não oscilam, portanto) caíram de 40,2% para apenas 15%, ao passo que os contratos com juros diários ascenderam de 16% para 53%. "Numa situação em que o Bacen precise aumentar os juros, o impacto sobre a dívida seria significativo, pois R$ 271,3 bilhões da dívida brasileira passariam a pagar juros mais elevados imediatamente (em agosto o estoque total da dívida interna era de R$ 506,1 bilhões)" (dados e depoimentos colhidos do jornal *O Estado de S. Paulo*, de 13.10.2000, pp. B-3 e B-4). Reconheça-se que o já citada Francisco Gros, Presidente do Banco Nacional do Desenvolvimento e Social — BNDES, insuspeito defensor da doutrina neoliberal e do processo brasileiro de privatização, fez, recentemente, um autêntico *mea culpa* que vale para todos os governos posteriores a 1989, a respeito do açodamento e inadequação da alienação do patrimônio público constituído pelo poder de controle das empresas estatais: "o processo de privatização do Brasil começou muito tarde e andou muito rapidamente (...) de fato, em certos casos (ou em todos ou quase todos, indagamos nós), a privatização foi feita antes que as regras de funcionamento pós-privatização tivessem sido claramente estabelecidas e antes que as agências de regulamentação estivessem plenamente aparelhadas. Talvez estejamos pagando o preço de termos precisado caminhar muito rápido no processo" (na mesma entrevista publicada na *Revista Veja*, acima cit., p. 15).

10. Cf. notícias publicadas nos jornais *Gazeta Mercantil*, de 30.5.1997, p. B-3 e *O Estado de S. Paulo*, de 29.5.1997, p. B-6; segundo Luís Nassif, com o modelo societário adotado "não haverá maneira de nenhuma das partes — governo do Estado e sócios estrangeiros — tomar qualquer tipo de decisão que possa prejudicar a companhia, em favor de seus interesses específicos. O mais importante é que, sem descurar dos aspectos sociais, todo o potencial da Cemig — que é empresa integrada, com geração, transmissão e distribuição de energia — poderá ser

Estado de Minas Gerais com a maioria das ações que poderá alienar, futuramente, em condições extremamente favoráveis.

Este modelo de desestatização — que não só mereceu elogios generalizados, como provocou o interesse de outras empresas estatais estaduais em vias de privatização, como, p. ex., a Cia. de Saneamento Básico do Estado de São Paulo — Sabesp, que chegou a analisar a viabilidade de sua atuação em parceria com "sócio estratégico"[11] — não foi o adotado pelas privatizações realizadas pelo governo federal, em virtude de que os recursos nelas auferidos pouco contribuíram para a redução da dívida pública (v. nota 9, acima); o que se afigura particularmente grave quando se constata que o baixo valor obtido nas vendas de ações de controle de empresas estatais federais decorrem, no mais das vezes, da ausência de seu prévio saneamento financeiro e preparo para a privatização (de molde a que o preço da alienação correspondesse ao valor real de seus patrimônios). O que observou-se, na verdade e ao reverso, é que muitas delas foram submetidas, sobretudo no governo Collor, a descapitalizações, endividamento e desmantelamento de seus quadros técnicos e administrativos, como ocorreu no setor siderúrgico,[12] a despeito de a história registrar que a implantação da siderurgia em nosso País (com a criação da CSN) somente foi possível graças à firme atuação estatal, depois de conhecida e dura negociação com os EUA, realizada pelo governo Vargas, ao passo que seu desenvolvimento posterior, que a tornou uma das mais modernas do mundo, também é devido aos investimentos do Estado (na própria CSN, e também na Usiminas, Cosipa, Açominas e CST).

4.4 Não apenas (1º) a fase preparatória das privatizações tem deixado a desejar mas, também, (2º) a fase atinente à estruturação da operação, dada a preferência exclusiva por um modelo único, consistente na pura e simples cessão do poder de controle à iniciativa privada, o mesmo se verificando e, ainda, (3º) a fase pós-privatização, na qual o Estado, apesar de não ficar desobrigado de proteger o patrimônio público representado pelas ações de que ainda seja detentor naquelas sociedades, tem-se omitido no exercício de seus direitos de sócio, que é e será, até eventual venda desse pacote acionário no mercado.[13] Para não falar no desaparelhamento das Agências de setores privatizados (Aneel, Anatel etc.), que não atuam como deviam na proteção do consumidor.

Todas essas considerações sugerem que se reexamine a matéria, que não pode

utilizado para alavancar operações que transcendam em muito o Estado de Minas Gerais" (no artigo "O modelo Cemig", publicado no jornal *Folha de S. Paulo*, de 3.6.1997, pp. 2-3).

11. Cf. informação do jornal *Folha de S. Paulo*, de 5.6.1997, pp. 2-8.

12. Política canhestra, para dizer o mínimo, que procura reduzir o preço de venda para encontrar compradores, mercê da desvalorização do patrimônio público, formado por recursos dos contribuintes, e que, ao que informa Aloysio Biondi, teria sido repetida no Banco do Estado de São Paulo S/A — Banespa, cujo controle foi transferido para a União, com vistas à sua transferência para o setor privado (no artigo "A falsa quebra do Banespa e do BB: as provas", publicado no jornal *Folha de S. Paulo*, de 5.6.1997, pp. 3.2).

13. Transcreve-se, a propósito, o artigo da lavra de Flávio Pinheiro, publicado na *Revista Veja* 1.496, de 21.5.1997, p. 19, sob o título "Governo diz ausente", informando que na primeira assembléia da Vale, após a privatização, permaneceram vagos dois cargos no Conselho de Administração, que deveriam ser ocupados por administradores indicados pela União, que nela ainda detém 32% das ações com direito a voto, acrescentando, em termos jornalísticos: "o absenteísmo tem implicações. A curto prazo a presença de representantes do governo poderia funcionar como moderador de apetite. Serviria, quem sabe, para encabular os novos acionistas a não correrem com muita sede ao pote dos 700 milhões de reais que encontraram em caixa na Vale. Quase todos eles recorreram a empréstimos para cacifar suas posições no leilão, e com aquele dinheiro dando sopa no cofre há sempre a tentação de utilizar pelo menos parte do fluxo de caixa que lubrifica as operações da empresa para saldar dívidas. A longo prazo, a ausência dos conselheiros tem significado pior. Se é para enfatizar a confiança no destino privado da companhia, deixa claro que tal cláusula de soberania era só conversa mole do governo para acalmar a platéia".

ser tida como ultrapassada, relativa às virtudes do projeto nacional acolhido na redação original da Constituição Federal, que reservava, temporariamente, às empresas de capital brasileiro a exploração de atividades imprescindíveis ao desenvolvimento do País, ou setores relevantes ao desenvolvimento tecnológico. A despeito da revogação do art. 171 da Carta de 1988, a filosofia que encerrava vem de certa forma inspirando as posições adotadas pelo governo federal, de que constitui exemplo a recusa em participar imediatamente da Área de Livre Comércio das Américas — ALCA, manifestada contra as pressões de países do hemisfério norte, *v.g.*, na reunião de Ministros de Estado das nações envolvidas, realizada em 1997, em Belo Horizonte.

5. Neste ponto vem à baila mais uma vez a figura da "parceria", não apenas do Estado e da empresa privada, mas entre empresas nacionais, ou de empresas nacionais e estrangeiras, para fazer face aos desafios postos pela indiscriminada abertura dos mercados do País. Pois o que se nota não é o recurso à colaboração entre empresas nacionais e estrangeiras, ou do Estado com a empresa privada, segundo a fórmula bem-sucedida acima lembrada (caso Cemig), mas também a preferência pela aquisição do controle, aqui de empresas brasileiras por transnacionais (de que constitui exemplo conspícuo a atuação da empresa alemã Mahler, que adquiriu a maioria do capital votante de tradicionais companhias do setor de autopeças), o que deixa o País vulnerável, na medida que a política empresarial das transnacionais sói ser balizada pelo imediatismo na produção de lucros, sem compromissos maiores com a nação "hospedeira" (como o revela o declínio econômico de alguns países designados por "tigres asiáticos", decorrente do aumento de custos que lá se seguiu à melhoria das condições de trabalho e salários).

A parceria entre empreendedores privados nacionais, com ou sem a participação de sócios estrangeiros, pode dar às empresas a dimensão necessária para enfrentar a acirrada competição imposta pela globalização da economia, mormente diante da avalanche das importações gerada pela abertura do mercado nacional, precipitada e irrefletida pois nem ao menos cogitou-se da utilização dos mecanismos de proteção previstos em convenções internacionais sobre o comércio, para países com indústrias ainda em fase de desenvolvimento tecnológico. E não se diga que o recurso a essas barreiras, necessárias e autorizadas por regras supranacionais, constitui protecionismo, visto que ninguém desconhece que até países desenvolvidos, paladinos do livre mercado, a elas recorrem freqüentemente.[14]

6. A privatização, no âmbito federal, vem disciplinada, como visto, pela Lei 9.491/97, com as substantivas modificações introduzidas pelas sucessivas redações da Medida Provisória 1.942, cuja nota mar-

14. Cf. faz prova o *ranking* elaborado pela entidade européia *International Institute for Management Development*, que classificou recentemente 46 países pelo grau de abertura de suas economias, situando os Estados Unidos em 29º lugar, os países que integram o Mercado Econômico Europeu em faixa que vai do 11º ao 26º lugares e o Japão em último (46º lugar). O Brasil, sem embargo de ter reduzido o Imposto de Importação a partir de 1990, em média de 34% para 12%, ficou na 35ª colocação (cf. *ranking* publicado na *Revista Veja* 1.496, de 21.5.1997, p. 119). As medidas protecionistas adotadas pelos países desenvolvidos multiplicam-se, bastando citar alguns exemplos: segundo a revista citada, os Estados Unidos impõem sobretaxas de 86% e 90% às importações que faz do Brasil, respectivamente, de suco de laranja e aços planos, gerando, segundo o Ministro da Indústria e Comércio, a perda de US$ 2,5 bilhões em receita anual; o Japão recorre a expedientes mais sutis, tais como a imposição de quotas e a exigência de inflexíveis padrões sanitários e de especificações de produtos, autorizações para importações etc.; por fim, segundo notícia estampada no *Jornal do Brasil*, de 6.6.1997, p. 17, o Brasil está formulando representação junto à Organização Mundial do Comércio — OMC, contra os critérios de quotas de importação de carne de frango adotadas pelos países integrantes do Mercado Comum Europeu, segundo os quais do volume anual de 15,5 toneladas o Brasil tem direito a apenas 46% de vendas com isenção tarifária, pagando o excedente sobretaxa de 78%, o que gerou, conforme declarações do Ministro do Exterior, prejuízos da ordem de US$ 40 milhões, apenas no período de 1994 a 1997.

cante é o conflito aparente entre o disposto no *caput* e no inc. I de seu art. 4º, com o art. 2º, do qual exsurgiram dúvidas fundadas sobre a viabilidade do excelente modelo da privatização gradual ou parcial, acima destacado. Com efeito, o art. 4º, inc. I, estabelece que as desestatizações serão executadas, dentre outras "modalidades operacionais", pela "alienação de participação acionária, inclusive de controle acionário", o que autoriza insofismavelmente a privatização gradual ou parcial, pois quem pode o mais (alienar todas as ações de controle), pode o menos (parte delas), ou porque o termo "inclusive" supõe a alienação simples de ações, sem o controle. Já o § 2º recorre-se a uma definição de controle acionário constante da Lei 6.404/76 ("a alienação, pela União, de direitos que lhe assegurem, diretamente ou através de outras controladas, preponderância nas deliberações e o poder de eleger a maioria dos administradores"). E de forma ainda mais confusa, o § 2º do art. 2º reza que "aplicam-se os dispositivos desta lei, no que couber, às participações minoritárias diretas e indiretas da União, no capital social de quaisquer sociedades".

Não obstante a briga entre os textos comentados, a interpretação sistemática da lei permite vislumbrar, nela, vários conceitos e submodalidades de desestatizações, a partir do gênero "privatização mediante venda de ações", que comporta pelo menos cinco espécies: (a) a alienação de todas as ações de controle, que assegurem ao adquirente a eleição da preponderância nas deliberações sociais e o poder de eleger a maioria dos administradores da sociedade (Lei 9.491/97, art. 2º, § 1º, *a*); (b) alienação de parcela majoritária das ações de controle, nas mesmas condições da espécie anterior, mas com a permanência nas mãos do Estado de parte delas, para venda ulterior, como no caso Vale (Lei 9.491/97, art. 4º, inc. I c/c art. 2º, § 2º, *a*); (c) a alienação de parte minoritária das ações de controle, com a transferência ao adquirente apenas de determinados direitos políticos, como no caso Cemig, prevendo-se ou não, para uma segunda etapa, a venda das demais ações de controle (art. 4º, inc. I);[15] (d) a alienação de participações estatais minoritárias, agregadas ou não, anteriormente, ao bloco de controle (art. 2º, § 2º e parte final dos itens *b* e *c*, *retro*); (e) alienação de ações com a manutenção, pelo Estado, das chamadas *golden shares* (art. 8º).

Com essas precisões, dúvidas não ensombram a viabilidade tanto da privatização parcial (espécie *b*, acima), como da privatização gradual, (espécie *c*), esta última constituindo — aí sim — autêntica parceria do Estado com a iniciativa privada, que não impede, num momento ulterior, a alienação de todas as ações de controle, em condições mais vantajosas.

Tal conclusão é corroborada pela atual redação do art. 6º, inc. II, da Lei 9.491/97, que defere ao Conselho Nacional de Desestatização — CND competências tanto para aprovar a "modalidade operacional a ser aplicada a cada desestatização" (alínea *a*), quanto para autorizar "os ajustes de natureza societária, operacional, contábil, ou jurídica e o saneamento financeiro, necessários às desestatizações" (alínea *b*), incluída a criação da chamada *golden share*, ou seja, "ação de classe especial, a ser subscrita pela União" (alínea *d*), "que lhe confira poderes especiais em determinadas matérias, as quais deverão ser caracterizadas nos seus estatutos sociais" (art. 8º), arranjos esses também adequados para a privatização parcial ou gradual.

Cabe assinalar que, como forma de descentralizar o processo de privatização, a Medida Provisória 1.942-19, de 26.6.2000, autoriza que a "a desestatização de empresas de pequeno e médio porte, conforme definidas pelo Conselho Nacional de Desestatização, poderá ser coordenada pelo Departamento de Coordenação e Controle das Empresas Estatais, da Secretaria Execu-

15. Abdicando o Estado do chamado controle majoritário absoluto, sem abrir mão do controle majoritário simples, tal como previsto na Lei 6.404/76 (cf. Fábio Konder Comparato, ob. cit., pp. 43 e ss.).

tiva do Ministério do Planejamento, Orçamento e Gestão"; no mesmo sentido, a operacionalização da privatização através de dissoluções societárias, independentemente do porte da empresa, também caberá ao Ministério de Planejamento, Orçamento e Gestão (Medida Provisória 1.800).

As formas de privatização que envolvam a alienação de ações ou bens patrimoniais das empresas estatais (art. 4º, incs. I, IV, V e VI) exigem a prévia realização de licitação, sendo expressamente admitida a modalidade de leilão (idem, § 3º). 0 Banco Nacional do Desenvolvimento Econômico e Social — BNDES, que funciona como agente federal das privatizações (exceto as empresas de pequeno e médio porte, como se viu), poderá firmar ajustes com os Estados ou Municípios para supervisionar os processos de desestatização de empresas por estes controladas, também com a previsão de licitação através de leilão (art. 2º, § 3º).

A vigente Lei federal de Licitações (n. 8.666, de 21.6.1993), como as anteriores e a maioria das leis estaduais sobre a matéria, admite a habilitação, desde que prevista no respectivo edital, de "empresas em consórcio", ou seja, a formação de parcerias privadas para participação na licitação, com a adoção de regra que permite a soma das capacitações técnica e econômico-financeira de cada consorciado (art. 33, inc. III), atribuída obrigatoriamente a representação e liderança à empresa brasileira, no caso de consórcios entre nacionais e estrangeiros (§ 1º). A participação de empresas em consórcio não requer a prévia formalização deste, na forma prevista nos arts. 278 e 279 da Lei 6.406/76, mas, tão-somente, a "comprovação de compromisso público ou particular de constituição" subscrito pelos consorciados (art. 33, inc. I), cabendo ao licitante vencedor promover a celebração e o registro do contrato de consórcio, antes da celebração do contrato com a Administração Pública (§ 2º).

7. Do que já foi exposto verifica-se que as impropriamente chamadas parcerias designam combinações diferenciadas, tanto no Direito Público quanto no Direito Privado, que não se esgotam na associação entre o Estado e a iniciativa privada, nem mesmo na colaboração interempresarial.

Com efeito, o exame mais detalhado do Direito Positivo pátrio, à luz da praxe conhecida, permite sistematizar as parcerias em três campos, (I) o primeiro englobando as de Direito Público; (II) o segundo, as de Direito Privado; e (III) o terceiro, relativo às parcerias mistas, decorrentes de composições entre o setor estatal e a iniciativa privada. No Direito Público (I) identificam-se: (I.1) parcerias ajustadas entre dois ou mais países, segundo normas e tratados supranacionais, bem como (I.2) as de Direito interno, também designadas por consórcios administrativos. As parcerias de Direito Privado (II) podem ser classificadas segundo a nacionalidade do controle de seus participantes, dividindo-se em: (II.1) parcerias entre empresas de capital nacional; (II.2) entre empresas de capital estrangeiro; e (II.3) entre empresas nacionais e estrangeiras. Já as parcerias mistas (III), numa classificação teleológico-temporal, dividem-se em: (III.1) parcerias temporárias; e (III.2) parcerias duradouras.

Essa sistematização possibilita o esboço do seguinte quadro geral das parcerias, tentativo e não-exauriente:

I — PARCERIAS DE DIREITO PÚBLICO	I.1 — de Direito Internacional I.2 — de Direito interno
II — PARCERIAS DE DIREITO PRIVADO	II.1 — entre empresas de capital nacional II.2 — entre empresas de capital estrangeiro II.3 — entre empresas nacionais e estrangeiras
III — PARCERIAS MISTAS, ENTRE A ADMINISTRAÇÃO PÚBLICA E EMPRESAS PRIVADAS	III.1 — temporárias III.2 — duradouras

As parcerias de Direito Público Internacional verificam-se quando da atuação conjunta de dois ou mais países, na construção e exploração de empreendimento comum, de que constitui exemplo frisante a Itaipu Binacional.[16]

Já as parcerias de Direito Público interno são previstas, entre nós, em nível estadual, desde a Constituição do Estado de São Paulo, de 14.7.1891 (art. 60), tendo sido posteriormente acolhidas no art. 29 da Constituição Federal de 1937 (art. 29), bem como em sucessivas Constituições Estaduais (do Estado de Minas Gerais, de 1967, art. 203; e de 1969, art. 126; do Estado de São Paulo, de 1935, art. 63; de 1947, art. 74; de 1969, art. 104, sendo que estas duas últimas empregam a expressão "consórcios municipais"). A vigente Constituição paulista, de 5.10.1989, prevê, em seu art. 201, que "o Estado apoiará a formação de consórcios entre Municípios, objetivando a solução de problemas comuns relativos à proteção ambiental, em particular a preservação dos recursos hídricos e ao uso equilibrado dos recursos naturais", enunciado não-exaustivo que se compadece com a celebração de consórcios intermunicipais para a realização, p. ex., de obras de interesse comum de municípios; lindeiros, como pontes, rodovias etc.[17] Trata-se dos chamados consórcios administrativos que, a rigor, podem ser celebrados entre Estados, ou entre a União e os Estados, largamente utilizados na Itália e nos Estados Unidos (nestes, sob a designação de *power districts*),[18] cuja modalidade mais praticada é a dos consórcios municipais, assim definidos por José Cretella Júnior: "conjugação convergente de esforços de dois ou mais municípios para a execução de obras ou serviços de interesse comum".[19]

Não deixa de ter conotação administrativa, embora formado por particulares, o consórcio celebrado por aqueles que tenham interesse comum na derivação e uso da água, a fim de prover ao exercício, conservação e defesa de seus direitos — consoante dispõe o Código de Águas, aprovado pelo Decreto 24.643, de 10.7.1934, mantido, com modificações, pelo Decreto-lei 852, de 11.11.1938 — na medida que esse consórcio pode ter sua constituição e funcionamento sujeitos às normas emanadas do Ministério da Agricultura (§ 1º), podendo, inclusive, ser formado coativamente pela Administração Pública (§ 22). O Decreto 41.029, de 26.2.1957, ao regulamentar os serviços de energia elétrica, admitiu a associação sob a forma de consórcio para a centralização da produção dessa energia.[20]

As parcerias da Administração Pública com a iniciativa privada vêm se intensificando em razão da mudança da forma de conceber o Estado e regem-se por normas provenientes tanto do Direito Constitucional e Administrativo, quanto do Direito Privado. Como assinala Maria Sylvia Zanella Di Pietro, "parece que o que muda é principalmente a ideologia, é a forma de conceber o Estado e a Administração Pública. Não se quer mais o Estado prestador de serviços; quer-se o Estado que estimula, que ajuda, que subsidia a iniciativa privada; quer-se a democratização da Administração Pública pela participação dos cida-

16. V., a respeito, Miguel Reale, "Natureza jurídica de Itaipu", artigo publicado na *Revista Forense* 253/51-56, 1976, e Walter T. Álvares, "Natureza jurídica consorcial de Itaipu", artigo publicado na *Revista Forense* 253/25 e ss.

17. Sobre o assunto, v. Fernando H. Mendes de Almeida, "Consórcio municipal", artigo publicado na *RDM* 52/258 e ss., abr.-jul. 1958. Exemplo dessa parceria de Direito Público é dado pela Lei paulistana *7.990*, de 20.12.1973, que autorizou o Município da Capital a celebrar consórcio com o Município de São Bernardo do Campo, destinado à construção de pontilhão sobre o córrego que faz divisa entre as duas comunas, nos termos da Minuta que acompanha aquele diploma legal.

18. Cf. Walter T. Álvares, artigo citado.

19. Verbete publicado na *Enciclopédia Saraiva de Direito*, v. 18, pp. 295-296.

20. A respeito dessa matéria, v. Antônio de Pádua Nunes, *Código de Águas*, v. 11, Ed. RT, São Paulo, 1961.

dãos, nos órgãos de deliberação e consulta e pela colaboração entre público e privado na realização das atividades administrativas do Estado; quer-se a diminuição do tamanho do Estado para que a atuação do particular ganhe espaço; quer se a flexibilização dos rígidos modos de atuação da Administração Pública, para permitir maior eficiência; quer-se a parceria entre o público e o privado para substituir-se a Administração Pública dos atos unilaterais, a Administração Pública autoritária, verticalizada, hierarquizada".[21]

Não obstante essa tendência ideológica, é importante ter presente que a utilização de formas de Direito Privado não pode ser feita de modo a burlar o regime jurídico plublicista, conforme decidiu recentemente o Tribunal de Contas da União,[22] sob pena de tornar-se letra morta os princípios constitucionais de legalidade, moralidade, impessoalidade, publicidade e os demais parâmetros constantes do art. 37 da CF.

A praxe mais recente tem revelado o recurso a inúmeras formas de Direito Privado para revestir as parcerias entre o Poder Público e a iniciativa privada, dentre as quais se destacam mecanismos já conhecidos e sedimentados, como a concessão[23] a autorização, a permissão, os convênios etc.,[24] além do incremento da utilização dos consórcios,[25] e a utilização de fórmulas mais modernas, como a franquia e a terceirização.[26]

21. In *Parcerias na Administração Pública*, 12ª ed., Atlas, 1996, pp. 9-10.

22. Cf. decisão parcialmente transcrita e comentada por Di Pietro, ob. cit., pp. 118 e ss.

23. *V.g.*, para a manutenção, conservação e melhoria da Via Dutra e da Ponte Rio Niterói.

24. Cf. Di Pietro, ob. cit., *passim*.

25. V., a respeito, nosso *Consórcios de Empresas*, Pioneira, 1979, pp. 51 e ss.

26. Para Maria Sylvia Zanella Di Pietro, "no direito brasileiro não há impedimento à adoção de franquias pela Administração Pública, mesmo porque ela já é uma realidade incontestável, principalmente como instrumento de terceirização" (ob. cit., p. 92), valendo notar que franquia e terceirização são fenômenos distintos, que a autora trata separadamente às pp. 86 e ss. e 99 e ss., de sua obra citada.

O consórcio, que foi sempre muito utilizado no âmbito do Direito Administrativo, sobretudo nas licitações realizadas pelo Poder Público, passa a ter, agora, um emprego diferenciado, servindo como modelo jurídico para a associação de empresas estatais e empresas privadas, na exploração de empreendimentos comuns, de forma temporária ou duradoura. Exemplo dessa privatização parcial e provisória via consórcio pode ser encontrada na parceria mista autorizada pelo Decreto federal 1.492, de 16.5.1995, editado ainda sob a égide da MP 911, de 1995, posteriormente convertido na Lei 9.074/95, mediante a qual a exploração da Usina Hidroelétrica de Igarapava foi atribuída a um consórcio liderado pela Cemig, com a participação da Mineração Morro Velho Ltda., CSN, Cia. Brasileira de Metais, Eletrosilex e Vale do Rio Doce (decorrendo o caráter provisório dessa parceria mista do fato de a CSN e a Vale terem sido posteriormente transferidas, para o setor privado, o mesmo sucedendo, e parcialmente, com a Cemig, conforme acima assinalado).

Para bem situar as parcerias entre os setores público e privado, é indispensável rememorar que a chamada privatização, em sua acepção ampla, não representa um fenômeno juridicamente unívoco, igual e linear, abrangendo, ao reverso, operações e negócios jurídicos diversificados, identificando-se, em primeiro lugar, a cessão ou transferência pura e simples do controle acionário do Estado para empresas privada — precedida ou não da operação de cisão, visando apartar o patrimônio menos rentável, ou a designada "parte podre" — que envolve dois mecanismos do Direito Comercial: (1º) numa fase preliminar, a utilização do consórcio (que apesar de previsto nas Leis de Licitações e de Concessões, tem seu regramento geral numa lei comercial, ou seja, nos arts. 278 e 279 da Lei 6.404/76); (2º) na fase definitiva, após a cessão do controle, a acomodação das empresas adquirentes, do controle mediante técnicas de combinação empresarial de Direito Comercial, dentre as quais se sobressaem: (a) o próprio consórcio duradouro; (b) a celebração de acordos de acionistas entre os adquirentes (art. 118 da Lei 6.404/76); (c) arranjos societários através de reforma estatutária, como se deu no caso Cemig; ou (d) a formação de grupos societários, sob a égide dos arts. 243 e 265 e ss. da Lei 6.404/76.

Em segundo lugar, temos a chamada privatização *lato sensu*, que se traduz na concessão da exploração de serviços públicos a particulares, isoladamente, ou mediante a utilização de fórmulas jurídicas de combinação empresarial, ou seja (1º) via consórcio; (2º) através grupo de sociedades; (3º) através de acordo de acionistas entre as concessionárias e empresas privadas; e (4º) mediante contratos atípicos celebrados entre as várias concessionárias vencedoras.

Em terceiro lugar, a chamada privatização *lato sensu* se opera parcialmente ou provisoriamente, com a co-participação do Estado, via empresas estatais, em conjunto com particulares — fórmula genericamente designada por *parceria.*

Nesse quadro, a parceria em sentido estrito, representa a participação do Estado e de particulares na execução de determinado empreendimento, ou na exploração de serviços públicos. E, em sentido lato, a parceria, tal como prevista na legislação sobre concessões (Lei 8.987, de 13.2.1995 e 9.074, de 7.5.1995), abrange também a co-participação da concessionária particular e terceiros, seja essa concessionária empresa estatal, seja ela empresa privada.

As últimas leis citadas têm sido reputadas tímidas, no tocante à admissibilidade das parcerias, o que não parece correto, na medida que as hipóteses legais revestem-se de grande amplitude, sendo questionável sua extensão sem a prévia experimentação dessa nova fórmula jurídica. Pois, inicialmente, a parceria é admitida quando se trata de sociedade de economia mista, ou de pessoa jurídica controlada direta ou indiretamente pela União, não só porque as mesmas têm personalidade jurídica de Direito Privado, como em razão de previsão legislativa expressa (Lei 9.074/95, arts. 27 e 30). É ela admitida, também, quando haja a necessidade da conclusão de plano de obras definido pelo poder concedente, embora aí se cuide de parceria privada, ou seja, a associação da concessionária a outras empresas privadas, sob a modalidade de consórcio (Lei 9.074/95, art. 21).

O art. 32 da lei citada também autoriza a parceria entre empresas estatais e empresas privadas, quando aquela atuar como licitante em concorrência para concessão e permissão de serviço público — cabendo-lhe celebrar pré-contratos com terceiros —, que dispensam ulterior licitação, visando o fornecimento de bens ou serviços (subsistindo aqui a dúvida se essa dispensa viola ou não a legislação pertinente a estes concursos).

Consoante previsto no art. 19 da Lei Geral sobre Concessões (n. 8.987, de 13.2.1995), os concessionários poderão integrar consórcios, eleito sempre um interlocutor para relacionar-se com o poder concedente, ou seja, o "líder" do consórcio, que é o responsável pelo contrato de concessão, sem prejuízo da responsabilidade das demais consorciadas (art. 19, § 2º).

Mas há casos em que a Lei 8.987/95 só admite o consórcio na fase genética da concessão. É o que consta do art. 20: "é facultado ao poder concedente, desde que previsto no Edital, no interesse do serviço a ser concedido, determinar que o licitante vencedor, no caso de consórcio, se constitua em empresa antes da celebração do contrato".

O art. 18 da Lei 9.074/95 também prevê, como opção, a constituição de consórcios de geração de energia elétrica, em caráter duradouro e com muita amplitude: "é autorizada a constituição de consórcios, com o objetivo de geração de energia elétrica para fins de serviços públicos, para uso exclusivo dos consorciados, para a produção independente ou para essas atividades associadas, conservado o regime legal próprio de cada uma". O § 1º desse artigo, com a redação dada pela Medida Provisória 1.181-19 prevê que os consórcios, também contemplados no art. 21, "podem manifestar ao poder concedente, até seis meses antes do funcionamento da central geradora de energia elétrica, opções por um dos regimes legais previstos neste artigo (18), ratificando ou alterando o ato adotado no respectivo ato de constituição".

Por fim, o art. 26 da Lei 9.074/95 prevê a realização de transformações societárias, cisões, incorporações e fusões nas empresas estatais concessionárias, o que constitui mais um caminho conducente às parcerias mistas, das quais participam empresas privadas, juntamente com o Poder Público especialmente através das empresas estatais.

Passando para o tema específico das combinações empresariais no âmbito privado (agora impropriamente designadas por parcerias privadas),[27] é de rigor assinalar que a história do Direito Comercial é marcada pela não acomodação do empresário (ou o antigo mercador) às fórmulas tradicionais previstas pelo Direito posto, o que levou o Direito Mercantil a vicejar à margem do Direito estatal, mediante a criação de mecanismos operacionais próprios (como os títulos de crédito e as cambiais), o recurso a negócios jurídicos indiretos etc. No plano das combinações inter-societárias a criatividade empresarial não teve, e não têm, limites (até porque encontram respaldo constitucional, arts. 1º, inc. IV e 170), daí porque ao falar-se em parcerias é preciso ter presente que as mesmas compreendem desde o emprego de fórmulas institucionais (como a criação de subsidiárias comuns, *holdings* etc.), até a realização de ajustes societários via modificações estatutárias ou de contratos sociais, a celebração de contratos parassociais (como o acordo de acionistas, previsto no art. 118 da Lei 6.404/76), a assinatura de contratos atípicos ou inominados e, por fim, a utilização do consórcio de empresas, instituto antigo mas ainda não suficientemente disseminado, embora expressamente tipificado entre nós pelos arts. 278 e 279, da Lei 6.404, de 15.12.1976.[28]

8. O consórcio é uma fórmula de combinação empresarial plástica, maleável, com infindáveis potencialidades, e, apesar de ter sido praticado intensamente em nosso país na esfera das contratações com o Poder Público, em virtude de permissões contidas em sucessivas Leis de Licitações (que albergam o salutar princípio da soma das capacitações dos consorciados), é empregado também, e com êxito, na colaboração interempresarial privada, como o demonstra não só nossa incipiente experiência, como o Direito comparado.[29]

Para destacar apenas um exemplo relativamente recente, veja-se o que sucedeu com a constituição do chamado "consórcio modular", fórmula escolhida para a implantação da fábrica de caminhões da Volkswagen, em Resende, no Estado do Rio de Janeiro. Sob o comando daquela montadora, consorciaram-se onze fornecedores, que atuam em linha de montagem, a saber: a Iochpe-Mamon, que faz os chassis, rodas e pneus; a Rockewell, que faz os eixos, freios e suspensão; Bridgstone e a Borlen, que fazem as rodas e os pneus; Motoren-Werke Manhein e Cummings, que fazem o motor e a transmissão; a Tame, que faz a cabine; a VDO Kienzle, que faz as direções e ins-

27. Sim, porque como *parceria*, em termos legais, temos apenas a *parceria rural*, prevista nos arts. 1.410 e ss. do Código Civil, cuja definição embute a noção da colaboração e participação comum nos resultados da exploração, própria do instituto: "dá-se a parceria agrícola quando uma pessoa cede um prédio rústico a outra, para ser por esta cultivado, repartindo-se os frutos entre as duas, na proporção que estipularem" (art. 1.410).

28. V., a respeito dessas fórmulas de combinação interempresarial, o nosso estudo "O contrato de consórcio", publicado na obra coletiva *Novos Contratos Empresariais*, 12ª ed., Ed. RT, pp. 50-96.

29. Cf. estudo referido na nota anterior e o livro de nossa autoria *O Consórcio*, cit.

trumentos e a Eisenmann, que faz a pintura (tudo com o apoio da sociedade e de capitais públicos, através do Banco Nacional do Desenvolvimento Econômico e Social — BNDES, que concedeu linhas de crédito especiais a esses fabricantes de autopeças...[30]

Já foi visto que, no âmbito das privatizações, o consórcio costuma estar presente na fase genética do processo, dado o vulto dos serviços ou das obras envolvidas, ou do valor extraordinário do controle acionário que vai ser transferido para a iniciativa privada (que exclui ou inviabiliza a participação individual). É o que normalmente ocorre, como se verifica do último processo de compra da Vale, ao qual compareceram dois consórcios. E já ficou registrado, também, que nesse campo o consórcio pode ter caráter duradouro, permanecendo independentes e autônomas as empresas adquirentes do controle, ou concessionárias de serviços públicos, vinculadas apenas por essa forma contratual de Direito Comercial, tal como previsto no já citado art. 19 da Lei 8.987, de 13.1.1995.

O contrato de consórcio, destarte, constitui a forma mais adequada para revestir os pactos de colaboração interempresarial, na esfera privada, e só não é utilizado com mais freqüência em razão, de um lado, do desconhecimento de suas normas de regência e funcionamento, e, de outro, da dificuldade existente, entre nós, de reconhecer-se a atuação conjugada de consorciados, desprovida de personalidade jurídica.[31]

Esses óbices, no mais das vezes aparentes, são facilmente superados se se considerar, principalmente, que o contrato de consórcio, que pode ser celebrado por qualquer sociedade ou pessoa física, prestando-se ao preenchimento de qualquer finalidade de colaboração visada pelas partes (Lei 6.404/76, art. 278, *caput*, que alude a "determinado empreendimento", expressão na qual o termo "empreendimento" tem a conotação ampla e aberta de "empresa, cometimento, realização",[32] ao passo que a palavra "determinado" aí figura para esclarecer que o objeto do consórcio deve ser explicitado em sua inteireza, como se colhe do cotejo desse dispositivo com o art. 279, inc. II).[33]

Mesmo as dificuldades de ordem fiscal, muitas vezes invocadas, foram de há muito suplantadas mediante normas administrativas que acolhem, quanto a essa modalidade contratual, o princípio da transparência, imputação direta aos consorciados de receitas e despesas, operacionais ou tributárias (Instrução Normativa 105, de 19.10.1984, da Secretaria da Receita Federal, que admite a inscrição dos consórcios no CGC — Cadastro Geral de Contribuintes e Ato Declaratório Normativo 21, de 5.11.1984, da Coordenação do Sistema da Tributação, do Ministério da Fazenda).

O consórcio não tem personalidade jurídica (a despeito da obrigatoriedade do arquivamento no Registro do Comércio e da publicação do contrato e suas alterações — art. 279, parágrafo único), e as consorciadas somente se obrigam nas condições previstas no respectivo contrato, respondendo cada uma por suas obrigações, sem pre-

30. Não é demasiado acrescentar que o conhecido empresário José Ignácio Lopes de Arriortua, dirigente da montadora e idealizador da fórmula, reputa o consórcio modular como o primeiro passo da Terceira Revolução Industrial.

31. O que levou o governo federal a nos solicitar a elaboração de Anteprojeto de Lei instituindo os consórcios personalizados, que denominamos "associação voluntária de empresas" (cf. "Anteprojeto e exposição justificativa", publicado na *RDM* 52/44 e ss.).

32. Cf. nosso *Consórcios*, cit., p. 146.

33. *Si parva licet componere magna*, permitimo-nos assinalar que a literatura jurídica nacional — diversamente do que sucede alhures, sobretudo na Itália — ainda é escassa na matéria, sendo pioneiros e únicos os dois já citados trabalhos, de nossa autoria, o primeiro publicado pela Pioneira, 1977, sob o título *Consórcios de Empresas* (ainda atual quanto à legislação institucional de regência — Lei 6.404/76, arts. 278 e 279 — que não foi alterada) e, o segundo, publicado na obra coletiva *Novos Contatos Empresariais*, Ed. RT, 1990, pp. 50-96. Esses trabalhos servem de respaldo para a exposição contida neste item.

sunção de solidariedade (art. 278, § 1º), solidariedade esta que poderá ser livremente pactuada, ou exigida por terceiros, como se dá com as contratações com a Administração Pública.

Os consórcios, previstos em normas constitucionais e administrativas desde o século passado, passaram a ser erigidos na década de 60, segundo concepção econômica liberal, como fórmula preferencial para propiciar a atuação das empresas nacionais em escala compatível com as exigências da moderna economia, daí a sua previsão na Lei de Mercado de Capitais (Lei 4.728, de 14.7.1965, art. 15), na legislação sobre comércio exterior e exportações (Lei 5.025, de 10.6.1966, art. 20, *f*), no Código Brasileiro do Ar (Decreto-lei 32, de 18.11.1966, art. 72), na legislação securitária (Decreto-lei 73, de 21.11.1966, art. 44, I, *f*), no Código de Mineração (Decreto-lei 227, de 28.11.1967, art. 86), e em normas destinadas a incentivar a absorção de tecnologia (Decreto 64.345, de 10.4.1969, art. 6º).

Ressurgem os consórcios, agora, em leis de inspiração dita neoliberal, augurando-se que, melhor conhecidos, possam servir de suporte ao adequado dimensionamento das empresas nacionais, isoladamente ou em associação com empresas estrangeiras — em caráter provisório, como que prévio "namoro" para a realização de uma composição societária definitiva, ou com conotação duradoura, que não retire a autonomia e a independência das empresas consorciadas.

HOMENAGEM AO PROFESSOR WALDIRIO BULGARELLI

A PROPRIEDADE INTELECTUAL NA INTERNET E A QUESTÃO DOS NOMES DE DOMÍNIO

NEWTON SILVEIRA

Noticia-se que a taxa de inclusão na Internet deve crescer *24%* ao ano, dobrando de tamanho a cada três anos. A Internet é um instrumento de democratização.

Talvez, finalmente, esteja se concretizando um dos direitos fundamentais do homem, expresso no *art. XXVII da Declaração Universal dos Direitos Humanos* (aprovada pela ONU, em 10.12.1948): "*Todo homem tem o direito de participar livremente da vida cultural da comunidade, de fruir as artes e de participar do progresso científico e de seus benefícios*".

A questão que se coloca é a 2ª alínea do mencionado art. XXVII: "Todo homem tem o direito à proteção dos interesses morais e materiais decorrentes de qualquer produção científica, literária ou artística da qual seja autor".

Já vai longe o tempo da Lei *Le Chapelier (1791)*, ocasião em que se declarava que a criação (artística ou industrial) representava a mais sagrada das propriedades. Hoje, via de regra, esses direitos estão nas mãos das grandes empresas transnacionais e não constituem mais uma questão de sacralidade, mas de política econômica internacional...

Na rede mundial de computadores circulam bens, objeto tanto de direitos autorais como de propriedade industrial (patentes, marcas e desenhos industriais). Para tentar evitar a pirataria, a tecnologia inventa métodos de codificação e encriptação.

Isso porque a chamada "*pirataria*" de músicas por intermédio do *software MP3* permite o acesso gratuito a obras musicais. Um verdadeiro acesso democrático ao mercado de discos. O chamado *Projeto Madison*, patrocinado pela IBM e os cinco maiores selos da indústria fonográfica (BMG, EMI, Sony Music, Universal Music e Warner Music), tenta criar um *standard* que permita aos consumidores pagar pelas músicas que recebam via Internet.

No entanto, há que diferenciar aqueles que promovem uma *comunicação pública* dos *usuários* do sistema. Estes, ao reproduzirem uma gravação para uso próprio, praticam algum ilícito?

Coloca-se, aqui, de novo, a questão do *art. XXVII da Declaração Universal dos Direitos Humanos* e seu conflito imanente: os direitos do usuário e os do autor achamse em contraposição? Ou essa remuneração compete aos que divulgam a obra e dessa divulgação obtêm renda? Onde fica a democratização das informações?

Sílvia Gandelman, escrevendo sobre o tema em "A propriedade intelectual na era digital — A difícil relação entre a Internet e a lei" {(http://www.gilbertogil.com.br)} escreve: "As sanções que se prevêem até o presente momento dificilmente atingem o usuário final que, em última análise, será o pirata".

E, mais adiante, escreve a ilustre autora: "No entanto, com a utilização da gigantesca copiadora que é a Internet, qualquer indivíduo pode gravar em seu computador a cópia perfeita de um banco de dados completo ou de *clip* de vídeo inteiro. Será isto ainda *fair use*?".

Termina a autora seu texto com a indagação: "Quando pensamos em regulamentar o uso de informação e particularmente na proteção de direitos, onde traçar a linha entre os interesses dos detentores de direitos e os dos usuários?".

A respeito desse tema, a própria justiça norte-americana titubeia. Uma juíza norte-americana havia concedido liminar determinando que a Napster Inc. cessasse a distribuição de música via Internet a partir da meia-noite do dia *26 de julho*. Essa decisão foi revogada pelo tribunal local, em virtude de recurso da Napster alegando que não havia meios para controlar o compartilhamento de arquivos para o pagamento de direitos autorais.

Em minha opinião, há que separar o que é público e o que é privado, sob pena de sacrificar-se o próprio princípio do humanismo, expresso na *Convenção Universal dos Direitos Humanos*.

Há, também, que distinguir o que é empresarial, do que é do cidadão, como decorrência necessária.

Quando a nova *Lei de Direitos Autorais* brasileira, n. 9.610, de 1998, alterou o texto relativo à cópia privada, realizou uma verdadeira invasão do ambiente privado. Assim é que o *art. 46, II*, da referida *Lei*, estabelece que: "Não constitui ofensa aos direitos autorais: II — a reprodução, em um só exemplar *de pequenos trechos*, para uso privado do copista desde que feita por este, sem intuito de lucro;".

Se tomarmos o texto legal ao pé da letra, as ansiedades de Sílvia Gandelman estarão atendidas: não posso copiar, via Internet, bases de dados, livros, músicas ou filmes *por inteiro*, para meu próprio uso.

Estarei, então, praticando uma infração de direitos autorais, sujeito a uma busca e apreensão no recesso de meu lar!

No entanto, numa interpretação sistemática, não devemos desconsiderar o texto do *art. 68* da mesma *Lei*, que estabelece que depende de prévia e expressa autorização do autor a utilização de obras teatrais, composições musicais ou lítero-musicais e fonogramas em *representações e execuções públicas*.

Assim, posso representar ou executar em ambiente privado, mas não posso copiar...

A cópia privada, mesmo que por inteiro, equivale à representação e execução privadas.

Outra coisa é a divulgação (publicação ou distribuição) e o uso com intuito de lucro, empresarial, portanto.

Em face dessa nova realidade que é a Internet, devemos desagravar e democratizar o uso privado, e agravar, em contrapartida, o uso público e empresarial, privilegiando, assim, tanto o usuário quanto o autor e o empreendedor, os quais devem ser estimulados.

Não é chamando o usuário de pirata, que vamos resolver a questão.

Em judicioso artigo publicado nos *Annales de L'Université des Sciences Sociales*, Ed. 1998, Jacques Larrieu discorre acerca do tema sob o título "Idée et propriété".

Inicia seu texto fazendo remissão ao *art. XXVII* da já mencionada *Declaração Universal dos Direitos do Homem*, afirmando que "nesse texto curioso, dois interesses antagônicos, o direito a participar da informação e o direito de autor, são igualmente celebrados como um direito do Homem".

Em seu texto, destaca a contraposição entre o domínio público das informações e os direitos excepcionais do criador.

Segundo esse autor, se, de um lado, a regra é da não-apropriação das idéias, a evolução do mundo impõe novos modos de pensar: "Numa sociedade qualificada de pós-industrial, a importância financeira dos bens imateriais deve ser tomada em consideração pelos juristas: as idéias em si possuem um valor econômico quando as indústrias da 'matéria cinzenta' (publicidade, consultoria, engenharia, advogados, arquitetos...) promovem a competitividade e a riqueza das nações". "Uma parte importante da doutrina moderna se pronuncia a favor de uma proteção das idéias e da informação". "Além dos criadores, são os usuários que reclamam o reconhecimento de seus direitos".

A propósito do tema, refere o autor que "com a Diretiva Européia de 11 de março de 1996 e a Lei francesa de 1 de julho de 1998, aparece o primeiro reconhecimento legislativo sobre uma proteção jurídica de certas idéias, as quais se espelham em uma base de dados". "Um novo estado de espírito, nascido da cibercultura, vem pôr em dúvida a oportunidade dessas soluções".

Conclui o autor, dizendo que "com a Internet, uma nova cultura se desenvolveu, a qual vem contestar os direitos tradicionais dos autores". "Os direitos dos usuários não devem ser entravados pelos paralisantes direitos dos autores, caso contrário será todo o espírito da *WEB* que será posto em perigo. Mais que tudo, a liberdade e a gratuidade devem ser a regra".

Isso, do ponto de vista do usuário.

Mas, o mesmo autor adverte: "Sem criador, sem *fornecedor de conteúdo*, o universo dos internautas seria bem fraco". "É necessário, assim, preservar as conquistas da propriedade intelectual".

Do ponto de vista dos titulares de direitos autorais, aparentemente o arsenal legislativo é bastante amplo:

- a Convenção de Berna para a proteção das obras literárias e artísticas;
- a Convenção de Roma para a proteção dos artistas, intérpretes e executantes, os produtores de fonogramas e os organismos de radiodifusão;
- o Acordo de Madri para o registro internacional de marcas;
- o Acordo de Lisboa para a proteção das denominações de origem;
- o Convênio para a proteção dos produtores de fonogramas;
- o Convênio de programas transmitidos por satélites;
- o Tratado da OMPI sobre direitos de autor;
- o Tratado da OMPI sobre interpretação ou execução de fonogramas.

Embora o Brasil não seja signatário de todos os tratados acima enumerados é partícipe da Convenção de Paris para a proteção da propriedade industrial, das Convenções de Berna, Roma e Lisboa (acima enumeradas) e do acordo TRIPS (anexo ao acordo que criou a Organização Mundial do Comércio — OMC).

Por outro lado, a *Lei de Direitos Autorais* brasileira de *1998* é compatível com os tratados da *OMPI* (os quais tiveram em vista as inovações tecnológicas da Internet), especialmente quanto à proteção ao *software*, às bases de dados e à defraudação de códigos de acesso ou de identificação de obras autorais.

Novas questões, no âmbito empresarial, desafiam os legisladores e julgadores.

Assim é que os tribunais norte-americanos já se defrontaram com questões de conexões de um *site* a outro na Internet. Se, nessas hipóteses, haveria violação de *copyright*, de marca, ou concorrência desleal.

O *linking* (ou *hyperlinking*) de um *site* a outro já foi objeto de manifestação judicial nos Estados Unidos, que concluiu não haver uma infração de *copyright* tendo em vista o interesse manifestado na *Primeira Emenda* pela manutenção do livre fluxo de idéias e informações na *Internet.*

Já quanto ao *framing*, onde o conteúdo de outro *site* é exposto em janela do *site* acessado, pode ser considerado um uso indevido de marca, já que o outro *site* parece estar reembalado no *site* originalmente acessado.

Outro desafio que surgiu recentemente é a questão da patenteabilidade dos métodos de fazer negócios via Internet. Aparentemente, essa matéria está excluída da patenteabilidade nos termos da *Lei de Propriedade Industrial* brasileira *9.279*, de *1996*.

Nos EUA, que já foram precursores nas patentes de biotecnologia e de *softwares*, os métodos de fazer negócios, desde que preencham os requisitos de atividade inventiva, novidade e aplicação industrial (em sentido amplo), passaram a ser objeto de patentes.

Uma decisão judicial norte-americana de *23.7.1998* declarou que um sistema de negócios baseado num sistema informático é patenteável e que os métodos comerciais não devem ser diferenciados de outros métodos hábeis a serem patenteados.

Os casos mais famosos nos EUA são a *Patente 5.897.620*, de *1999*, concedida à Priceline Com. Inc., relativa a "*método e equipamento para a venda de bilhetes aéreos*" e a *Patente 5.960.411*, também de *1999*, concedida à Amazon. Com. Inc., relativa a "*método e sistema para promover uma venda via comunicação por rede*".

Embora a *lei* brasileira estabeleça no *art. 10, III*, que "não se considera invenção nem modelo de utilidade: (...) esquemas, planos, princípios *ou métodos comerciais*, contábeis, financeiros, educativos, publicitários, de sorteio ou fiscalização", é muito provável que tais sistemas venham a ser, na prática, objeto de patentes no *Brasil*, num exame caso a caso, visto que o *Acordo TRIPS*, subscrito pelo Brasil, obriga os países signatários a conceder patentes em todas as áreas de tecnologia, exceto aquelas por ele expressamente excluídas.

Finalmente, o tema mais popular e jornalístico dos nomes de domínio.

Aparentemente um inócuo endereço digital, passou a ser objeto de disputas empresariais através de todo o mundo.

A liberdade democrática da informação, sem qualquer peia, veio a permitir que qualquer particular ou empresário adotasse como endereço na Internet seja o nome de uma estrela famosa (ex. Julia Roberts), uma marca de alto renome ou um nome comercial.

A tradicional desconfiança no Judiciário não se justificou, pois as primeiras decisões nos casos Luk. Com. Br. e Ayrton Senna vieram a demonstrar o empenho do Judiciário em resolver os novos problemas. A FAPESP, órgão que, por delegação, procede ao registro de nomes de domínio no Brasil, não quer saber de questões legais, até pela formação de seus integrantes, essencialmente engenheiros.

Desde que a conexão se efetue tecnicamente, não é problema da instituição as questões que acarretam (até que venha a ter de pagar uma polpuda indenização, momento em que terá de contratar um terrível advogado).

A questão não é simples, pois envolve a limitada proteção das marcas registradas por ramo de atividade, o eventual reconhecimento das marcas notórias e de alto renome, o direito ao nome comercial, os direitos personalíssimos ao nome civil e ao patronímico, os pseudônimos notórios, os nomes e siglas de instituições oficiais, a apropriação de designações genéricas ou de uso comum e, até, os conflitos propriamente entre dois nomes de domínio similares, capazes de desvio de clientela.

As marcas consistem numa nova nomenclatura, criada para o mundo empresarial.

Foram precedidas pelo nome do comerciante, inscrito nos *Tribunais do Comércio*, complementado pela firma ou razão social, com o advento das sociedades comerciais, e a denominação social, característica das sociedades anônimas.

Todos esses nomes são relativos a pessoas: *o comerciante individual ou a pessoa jurídica.*

A seguir, ainda dentro do mundo estritamente comercial, vieram o título de estabelecimento e a insígnia, designativos do estabelecimento comercial, objeto de direito e não sujeito de direito.

Já no campo da propriedade industrial, ramo especializado do direito comercial, surgiu a tutela à marca registrada, que se inseriu no conceito de propriedade sobre bens imateriais, de início reservada às criações intelectuais.

O novo conceito de propriedade industrial veio a albergar as marcas, títulos de estabelecimentos e insígnias e o nome comercial ou de empresa, todos sob a designação de sinais distintivos utilizados pela empresa sob garantia constitucional. Aqueles sinais não tutelados diretamente, como os sinais e expressões de propaganda encontram abrigo nas normas de repressão à concorrência desleal, que coíbem os atos confusórios.

Com o advento do *Código Civil de 1916*, que institucionalizou a personalidade jurídica, as sociedades civis, associações, fundações e cooperativas tiveram assegurado o direito às suas denominações, como conseqüência do próprio fato de serem pessoas perante o universo jurídico.

As leis de direitos autorais, por sua vez, consagraram o direito ao nome e pseudônimo do autor e ao título de obra artística.

Os nomes de pessoas e de famílias viram reconhecida sua tutela na Lei de Propriedade Industrial e através da jurisprudência, como um reflexo do direito à imagem, hoje garantido constitucionalmente.

Outros sinais surgem, como a designação de cultivar, objeto de lei específica.

Podemos referir, ainda, as marcas de gado e os nomes de embarcações, registrados perante os Ministérios da Agricultura e da Marinha.

Dentro desse universo de sinais, podemos distinguir os que designam pessoas e os que designam coisas, objetos de direito.

Os nomes de pessoas naturais ou jurídicas encontram uma tutela ampla. As pessoas jurídicas de direito público, nacionais ou internacionais, encontram seus designativos protegidos por convenções internacionais e através das leis internas de propriedade industrial. O símbolo olímpico é objeto de um tratado internacional específico. Os nomes comerciais ou de empresa são tutelados através da Convenção de Paris, independentemente de registro e das leis comerciais que regulam o registro de firmas ou a constituição de sociedades de capitais.

A jurisprudência veio consolidar esse direito, abrangendo as sociedades civis (que também são empresariais) e, por extensão, as sociedades sem fins lucrativos.

Esse direito é reconhecido de forma ampla, independentemente de área geográfica e de ramo de atividade, já que as pessoas jurídicas são também pessoas e têm direito à sua identidade.

É importante salientar que, em termos de direito positivo, foram as normas de propriedade industrial que tomaram a dianteira na tutela aos nomes, imagens e sinais que indicam pessoas (naturais ou jurídicas, empresariais ou não), proibindo seu registro como marca sem autorização do titular.

Foram também as normas de propriedade industrial que vieram a regulamentar a aquisição de direitos exclusivos sobre os nomes de coisas, produtos ou mercadorias.

A aquisição de direitos exclusivos sobre nomes e sinais que designam coisas postas no comércio não foi simples. Já não foi fácil os juristas e legisladores estabelecer o conceito de bens imateriais consistentes em obras do engenho humano, no campo das artes e da indústria, objetos do novo direito de propriedade sobre bens imateriais. Em atenção às necessidades do comércio, o conceito foi estendido às marcas e aos desenhos industriais.

Mas, ao menos, esses sinais — agora considerados bens imateriais sujeitos ao direito de propriedade — designavam coisas materiais (produtos ou mercadorias), postas em circulação no comércio.

Um novo avanço foi dado quando as leis de propriedade industrial e as convenções internacionais passaram a admitir as marcas de serviço.

Passamos a ter bens imateriais (marcas) que designam uma prestação de serviços, também incorpórea ou imaterial, ao lado dos títulos de obras tutelados pelo direito autoral, que também compreende bens imateriais (obras) ou prestações dos artistas.

De início essas obras eram materializadas em livros, discos ou outro suporte material. Depois veio o rádio, a televisão, os programas de computador e, agora, a Internet.

Não importa, porém, qual o meio de comunicação, seja material (através de produtos ou *out-doors*) ou virtual, para que a violação de direitos sobre sinais distintivos se concretize, na conformidade das regras específicas que tutelam cada tipo de sinal apropriável.

Assim, o uso no interior de um *site* de nome ou imagem de pessoa natural, de nome de empresa ou de qualquer outra pessoa jurídica, que venha a atingir sua *identidade*, fere seu direito de diferenciar-se de outros sujeitos de direito, esteja ou não em uma situação de concorrência.

Já quando se trata de designações de bens e não de pessoas é preciso verificar se tais sinais encontram ou não uma tutela legislativa específica, como é o caso das marcas registradas. De qualquer forma, tratando-se o sinal ou designação de uma espécie de *informação* divulgada para o público, deve-se levar em conta o direito do consumidor de ser corretamente informado e de não ser enganado por uma falsa identificação.

Isso tudo tomando-se em consideração que estamos tratando de uma informação *dentro do site*.

Para adentrar o *site*, porém, é preciso acessar o seu endereço, conhecido como *nome de domínio*. Pelos mesmos motivos acima expostos, o nome de domínio não pode consistir em nome de pessoa, natural ou jurídica, ou nome de coisa que seja tutelado pelo direito segundo suas regras específicas de exclusividade, salvo pelo próprio titular ou com sua autorização.

Face à especial proteção conferida às marcas pelo direito, não é de estranhar que, de início, se tenha pensado em excluir da disponibilidade de nomes de domínio as marcas registradas de terceiros. Na FAPESP, optou-se por excluir da disponibilidade eletrônica certas designações oficiais (que indicam pessoas jurídicas de direito público) e cerca de duzentas marcas que foram chanceladas pelo INPI, na vigência da Lei de 1971, como marcas notórias. As normas norte-americanas, ora aplicadas pela arbitragem da *OMPI*, consideram tão-somente as marcas registradas, entendendo-se os nomes de pessoas como marcas, como foi o caso de Julia Roberts.

A jurisprudência brasileira vem acolhendo o conflito entre nomes de domínios e nomes comerciais ou marcas, um pouco no sentido do direito norte-americano, ao considerar que Ayrton Senna era marca, sem levar em conta ser nome de pessoa (Tribunal de Justiça do Paraná). Já é alguma coisa, mas é pouco.

O universo de nomes não apropriáveis é muito mais amplo, e a FAPESP jamais conseguirá catalogá-los, por mais sofisticado que seja seu *software* e sua base de dados.

Mesmo que a FAPESP estabeleça uma conexão com a base de dados do INPI (que é acessível a qualquer cidadão), estarão fora os nomes de empresas (que deveriam constar da base de dados do DNRC), as denominações das sociedades e associações civis (registradas, por comarca, no Registro Civil das Pessoas Jurídicas), os nomes e pseudônimos de pessoas naturais (simples cidadãos, artistas ou esportistas), os títulos de obras artísticas (que independem de registro), os nomes ou siglas de entes públicos nacionais, estrangeiros ou internacionais, as marcas estrangeiras não registradas no Brasil (tuteladas pelo art. 6-*bis* da Convenção de Paris), os nomes das cultivares e etc., aqui incluindo-se os nomes indígenas, já protegidos nos EUA e objeto de projeto de lei no Brasil.

Teríamos de pensar, também, no fato de que nomes de uso comum não podem ser apropriados como marcas, mas podem ser apropriados como nomes de domínio. No entanto, é tarde para pensar nisso, porque não há como desfazer o que já está feito, ferindo direitos adquiridos.

Tudo isso nos leva a concluir que, embora o nome de domínio não seja nome de pessoa, mas nome de coisa ou endereço virtual (que já foi considerado título de estabelecimento virtual), as regras mais apropriadas para serem aplicadas aos nomes de domínio deveriam ser as relativas aos nomes comerciais, e não as normas relativas às marcas.

Isso por vários motivos. Primeiro, porque os nomes comerciais não encontram restrição territorial (o que também acontece, de fato, com a *Internet*), nem se restringem ao princípio da especialidade das marcas. Segundo, porque admitem-se nomes empresariais constituídos por designações de uso comum, embora sua exclusividade seja limitada a nomes idênticos, e não semelhantes (aliás essa era, também, a regra, quando a Lei de Propriedade Industrial previa o registro de títulos de estabelecimento). Terceiro, porque o correto caminho processual parece ser o mesmo aplicável aos nomes comerciais.

Muito embora a ação de nulidade de registro de marca se processe perante a justiça federal, já que a lei prevê a participação do INPI na ação que pretende desconstituir um título atributivo de direitos, é certo que o registro de nome de domínio perante a FAPESP não se assemelha a um registro de marca. E a jurisprudência brasileira é constante ao entender que a ação que objetiva a alteração de nome comercial se processa contra o titular de nome comercial supostamente contrafeito, sem a participação da Junta Comercial no feito.

A ação é a impropriamente chamada de *cominatória* (ou designada por Gama Cerqueira de *proibitória*), na verdade uma ação ordinária de cumprimento de obrigação de fazer (alterar ou transferir o nome de domínio) e de não fazer (cessar o uso de nome conflitante), sob pena de multa diária pecuniária.

O juiz pode conceder a antecipação de tutela (de forma que a multa passe a incidir desde logo) e pode prover a execução específica da obrigação, caso o devedor não a cumpra (conforme a nova redação dos arts. 461/462 do CPC).

Esse efeito pode ser concedido mesmo em antecipação de tutela, já que não é irreversível, porque o nome de domínio, transferido ao autor por determinação judicial, poderá ser revertido ao réu também por determinação judicial...

Não obstante, os agentes de propriedade industrial, afeitos aos tribunais administrativos, pleiteiam um órgão julgador intermediário, seja estatal administrativo, seja arbitral (que, na verdade, não é tipicamente arbitral, pois seria imposto às partes).

Nada obsta, já que à FAPESP repugna imiscuir-se nos meandros jurídicos com todas as facetas acima descritas, o que é razoável.

Tal decisão de órgão intermediário seria, sempre, sujeita ao crivo do Judiciário, face ao princípio constitucional de que nenhuma lesão a direito individual poderá ser excluída da apreciação do Poder Judiciário.

De minha parte, acredito pouco na suficiência desses tribunais administrativos, tais como o INPI ou as Juntas Comerciais, embora seja certo que o perdedor que saiba não ter razão pensará duas vezes antes de levar a juízo causa em que não crê.

Para que esse órgão julgador intermediário possa funcionar, precisará dispor de regras relativamente simples. Assimilar o nome de domínio a uma marca não resolverá a questão, face ao princípio de especialidade das marcas, que enseja a coexistência de marcas iguais desde que se apliquem a produtos ou serviços diversos. Essa regra é incompatível com o sistema de nomes de domínio, já que o registro do primeiro veda automaticamente a inscrição subseqüente.

Portanto, o nome de domínio goza de uma proteção (técnica) ampla, como os nomes empresariais, ou, até, mais ampla, por não se achar em correlação a um objeto social.

Por não estar limitado a um certo ramo de atividade, abrange todos e, em conseqüência, conflitará com marca de terceiro anteriormente registrada. Em caso de disputa entre dois titulares de marca registrada, terá o direito ao nome de domínio aquele que primeiro o inscreveu, aplicando-se aos subseqüentes a regra das firmas homônimas, devendo aquele que chegou depois aditar designativo que o distinga (conforme o Decreto 916, de 1890).

Haverá, também, conflitos entre nomes de domínio semelhantes, que não correspondam a marca ou nome comercial de ninguém.

Mais uma vez, as regras que regulam os nomes comerciais são aplicáveis vantajosamente, pois o conflito independe dos ramos de atividades de cada qual.

Se os ramos de atividade dos titulares de cada nome de domínio forem iguais ou afins, ensejando a concorrência desleal, esse fato agrava o conflito, mas não é requisito essencial para caracterizar a contrafação (v. Banco Safra *vs.* Safra-Disco, Banco Lavra *vs.* Lavra Engenharia, Bunge & Born *vs.* Burg & Borg Posters e Cartões e muitos outros precedentes jurisprudenciais).

Em suma, aplicar ao nome de domínio a normativa dos nomes comerciais, ou seja, incluí-lo no conceito de nome comercial objetivo, parece-me ser o melhor caminho para resolver as questões relativas ao nome de domínio.

Doutrina

DIREITO E INCERTEZAS DA BIOTECNOLOGIA: CUSTO SOCIAL DAS PESQUISAS

RACHEL SZTAJN

A desconfiança crescente da sociedade com produtos obtidos a partir de experimentações e progressos da ciência, notadamente da biotecnologia, é sensível, provocando a geração de temores e dúvidas que se amplificam na velocidade da maior divulgação de resultados das inovações. Essa desconfiança tem fundamento na falta de conhecimento dos procedimentos e modelos de raciocínio investigativo próprios de certas áreas do conhecimento, que têm posto em xeque tanto a certeza do conhecimento quanto a segurança no aceitar afirmações de que os novos produtos são benéficos para as coletividades.

A incerteza tem dominado o discurso de cientistas, denotando ausência do consenso que costumava predominar em certas áreas técnicas, alastrando-se daí para toda a sociedade. Como comportamentos prudentes ou prudenciais sempre fizeram parte de esquemas de sobrevivência das sociedades, operando como mecanismo de composição de riscos, não espanta a perplexidade geral diante de novas e, aparentemente, promissoras informações sobre terapêuticas ligadas a manipulações genéticas que prometem a cura de moléstias hereditárias ou vistas como letais.

A perplexidade é resultado da incerteza científica, das retratações sobre efeitos nocivos de certas drogas, sobre resultados inesperados de outras, do temor do desconhecido e dos riscos que possa esconder. O risco é conhecido da humanidade.

O mito de Prometeu pode ser uma das maneiras de explicar a busca do desconhecido e os perigos que possa encobrir. Mas as pessoas, algumas delas ao menos, não se deixam intimidar por eventuais resultados adversos e perseguem o novo com afinco. Os cientistas são uma das categorias de pessoas que optam pelo enfrentamento de dificuldades de riscos na expectativa de resultados favoráveis.

Aceitar riscos – e suportar seus efeitos – integra qualquer pesquisa, e importa compreendê-lo como maneira de aumentar a capacidade de entender e administrar incertezas futuras. Esse processo facilita a adaptação dos seres vivos às mutações ambientais e, pode-se dizer, é parte do processo de evolução das espécies. A aptidão para lidar com riscos desenvolve a capacidade de apreender em que medida turbulências são aceitáveis e quando, ao se tornarem real perigo, devem ser afastadas ou contornadas.

Pode-se dizer que os limites da sobrevivência, individual e coletiva, são determinados pelos riscos assumidos – por indivíduos e coletividade –, especialmente se agem sobre a vida, a saúde, o ecossistema – em suma, a vida em todas as suas manifestações. Quando as inovações tecnológicas alteram a velocidade de manifestação do risco, a percepção de sua interferência na adaptação dos seres vivos, sendo a vida o cerne do problema, o temor de impactos adversos se acentua. Por isso a decisão de limitar o presente discurso à biotecnologia.

Bio, do Grego, significa vida; *tecnologia*, originada de *técnica*, novamente do Grego, significa arte ou habilidade; *tecnologia* significa o ramo do conhecimento que estuda a aplicação da ciência em procedimentos industriais, massivos, ou, ainda, a aplicação de conhecimento prático a certas áreas práticas. Biotecnologia (bio + tecnologia) é, portanto, o estudo das relações entre seres humanos e procedimentos industriais ou, ainda, a aplicação de processos biológicos à produção de materiais e substâncias para uso industrial, medicinal, farmacêutico; vale dizer, uso de conhecimentos (ou habilidades) técnicos, de forma industrial, relativamente à vida de diferentes espécies de organismos vivos, não apenas seres humanos.

Como, num quadro de instabilidade técnica que tem caracterizado o desenvolvimento das ciências biológicas, se incluem as inovações da pesquisa genética e a responsabilidade de pesquisadores, empresários e órgãos da Administração Pública? Por que a sociedade teme inovações quando se sabe que os seres humanos, de longa data, fazem pesquisas no campo da Genética, da Biologia?

Atividade genética em animais e plantas, práticas que levem ao aperfeiçoamento das espécies, são velhas conhecidas da sociedade moderna. Técnicas de cruzamento de animais com determinadas características que se deseja reproduzir, empregando para isso a inseminação artificial, melhorar o plantel; o administrar hormônios visando a reduzir o tempo de engorda – são atividades comuns nas fazendas brasileiras, experimentais ou não.

Transferir genes de um animal para outro não era fato merecedor de elucubrações dos operadores do Direito, dada a prática dos criadores. Atualmente, porém, a percepção é diferente. Igualmente, no que tange a vegetais os cruzamentos ocorrem, às vezes, espontaneamente, por força de correntes de vento que transportam elementos de uma para outra planta, a polinização feita por insetos. Algumas vezes as alterações resultam de atividade humana com a criação de variedades ou introdução de características distintas em variedades conhecidas.

Se ninguém reclama das plantas enxertadas, por que há reclamações quando as manipulações resultam da biotecnologia? Creio que pela percepção de que a manipulação do DNA aparece como mais perigosa do que a simples mescla de células no caso de animais ou a enxertia no das plantas.

Isolar o DNA de animal ou vegetal, alterar seqüências e criar desenho novo, e transpô-las em outro organismo vivo, como faz a biotecnologia, resulta nos organismos geneticamente modificados (genes são seqüências de DNA – ácido desoxiribonucléico – em que ficam as informações de unidades hereditárias que determinam as características físicas e biológicas de cada indivíduo; mapeamento do genoma significa mapear a vida, animal ou vegetal; conhecido o mapa, é possível imaginar alterá-lo, para mudar as características individuais e, depois, reproduzi-las).

O grande salto entre a biotecnologia e os procedimentos anteriores, pela facilidade da seleção dos genes a serem transferidos, é que gera incerteza.

Certo que a manipulação genética pretende o mesmo resultado da seleção e aprimoramento visados na cultura ou criação tradicionais, mas o atual processo utiliza meios sofisticados; e, por isso mesmo, provocam o temor do desconhecido.

A forma tradicional de aprimoramento de espécies parece mais segura, de vez que conhecida e também, creio, porque o processo requeira mais tempo para que se chegue ao resultado visado, facilitando correções quando se constatam resultados intercorrentes indesejados, pois além de encontrar a característica desejada é preciso não só dominar o como transferi-la mas, ao mesmo tempo, eliminar as negativas. A enxertia ou enxerto em vegetais nada mais é do que forma de introduzir genes de uma espécie em outra para "melhorar o produto final". As novas espécies que resultam dos genes transmitidos de um a outro ser e a interação com o meio ambiente reúnem características dos genes combinados. Mas com os processos novos o controle do produto final é maior, pela certeza de transferir material genético específico, depurado de características indesejáveis.

A tecnologia altera a forma e velocidade mediante as quais novas variedades são criadas, facilita a seleção de genes e sua mescla, encurta o prazo de aparecimento de resultados. Ora, se melhoramento genético não é obra de pesquisadores deste último quarto de século, como explicar a amplificação da percepção de riscos?

A sensação de que a velocidade com que se processam as mudanças genéticas cria riscos maiores do que aqueles resultantes dos procedimentos tradicionais é patente. Também se assimila a insegurança com que os pesquisadores avaliam os resultados das inovações, e, como se tem demonstrado, dentro de lapsos temporais não muito longos, afirmações tidas como definitivas não encontram amparo em face de novos avanços no conhecimento. Inúmeros casos amparam a desconfiança – exemplo: a sacarina foi acusada de cancerígena; o sol, de benéfico para os ossos a vilão, causador de câncer de pele.

Esse tipo de risco é mais visível, sensível, na biotecnologia. Sua quantificação, se viável, a razoabilidade de aceitar riscos novos comparados aos benefícios sociais, as precauções a serem adotadas para hipóteses de incapacidade de administrar danos futuros, tudo depende da percepção da relação risco/benefício. Qualquer equívoco nessa percepção é motivo para indagar de responsabilidades se houver danos. Como compô-los se forem massivos?

A inovação da biotecnologia implica dominar a pesquisa científica e sua aplicação, prever a reparação de danos mediatos, evitar se tornem irreparáveis se o padrão de risco for fixado somente com base no benefício imediato ou aparente. Intervenções biotecnológicas requerem a adoção de precauções para conseqüências imprevistas (ou imprevisíveis). Também é importante ter presente que, muitas vezes, as inovações provocam externalidades negativas.

Por exemplo, a luta contra a desnutrição depende do aumento da oferta de alimentos, o que justifica intervenções genéticas em animais e vegetais; a busca de cura para moléstias hereditárias leva à manipulação de genes de seres humanos, igualmente justificada pela vontade de eliminar imperfeições. Efeitos adversos de algumas dessas manipulações genéticas dão origem a riscos da biotecnologia, como a antecipação da puberdade, a cuja precocidade são imputados danos psicológicos; diminuição da eficácia de medicamentos por larga exposição a princípios ativos; no plano econômico levam à dependência de produtores por sementes, já que as espécies geneticamente manipuladas são, em geral, estéreis; esgotamento mais rápido do solo ou alteração de suas qualidades, como ocorreu na Índia.

Os benefícios decorrentes das manipulações são reduzidos pelas conseqüências prejudiciais que afetam algumas pessoas. É nesse sentido que se fala em externalidade negativa. Parte da sociedade *paga o preço* da pesquisa, sofrendo os efeitos negativos do emprego de produtos geneticamente alterados.

Quaisquer que sejam os cuidados adotados, independentemente da atenção de investigadores aos testes, não se eliminam os riscos da incerteza científica, até porque muitos deles são desconhecidos ou imprevisíveis. As mais nobres intenções são insuficientes para assegurar inexista qualquer álea.

A expressão *slippery slope* serve para exemplificar como acontecimentos futuros e incertos destroem argumentos empregados no justificar decisões específicas. O alargamento das hipóteses de aplicação analógica das razões iniciais acaba por incluir na regra hipóteses nunca imaginadas. Parece óbvio que os cientistas – excluídos os de índole duvidosa, minoria entre o grupo – nao visam a causar danos a destinatários de produtos por eles manipulados. Pesquisadores dedicam-se a aperfeiçoar, aprimorar, as técnicas e tecnologias visando ao benefício das pessoas, do meio ambiente; pensar em biotecnologia destinada a aniquilar a humanidade é paradoxal. O uso subseqüente das invenções, como no caso do avião, criado para facilitar deslocamentos e utilizado para lançar bombas, depende dos controles sociais que se possa exercer sobre a invenção.

Regra de responsabilidade civil fundada em ação ou omissão, culposa ou dolosa, teria pouca valia nesse quadro, assim como não se poderia cogitar de responsabilidade objetiva. Até a inversão do ônus da prova poderia ser difícil de implementar num quadro de mutabilidade e avanço do conhecimento. A biotecnologia requer tipos de valoração do meio ambiente e da saúde garantidos pela edição de regramentos ou regulações prudentes ou prudenciais, nos quais as condutas sejam desenhadas impondo diligência, cuidados excepcionais.

Que riscos são, ou devem ser, direta ou indiretamente considerados quando se pensa em inovação da biotecnologia, e como administrar a matéria de responsabilidade nos casos de dano?

A biotecnologia vem sendo empregada em animais visando a aumentar a velocidade de engorda, produção de leite ou carne, carne com menor teor de colesterol ou gordura. Para isso são usados desde anabolizantes até técnicas de manipulação genética. O resultado visado com as manipulações é desde o aumento da oferta até a melhora da qualidade nutricional, com aumento do conteúdo vitamínico, inclusão de características que dispensem armazenamento especial onde não esteja disponível. Na área farmacológica visa-se a facilitar a produção de agentes biológicos e fármacos para melhorar a qualidade de vida.

Que problemas se percebe, tomando-se como marco inicial os riscos da biotecnologia, na formulação de regras? Como definir restrições no aceitar certas tecnologias? Encontrar valores consistentes entre decisões judiciais e desejos da comunidade, criando padrões claros de aceitabilidade de condutas, é um dos vetores; ter em conta as conseqüências aceitáveis por quem venha a ser atingido pelas novas tecnologias é outro; apreciar as incertezas da ciência quanto à magnitude do risco tecnológico e o desejo das pessoas de combinar os custos e benefícios é imperativo de qualquer procedimento prudencial.

A importância de tentar definir regras para a biotecnologia reside em que os investimentos em biomedicina, engenharia genética, entre outros, podem ser comprometidos se as decisões forem apaixonadas, esquecendo as reais necessidades regionais das diferentes comunidades. O acirrado debate entre os favoráveis e opositores da manipulação genética pode estar associado ao domínio das técnicas, ao exercício de poder nos mercados.

Tome-se a área de fármacos. Os investimentos em pesquisa de novos medicamentos se fazem tendo presentes os mercados de maior poder aquisitivo. Laboratórios farmacêuticos investem pesadamente em moléstias típicas de países desenvolvidos e usam as populações de países menos desenvolvidos na experimentação de drogas. O componente ético desse procedimento não recebe muita atenção. O preço de muitas drogas cuja produção não exige mais qualquer pesquisa é, muitas vezes, determinado em função da margem de contribuição para o lucro do produtor, de maneira a financiar pesquisas de outras drogas.

Também a alocação de recursos na área da saúde pode ser afetada pela biotecnologia. A Organização Mundial da Saúde entende que nos países subdesenvolvidos é mais adequado empregar recursos no tratamento de moléstias como malária, febre amarela ou outras endemias locais do que garantir à população acesso a terapêuticas e intervenções de alta complexidade como, por exemplo, transplantes, seguidos que são por exigência permanente de medicação dispendiosa. Aceito o argumento, como enquadrar a universalidade de acesso à saúde prevista no texto constitucional pátrio? Da mesma forma, pensar em investir em biotecnologia corresponde a desviar recursos de outras áreas. Portanto ao lado de razões econômicas, ética e religião influem na avaliação dos riscos decorrentes da biotecnologia.

"Avaliar" é determinar o valor de um bem, estimá-lo em comparação com outro(s), da mesma espécie ou não. Avaliar riscos da biotecnologia é processo semelhante, em que se deve evitar comparar riscos incongruentes entre si, riscos não relacionados resultantes de opções pessoais, ou riscos relacionados ou o mesmo risco, se oriundos de fontes distintas. Congruência e relacionamento constituem os parâmetros centrais que devem ser objeto de definição pelas coletividades. Sem dúvida, é fácil propor a definição dos parâmetros pelo Estado, impondo-lhe o ônus do erro. Até a proibição da pesquisa genética, impedindo (ou dificultando) a produção de novos e mais eficientes medicamentos, reduzindo o efeito de pragas sobre vegetais, são decisões que partem da avaliação dos riscos. Definir prioridades de forma racional leva a melhorar a qualidade de vida da sociedade.

No desenho institucional das avaliações de risco há que ter presente o encanto que a tecnologia de ponta tem, encanto que ofusca a razão no apreciar os perigos que a inovação, potencialmente, carrega. Por isso, os riscos da biotecnologia constituem um dos desafios atuais para legisladores e operadores do Direito. Cabe ao Poder Público alertar as pessoas para eventuais danos conseqüenciais de políticas públicas que favoreçam ou proíbam a manipulação genética de seres vivos.

A participação de especialistas na formulação de regras é desejável mesmo quando não exista, entre eles, consenso. O debate é salutar para esclarecer quais as divergências, as dúvidas, e até encontrar mecanismos para lidar com elas. Sem dispor de informação as pessoas não se preparam para enfrentar os desafios da biotecnologia.

O temor diante da biotecnologia pode ser ligado a dois fatos, ambos do mesmo período, a II Guerra Mundial. A memória ainda não desaparecida de eventos que são narrados por sobreviventes dos campos de extermínio e que levou à Declaração de Direitos Humanos, a regras sobre pesquisa com seres humanos, é um deles e resulta de experimentos levados a cabo por médicos alemães com prisioneiros dos campos de concentração.

O outro foi a explosão das bombas atômicas sobre as cidades japonesas de Nagasaki e Hiroshima, em 1945. O feito demonstrou que havia suficiente domínio do homem sobre o átomo, domínio que permitiu fabricar a bomba, mas também que todo o conhecimento científico disponível à época não bastou para prever possíveis ou prováveis efeitos das explosões atômicas, como, por exemplo, a incidência de câncer ou a contaminação do meio ambiente, posteriormente constatada. Seria inacreditável supor que, a par de produzir arma potente, os pesquisadores visassem aos efeitos posteriores de contaminação do meio ambiente.

Ao se darem conta, pesquisadores e sociedade, de que o triunfo da ciência e da tecnologia sobre a energia criara riscos inimaginados, as pessoas se aperceberam como a tecnologia pode pôr em perigo a vida, interferindo, de forma devastadora, sobre o futuro dos seres humanos, fauna e flora.

Sabe-se que o uso da luz, como raios *laser*, facilita a coleta de sangue em portadores de diabetes, permite cirurgias menos invasivas. Fototerapia é usada para tratar câncer, hepatite, em endoscopias, substituindo métodos mais dolorosos. Diagnósticos por imagem – tomografias e ressonâncias e ultra-som – são importantes aliados no diagnóstico, por oferecem melhores resultados. Mas, como às vezes há reações alérgicas a marcadores injetados, são temidos.

Transpondo a inquietação científica para a biotecnologia, não há como duvidar serem os temores da sociedade justificados ou, no mínimo, justificáveis. Essa situação é a que se põe na regulação de atividades técnico-científicas atualmente, e deve estar refletida no processo legislativo e na definição de responsabilidades que devem recair sobre cientistas, financiadores, governos e/ou órgãos da Administração com competência para aprovar a entrada no mercado de produtos geneticamente modificados, medicamentos, financiamentos e linhas de pesquisa controversas. Enfim, trata-se de incluir nas decisões e na formulação de regras de responsabilidade a incerteza, o risco, como elemento constante.

A idéia de risco, conhecida dos sistemas jurídicos, integra com mais nitidez o quadro legal após a Revolução Industrial e o processo massificado de produção, quando o risco criado pela atividade torna-se parâmetro para imputação de responsabilidades por danos causados por produtos defeituosos. Essa idéia de risco aplicada à ciência fica mais perceptível tomando a II Guerra Mundial como marco histórico. A ruptura da noção de continuidade entre ciência e tecnologia chega, agora, a perturbações e inquietudes típicas da ciência, fazendo com que a redução da certeza da técnica provoque desconfianças na sociedade. A partir dessa percepção, probabilidade, incerteza e risco, que ocupam o centro do pensamento científico, fluem para a sociedade e chegam ao sistema normativo.

Fica evidente que, se a ciência leva a progressos desejáveis, também cria incertezas; aumenta a suspeita de que possíveis danos estejam ligados ao avanço da tecnologia e a certeza de que a regulação para avaliar e/ou reduzir o risco é desejável e se impõe como marca dessa etapa. Também se observa que o risco, agora, não é simplesmente o risco da produção em massa, mas é o da imprevisibilidade de que efeitos indesejados ou inimagináveis, não aparentes no período de testes do produto ou da tecnologia, se manifestem.

Se o triunfo da ciência e da tecnologia sobre a energia criara riscos não previstos que atingiram o meio ambiente e as pessoas, não se descarta a hipótese de a tecnologia poder pôr em perigo a vida, interferindo, de maneira devastadora, no futuro dos seres vivos. Essa inquietação, transposta para o campo da biotecnologia, explica os temores da sociedade. Por isso é preciso incluir nas decisões e na formulação de regras de responsabilidade a incerteza, o risco, como elemento constante, que se refletirá no processo legislativo e na definição de responsabilidades que devem recair sobre cientistas, financiadores, governos e/ou órgãos da Administração com competência para aprovar financiamentos para linhas de pesquisa controversas ou autorizar a entrada no mercado de medicamentos ou alimentos que contenham elementos geneticamente alterados. Essa a regulação desejada para atividades técnico-científicas e empresariais envolvendo biotecnologia.

Na era da informação a inovação ganha espaço, representando forma especial de exercício de poder em que aquele que sabe mais se impõe aos demais; por isso a disputa entre países e seus cientistas no desenvolver tecnologias. A sociedade contemporânea valoriza conhecimento e tecnologia de forma excepcional. E se percebe que quanto mais se avança na pesquisa mais se notam equívocos de avaliação em situações pregressas e mais se acentua o quanto ainda não se conhece.

A invenção do motor a gasolina e a produção de automóveis revolucionaram o transporte e produziram, segundo Olivier Godard, a morte de florestas – *Waldensterben* – na Alemanha Ocidental. O perecimento das florestas alemãs acontecia em escala nunca vista anteriormente, causando especial preocupação por ocorrer em áreas de baixa poluição de solo e da água, nas quais não havia indústrias poluentes.

Afinal constatou-se que as árvores se ressentiam da emissão de dióxido de enxofre (SO_2) por veículos automotores, levando à edição de normas de controle de emissão de gases poluentes por veículos de transporte rodoviário. Em seguida a Alemanha passou a pressionar os demais países da União Européia para que também exigissem a instalação, em veículos neles montados, de componentes que reduzissem a emissão de gases tóxicos.

O exemplo acima reproduzido do texto do pesquisador europeu mostra bem a dificuldade do desenho de normas que garantam a preservação da qualidade de vida, seu aprimoramento, com o mínimo risco para a vida, empregada a palavra em seu sentido mais abrangente quando se trata de meio ambiente, de difusão de produtos alimentares ou medicamentos, sem cooperação de pessoas e países, muitos dos quais não sujeitos àquele determinado risco.

Fronteiras físicas desaparecem em várias situações, como, por exemplo, o acidente da usina atômica de Chernobyl, na Rússia, cujo risco de contaminação criado em um país se propaga além-fronteiras nacionais. Bacias hidrográficas constituem outro foco para regulação do uso da água, do despejo de materiais poluentes, de construção de barreiras. A mortandade de peixes no Danúbio e afluentes resultou de despejo de poluentes em um pequeno rio no Leste Europeu.

Verdade que nem sempre o risco é fruto de inovação, mas um dos fatores de incerteza que têm caracterizado a ciência nesta segunda metade do século é a aplicação dos produtos novos ou o uso novo de produtos já conhecidos.

Incerteza e risco caminham paralelamente e há interferência mútua na sua estimação. E é nesse quadro mutante, fluido, que se movimentam os estudiosos do Direito, os operadores econômicos e os reguladores. Aquilatar a responsabilidade da pesquisa que se destina a melhorar a qualidade de vida, a oferecer mais alimentos, tornando variedades vegetais mais produtivas e/ou imunes a pragas, é desafio. É crucial saber, em caráter permanente, se a metodologia empregada nos testes compreendeu todas as hipóteses, se o produto, tal como testado, serve aos fins preconizados, de modo a não impor a usuários resultados perversos. Em especial, é preciso atenção diante de possível, eventual, irreversibilidade de danos causados por riscos não previstos.

Imagine-se modificação de produtos que integram a cadeia alimentar ou sejam empregados na Farmacologia. Efeitos colaterais como ingestão desnecessária de hormônios ou os produzidos pela talidomida geram temores que precisam ser superados com informação. A talidomida foi desenvolvida para evitar enjôos durante a gravidez. Testes laboratoriais deram resultado positivo e a medicação foi prescrita para gestantes. Pouco tempo após o início do uso da droga notou-se aumento da incidência de crianças portadoras de deformações físicas. O interesse dos pesquisadores para o fato ligou as crianças a mulheres que haviam tomado a talidomida, o que fez com que o laboratório a retirasse do mercado. Recentemente descobriu-se que a talidomida é eficaz no tratamento do Mal de Parkinson, moléstia degenerativa que ataca o sistema nervoso. Em geral essa doença atinge pessoas de idade e, portanto, longe da fase fértil, pelo quê não deve causar danos a fetos.

Outro caso é o do implante de silicone em próteses mamárias, faciais ou nasais. Além do rompimento da bolsa contendo o produto, o movimento, especialmente no rosto (maçãs e queixo), acaba por deformar as fisionomias de implantados. Outro caso ainda é o de uso de anabolizantes para aumentar a massa muscular, e que também tem efeitos colaterais, como, por exemplo, o aumento do músculo cardíaco, que pode levar à morte precoce do consumidor. Danos imputáveis à biotecnologia poderiam ser evitados com a solução simplista e radical de banir qualquer pesquisa na área e proibir o uso de substâncias químicas novas, ou combinações de quimioterápicos.

Se essa solução fosse adotada durante a II Guerra Mundial não teríamos penicilina e muitas vidas seriam perdidas por causa de infecções. A edição de regramento cautelar ou prudencial, local ou regional, por vezes, atende às necessidades, por ser mais fácil determinar que riscos são aceitáveis, naquelas circunstâncias e por aquela cultura, naquelas condições sócio-econômicas.

O cerne da questão pode ser encontrado, portanto, na idéia de risco, na álea decorrente da incerteza, e verificar se há forma de criar modelo(s) de avaliação do risco para determinar quais os limites de aceitabilidade em cada sociedade. Nesse sentido, Baruch Fischhoff, ao tratar de tecnologias perigosas, diz que seriam aceitáveis aquelas em que os riscos criados ficassem aquém de certo nível e que os empresários, em tais áreas, não sofreriam qualquer restrição, visto que os riscos gerados pela atividade seriam suportáveis pela coletividade. Tecnologias mais arriscadas exigiriam medidas de proteção do ambiente e pessoas, para serem adotadas. Isso facilitaria a definição de padrões, de sorte que a fiscalização prescindiria de parâmetros que envolvessem ética ou medidas políticas. Também facilitaria que as pessoas vissem com mais objetividade como seu bem-estar é tratado pelo regulador, sem ter que se enfronhar em questões, complexas e técnicas, ligadas a riscos.

O problema é a dificuldade no determinar nível aceitável e fixo de risco em todos os casos, diz Fischhoff, que explica que "(...) the acceptability of risk is a relative concept and involves consideration of different factors. Considerations in these judgments may include: the certainty and severity of the risk; the reversibility of the health effect; the knowledge or familiarity of the risk; whether the risk is voluntarily accepted or involuntarily imposed; whether individuals are compensated for their exposure to the risk; the advantages of the activity; and the risks and advantages for any alternatives". Prossegue dizendo que regular uma dada tecnologia de forma defensiva requer conhecer todas as conseqüências, riscos e benefícios. "To regulate in an ethically defensible way, one must consider its impact on individuals, as well as on society as a whole."

Ressalta-se a opinião de Fischhoff quanto à dualidade de perspectivas, a individual e a coletiva, a micro e a macroeconômica, e o fato de a avaliação dos riscos e a imputação de responsabilidades deverem estar fundadas em considerações éticas, eqüidade e experiência de cada grupo social. Uma ferramenta para reduzir a velocidade de propagação de efeitos perversos das motivações científicas seria a adoção de comportamento cauteloso, prudencial, sopesando riscos e benefícios. Não se afasta a incerteza, mas ponderam-se seus efeitos em relação a potenciais benefícios.

Olivier Godard, ao analisar conhecimento e precaução na tomada de decisões que envolvem o avanço científico, observa que, em condições de incerteza, riscos controversos apresentam algumas das seguintes variáveis: a) predominam as construções científicas e sociais sobre as percepções individuais; b) aparecem interesses de terceiros que não integram o cenário específico; c) a controvérsia na ciência diante da política regulatória perdura, por largo espaço de tempo; e, finalmente, d) algumas pessoas percebem que a irreversibilidade potencial da inovação é significativa.

Em relação ao primeiro aspecto lembra a questão da camada de ozônio e os riscos decorrentes dos buracos causados por emissões de gases e a possibilidade do aumento da incidência de câncer de pele. No segundo caso cuida-se, por exemplo, do futuro, de interesses concorrentes. O terceiro é dedicado a encadeamentos de efeitos e conseqüências sobre o bem-estar das pessoas. Finalmente, no último aspecto lembra matérias como segurança nacional, saúde pública, sobrevivência de espécies ou grupos e aperfeiçoamento da qualidade de vida em geral, em que se inclui a discussão sobre o aquecimento da Terra e a destruição da camada de ozônio, ao lado da emissão de poluentes ou materiais que põem em risco a saúde.

Todas essas questões se refletem no processo de regulação de atividades, econômicas por certo, que, para aquele pesquisador, estão integradas na organização sócio-econômica das coletividades. Vale dizer, não apenas aspectos econômicos mas, também, eventual alteração do curso da evolução natural devem ser observados pelos agentes. O avanço tecnológico, que é processo endógeno nas sociedades, e a oportunidade, o momento em que a tecnologia é empregada. O primeiro inclui valores sociais e as expectativas futuras, o outro depende de investigar como alterações bruscas no processo evolutivo podem afetar os ecossistemas em contraste com alterações lentas que não provoquem rupturas.

Certo que questões que abrangem tecnologias e suas alternativas integram, cada vez mais, as discussões sociais, notadamente quando há divergências entre os próprios cientistas. Godard explica que a invasão, no plano político, dessas disputas implica transferir experimentação, modelos e teorias, premissas e contingências para um universo de preocupações, interesses e valores que não compõem o plano científico em geral.

Diante de um espectro tão largo quanto importante de hipóteses, não é de espantar a perplexidade dos formuladores de regras quer no plano interno quanto no internacional. Assim, quando se pensa em gravidade e irreversibilidade de efeitos de tecnologias explica-se a urgência com que atuam certos "formadores de opinião", insistindo em que medidas sejam tomadas antes que se ultrapassem todas as etapas – ou ao menos as necessárias e suficientes – de testes. Muitas decisões fundamentadas em experimentos inclusivos terminam por ser reformadas posteriormente, ainda mais quando na primeira decisão haja aspectos de racionalidade formal e falte disputa científica.

Godard afirma que a urgência abre a "caixa de Pandora" em que se tenta manipular a ciência, privilegiando aspectos políticos ou econômicos – quando não ambos –, com evidentes perdas. Continua dizendo que: "Concerned social actors and big corporations significantly involved in R&D activities are spreading their strategic field of action and competition to the scientific representations of the world (nature, but also society). The content and timing of action is at stake: some want immediate action based on technological standards, in order to push new markets; others try to postpone any action to preserve their own business (...)". Adiante explica que no plano científico esse tipo de conduta estratégica visa a obter alguma decisão, em geral prematura e favorável, havendo controvérsias quanto aos efeitos de inovações, de vez que a persistência da incerteza e da dúvida facilita a discussão de benefícios e riscos por grupos de pressão. Por isso que relatórios de especialistas se tornam instrumentos de estratégia mesmo quando os especialistas não atuem no processo.

Godard oferece uma resposta para explicar parte do temor com a biotecnologia: a velocidade com que as modificações são apresentadas, a insegurança de que os testes tenham sido incompletos e, talvez, as histórias de horror por conta de idiossincrasias individuais no consumo de alguns desses produtos geneticamente alterados. Efetuar testes em condições laboratoriais não afasta riscos, individuais ou coletivos, que diferem entre si e, portanto, requerem formas de avaliação igualmente distintas. Esse desafio da biotecnologia é ímpar na experiência humana.

A incerteza de algum evento futuro fugir ao controle, decorrer de conduta indesejada, também pode estar associada à pressa. Disciplinar a entrada no mercado de inovações da biotecnologia envolve lidar com o risco da ciência. De outro lado, é importante lembrar que pesquisas requerem largos investimentos – financeiros e trabalho, esforços –, os quais, quando providos pela iniciativa privada, visam a formular respostas que permitam pôr no mercado produto de consumo que atenda às normas legais quanto a segurança e saúde. Combinar busca de lucro com incerteza é parte do desenvolvimento empresarial; certo, precaver-se para evitar prejuízos também, mas quando a incerteza quanto à proposta da ciência é parte do resultado o quadro muda.

Efeitos de produtos contendo substâncias geneticamente manipuladas podem ocorrer muito tempo após sua ingestão, e até que sejam a eles atribuídos, com certo grau de segurança, o lapso temporal aumenta. Ora, como a responsabilidade por danos depende também de se definirem padrões de segurança, a regulação de atividades neste campo é fundamental. Regular implica saber que valores devem prevalecer para garantir a vida em todas as suas formas, nem sempre a vida de todos os componentes de uma mesma espécie.

Depende de conhecimento estabilizado que permita antecipar a necessidade de cuidados extraordinários em cada situação, de conhecer o problema para buscar solução (soluções) que reduza(m) incerteza e insegurança na área da saúde pública. Por exemplo, é fruto da biotecnologia a resistência de certos organismos a antibióticos, tornando mais difícil lidar com infecções. Por vezes, sabe-se, paciente acometido de infecção hospitalar consumia antibióticos sem necessidade.

Evidentemente, não é razoável legislar para exceções, para casos individuais. As regras devem ser gerais, aplicadas indistintamente aos que estiverem na mesma situação. Portanto, a regulação deve tomar como medida as coletividades. Por isso, definir, minimamente, os riscos aceitáveis é fundamental – o que torna a percepção social e científica importante. As atividades humanas costumam aparecer em cadeia de eventos; por isso deve-se ter idéia da real irreversibilidade do processo para que se pense em segurança, no garantir a preservação de valores culturais e a sobrevivência das espécies.

A falta de certeza na biotecnologia, no estágio atual do conhecimento, muitas vezes deriva de os riscos refletirem interesses contraditórios, emergirem de apreciação diferente de estados do mundo pelos cientistas. É o que Godard denomina *risco controverso*: não há consenso quanto aos efeitos, imprevistos ou imprevisíveis, da inovação, mas várias opiniões, mais ou menos fundamentadas, são oferecidas. Ora, tais riscos não são decorrentes de falta de cuidados ou de visar alguém a causar dano a outrem, e sequer podem ser objeto de seguro conforme os esquemas tradicionais dos seguros privados; e, sobretudo, nem podem ser suportados pela previdência pública.

São riscos controversos, segundo aquele estudioso, os que só se manifestarão atingindo gerações futuras ou espécies naturais nativas de certa região, mas que não afetam a fauna ou flora do planeta na sua totalidade; também se incluem na classificação produtos em face dos quais há dúvida ou controvérsia prolongada relativas a aspectos críticos, mas relevantes, para a tomada de decisão de aceitar ou não o resultado "risco" diante dos benefícios que possam oferecer; e, finalmente, a falta ou inexistência de percepção social da relevância do problema causado por um produto, serviço ou conduta. Traço comum às hipóteses acima relacionadas é a incerteza substancial quanto aos efeitos, sua duração ou manifestação, da inovação.

A incerteza implica risco de danos, diretos e indiretos, que não se compadecem com as regras estabelecidas para apuração de responsabilidade nos códigos de Direito Privado, até por falta de padrão de comparação entre os atos praticados e aqueles que se atribuiriam ao homem médio, ao bom pai de família e, mesmo, àquele diligente. Assim, faltando padrões, fica mais complexo o processo de desenhar regulação visando a evitar danos à saúde decorrentes de produção, distribuição e uso de produtos que incorporem biotecnologia, e até o estabelecimento de fábricas em que sejam produzidos, chegando, no limite, a disciplinar pesquisas que envolvam manipulação genética.

Tome-se a clonagem da ovelha *Dolly* por um grupo de pesquisadores escoceses, feito reproduzido, com técnica diferente, com resultados igualmente positivos, em outros países – a possibilidade de clonagem de seres humanos. Aldous Huxley, em *Admirável Mundo Novo*, imaginou uma sociedade em que os seres humanos seriam criados em laboratórios na qual haveria pessoas cujas aptidões as predisporiam para certas tarefas. Era a antevisão daquilo que hoje freqüenta as páginas dos jornais: o temor da (re)produção de seres humanos em laboratórios. Que regras serão desenhadas para evitar que, após o mapeamento genético de cada pessoa, sua intimidade continue preservada de empregadores, seguradores, inimigos maledicentes e detratores?

A ética presente em questões próprias da biotecnologia, como, por exemplo, o uso de embriões em pesquisas e/ou fabricação de medicamentos, forma o pano-de-fundo na aplicação das regras de responsabilidade civil? Baseados na culpa ou no risco do exercício da atividade, os modelos de responsabilidade civil podem deixar de lado questões vitais para a sensação de segurança que falta na sociedade, resultado do aumento do saber?

Diante disso não se pode condenar, *a priori*, quem seja contrário à introdução de produtos geneticamente modificados nos mercados, a novas drogas e terapêuticas, sob a alegação de que podem causar danos que suplantem, de forma significativa, os propostos benefícios. Novamente se discutem a análise de riscos da biotecnologia e a forma de regulação mais justa.

Não é de estranhar que a responsabilidade civil disposta nos códigos de Direito Privado, a de que dano indenizável deriva de ação (ou omissão) que fuja aos padrões de conduta desenhados segundo modelos gerais de comportamento da pessoa honesta e proba, pareça insuficiente.

Uma das questões, no que concerne à responsabilidade civil em relação à biotecnologia, está em verificar se as normas – jurídicas ou sociais – envolvendo comportamentos na produção, distribuição e consumo de produtos geneticamente alterados, que podem ser danosos, permitem estimar esses efeitos e estipular regras aptas a induzi-los, como desejado pela coletividade.

A escolha do tipo de atividade admissível pela sociedade, segundo o que se considere risco aceitável, também depende de definir padrão, pois a apreciação do risco é subjetiva e individual. O que aparece como extremo para alguns é insignificante para outros. Como, então, desenhar o custo socialmente aceitável para riscos da biotecnologia? Pensando em avaliação majoritária, dada a irrealidade de exigir consenso, as negociações obedeceriam não ao ótimo de Pareto, mas a critério do tipo Kaldor-Hicks, em que os beneficiários das inovações criadas ganhariam o suficiente para compensar as perdas impostas aos prejudicados.

Não se cuida de indivíduos isoladamente prejudicados, mas de agregados em dois grupos. Também não se supõe que haja transferência de riqueza diretamente de uns para outros, mas que a sociedade, pelo grupo dos beneficiados, arque com a recomposição dos prejuízos impostos aos prejudicados.

A falta de padrões gerais sobre uma tal conduta compensatória abre espaço para ações oportunistas aumentando as externalidades negativas, com o quê se compromete a busca do bem-estar social. Desenhar modelos comportamentais claros pode reduzir os receios de grupos quanto à biotecnologia.

O temor da sociedade em face de efeitos perversos provocados por produtos geneticamente manipulados produz o que em Economia se denomina *custo de transação*. Vale dizer, a incerteza quanto a benefícios e danos, e como compô-los, faz com que os agentes se acautelem de modo extraordinário na escolha de bens, que aumentem suspeitas quanto à rotulagem e à completude das informações e que muitos investimentos sejam perdidos.

Isto porque, no desenho do processo decisório, os modelos utilizados pelos economistas são baseados no procedimento de homem racional e maximizador que visa a otimizar a relação custo/benefício. Esse modelo não é o que se verifica em todos os casos em que os agentes tomam decisões, notadamente quando a incerteza é parte do quadro.

Por isso se constata que as pessoas, no agir, agregam elementos valorativos, educacionais e éticos. Depois sabe-se que decisões envolvendo riscos não são absolutas e idênticas mesmo dentro do grupo, pois os padrões de tomada de riscos são individuais e diferentes. O desenho normativo torna-se, desta forma, mais complexo, pelo quê é conveniente que especialistas participem de sua formulação, suprindo, com informações qualitativas, dados que faltam aos formuladores de normas, jurídicas ou sociais.

Quanto maior for o volume de informações indutoras de condutas, melhores os resultados, a decisão individual será mais ponderada e menores os prejuízos que recairão sobre a coletividade. Ressalto que os dois planos de análise, o individual e o coletivo, no que tange a riscos com inovações biotecnológicas, exigem análises específicas. O coletivo deve incluir a determinação do ganho geral e formas de indenização dos prejuízos individuais. O particular trabalha alertas específicos para eventuais efeitos imprevistos, considerando o estado da arte e riscos controversos.

Mesmo as regras do Direito do Consumidor, impondo o ônus da informação, atual ou posterior, aos fornecedores, não alcançam riscos controversos. Entendo que, considerando a redação do art. 9º da Lei 8.078, de 1990, que determina sejam informados os efeitos positivos e danosos resultantes do produto (ou serviço), operam no plano coletivo, cabendo a cada um precaver-se dos indesejados, e, portanto, admitindo as incertezas próprias de processos em desenvolvimento continuado.

Difícil de agregar, nas normas jurídicas, a incerteza própria do estágio do conhecimento e da investigação, as descobertas ou inovações. Como tem sido freqüente a comprovação de que certas afirmações de cientistas não se concretizam, que outras não se justificavam, duvidar da validade de testes e adequação do produto ao uso previsto, sua inofensividade para a saúde e meio ambiente, integram a desconfiança com que as sociedades tratam novos produtos geneticamente manipulados. Idiossincrasias são esperadas e não surpreendem. Diante de tal descrédito, impor responsabilidades por danos individuais a pesquisadores ou financiadores segundo as regras conhecidas parece injustificável. Advogar, dada a dificuldade de avaliar o risco em sua plenitude, ser melhor impedir a oferta do produto é radical em excesso, pois prejudicar uns para garantir outros não atende às demandas sociais solucionadas pela biotecnologia.

Igualmente não se cogita de soluções universais, embora a cooperação internacional seja desejável, sobretudo no sentido de alertar sobre eventuais resultados negativos. A experiência da Índia, com grãos de variedades geneticamente alteradas, levando a dano ambiental no seu território, leva a concluir que experiências não podem ser generalizadas, mas devem ser conduzidas regionalmente até que se tenha segurança de que não há prejuízos que se protrairão no tempo atingindo coletividades que, por não existirem, sequer poderiam ser consultadas.

Perdurando o dano por certo tempo, as especulações sobre risco de danos ao meio ambiente alteram a qualidade de vida. Especulações sobre danos ao solo, fauna e flora compõem a esfera em que se insere a biotecnologia, não se limitando a alimentos e medicamentos as dúvidas que precisam ser enfrentadas pelos ordenamentos jurídicos.

Como é que se percebe, em cada momento de avanço da ciência e da tecnologia, o potencial de risco gerado? Que critérios devem orientar os tribunais se faltam normas que, com clareza, disponham sobre restrições a atividades que, potencialmente, alterem a distribuição de riscos?

Exemplar parece ser a decisão de tribunais, na década de 80, nos Estados Unidos da América quando se discutiram os efeitos da gasolina de aviação sobre a saúde. A decisão demonstrou terem os magistrados perfeita noção do objeto da disputa: a incerteza do risco era o cerne da matéria. Os melhores dados obtidos em pesquisa empírica não permitiam dizer em que medida a exposição à gasolina de aviação provocava câncer; por isso, banir o transporte aéreo ou impor cuidados maiores aos operadores de aeronaves no solo, levando ao aumento do custo do transporte aéreo, parecia equivocado antes que algum grau de certeza sobre segurança fosse atingido. Isto porque, se a exposição a altos níveis de combustível aumentava o risco de câncer, não havia clareza quanto a que nível de exposição, se algum, seria aceitável sem risco nem mesmo quanto à generalização da evidência.

Portanto, o que se fez foi fixar nível de exposição-padrão que não prejudicasse a viabilidade econômica da indústria e mantivesse as vantagens econômicas da tecnologia, conforme explica Martin Shapiro. Nota-se a dificuldade de definir níveis de risco aceitáveis, desenhar modelos de avaliação e divulgá-los, de forma que se saiba que, mesmo testados, produtos em geral, incluídos alimentos, medicamentos e tecnologias, podem causar danos constatados dentro de certo período não definível *a priori*.

É certo que há um vazio entre avanço tecnológico e definição de padrões mínimos para imputação de responsabilidades, o que se ultrapassa partindo do estágio da ciência e da tecnologia, a cada momento, para desenhar regras de conduta; usa-se o critério de *state of the art*, ou *state of science and technology*. Porém essa mesma idéia de estado da arte, do conhecimento, é fonte de insegurança, já que o que se considerava correto ontem poderá aparecer como equivocado amanhã.

O legislador brasileiro não fugiu à corrente que trabalha com o estado do conhecimento, pois a regra do art. 19, III, da Lei 8.078, de 1990, dispõe que a substituição de bem far-se-á por outro da mesma espécie, marca ou modelo. Assim como se avalia o dano causado por produtos ou serviços em função do estado do saber no momento em que foram postos no mercado.

A lei de 1990 trata de tutelar os consumidores impondo dever de informar com clareza a composição dos produtos, eventuais efeitos perigosos, cautelas a serem adotadas no manuseio, mecanismos que devem gerar confiança. Mas, no caso de alimentos geneticamente alterados, garantir que sua ingestão seja inofensiva para a saúde depende da qualidade da informação, de explicações precisas dos cientistas, tornando mais difícil apreendê-las, e cada vez menos aceitas em face de escândalos no setor de alimentos geneticamente modificados, da percepção de que muitos efeitos aparecem mediatamente. Significa que muitos alertas são oferecidos tardiamente, sucedendo danos, deformações, perdas irreparáveis.

Neste caso o princípio cautelar é importante porque a tecnologia está, ainda, nos estágios iniciais de desenvolvimento e aplicação, de sorte que, quanto mais cedo forem tomadas precauções, menos riscos haverá de que sejam produzidos danos sérios, que se propaguem ou se tornem irreversíveis; logo, as medidas serão mais eficientes. Os danos podem atingir pessoas diretamente, ou podem contaminar o meio ambiente, com o quê as pessoas sofrerão mediatamente os efeitos da tecnologia.

Embora a Secretaria de Vigilância Sanitária pretenda exigir, na rotulagem de produtos contendo substâncias geneticamente modificadas, a informação clara, na esteira da Lei do Consumidor, que garantias se oferece aos consumidores/usuários/circunstantes, divergências entre órgãos governamentais impedem a aprovação de portaria que disciplinaria a rotulagem de produtos geneticamente modificados para conter informações especiais alertando sobre hipersensibilidades que podem ser causadas pelos componentes transgênicos definidos como produtos cuja composição foi alterada por engenharia genética.

A regra aproxima-se da encontrada no sistema norte-americano, desde 1992, em que se determina esteja expresso no rótulo de produtos que agreguem componentes que possam causar reação alérgica – salvo se o fabricante demonstrar que o produto não causa reação – o alerta aos consumidores; porém não elimina o risco controverso. Afinal, informações foram prestadas de acordo com o conhecimento disponível no momento, e se dúvidas ainda perduraram e foram informadas, até mesmo essa informação pode transformar o usuário em *jogador*.

A legislação do consumo tem regras específicas voltadas para a proteção da saúde e segurança, das quais se destacam: a) os produtos e serviços oferecidos nos mercados devem ser seguros e não oferecer riscos à saúde; b) a periculosidade deve ser informada de maneira clara; c) a adoção de medidas cabíveis para casos concretos; d) a proibição da oferta de produtos ou serviços cuja periculosidade ou nocividade sejam conhecidas; e) a retirada do mercado de produtos que ofereçam esses riscos quando conhecidos, além de divulgar o fato aos consumidores e informar às autoridades (arts. 8º-10). Novamente, diante do risco controverso, o que se comprova no futuro, mesmo informação sobre periculosidade de produtos e serviços oferecidos no mercado, atendendo às prescrições da Lei 8.078, de 1990, é insuficiente para circunscrever danos decorrentes da biotecnologia. Não só as inovações aparecem a cada dia, o conhecimento se altera e as informações se aperfeiçoam, muitas vezes se contradizem, mas os danos podem não se manifestar no curto prazo, retardando ações eficazes, que, tomadas precocemente, circunscrevem os danos.

Enfim, o risco se manifesta e propaga de diferentes maneiras, embora o cuidado do legislador de 1990 na tentativa de impedir a propagação de riscos, o que é admirável, pois, como lembra Adam M. Finkel, a comparação de riscos é uma das tarefas dos legisladores ou reguladores, estabelecer prioridades tomando o risco por base, comparar os riscos passíveis de disciplina a outros mais conhecidos das populações e impor regras de cautela e imputação de responsabilidades. Explica que são necessários mecanismos elaborados para permitir as comparações entre riscos e benefícios, pois o resultado não é fim em si mesmo, devendo, ao revés, permitir análises de alternativas; comparar riscos é procedimento conhecido e intuitivamente praticado por todos, conquanto nem sempre seja fácil fazê-lo. Importante ter presente que comparar fatalidades é diferente de comparar riscos: risco é álea; fatalidade, sua concretização.

Aproximando-se de Godard, explica que quando se contrapõem danos e se compara a severidade com que atingem certo interesse estabelece-se controvérsia entre os que aceitam e os que rejeitam os efeitos previstos, especialmente se de um lado estão especialistas, e do outro leigos. Regular o risco implica comparar o "montante atual de risco" com o "montante de risco futuro" ainda quando a decisão possa criar novos e diferentes riscos que atingirão outras populações.

Geralmente são enfocados riscos conhecidos, ignorados ou afastados os eventuais, do que pode resultar a distorção na comparação se as prioridades tiverem sido definidas de forma consciente ou por via reflexa – explica Finkel. Aponta o estudioso que até a forma de comunicar a existência de riscos envolve comparações, já que estimar a magnitude do risco depende de seu confronto com outras situações. Explica que, mesmo que a probabilidade de ser atingido por um raio seja de uma em um milhão, é superior ao risco de ser atingido por um meteorito, porém as pessoas temem as chuvas de meteoritos mais do que temem as tempestades.

Como combinar a legislação de tutela do consumidor, a tutela do mais vulnerável numa dada relação, com a evolução da biotecnologia, nos últimos 10 ou 15 anos, seu impacto sobre a saúde com o emprego de tecnologias como engenharia genética – clonagem, modificação genética –, que compreendem a incerteza científica? Será que as pessoas têm percepção de que produtos oriundos de técnicas biológicas apresentam riscos se comparados com os tradicionais? Que medidas preventivas são adotadas antes de sua ingestão ou uso? Como é enfrentado o risco controverso proposto por Godard?

O avanço rápido e constante do conhecimento científico e suas aplicações dificultam a produção de normas jurídicas. De um lado porque as normas gerais e abstratas demandam padronização ou uniformidade (de tipos e de efeitos), de sorte a facilitar a comparação entre as garantias de funcionamento oferecidas pela indústria, as técnicas aplicadas, efeitos sobre a saúde, ao ambiente.

Que elementos devem ser avaliados? A transferência de genes que produzam resultados inesperados; a variação do grau de toxicidade dos alimentos geneticamente alterados; a probabilidade de haver componentes que causem reações alérgicas; a possibilidade de interferência do alimento com medicamentos, antibióticos, por exemplo, reduzindo sua potencialidade. Uma tal base denota alguma experiência e conhecimento que facilitam a avaliação de muitas das inovações e sua utilização comercial no que concerne à biotecnologia.

Avaliar riscos de produtos fruto da bioengenharia, por exemplo, implica analisar efeitos ambientais, epidemiológicos e toxicológicos ao lado dos econômicos; considerar a administração dos riscos para reduzir sua incidência ou, no mínimo, ter prontas alternativas que impeçam sua disseminação. Aqui é que se inserem os dispositivos da legislação tutelar do consumo pátria, assim como, também, aquelas de proteção ambiental.

Desafio é promover o desenvolvimento com melhoria da qualidade de vida sem amplificação dos riscos provocados pela pesquisa biológica, porque os objetivos declarados em qualquer levantamento são sempre os voltados para aperfeiçoamentos positivos. Ora, se a ação se destina a gerar benefícios para as pessoas, se o cientista ou o empresário tomam cautelas acima do mínimo requerido, como, se forem constatados danos a gerações futuras, responsabilizá-los?

É preciso empenho para combinar desenvolvimento técnico-científico e normas de segurança, estimulando comportamentos adequados às novas realidades. Pensar tão-somente na teoria do risco e da responsabilidade objetiva para as empresas afigura-se incompleto mecanismo de tutela da vida, da saúde, do bem-estar das pessoas.

Pode-se argumentar que regular o risco considerando a aceitação de tecnologias reduziria conflitos, levando à concentração de esforços para soluções mais palatáveis. A harmonização das políticas internacionais e domésticas contribuiria para reduzir o temor dos avanços da biotecnologia se houvesse testes regionais para os produtos geneticamente alterados.

A intervenção social mediante o estabelecimento de regras depende da credibilidade e legitimidade do grupo que se propõe a desenhar as regras. Tecnologias disponíveis e testadas levam a aceitar a preponderância de atores que, eventualmente, têm interesses específicos na sua disseminação, o que funciona como mecanismo de exercício de poder. Exercer influência dominante em decisões políticas interfere na alocação de verbas, o que faz cientistas dependentes de financiamentos mais vulneráveis e impede se certifique a inofensividade da inovação.

Desenvolver tecnologias e mercados gerando concorrência entre grupos de pressão na formulação de estratégias e políticas nacionais ou internacionais pode acelerar ou impedir/retardar a entrada nos mercados de produtos sob os mais variados argumentos, nem sempre fundados no conhecimento. A concorrência, que é sempre desejável nos mercados, provoca maior insegurança, receio e pressão dos diversos segmentos que participam da disputa quando se trata de disciplinar o uso de novas tecnologias; o que aparece como uma disputa sadia passa a ser motor de instabilidade, viciando o processo industrial e, no limite, o bem-estar social, sem que se pense nos aspectos éticos que devem permear decisões socialmente relevantes.

Tão importante quanto a entrada de produtos geneticamente alterados nos mercados é a alocação de recursos destinados a pesquisa e a circunscrever danos. Como os recursos econômicos são finitos, sua alocação a esta ou àquela atividade acaba por refletir no desenvolvimento econômico e social, na vida das pessoas, e, por isso, maximizar a probabilidade de respostas positivas aos investimentos feitos em pesquisas vem acompanhado da minimização dos resultados imprevistos, isto é, dos riscos bons e maus de cada etapa, de cada degrau escalado no campo científico.

Se certa tecnologia for aceitável, criar risco igualmente aceitável para todos os integrantes daquela sociedade, ter-se-ão definido parâmetros políticos para a construção de um modelo regulatório. Há equilíbrio de riscos e benefícios na fórmula de Kaldor-Hicks.

O grande desafio é promover desenvolvimento com melhora da qualidade de vida sem amplificação de riscos provocados pela pesquisa biológica. É necessário especial empenho que combine desenvolvimento técnico-científico e normas de segurança. Pensar na teoria do risco ou na responsabilidade objetiva afigura-se incompleto mecanismo de tutela da vida, da saúde, do bem-estar das pessoas, aliado ao desenvolvimento científico.

Portanto, a idéia de ter agências com competência regulatória que possam antecipar a normação de atividades, de técnicas, desenhando regras acautelatórias, mais do que proibitivas ou punitivas, para controle de atividades, para não prejudicar no início quer o avanço tecnológico, quer o desenvolvimento da economia. Mesmo porque o sistema legislativo bicameral, próprio das democracias, com a demora típica das discussões em duas instâncias, acaba por se tornar pouco eficiente no refletir os anseios sociais na velocidade necessária, além de facilitar o surgimento de grupos de pressão, em defesa dos que têm interesses específicos – quer na manutenção, quer na reforma das regras vigentes.

No que concerne a linhas de pesquisa, debates sobre aspectos éticos do emprego do conhecimento na manipulação de seres humanos, o conteúdo ético das normas deve prevalecer. A preocupação concretiza-se com a notícia de que o Governo Inglês autorizou o desenvolvimento da clonagem humana para *fins terapêuticos*. O temor da criação de seres humanos em laboratórios torna-se mais e mais real. Porém, quando se lê a respeito do mapeamento (seqüenciamento) do genoma da *xylella* por cientistas brasileiros, que agora se dedicam ao seqüenciamento do genoma de cânceres comuns entre os brasileiros, como o de mama, cabeça e pescoço, útero e intestino, buscando encontrar formas de destruir o tumor sem matar o paciente, a sensação é de júbilo.

As contraditórias emoções e temores, reais ou aparentes, entre as duas pesquisas, o mapeamento de tumores ou a criação de órgãos para transplante, prende-se mais ao receio do uso de cada uma delas.

Ampliar a pesquisa pode ser uma das soluções para a erradicação de moléstias e de fome no futuro, aspectos desejáveis da biotecnologia. O risco e a fatalidade fazem parte do percurso. O avanço na pesquisa biotecnológica, na velocidade com que tem sido realizado, dificulta a avaliação da segurança e alarga o espaço em que a incerteza se manifesta. Esse quadro incompleto constitui o substrato em que se movimentam os operadores do Direito. Sem clara percepção de que o núcleo da discussão é o risco da tecnologia as decisões podem ser injustas, coibindo atividades relevantes e impondo aos cidadãos prejuízos maiores do que os riscos.

Entender ou decifrar o genoma levará a detectar moléstias antes de sua manifestação, facilitará a produção de medicamentos mais eficazes, por mais específicos – sonhos a serem perseguidos com dedicação e afinco. O mapeamento do futuro e a proteção da saúde andam em conjunto. Por isso o risco tecnológico deve ser avaliado pelos legisladores e pelos juízes de conformidade com as previsões constitucionais. A ação deve levar em conta o aumento do bem-estar social.

Conhecer para, a seguir, eliminar genes causadores de moléstias hereditárias como diabetes, hemofilia, hepatite C, são áreas em que estudos genéticos parecem promissores. A morbidade desse tipo de hepatite, que é virótica, leva à falência hepática e a câncer de fígado. Se o potencial de aperfeiçoamento da qualidade de vida, de ganhos na saúde, é real, também são reais e concretos os danos que derivam da biotecnologia, e que demandam decisões não só jurídicas, mas também éticas.

Problemas sócio-econômicos resultantes da biotecnologia compreendem a capacidade para garantir a saúde e suprir alimentos a comunidades. Como a biotecnologia crê que alimentos geneticamente modificados podem aumentar a oferta e, além disso, permitem agregar nutrientes, proteínas, mas também toxinas que são agentes patogênicos, problemas como toxicidade e alergias dependem de testes laboratoriais. Além disso, muitas das variedades de alimentos geneticamente modificados contêm genes resistentes a antibióticos, diminuindo a resistência em casos de infecção.

Como aplicar as regras de responsabilidade civil a casos de danos decorrentes de biotecnologia? Mario Vargas Llosa, comentando sentença de uma Corte da Flórida que condenou fabricantes de cigarros a indenizar fumantes, diz: "Se é reconhecido o direito do Estado de zelar pela saúde de seus cidadãos até as últimas conseqüências, a liberdade – o direito de escolher – desapareceria até em relação às coisas mais triviais. Porque a comida é, talvez, uma das maiores causas de enfermidades e catástrofes relacionadas com a saúde que devastam a sociedade humana. (...). De forma que se for conferida aos governos ou aos tribunais a decisão final sobre a porcentagem de nicotina que deve ser permitida aos indivíduos ingerir, com a mesma lógica eles deveriam ser autorizados a determinar as calorias lícitas e ilícitas que devem compor as dietas das famílias".

É dessa visão intervencionista que se faz mister escapar. A preocupação com os avanços de estudos de genética humana levou à proposta de uma Carta de Direitos Genéticos, em cujo "Preâmbulo" se lê: "Nossa vida e saúde dependem de uma teia de relações intrincadas entre as áreas biológica e social. Deve ser objeto de políticas públicas a proteção dessas relações. Instituições comerciais, governamentais, científicas e médicas promovem a manipulação de genes nada obstante a profunda ignorância sobre como tais modificações podem afetar a rede da vida. Uma vez que entrem no meio ambiente, os transgênicos não podem ser recuperados e criam novos riscos para a humanidade e a biosfera. A manipulação de genes humanos cria novas ameaças à saúde dos indivíduos e sua descendência, pondo em perigo direitos humanos, privacidade e dignidade. (...). Os povos têm o direito de participar na avaliação das implicações sociais e biológicas da revolução genética e, de forma democrática, dirigir suas aplicações".

Essa seria a situação ideal; mas como o ideal pode ser inalcançável e impedir a pesquisa representa condenar muitas pessoas a vidas com baixa qualidade, sem perspectiva de cura, melhor permitir o prosseguimento das pesquisas e que a sociedade desenvolva meios de controle do uso da biotecnologia.

Os limites do conhecimento são objeto de muita controvérsia, seja pela falta de determinação dos riscos envolvidos, seja pelo temor do desconhecido, do novo, seja, ainda, porque os específicos interesses de grupos sociais que se organizam para fazê-los prevalecer são grandes e dificultam, muitas vezes, a regulação da atividade científica. Minimizar o custo social de fatalidades, encontrar patamar eficiente de cuidado ou precaução, vêm acompanhados de incentivos para serem observados, devendo o custo da cautela ser distribuído entre agente e vítima, para que ambos sejam diligentes, cuidadosos.

Claro que a tecnologia, notadamente a biotecnologia, produto do esforço humano, deve ter espaço no mundo real; o que importa pensar é se existe forma de determinar se uma certa tecnologia é aceitável para aumentar o bem-estar ou a qualidade de vida dos seres humanos, o que significaria indagar de pessoas com conhecimento especializado sobre a matéria se estariam dispostas a aceitar os resultados da inovação se ele as afetasse individualmente; o que, por óbvio, é impraticável.

Alternativa, talvez, para evitar essa pesquisa poderia ser pensar em limites de risco aceitáveis? Como avaliar e permitir pesquisas, experimentos e/ou desenvolvimentos de produtos que são apresentados como visando à saúde e ao bem-estar das pessoas? Como controlar a aplicação desses produtos enquanto não estiverem suficientemente testados? E, por fim, mas não menos importante, como saber quando os testes são suficientes?

Como *risco aceitável* é conceito relativo e envolve diferentes fatores – que podem incluir a certeza e a gravidade, a reversibilidade do efeito para a saúde, o conhecimento e a familiaridade –, a propensão, ou não, para aceitá-lo é elemento essencial na definição de regras – jurídicas ou sociais – para não tolher o desenvolvimento tecnológico, o que requer a consideraçao de todas as conseqüências dele advindas, o impacto sobre pessoas e sociedade, e o aspecto ético, basilar em qualquer pesquisa que possa afetar o ser humano. Afinal a tecnologia, ou biotecnologia, deve garantir efeitos e conseqüências aceitáveis por cada um que venha a ser por ela alcançado e, sobretudo, garantir que futuras gerações não sofrerão efeitos adversos por ela provocados; presente a imprevisibilidade, supõe conduta diligentíssima.

A regulação da pesquisa e disseminação de produtos resultantes da biotecnologia é importante para que se restrinja a insegurança social; para isso creio que a conduta da pessoa excepcionalmente diligente é o paradigma desejável.

Evidente, como explica Marc Saner, a impossibilidade de equilibrar aceitação de risco e cautela ou precaução não se afere de forma empírica, razão pela qual qualquer regulação se funda em valores. Conceitos desenvolvidos pela ética oferecem base para a discussão do princípio cautelar para que o debate seja útil. E prossegue explicando que: "The adoption of the precautionary principle expresses the view that it should be used to compliment the balancing required to select the best actions towards maximized benefit".

Em resumo, afirma o estudioso, o princípio cautelar pode ser entendido como instrumento para modificar a atitude em relação a riscos, como mecanismo de ação ou como guia para a ação, que, embora distintos, podem ser combinados na regulação da biotecnologia.

Bibliografia

FISHHOFF, Baruch. http:/biothechnology.

GODARD, Olivier. *Working Paper* 96/6, RSC.

SHAPIRO, Martin. *Working Paper* 96/11, RSC.

VARGAS LLOSA, Mario. In *O Estado de São Paulo*.

CÉDULA DE CRÉDITO BANCÁRIO

Análise do título de crédito criado pela Medida Provisória 1.925 (*DOU* 15.10.1999 e reedições)

PAULO SALVADOR FRONTINI

1. Introdução. 2. Título de crédito criado por medida provisória. 3. Nasce também o Certificado de Cédula de Crédito Bancário. 4. A solução brasileira das cédulas de crédito: 4.1 Confirmação da tendência. 5. A Exposição de Motivos do Ministro da Fazenda. 6. Estrutura da MP 1.925. 7. Características gerais. 8. Atributos cambiais: 8.1 Sobre a literalidade: 8.1.1 A cláusula-mandato – 8.1.2 Do valor exigível como soma cambial – 8.1.3 Composição da soma cambial – 8.2 Sobre a cartularidade. 9. Contrato/título executivo extrajudicial. A natureza jurídica da Cédula de Crédito Bancário: 9.1 Refletindo sobre a razão de ser da Cédula de Crédito Bancário. 10. Conclusão: preocupações a que o tempo dará resposta, certamente através do Congresso Nacional.

"Si le Droit s'occupe des actions, ils n'est pas indifférent aux intentions et il serait singulièrement paradoxal de dire qu'il a pour mission la protection des corps et non celle des âmes; s'il se désintéresse de l'amélioration morale de l'individu, il ne joue plus son rôle dans la societé." (Ripert, *La Règle Morale dans les Obligations Civiles*, Paris, LGDJ, 1949, p. 10)

1. Introdução

O provimento do Poder Executivo que "dispõe sobre a Cédula de Crédito Bancário", sujeito por ora às oscilações legislativas próprias à sua textura de *medida provisória*, faz por merecer, desde logo, algum destaque, pelas inovações que introduz no complexo normativo formado por *títulos de crédito* e *valores mobiliários*.[1-2]

1. Eis abaixo o texto integral, original, da MP 1.925. A reedição dessa medida provisória, datada de 6.1.2000 (MP 1.925-3), trouxe inovações apostas no art. 21. O teor original deste passou a ser o art. 22. O antigo art. 22 passou a ser o art. 23.

2. Título de crédito criado por medida provisória

A primeira observação que o diploma sugere diz respeito à sua discutível constitucionalidade. Optou o Poder Executivo Fe-

"**MEDIDA PROVISÓRIA N. 1.925, DE 14 DE OUTUBRO DE 1999** (*DOU* 15.10.1999)

"*Dispõe sobre a Cédula de Crédito Bancário.*

"O Presidente da República, no uso da atribuição que lhe confere o art. 62 da Constituição, adota a seguinte Medida Provisória, com força de lei:

"**Capítulo I – Da Cédula de Crédito Bancário**

"**Art. 1º.** A Cédula de Crédito Bancário é título de crédito emitido, por pessoa física ou jurídica, deral por instituir o novo texto legal pelo caminho – surpreendente, *no caso* – da edição de *medida provisória*.

Surge, assim, desde logo, a pergunta: estaria o objeto da novíssima norma revestido daqueles pressupostos de *relevância* e *urgência*, que, no texto escrito da Constituição (art. 62, *caput*), figuram como os únicos fatores que ensejam a adoção de medida provisória?

Pedindo vênia aos cultores do Direito Constitucional, ousamos antecipar entendimento negativo. A *relevância* da questão,

em favor de instituição financeira ou de entidade a esta equiparada, representando promessa de pagamento em dinheiro, decorrente de operação de crédito, de qualquer modalidade.

"§ 1º. A instituição credora deve integrar o Sistema Financeiro Nacional, sendo admitida a emissão da Cédula de Crédito Bancário em favor de instituição domiciliada no Exterior, desde que a obrigação esteja sujeita exclusivamente à lei e ao foro brasileiros.

"§ 2º. A Cédula de Crédito Bancário em favor de instituição domiciliada no Exterior poderá ser emitida em moeda estrangeira.

"**Art. 2º.** A Cédula de Crédito Bancário poderá ser emitida, com ou sem garantia, real ou fidejussória, cedularmente constituída.

"Parágrafo único. A garantia constituída será especificada na Cédula de Crédito Bancário, observadas as disposições do Capítulo II desta Medida Provisória e, no que não forem com estas conflitantes, as da legislação comum ou especial aplicável.

"**Art. 3º.** A Cédula de Crédito Bancário é título executivo extrajudicial e representa dívida em dinheiro certa, líquida e exigível, seja pela soma nela indicada, seja pelo saldo devedor demonstrado em planilha de cálculo, ou nos extratos de conta corrente, elaborados conforme previsto no § 2º.

"§ 1º. Na Cédula de Crédito Bancário poderão ser pactuados:

"I – os juros sobre a dívida, capitalizados ou não, os critérios de sua incidência e, se for o caso, a periodicidade de sua capitalização, bem como as despesas e os demais encargos decorrentes da obrigação;

"II – os critérios de atualização monetária, com permitido em lei, ou os critérios de atualização cambial da dívida, na formado § 2º do art. 1º e nos demais casos permitidos em lei;

"III – os casos de ocorrência de mora e de incidência das multas e penalidades contratuais, bem como as hipóteses de vencimento antecipado da dívida;

"IV – os critérios de apuração e de ressarcimento, pelo emitente ou por terceiro garantidor, das despesas de cobrança da dívida e dos honorários advocatícios, judiciais ou extrajudiciais, sendo que os honorários advocatícios extrajudiciais não poderão superar o limite de dez por cento do valor total devido;

"V – quando for o caso, a modalidade de garantia da dívida, sua extensão e as hipóteses de substituição da tal garantia;

"VI – as obrigações a serem cumpridas pelo credor;

"VII – outras condições de concessão de crédito, suas garantias ou liquidação, obrigações adicionais do emitente ou do terceiro garantidor da obrigação, desde que não contrariem as disposições desta Medida Provisória.

"§ 2º. Sempre que necessário, a apuração do valor exato da obrigação, ou de seu saldo devedor, representado pela Cédula de Crédito Bancário, será feita pelo credor por meio de planilha de cálculo ou dos extratos da conta corrente, ou de ambos, documentos esses que integrarão a Cédula, observado que:

"I – os cálculos realizados deverão evidenciar de modo claro, preciso e de fácil entendimento e compreensão, o valor principal da dívida, seus encargos e despesas contratuais devidos, a parcela de juros e os critérios de sua incidência, a parcela de atualização monetária ou cambial, a parcela correspondente a multas e demais penalidades contratuais, as despesas de cobrança e de honorários advocatícios devidos até a data do cálculo e, por fim, o valor total da dívida; e

"II – a Cédula de Crédito Bancário representativa de dívida oriunda de contrato de abertura de crédito bancário em conta corrente será emitida pelo valor total de crédito posto à disposição do emitente, competindo ao credor, nos termos deste parágrafo, discriminar nos extratos de conta corrente ou nas planilhas de cálculo, que serão anexados à Cédula, as parcelas utilizadas do crédito aberto, os aumentos do limite do crédito inicialmente concedido, as eventuais amortizações da dívida e a incidência dos encargos nos vários períodos de utilização do crédito aberto.

"**Art. 4º.** A Cédula de Crédito Bancário deve conter os seguintes requisitos essenciais:

"I – a denominação 'Cédula de Crédito Bancário';

"II – a promessa do emitente de pagar a dívida em dinheiro, certa, líquida e exigível no seu vencimento ou, no caso da dívida oriunda de contrato de abertura de crédito bancário, a promessa do emitente de pagar a dívida em dinheiro, certa, líquida e exigível correspondente ao crédito utilizado;

"III – a data e o lugar do pagamento da dívida e, no caso de pagamento parcelado, as datas e os valores de cada prestação, ou os critérios para essa determinação;

para os efeitos do art. 62 da CF, por óbvio não significa sua importância para a área sócio-econômica a que se destina, já que todo assunto que é passível de converter-se em lei é, *ipso facto*, relevante. A relevância a que a Constituição se refere tem conteúdo excepcional sob o ponto de vista das *questões de Estado*, que hão de repercutir, direta ou indiretamente, sobre toda a coletividade nacional. Não parece que seja o caso, eis que a medida provisória em pauta apenas pode ser vista, em tese, como um

"IV – o nome da instituição credora, podendo conter cláusula à ordem;

"V – a data e o lugar de sua emissão; e

"VI – a assinatura do emitente e, se for o caso, do terceiro garantidor da obrigação, ou de seus respectivos mandatários.

"§ 1º. A Cédula de Crédito Bancário poderá ser objeto de cessão de acordo com as disposições de Direito Comum, caso em que o cessionário, mesmo não sendo instituição financeira ou entidade a ela equiparada, ficará sub-rogado em todos os direitos do cedente, podendo, inclusive, cobrar os juros e demais encargos na forma pactuada na Cédula.

"§ 2º. A Cédula de Crédito Bancário será emitida por escrito, em tantas vias quantas forem as partes que nela intervierem, assinadas pelo credor, pelo emitente e pelo terceiro garantidor, se houver, ou por seus respectivos mandatários, devendo cada parte receber uma via.

"§ 3º. Somente a via do credor será negociável, devendo constar nas demais vias a expressão 'não negociável'.

"§ 4º. A Cédula de Crédito Bancário pode ser aditada, retificada e ratificada mediante documento escrito, datado, com os requisitos previstos no parágrafo anterior, passando esse documento a integrar a Cédula para todos os fins.

"Capítulo II – Das Garantias Cedularmente Constituídas

"Art. 5º. A constituição de garantia da obrigação representada pela Cédula de Crédito Bancário é disciplinada por esta Medida Provisória, sendo aplicáveis as disposições da legislação comum ou especial que não forem com ela conflitantes.

"Art. 6º. A garantia da Cédula de Crédito Bancário poderá ser fidejussória ou real, neste último caso constituída por bem patrimonial de qualquer espécie, disponível e alienável, móvel ou imóvel, material ou imaterial, presente ou futuro, fungível ou infungível, consumível ou não, cuja titularidade pertença ao próprio emitente ou a terceiro garantidor da obrigação principal.

"Parágrafo único. O penhor de direitos constitui-se pela mera notificação ao devedor do direito apenhado.

"Art. 7º. A constituição da garantia poderá ser feita na própria Cédula de Crédito Bancário ou em documento separado, neste caso fazendo-se, na Cédula, menção a tal circunstância.

"Art. 8º. O bem constitutivo da garantia deverá ser descrito e individualizado de modo que permita sua fácil identificação.

"Parágrafo único. A descrição e a individualização do bem constitutivo da garantia poderá ser substituída pela remissão a documento ou certidão expedida por entidade competente, que integrará a Cédula de Crédito Bancário para todos os fins.

"Art. 9º. A garantia da obrigação abrangerá, além do bem principal constitutivo da garantia, todos os seus acessórios, benfeitorias de qualquer espécie, valorizações a qualquer título, frutos e qualquer bem vinculado ao bem principal por acessão física, intelectual, industrial ou natural.

"§ 1º. O credor poderá averbar, no órgão competente para o registro do bem constitutivo da garantia, a existência de qualquer outro bem por ela abrangido.

"§ 2º. Até a efetiva liquidação da obrigação garantida, os bens abrangidos pela garantia não poderão, sem prévia autorização escrita do credor, ser alterados, retirados, deslocados ou destruídos, nem poderão ter sua destinação modificada, exceto quando a garantia for constituída por semoventes ou por veículos, automotores ou não, e a remoção ou deslocamento desses bens for inerente à atividade do emitente da Cédula de Crédito Bancário, ou do terceiro prestador da garantia.

"Art. 10. Os bens constitutivos de garantia pignoratícia ou objeto de alienação fiduciária poderão, a critério do credor, permanecer sob a posse direta do eminente ou do terceiro prestador da garantia, nos termos da cláusula de constituto possessório, caso em que as partes deverão especificar o local em que o bem será guardado e conservado até a efetiva liquidação da obrigação garantida.

"§ 1º. O emitente e, se for o caso, o terceiro prestador da garantia responderão solidariamente pela guarda e conservação do bem constitutivo da garantia.

"§ 2º. Quando a garantia for prestada por pessoa jurídica, esta indicará representantes para responder nos termos do parágrafo anterior.

"Art. 11. Para a eficácia, em face de terceiros, de garantia pignoratícia ou de alienação fiduciária, será suficiente, no caso de veículos automotores de qualquer espécie, a averbação do ônus no respectivo órgão de trânsito, em que deve ser feito o registro para a aquisição ou transferência de direitos.

"Art. 12. O credor poderá exigir que o bem constitutivo da garantia seja coberto por seguro até a efetiva liquidação da obrigação garantida, em que o credor será indicado como exclusivo beneficiário *aperfeiçoamento* dos instrumentos legais destinados à regência jurídica de operações de crédito.

O mesmo cabe dizer do requisito constitucional da *urgência*, que inexiste no caso. É que pelo menos a partir de 1908 – data de promulgação do Decreto 2.044, sobre letras de câmbio e notas promissórias – inúmeros diplomas foram promulgados, e estão em vigência, dando funcionalidade e *segurança jurídica* às relações que se formam em torno a operações de crédito e aos títulos criados com base nestas. E é no tópico da *segurança jurídica* que os institutos jurídicos instituídos pela MP 1.925 deverão ensejar fortes cautelas, para todos os

da apólice securitária e estará autorizado a receber a indenização para liquidar ou amortizar a obrigação garantida.

"**Art. 13.** Se o bem constitutivo da garantia for desapropriado, ou se for danificado ou perecer por fato imputável a terceiro, o credor sub-rogar-se-á no direito à indenização devida pelo expropriante ou pelo terceiro causador do dano, até o montante necessário para liquidar ou amortizar a obrigação garantida.

"**Art. 14.** Nos casos previstos nos arts. 12 e 13 desta Medida Provisória, facultar-se-á ao credor exigir a substituição da garantia, ou seu esforço, renunciando ao direito à percepção do valor relativo à indenização.

"**Art. 15.** O credor poderá exigir a substituição ou o reforço da garantia, em caso de perda, deterioração ou diminuição de seu valor.

"Parágrafo único. O credor notificará por escrito o eminente e, se for o caso, o terceiro garantidor, para que substituam ou reforcem a garantia no prazo de quinze dias, sob pena de vencimento antecipado de dívida garantida.

"**Capítulo III – Das Disposições Especiais**

"**Art. 16.** Nas operações de crédito rotativo, o limite de crédito concedido será recomposto, automaticamente e durante o prazo de vigência da Cédula de Crédito Bancário, sempre que o devedor, não estando em mora ou inadimplente, amortizar ou liquidar a dívida.

"**Art. 17.** Para fins de lavratura de protesto, a Cédula de Crédito Bancário poderá ser encaminhada, por cópia, ao oficial do cartório, desde que a instituição credora declare estar de posse da sua única via negociável e indique o valor pelo qual será protestado, inclusive no caso de protesto parcial.

"**Art. 18.** A validade e eficácia da Cédula de Crédito Bancário não dependem de registro, mas as garantias reais, por ela constituídas, ficam sujeitas, para valer contra terceiros, aos registros ou averbações previstos na legislação aplicável, com as alterações introduzidas por esta Medida Provisória.

"**Art. 19.** As instituições financeiras, quando autorizadas pelo Banco Central do Brasil e nas condições estabelecidas pelo Conselho Monetário Nacional, poderão emitir Certificados de Cédulas de Crédito Bancário – CCB com lastro efetivo em Cédulas de Crédito Bancário mantidas em custódia, para negociar esses créditos no mercado nacional ou internacional, com pessoas integrantes ou não do Sistema Financeiro Nacional.

"§ 1º. As Cédulas de Crédito Bancário emitidas na forma prevista nesta Medida Provisória, que derem origem aos CCB, deverão permanecer custodiadas em instituição financeira autorizada nos termos do *caput*, que fará a cobrança junto aos respectivos devedores.

"§ 2º. Os CCB poderão ser desdobrados ou reagrupados por conveniência do emitente ou do adquirente.

"§ 3º. O capital ingressado, no caso de negociação em mercado externo, será registrado no Banco Central do Brasil mediante comprovação da efetiva negociação das divisas do país.

"§ 4º. Os CCB poderão ser emitidos sob a forma física ou escritural e, em ambos os casos, registrados em arquivos magnéticos organizados pelo emitente, dos quais constarão:

"I – o local e a data de emissão;

"II – o nome do depositante das Cédulas de Crédito Bancário;

"III – o nome da instituição financeira emitente;

"IV – a denominação 'Certificado de Cédulas de Crédito Bancário – CCB';

"V – a expressa indicação da respectiva cédula ou cédulas sob as quais tiver sido emitido, o valor de principal, os encargos convencionados e a época de amortização, total ou parcial, e o vencimento final;

"VI – o nome dos emitentes devedores das Cédulas de Crédito Bancário; e

"VII – o lugar e as datas de pagamento do resgate de principal e dos encargos das Cédulas de Crédito Bancário.

"§ 5º. O CCB poderá ser transferido mediante endosso ou termo de cessão, se escritural, devendo, em qualquer caso, a transferência ser datada e assinada pelo seu titular ou mandatário com poderes especiais e averbada junto à instituição financeira emitente, no prazo máximo de dois dias.

"§ 6º. As despesas e os encargos decorrentes da transferência e averbação do CCB serão suportados pelo cessionário, salvo convenção em contrário.

"**Capítulo IV – Das Disposições Gerais**

"**Art. 20.** Aplica-se às Cédulas de Crédito Bancário, no que não contrariar o disposto nesta Medida Provisória, a legislação cambial, dispensado o prointeressados, *devedores* – inclusive *coobrigados* e *garantes* – e *credores*, que deles se utilizarem.

Como ficarão os créditos incorporados à Cédula de Crédito Bancário ou ao Certificado de Cédula de Crédito Bancário (título de crédito criado também pela mesma medida provisória, em seu art. 19, para fins de *alavancagem* no mercado financeiro nacional ou internacional, conforme abaixo, n. 3) se no futuro, e em instância final, vier a ser reconhecida a inconstitucionalidade dessa medida provisória? Anote-se que foi aforada perante o Supremo a ADIn 2.150-8, questionando a incompatibilidade com a Constituição dos arts. 11 e 18 da medida provisória em foco.

Haverá alguma dúvida de que devedores executados argüirão a inconstitucionalidade da Cédula de Crédito Bancário criada por tão *exótico* meio de iniciativa de processo legislativo?

Restará, então, aos credores apenas o acesso às *vias ordinárias*?

Nesse caso, como ficarão os *garantes* e as *garantias*?

Dir-se-á, em resposta, que o Legislativo e o Judiciário têm sido *dóceis* ao expansionismo legiferante do Executivo, via adoção de medidas provisórias.

Assim já aconteceu inúmeras vezes, não sem fortes objeções, aliás crescentes, pelo quê, a nosso ver, o horizonte não se mostra assim tranqüilo para que credores dispensem sua prudente cautela em tema de formalização jurídica de operações de crédito por meio do novel título de crédito.

É verdade que, se o Congresso Nacional converter a medida provisória em lei, será forte o argumento de que a avaliação sobre a pertinência do processo legislativo adotado é matéria política, de apreciação exclusiva do Congresso Nacional, uma questão *interna corporis*, não apreciável, quanto a seu mérito, pelo Poder Judiciário. Nesse sentido há o precedente da ADIn 1.667-9-DF, relator o Exmo. Min. Ilmar Galvão, em plenária do STF, cuja ementa destaca: "(...) não cabe ao Poder Judiciário aquilatar a presença, ou não, dos critérios de relevância e urgência exigidos pela Constituição, para a edição de medida provisória (cf. ADIn 162, 526, 1.397 e 1.417)".

Urge reconhecer, todavia, que esta questão já não está sendo vista de modo tão pacífico, especialmente quando se invoca a *teoria do excesso do poder de legislar*, trazida à colação por Clémerson Merlin

testo para garantir o direito de regresso contra endossantes, avalistas e terceiros garantidores.

"**Art. 21.** Esta Medida Provisória entra em vigor na data de sua publicação.

"Brasília, 14 de outubro de 1999; 178º da Independência e 111º da República.

2. O texto modificado, ao ensejo da republicação (MP 1.925-3, de 6.1.2000, *DOU* 7.1.2000), deu nova redação ao art. 21 e renumerou para art. 22 e art. 23 o que constava dos arts. 21 e 22 primitivos:

"**Art. 21.** Os títulos de crédito e direitos creditórios, representados sob a forma escritural ou física, que tenham sido objeto de desconto, poderão ser readmitidos a redesconto junto ao Banco Central do Brasil, observando-se as normas e instruções baixadas pelo Conselho Monetário Nacional.

"§ 1º. Os títulos de crédito e direitos creditórios de que trata o *caput* considerar-se-ão transferidos, para fins de redesconto, à propriedade do Banco Central do Brasil, desde que inscritos em termo de tradição eletrônico constante do Sistema de Informações do Banco Central – SISBACEN, ou, ainda, no termo de tradição previsto no § 1º do art. 5º do Decreto n. 21.499, de 9 de junho de 1932, com a redação dada pelo art. 1º do Decreto n. 21.928, de 10 de outubro de 1932.

"§ 2º. Entendem-se inscritos nos termos de tradição referidos no parágrafo anterior os títulos de crédito e direitos creditórios neles relacionados e descritos, observando-se os requisitos, os critérios e as formas estabelecidas pelo Conselho Monetário Nacional.

"§ 3º. A inscrição produzirá os mesmos efeitos jurídicos do endosso, somente se aperfeiçoando com o recebimento, pela instituição financeira proponente do redesconto, de mensagem de aceitação do Banco Central do Brasil, ou, não sendo eletrônico o termo de tradição, após assinatura das partes.

"§ 4º. Os títulos de crédito e documentos representativos de direitos creditórios inscritos nos termos de tradição poderão, a critério do Banco Central do Brasil, permanecer na posse direta da instituição financeira beneficiária do redesconto, que os guardará e conservará em depósito, devendo proceder, como comissária *del credere*, à sua cobrança judicial ou extraordinária."

Clève (*Medidas Provisórias*, 2ª ed., São Paulo, Max Limonad, 1999, p. 139), colacionando precedentes jurisprudenciais em que a matéria foi posta, tendo em um caso sido acolhida (ADIn/MC 1.753-DF, rel. Min. Sepúlveda Pertence, *DJU* 12.6.1998).

3. *Nasce também o Certificado de Cédula de Crédito Bancário*

Convém, ao exame da matéria, não deixar desapercebido que a MP 1.925, que "dispõe sobre a Cédula de Crédito Bancário" (omitindo-se a ementa sobre a rotineira complementação "e dá outras providências", inexistente, no caso), na verdade criou um segundo título circulatório, o *Certificado de Cédula de Crédito Bancário*, cuja sigla é CCB (e teria sido melhor CCCB), conforme desponta no art. 19 do diploma presidencial. Em contrapartida, a MP 1.925, rompendo com a tradição das normas que regem os títulos de crédito congêneres, não criou *Nota de Crédito Bancário*, o que será analisado adiante.

4. *A solução brasileira das cédulas de crédito*

Interessante, de qualquer modo, é fazer o registro desse *caminho brasileiro* para os títulos de crédito, bem relatado por Brandão de Oliveira (*Direito Cambiário*, Belém, CEJUP, p. 314). Apareceu, entre nós, em 1937, na forma da primitiva Cédula de Crédito Rural, regida, posteriormente, com nova feição, pela Lei 3.253, de 27.5.1957, e atualmente pelo Decreto-lei 167, de 14.2.1967, e vem ganhando formato próprio e típico, através da Cédula de Crédito Industrial (Decreto-lei 413, de 9.1.1969), Cédula de Crédito à Exportação (Lei 6.313, de 16.12.1975), Cédula de Crédito Comercial (Lei 6.840, de 3.11.1980) e Cédula de Produto Rural (Lei 8.929, de 22. 8. 1994). Faça-se o registro, também, da Cédula Hipotecária (Decreto-lei 70, de 21.11.1966) e da Cédula de Debêntures, surgida na reforma parcial da Lei de Sociedades Anônimas, em maio de 1997 (nova redação ao art. 72 da Lei 6.404, conforme Lei 9.457, de 1997). Estes dois últimos títulos, todavia, têm função diferente das demais cédulas, parecendo adequado dizer que se voltam mais para o mercado de capitais, tendo marcada vocação para operar como *valores mobiliários*, inserindo-se no sistema próprio dos títulos padronizados, lançados no mercado, sob autorização e fiscalização do Poder Público (CVM) e negociados em massa. Deles se diferencia o sistema dos títulos de crédito, como bem registra Bulgarelli ("Os valores mobiliários como títulos de crédito", *Títulos de Crédito*, 13ª ed., São Paulo, Atlas, pp. 98 e ss.). Das *cédulas* vocacionadas para o mercado de capitais não se ocupará este estudo, salvo para referir, desde já, que o Certificado de Cédula de Crédito Bancário (supra, n. 3) em tudo propende para o mercado de capitais, como valor mobiliário.

A verdade é que a modelagem de títulos de crédito como *cédulas de crédito* e *notas de crédito* até hoje deu bons resultados, especialmente pela associação dessas *promessas de pagamento* a *sistemas especializados, oficiais ou não, de linhas de crédito*, em correspondência, estas, com o interesse de segmentos especializados da produção e com políticas públicas valorizadoras dessas áreas de atividade econômica.

Quer dizer que sempre que foi adotada pelo Governo da República determinada política econômica, por força da qual certa área de produção passou a merecer o amparo de *linhas especiais de crédito, destinadas a segmentos preferenciais* da atividade econômica, foi, ao mesmo tempo, elaborada legislação destinada a instrumentalizar as respectivas operações de crédito. Essa instrumentalização deu-se através da criação de *cédulas de crédito* e *notas de crédito*, próprias para os empresários contemplados com os respectivos financiamentos.

Daí decorre a fácil identificação, na história econômica recente do Brasil, da *Cédula de Crédito Rural* com uma política de financiamento oficial à agricultura, servida por *funding* exclusivo; do mesmo modo, a *Cédula de Produto Rural* é uma tentativa de política de financiamento *privado* à produção rural, que o *mercado* seria capaz de cumprir (1994). A *Cédula de Crédito Industrial* tem sua aparição associada à política de consolidação de um parque industrial brasileiro, nos fastos do *milagre brasileiro* (1969); a *Cédula de Crédito à Exportação* nasceu em plena política econômica voltada a obter saldo credor na balança comercial, impondo o favorecimento dos exportadores, em meio às angústias da primeira crise do petróleo (1975). E a *Cédula de Crédito Comercial* foi gerada pela busca de instrumentos aptos a que se enfrentasse grave recessão (segundo choque do petróleo – 1980), mediante favorecimento da área de comércio varejista e de prestação de serviços.

Em resumo, não é difícil traçar o mapa das políticas públicas voltadas à economia, em função dos textos legislativos elaborados para instrumentalizar linhas de crédito, geralmente oficiais, mobilizadas para atender a objetivos governamentais ou da economia brasileira.

4.1 Confirmação da tendência

A Cédula de Crédito Bancário, do mesmo modo que suas antecessoras, veio confirmar essa regra.

Uma política pública identificada com o primado dos valores financeiros haveria de acrescentar, por via dos instrumentos citados, mais essa marca a assinalar o período histórico que vivemos. De fato, vive-se no Brasil, há alguns anos, uma política econômica cujos traços marcantes localizam-se em vértices financeiros (*defesa da moeda, combate à inflação como vetor de toda e qualquer ação governamental, preservação do sistema bancário, valorização do mercado como fonte natural das soluções que hão de superar a crise em que o país se debate*), do que resulta, como corolário, a *preocupação em proteger o credor e o investidor*, que aportam capitais a esse mercado e que desejam ser fortalecidos na defesa da recuperação de seus haveres em caso de inadimplência.

Em pioneiro e proveitoso estudo sobre "A Cédula de Crédito Bancário" (*RDM* 116/129), Haroldo Verçosa aponta sua origem na preocupação do Banco Central com o elevado custo dos empréstimos bancários, que teria uma de suas causas no alto índice de inadimplência dos mutuários-devedores. A solução, assim, passaria pela fórmula de criar em favor das instituições financeiras um título de crédito que lhes acrescentasse mais garantias e mais executividade em face de cada um de seus devedores. Daí a ponderável observação feita por esse ilustrado professor no sentido de que "as instituições financeiras foram agraciadas com um título de crédito que lhes dá uma enorme força econômica contra os devedores".[3]

Assim, o surgimento da Cédula de Crédito Bancário, com as características de predominância do credor *instituição financeira* sobre o devedor, como se percebe ao estudo da matéria, sugere aos versados em Ciência Política e História Econômica um bom tema para interpretação da política econômica adotada nesta quadra histórica.

5. A Exposição de Motivos do Ministro da Fazenda

No sentido das observações de Haroldo Verçosa, aliás, a Exposição de Motivos do Ministro da Fazenda, Pedro Malan, é explícita. Destaque-se, em seu texto, esta

3. Faz o ilustrado professor, em passagem de seu estudo doutrinário, expressiva comparação em linguagem figurada, assemelhando a Cédula de Crédito Bancário ao "mais poderoso míssil nuclear, dotado de múltiplas e mortais ogivas". Diz, mais – porém sem conquistar nossa convicção a respeito: "(...) tendo sido superados alguns obstáculos de Direito Material e Processual que prejudicavam os seus interesses" (p. 135). Nesse ponto discordamos, pois, como se expôs neste trabalho, há muitos obstáculos de Direito Material a superar que vão embaraçar o uso fluente e tranqüilo do título. Cremos, mesmo, que no Congresso Nacional a cédula bancária vai ser aperfeiçoada.

afirmativa: "Há muito tempo, o mercado financeiro necessita de um título de crédito que espelhe com realidade as relações jurídicas entre as instituições financeiras e seus clientes e que, principalmente, torne a formalização das diversas operações de crédito menos onerosa e complicada, conferindo maior flexibilidade e agilidade na mobilização do crédito". E relembra, na história brasileira das cédulas de crédito, sua origem italiana, apontando a "função econômica para a qual foi concebida a primeira cédula, inspirada na legislação italiana, especificamente na *Cambiale Agraria* (...) matéria de que cuidou o Decreto-lei Real n. 1.509, de 24 de julho de 1927 (que disciplinou o crédito agrário) (...) que foi convertido na *Legge 5 luglio 1928*, n. 1.760".

A Exposição de Motivos segue, nos itens seguintes, narrando o histórico das cédulas de crédito brasileiras, desde um primitivo e fracassado antecedente (o Bilhete de Mercadoria, dos tempos de Rui Barbosa no Ministério da Fazenda) até a Cédula de Crédito Comercial, de 1980, bastante utilizada nos meios bancários, a exemplo de suas congêneres, já referidas em tópico anterior destas linhas, cujas virtudes instrumentais não podem ser negadas.

É significativo observar que da Exposição de Motivos contendo, como consta de seu primeiro período, *projeto de medida provisória* não há uma palavra sequer apontando razões de relevância e urgência que fundamentem a opção pela via legislativa do art. 62 da CF.

6. Estrutura da MP 1.925

Aduza-se, neste tópico, e com a ressalva acima, que o diploma imprimiu à Cédula de Crédito Bancário a flexibilidade e funcionalidade peculiares a esse tipo de título de crédito. De fato, todas as *cédulas de crédito* vigentes no Brasil sempre se notabilizaram por permitirem simplicidade tanto na criação do título de crédito quanto na sua renegociação, como finalmente na constituição de garantias, ainda que *reais* – e, dentre estas, as *imobiliárias* (hipoteca) –, acoplando-as ao título. Isso confere agilidade à negociação da operação de crédito (a *relação fundamental*), assim como à formação do título, e reduz seus custos.

Divide-se a MP 1.925 em quatro capítulos, versando, respectivamente, sobre as características gerais da Cédula de Crédito Bancário (Capítulo I, "Da Cédula de Crédito Bancário"), sobre as garantias cedularmente constituídas (Capítulo II), sobre disposições especiais (Capítulo III) e disposições gerais (Capítulo IV).

7. Características gerais

A Cédula de Crédito Bancário surge com natureza jurídica explicitamente enunciada. É *título de crédito* (art. 1º), da espécie *promessa de pagamento* (art. 4º, II), qualifica-se como *título executivo extrajudicial* (art. 3º), tem como relação jurídica subjacente (*causa*) *operação de crédito de qualquer modalidade* (art. 1º) e consubstancia obrigação *líquida* (art. 3º) de pagamento em dinheiro em favor de *instituição financeira* ou de *entidade a esta equiparada*, integrantes, estas, do Sistema Financeiro Nacional (art. 1º).

Ressalte-se que poderá ser emitida *em moeda estrangeira* (cf. art. 1º e §§ e art. 3º) em favor de instituição domiciliada no Exterior, *desde que a obrigação esteja sujeita exclusivamente à lei a ao foro brasileiros*.

No que não contrariar as especificidades da legislação que a criou, submete-se ao regime jurídico dos títulos de crédito (a assim tradicionalmente chamada *legislação cambial* – cf. art. 20 do texto normativo).

Comporta endosso (arts. 4º, IV, e 20), aval (art. 20), *terceiro(s) garantidor(es)* (art. 3º, § 1º, IV e VII; art. 4º, VI; art. 6º; art. 9º, § 2º; art. 10 e § 1º; art. 15, parágrafo único; e art. 20), cessão civil (art. 4º, § 1º) e protesto (arts. 17 e 20) e protesto *parcial* (art. 17, *in fine*).

8. Atributos cambiais

Houve preocupação em dispor sobre sua *cartularidade* (documento *escrito* – art. 4º, § 2º), *despontando* no diploma sua *literalidade* (art. 4º e §§), podendo conter *cláusula à ordem* (circulabilidade, art. 4º, IV). Sobre a *literalidade* cabem observações, feitas neste estudo, abaixo, n. 8.1. Quanto à *autonomia* das declarações cambiais nela insertas, proclamada oficialmente na Exposição de Motivos (item 11), resulta ela do texto promulgado, arrimando-se em sua remissão às normas da legislação cambial, constante do art. 20.

Relativamente à *abstração*, não mencionada expressamente na justificativa ministerial (silente quanto a essa expressão), é ela proclamada na, *data venia*, equivocada referência à *literalidade*. De fato, afirma a Exposição de Motivos que "o projeto esforça-se por aplicar corretamente a terminologia da linguagem jurídica, definindo claramente a sua característica de título de crédito, mantendo a tradição consagrada no Direito Brasileiro da literalidade (existência de uma obrigação independente da relação fundamental)". Com a devida licença, o atributo cambial a que a Exposição de Motivos se refere, no trecho acima transcrito, é justamente a *abstração*. De resto, esta decorre, por igual, da incidência, sobre o novel título de crédito, dos preceitos da legislação cambial.

Ainda sobre a *abstração*, é oportuno dizer que a Cédula de Crédito Bancário sempre será um título *causal*. Prestando-se a instrumentalizar *qualquer operação de crédito, de qualquer modalidade* (art. 1º), e podendo ser emitida *com ou sem garantia real ou fidejussória, cedularmente constituída*, é evidente que poderá surgir como sucedâneo da nota promissória, em sua versão clássica, uma *promessa de pagamento*. Mas terá, sempre, como negócio jurídico fundamental uma *operação de crédito* (qualquer que seja), celebrada com instituição financeira. Será, nessa hipótese, que raramente ocorrerá, um título de crédito em tudo comparável à duplicata mercantil, que é causal, por ter como relação jurídica originária uma venda mercantil a prazo.

A *coobrigação*, além de ser inerente aos títulos de crédito, desponta referida expressamente no art. 20, *in fine*.

8.1 Sobre a literalidade

Consoante as palavras de J. Eunápio Borges, "a literalidade entende-se no sentido de que, para a determinação da existência, conteúdo, extensão e modalidades do direito, é decisivo exclusivamente o teor do título" (*Títulos de Crédito*, 2ª ed., Rio de Janeiro, Forense, 1976, p. 13).

Na mesma linha de raciocínio desponta o magistério de Ascarelli, citando Messineo: "O direito decorrente do título é literal no sentido de que, quanto ao conteúdo, à extensão e às modalidades desse direito, é decisivo exclusivamente o teor do título" (*Teoria Geral dos Títulos de Crédito*, 2ª ed., São Paulo, Saraiva, 1969, p. 37). Daí seus efeitos, referidos pelo grande Mestre peninsular, na linha de que o subscritor não pode opor exceção alguma decorrente de uma convenção não constante do próprio título, e o portador, por seu turno, não pode ter, no exercício de seu direito, pretensões mais amplas do que as permitidas pelo teor do documento (ob. cit., p. 38).

É por força da vinculação do título de crédito à sua literalidade que a legislação cambial proclama que *o escrito em que faltar algum dos requisitos essenciais não produzirá efeito como* ***título de crédito***. Sabidamente, essa cláusula, constante da Lei Uniforme sobre Letras de Câmbio (art. 2º), da Lei Uniforme sobre Cheques (art. 2º), da Lei 7.357, de 1985 (Lei brasileira de Cheques – art. 2º), tudo na esteira do velho Decreto 2.044 (art. 2º), tem por objetivo, e para segurança das partes, preservar o rigor formal do título de crédito. Em outras palavras: lendo o título de crédito, tal como criado, o credor sabe exatamente quais são seus direitos: de quem é credor, de quanto é credor, quando a soma cambial é exigível e quais são os garantes e as garantias. Saberá, também, a data de criação do título (importante para fins de prescrição quando o título de crédito é à vista), a praça de pagamento e a autenticação da obrigação do criador do título, representada por sua assinatura. Faltando esses requisitos, o documento deixa de produzir efeitos como *título de crédito*, passando a constituir um *escrito*. A literalidade, como é fácil perceber, constitui importante segurança para o endossatário (que saberá tudo a respeito da obrigação cambial de que está se tornando titular), bem como para avalistas. Esse breve elenco de decorrências do atributo da *literalidade* mostra que aí se situa a raiz da funcionalidade desses clássicos instrumentos de circulação de riqueza, eis que, como classicamente se afirma, na circulação do título de crédito não está circulando o título, mas o próprio direito.

Todavia, urge destacar que sérios questionamentos podem ser levantados no que diz respeito à *literalidade* do novo título de crédito, isso em face das feições de que dotado.

Cabe dizer, desde logo, que a MP 1.925 é silenciosa a respeito de que, faltando requisitos essenciais, o documento passa a ser mero *escrito*, perdendo a natureza de título de crédito.

Embora seja lógico inferir que disposição equivalente deva ser aplicável, pela natureza da cédula bancária e pela expressa remissão à legislação cambial, não teria sido demais se o diploma fosse expresso a respeito. Isso tendo em vista a *elasticidade* com que pode ser plasmado, ao ensejo de sua emissão, ou de seu *aditamento*, *retificação* e *ratificação*, possibilitados pelo art. 4º, § 4º.

Aduza-se, ainda, que o diploma prevê a constituição de garantia em documento separado (art. 7º), tudo a recomendar maiores reflexões sobre o assunto (v., abaixo, n. 8.2).

Justamente, entretanto, em face do conceito de literalidade, convém que algumas dificuldades sejam apontadas.

Diz, com efeito, o art. 3º que a Cédula de Crédito Bancário representa dívida em dinheiro certa, líquida e exigível, *seja pela soma nela indicada, seja pelo saldo devedor demonstrado em planilha de cálculo, ou nos extratos de conta corrente, elaborados conforme previsto no § 2º*.

Em outras palavras, a *literalidade* – ou indicação escrita, precisa e estrita, da obrigação resultante de declaração cambial do devedor aposta sobre a cártula, e que, em termos de valor a pagar, corresponde à *soma cambial* devida – fica evidentemente afetada, se não comprometida, pela solução adotada. É que, sobrevindo o vencimento, será o valor da obrigação, constante da cédula, exigível *pela soma nela indicada* (e até aí está a norma legal falando do óbvio); ou *pelo saldo devedor demonstrado em planilha de cálculo ou extratos da conta corrente*, documentos, esses, que *integrarão a cédula* e que serão feitos *pelo credor*, a quem caberá discriminá-los através de *cálculos realizados de modo a evidenciar de modo claro e preciso e de fácil entendimento e compreensão o valor principal da dívida, seus encargos e despesas contratuais devidos, a parcela de juros e os critérios de sua incidência, a parcela de atualização monetária ou cambial, a parcela correspondente a multas e demais penalidades contratuais, as despesas de cobrança e de honorários advocatícios devidos à data do cálculo e, por fim, o valor total da dívida* (as expressões ou frases grifadas constam literalmente do texto da medida provisória, cf. art. 4º, § 2º, I e II).

Assim, admitir como presente o requisito da literalidade em título de crédito cujo inteiro, preciso e estrito teor fica subordinado a valores calculados em separado e unilateralmente pelo credor nada mais é senão violentar esse precioso cânone do Direito Cambiário.

É evidente o exagero de poderes conferidos ao credor para especificar o ponto mais importante da *literalidade cambial*, aquele que diz respeito ao cerne da obrigação, o *quantum debeatur*, a soma cambial, ou valor devido.

8.1.1 A cláusula-mandato

A Exposição de Motivos ministerial explica por que foi adotada essa fórmula. São palavras constantes dessa justificativa: "Outra vantagem que ressalta é de acabar com a necessidade de utilização da cláusula de mandato para emissão de títulos de crédito representativos de dívidas dessa natureza, tão polêmica que tem sido objeto de discussões que, via de regra, carreiam, sempre, ônus para ambas as partes, emitente e credor, além de causar natural deterioração das relações entre as partes, relação essa que deveria ser, na verdade, de parceria e não de confronto" (item 8 da Exposição de Motivos).

A cláusula-mandato, banida pela jurisprudência (Súmula do egrégio STJ, enunciado 60) e condenada pela Lei 8.078 – o chamado Código de Defesa do Consumidor (art. 51, VIII) –, sempre foi utilizada para permitir que mandatário do devedor, *mas de absoluta confiança do credor, e no interesse deste, preenchesse em todos os seus termos e valores título de crédito, assinando-o* (em nome do devedor), *em favor do credor*, nomeado tomador. Isso se providenciava no momento em que, por qualquer circunstância, em geral para fins de execução, apurasse o credor, por seus critérios e cálculos, o valor do débito, sendo nesse ensejo tudo formalizado em título de crédito. Revelou-se abusivo esse mandato, sendo dispensável indicar as óbvias razões da condenação dessa prática, reiteradamente afirmada por essa superior instância judiciária (v. *Lex-JSTJ* 115/172 e 109/179, para referir acórdãos bem recentes).

Pois bem: o que a medida provisória fez, com o aplauso da Exposição ministerial, foi acentuar o emprego da *cláusula-mandato*. Não tanto por permitir que a *cédula* seja emitida e/ou garantida mediante assinatura de procuradores (art. 4º, VI), o que, de resto, é da tradição brasileira (Decreto 2.044, de 1908, art. 1º, V). Mas especialmente por conferir poderes *legais* (e não apenas contratuais, de um mandato) ao credor para, unilateralmente, apurar o saldo líquido a cargo do devedor, comunicá-lo e instrumentalizar-se para fins de protesto, execução processual ou pedido de falência.

É de se prever que sérias objeções serão formuladas a respeito. Devedores inconformados logo invocarão a *abusividade* do preceito, ou a *potestatividade pura* da cláusula, para o quê cabe, desde já, invocar a lição de Caio Mário: "(...) podendo ser capitulada como condição potestativa pura, a 'indeterminação potestativa da prestação', por ver que, neste caso, a potestatividade do ato se desloca da sua realização para a estimativa da *res debita*, equivalendo nos seus efeitos ao *si volam*" (*Instituições de Direito Civil*, 18ª ed., v. I, Rio de Janeiro, Forense, p. 367).

Assim, não se mostra aconselhável que concepção legislativa exposta a tão graves críticas seja desse modo incorporada definitivamente ao Direito Positivo.

8.1.2 Do valor exigível como soma cambial

No que diz respeito ao montante do débito do emitente, a *soma cambial*, é preciso dizer:

a) a *cédula* é exigível pela *soma nela indicada* (art. 3º, *caput*). Observe-se: a *soma cambial* corresponderá ao *valor total do crédito posto à disposição do emitente* quando o título for oriundo de contrato de abertura de crédito bancário em conta corrente (art. 3º, § 2º, II); ou

b) *pelo saldo devedor demonstrado em planilha de cálculo* elaborada pelo credor (art. 3º, *caput*, combinado com o § 2º).

8.1.3 Composição da soma cambial

Mas como se compõe a soma cambial, ou o saldo devedor, conforme o caso?

É possível identificar os seguintes itens, conforme pactuação entre as partes, a serem acrescidos ao débito original ou ao saldo devedor:

a) juros sobre a dívida, capitalizados ou não (art. 3º, § 1º, I), certo que a periodicidade da capitalização será a que houver sido pactuada. Não custa relembrar que a MP 1.963-21 (*DOU* 27.7.2000), em seu art. 5º, passou a admitir, para as instituições financeiras, a *capitalização de juros com periodicidade inferior a um ano*;

b) despesas e demais encargos decorrentes da obrigação (idem);

c) atualização monetária ou correção cambial (art. 3º, § 1º, II);

d) multas e penalidades contratuais;

e) despesas de cobrança da dívida e dos honorários advocatícios, judiciais ou extrajudiciais, limitados estes ao máximo de 10% do valor total devido (art. 3º, § 1º, IV);

f) obrigações adicionais do emitente ou do terceiro garantidor.

Não há dúvida de que esses itens, objeto de pactuação, integrarão o valor total da dívida, como vem claramente afirmado no mesmo art. 3º, § 2º, I.

Chamam a atenção, no tópico, os itens pertinentes à capitalização dos juros, em periodicidade a ser pactuada; à cumulação de multas e penalidades contratuais; às despesas de cobrança da dívida, inclusive honorários judiciais (quantificados antes da execução, pois deverão integrar o valor total devido ...) e extrajudiciais, que, evidentemente, serão incorporados pelo percentual máximo (10% do valor total devido). E, finalmente, as *obrigações adicionais do emitente*, não parecendo claro no que exatamente consistirão.

As importâncias correspondentes a cada item sofrerão acréscimo inevitável em caso de dificuldades financeiras do devedor. Este, por certo, procurará o credor, e haverá uma *repactuação*, que envolverá aumento da dívida e de garantias, como ensinam as lições da experiência humana, que o Código de Processo Civil engloba no conceito de *regras de experiência comum subministradas pela observação do que ordinariamente acontece*, a ser considerado no âmbito da prova no processo civil (CPC, art. 335).

O texto normativo ainda destaca: "Sempre que necessário, a apuração do valor exato da obrigação, ou de seu saldo devedor, representado pela Cédula de Crédito Bancário, será feita pelo credor por meio de planilha de cálculo ou dos extratos de conta corrente, ou de ambos, documentos esses que integrarão a cédula (...)" (art. 3º, § 2º).

Não se pode ignorar que a jurisprudência não se tem mostrado hostil a formulações obrigacionais equivalentes, para reconhecê-las como revestidas da natureza de *título executivo extrajudicial*, justamente para fins de sua executividade (Nery e Nery, *Código de Processo Civil Comentado*, 3ª ed., São Paulo, Ed. RT, verbetes ao art. 585 sob rubricas "Crédito em conta de amortização", "Crédito rotativo", "Cheque-ouro", "Cédula hipotecária", pp. 821-823, *passim*). Sobre a natureza executiva do contrato de abertura de crédito elaborou o eminente Humberto Theodoro Jr. meticuloso estudo, admitindo a validade desse instrumento como título executivo extrajudicial, não sem apontar, todavia, divergência jurisprudencial existente no egrégio STJ (*O Contrato e seus Princípios*, 2ª ed., Rio de Janeiro, Aide, 1999, pp. 158 e ss.). Da pendência jurisprudencial dá clara notícia Theotônio Negrão (*Código de Processo Civil e Legislação Processual em Vigor*, 31ª ed., São Paulo, Saraiva, notas 7b, 8 e 8d ao art. 585). Vale lembrar, entretanto, que cabe distinguir a figura de um *contrato*, tornado título executivo extrajudicial pela anexação de extrato da conta corrente, da figura mais elaborada de um *título de crédito*, que deve estar arraigado à teoria e aos princípios dos títulos de crédito, especialmente considerando que se destina a *circular* no mercado, por endosso, por cessão e até para lastrear a emissão do Certificado de Cédula de Crédito Bancário.

Mostra-se oportuno ponderar que para a ação de execução fundada em *escritura pública, ou outro documento público assinado pelo devedor; ou documento particular assinado pelo devedor e por duas testemunhas, instrumento de transação, referendado pelo Ministério Público, pela Defensoria ou pelos advogados dos transatores*, o Código de Processo Civil passou a dispensar o requisito de que deveria constar *obrigação de pagar quantia determinada* (redação anterior do inciso II do art. 585 do CPC). A Lei 8.953, de 1994, dando nova redação ao dispositivo, eliminou esse requisito, mas apenas nesse inciso II. No mais prevalece o preceito do art. 586, de que *a execução para cobrança de crédito fundar-se-á sempre em título líquido, certo e exigível*.

Fica claro, assim, que o legislador processual soube fazer a distinção entre título de crédito, em cuja cártula, e por força de sua literalidade, deve constar a soma cambial objeto da obrigação ("título líquido"), e o título executivo extrajudicial, de origem contratual, no qual é exigível a *certeza da existência da obrigação*, embora não a *precisão de seu objeto*.

Pelo que, todavia, foi exposto, a proposta para a Cédula de Crédito Bancário é no sentido de ultrapassar essa prudente distinção.

Abrem-se, assim, neste tópico, como em outros, muitas indagações relevantes em torno às fórmulas adotadas no texto da medida provisória da cédula bancária.

Cabe dizer, de qualquer modo, e em síntese, que o elenco de acréscimos, longe de favorecer o credor, produzirá efeito contrário. Os embates processuais se acentuarão, e o questionamento sobre a *legitimidade* da pretensão do credor será inevitável. Afinal, é difícil ver no figurino cambial da literalidade, enunciado pela Lei Uniforme, a presença da *soma de dinheiro a pagar* (art. 1º, III); isso por certo afeta o atributo de liquidez inerente a qualquer título executivo extrajudicial, pois, afinal, obrigação líquida é aquela *certa quanto à sua existência e determinada quanto a seu objeto* (CC, art. 1.533).

Com perdão do truísmo, uma soma cambial ilíquida, ainda que determinável, não é líquida. Não faltarão alegações sobre o enriquecimento sem causa do credor por decorrência da pretensão de cobrar verbas em muito excedentes ao custo de captação do dinheiro, acrescido de ganho razoável (foi nesse tópico que, após largo debate forense, restou a final derrotada a cobrança cumulativa de *comissão de permanência* com a *correção monetária* – Enunciado 30 da Súmula do egrégio STJ). O mesmo se diga quanto a verbas como a de honorários advocatícios extrajudiciais, dificilmente reconhecíveis na cobrança feita sem ingresso em juízo, assim como respeitantemente à acumulação de multa e penalidades, em intrigante questionamento aos preceitos que regem a cláusula penal. Por certo será útil rememorar certas noções sobre este instituto, primorosamente explicadas por Limongi França (*Teoria e Prática da Cláusula Penal*, São Paulo, Saraiva, 1988, especialmente pp. 332-333), pois é possível imaginar que o credor, na Cédula de Crédito Bancário, estará sujeito à velha tentação de cumular as diversas incidências possíveis da cláusula penal, embora não raro excludentes entre si.

8.2 Sobre a cartularidade

Como já foi dito, a Cédula de Crédito Bancário surge como documento escrito (art. 4º, § 2º). Aliás, pelo teor de seu conteúdo afigura-se incompatível com a forma escritural. De fato, a reforçar-lhe a cartularidade, *pode* estar acrescida de *pactuação* sobre juros, sua capitalização, despesas, encargos, atualização monetária, variação cambial, ocorrência de mora, incidência de multas, penalidades, vencimento antecipado, critérios de apuração e *ressarcimento* de despesas de cobrança e de honorários, garantias e sua substituição, obrigações a cargo do credor, e outras condições, inclusive obrigações adicionais do devedor ou do garante. A *promessa cartular* fica, também, integrada, se necessário, por planilha de cálculo feita pelo credor, e/ou extrato de conta corrente elaborado por este, tudo conforme o art. 3º e §§.

As garantias, contudo, poderão ser constituídas "em documento separado, neste caso fazendo-se, na cédula, menção a tal circunstância" (art. 7º).

Ademais, a cédula poderá ser *aditada, retificada e ratificada mediante documento escrito, datado, com os requisitos previstos* no diploma (art. 4º, § 4º), "passando esse documento a integrar a cédula para todos os fins".

Trata-se, como se vê, de *algo* que se pode designar como *cartularidade instrumental complexa* (com obrigações múltiplas, inclusive por parte do credor), *variável* (admite aditamentos e retificação), *bilateral* ("pactuação") e fisicamente desdobrável em instrumento separado.

Não se pode antecipar como o Congresso Nacional vai, no momento oportuno, encarar essa proposição, mas, a prevalecer no feitio apresentado, há que ver-se uma figura jurídica *híbrida*, que extrapola o padrão tradicional dos títulos de crédito, inclusive das cédulas de crédito já existentes.

9. Contrato/título executivo extrajudicial. A natureza jurídica da Cédula de Crédito Bancário

Verifica-se que, pela amplitude das avenças que a instituição financeira e seu cliente celebram, a Cédula de Crédito Bancário mais se aproxima de ser um contrato. Não por acaso, a medida provisória fala expressamente em pactuação de inúmeros itens a serem insculpidos na cédula.

Há que se pensar, assim, na hipótese de que no Ministério da Fazenda, onde a cédula bancária foi plasmada oficialmente (como resulta da Exposição de Motivos), houve a intenção de imprimir ao novo instrumento, simultaneamente, a *amplitude* de um contrato, a *instrumentalidade* de um título de crédito e a *efetividade processual* de um título executivo extrajudicial.

Daí a estranha combinação jurídica de inúmeras cláusulas, a serem pactuadas e repactuadas – o que é próprio de um contrato –, com uma *soma cambial variável e flexível* – o que é estranhável em tema cambial – e uma *liquidez presumida*, cuja certeza e determinação o texto legislado *por ora provisoriamente* procura evidenciar – ponto em que a presunção de executividade constante do processo civil de execução passa a sofrer de graves indeterminações.

O assunto comporta reflexões intensas. Por ora, pode-se antecipar que foi criado um quadro de negócios jurídicos coligados, a saber, a *operação de crédito, com sua pactuação inicial* (relação jurídica fundamental), o *título de crédito causal dela nascido, contendo também o elenco de garantias* (Cédula de Crédito Bancário), o *instrumento de repactuação, aditivo contratual com reflexo na cédula*, e o *instrumento em separado de garantias adicionais*. Integram esse complexo negocial, para determinação do valor preciso da obrigação do devedor, a *planilha de cálculo* e/ ou o *extrato de conta corrente* elaborado pelo credor. Eventualmente haverá, ainda, o instrumento da cessão na forma do Direito Comum. Esse conjunto, salvo melhor juízo, aponta na direção de um *negócio jurídico coligado*, de feitio misto, combinando elementos próprios de diversos tipos legais, na linha do que assevera Enzo Roppo para o chamado *contrato misto* (*O Contrato*, Coimbra, Almedina, 1988, p. 136).

Um aspecto, em especial, merece forte observação: afirmar, como o faz o texto da MP 1.925, que a Cédula de Crédito Bancário *é título de crédito* e, outrossim, *título executivo extrajudicial* (arts. 1º e 3º) significa imprimir elasticidade incomum a esses conceitos. Poderá, realmente, a cédula ser emitida com as características de título de crédito e, como tal, de título executivo extrajudicial. Mas, conforme o formato que, em casos concretos, lhe for atribuído, poderá o documento ficar descaracterizado daquela natureza.

9.1 Refletindo sobre a razão de ser da Cédula de Crédito Bancário

Vale a pena perguntar sobre a verdadeira razão do surgimento, por ora provisório, da Cédula de Crédito Bancário e do Certificado de Cédula de Crédito Bancário.

Houve modificações no Código de Processo Civil, de molde a permitir que um contrato particular, assinado por testemunhas, passasse a constituir título executivo extrajudicial (v. *supra*, n. 8.1.3). A jurisprudência caminha no sentido de consagrar o contrato de abertura de crédito e/ou financiamento bancário também como título executivo extrajudicial.

Pergunta-se, então: por qual motivo as autoridades federais fizeram surgir, em complemento a operações bancárias contratuais, que se vêm consolidando, um título de crédito apto a gerar tantas polêmicas?

Somente localizamos duas explicações. A primeira é para dar nível de Direito Positivo a soluções contratuais controvertidas ou mesmo repudiadas pela jurisprudência, como a cláusula-mandato e a possibilidade de acumular um vasto leque de exigências e acréscimos, quer na pactuação como na repactuação da cédula. Neste ponto, a medida provisória somente vai contribuir para o congestionamento processual na Justiça, pois essas inovações serão judicialmente questionadas e levará tempo para que seja pacificado o entendimento a respeito.

A segunda explicação relaciona-se ao Certificado de Cédula de Crédito Bancário, o novo título, lastreado nas Cédulas de Crédito Bancário em poder da instituição financeira. O certificado (CCB, na sigla do diploma) permitirá repassar ao mercado o valor dos créditos concedidos e documentados em cédulas, recompondo o *capital de giro* das instituições financeiras e *alavancando* suas operações. Há, aí, uma opção por riscos de mercado, mas essa questão deve ser estudada e resolvida no âmbito econômico, pelas autoridades da área e respectivos interessados.

10. Conclusão: preocupações a que o tempo dará resposta, certamente através do Congresso Nacional

De qualquer forma, e à espera do que os doutores e os pretórios dirão a respeito, configura-se, nesse cenário, um quadro de criatividade jurídica, carregado de sérias apreensões. Se os desdobramentos práticos vão mostrar-se válidos, ou não, somente o tempo poderá dizê-lo. Mas, por certo, se mantido o formato exibido, longas batalhas judiciais podem ser desde já antecipadas.

Finalmente, é preciso observar que, num quadro de relação jurídica contratual, indissociável do título de crédito, pelo menos entre os signatários iniciais, sérias inquietações despontam.

Acham-se presentes:

a) no plano da *comutatividade*, pelo risco de abusos na estipulação instrumental;

b) no plano do primado dos preceitos obrigacionais de ordem pública, pela *inferioridade* de uma das partes na celebração do contrato que contém a operação de crédito. Isso é pacífico em tema de relações de consumo, e temos por certo que, dentro da atividade bancária, estão presentes, muitas vezes (não sempre), relações de consumo (v., sobre o tema, excelente e recente resenha constante de parecer de Athos Gusmão Carneiro, "Depósito bancário em caderneta de poupança ", *Revista de Direito Bancário* 7/193. Anote-se, no tema, o estudo de Luiz Gastão Paes de Barros Leães, "As relações de consumo e o crédito direto ao consumidor", *RDM* 82/13, situando, com a precisão de hábito, o ponto de inserção das normas de tutela do consumidor no âmbito das relações jurídicas presentes no mercado financeiro); mas tende a expandir-se para situações análogas, que o cotidiano revelará aos pretórios; e

c) pela necessidade de observância constitucional do *devido processo legal*. Os poderes excepcionais que a medida provisória confere ao credor acenam para o contexto do que o admirável Comparato denomina "o risco da privatização do processo judicial" ("Execução de crédito pecuniário – O risco da privatização do processo judicial", *Direito Público – Estudos e Pareceres*, São Paulo, Saraiva, 1996, p. 305).[4]

Dir-se-á que a MP 1.925 reporta-se ao processo de execução da legislação processual comum, mas o *título de crédito-contrato-título executivo*, plasmado em seus pormenores finais de quantificação pelo credor, expõe-se a ser impugnado pela *deformação do conteúdo substancial* do princípio do devido processo legal. E, de fato, a garantia do *due process of law*, hoje insculpida em nossa Constituição (art. 5º, LIV), migrou do Direito Processual para o Direito Constitucional. Ao lado da garantia de ser julgado de acordo com lei local (*law of the land*), ganharam, ambas, na inspirada antevisão de San Tiago Dantas, "uma ampliação de sentido, até se converterem numa limitação constitucional dos Poderes do Estado" ("Igualdade perante a lei e *due process of law* – Contribuição ao estudo da limitação constitucional do Poder Legislativo", ensaio constante da obra *Problemas de Direito Positivo*, Rio de Janeiro, Revista Forense, 1953, p. 37).

De fato, é certo o entendimento de que no processo de execução o exeqüente se apresenta em posição de superioridade perante o executado, situação processual a que a melhor doutrina se refere como o *poder do exeqüente* e a *sujeição do executado* (Cândido Dinamarco, *Execução Civil*, 3ª ed., São Paulo, Malheiros Editores, p. 235). Mas, para que esse quadro se configure legitimamente, mister se faz que a posição jurídica de *credor* do *título de crédito/título executivo extrajudicial* seja inquestionável. Como, pelas razões expostas neste estudo, essa posição por vezes se apresentará pouco nítida, e, pois, contestável, impõe-se fazer o registro de que, do modo como a medida provisória concebeu a novel Cédula de Crédito Bancário – cercada de exagerados favorecimentos ao credor –, serão inevitáveis, nos pretórios, os *conflitos valorativos*, a que alude Ricardo Lorenzetti como sendo os mais importantes no âmbito do Direito Privado, e que se travam "entre *justiça* e *eficiência*" (*Fundamentos do Direito Privado*, trad. de Vera Maria Fradera, São Paulo, Ed. RT, 1998, p. 401).

No caso da Cédula de Crédito Bancário, tal como hoje posta, ainda no bojo de questionável medida provisória, esse embate será inevitável.

São Paulo, julho de 2000

4. Pela sua expressividade, transcrevemos tópico desse magnífico parecer: "O direito de crédito, enquanto direito privado, esgota-se na fase extrajudiciária. Consiste ele numa legítima expectativa de receber a prestação devida, sem engendrar por si mesmo nenhum poder de coerção sobre o devedor. O exercício dessa coerção pertencia ao direito privado, enquanto o Estado não se havia arrogado o monopólio da jurisdição. Mas, hoje, toda coação legítima sobre um sujeito de direito supõe o recurso à força pública, por meio da ação judicial. Esta última é a execução forçada, que se lhe segue como corolário necessário; longe de realizar o direito privado de crédito, pressupõe ao contrário a impossibilidade de seu exercício" (p. 306).

Doutrina

APONTAMENTOS SOBRE ASPECTOS JURÍDICOS DO "E-COMMERCE"*

PAULA A. FORGIONI

1. Uma breve nota introdutória. 2. Os limites deste trabalho. 3. A celebração do contrato. 4. A forma do contrato. 5. O valor probante do instrumento eletrônico. 6. A senha e o comércio eletrônico. 7. A assinatura eletrônica. 8. A comprovação de ordens e do recebimento do produto ou do serviço pelo adquirente.

1. Uma breve nota introdutória

A fluência das relações de mercado experimentou, recentemente, um incremento que pode ser comparado ao reaquecimento do comércio na Baixa Idade Média. Naquela época o tráfico pelas vias terrestres e marítimas era essencial, alcançando o lucro apenas os comerciantes ou as cidades que tinham, de alguma forma, acesso direto ou indireto a esses caminhos. Os comerciantes, desamparados pelo Direito Medieval, que os ignorava, criaram um novo ordenamento (e novos tribunais), capaz de lhes garantir *segurança* e *previsibilidade* jurídicas. Paralelamente, os glosadores esmeraram-se em "redescobrir" o Direito Romano, para adaptá-lo às novas necessidades da vida social: os antigos textos legais, reinterpretados pelos glosadores sob a luz de novos princípios, deram vida a um novo Direito.

Hoje, podemos paragonar as estradas medievais à *Internet*. Em determinados setores da economia seu domínio é o controle do comércio, e o bloqueio do acesso à rede a expulsão do mercado. Tal como fizeram os glosadores, devemos nos deter sobre os textos legais disponíveis e, reinterpretando-os, delinear as normas que se prestam a pautar a atuação dos agentes econômicos nesse novo ambiente.

Uma diferença entre esses contextos jurídicos é fundamental: Agora, não estamos diante de novos princípios, ditados pelas exigências conjunturais, mas apenas de uma nova prática comercial. Isso significa que o atual sistema jurídico é em grande parte capaz de orientar o comércio de bens e serviços pela *Internet*, trazendo já em seu seio alguns princípios cardeais para os operadores do Direito preocupados com essa nova forma de fazer negócios:[1] *segurança*, *previsibilidade* e *proteção ao con-*

* Este estudo foi patrocinado pelo Banco ABN Amro Real S/A. No entanto, as opiniões aqui expostas são de inteira responsabilidade da autora.

A autora agradece a cuidadosa revisão e as sugestões efetuadas pelo professor titular de Direito Econômico da Faculdade de Direito da Universidade de São Paulo, Eros Roberto Grau.

1. Trata-se, vê-se logo, de dar vida ao que Ascarelli chamou de "invenções jurídicas", ou seja, "novas combinações de princípios jurídicos já conhecidos para alcançar a solução de um problema insatisfeito" (*Panorama do Direito Comercial*, São Paulo, Saraiva, 1947, pp. 44-45).

sumidor.[2] Ao mesmo tempo, não obstante o corpo de leis possa e deva ser aperfeiçoado para, em um futuro próximo, proporcionar maior eficiência ao sistema (e, portanto, um maior grau de segurança, previsibilidade jurídica e proteção a hipossuficientes), há regras que incidem sobre os contratos eletrônicos, muito embora até hoje tenham se prestado a regular as avenças tradicionais.[3]

2. Os limites deste trabalho

Considerando a ausência de julgados nacionais específicos sobre o tema de que trataremos, nossa linha de análise aproveita princípios jurídicos positivados em decisões dos tribunais sobre outras questões de alguma forma ligadas a "novas" tecnologias e ao relacionamento comercial seja entre empresas, seja entre estas e seus clientes ("*business* to *business*" ou "*business* to *consumers*"); igualmente, lida-se com a reinterpretação de institutos há muito aceitos pela doutrina tradicional.

Nessa linha, iniciaremos a exposição explicando a celebração de um contrato pela *Internet* (ou seja, em que momento a avença passa a existir de acordo com a sistemática de nosso Código Civil), para, então, analisarmos a forma de que se pode revestir e concluirmos pela aceitação do contrato eletrônico (= celebrado sob a forma eletrônica). Deslocamos, a seguir, o foco para o real cerne: a prova dos contratos eletrônicos. Identificando os princípios fixados pela jurisprudência, estudamos a senha em nosso ordenamento jurídico e a possível aceitação da assinatura eletrônica. A seguir, brevemente deitamos os olhos sobre a comprovação do recebimento dos produtos virtuais.

Não está incluída neste trabalho a análise de questões relativas à segurança das operações realizadas pela *Internet* (*v.g.*, possibilidade da ocorrência de fraudes e invasão do sistema por *hackers*), e tampouco à proteção da privacidade dos consumidores ou clientes. Igualmente, abstivemonos de comentar aspectos relacionados aos Direitos de Propriedade Industrial e aos Direitos do Autor.

3. A celebração do contrato

O contrato é um negócio jurídico bilateral que resulta do encontro de duas declarações de vontade. Assim, quando as declarações de vontade de duas ou mais pessoas demonstram um consenso[4] sobre os elementos essenciais do negócio (*essentialia negotii* ou conteúdo necessário do negócio),[5] podemos dizer que ele entra no mundo jurídico, passando a ali existir.

Como saber, porém, se as declarações de vontades foram ao encontro uma da outra, tendo a certeza da realização do negócio? Quando podemos reputar realizado o contrato?

A resposta deve partir do pressuposto de que proposta e aceitação são *negócios jurídicos unilaterais e receptícios* (= a sus-

2. Por isso, o projeto de Diretiva Européia sobre as assinaturas eletrônicas sustenta que "It is important to strike a balance between consumer and business needs".

3. Alain Bensoussan diz "si le type du support nécessaire à l'échange est différent, la nature juridique du rapport reste le contrat. Effectuer des transactions sur l'*Internet* ne change pas l'étendue de la problématique juridique: contrat entre absents, dispositions spécifiques au droit de la consommation, preuve etc." (*Internet – Aspects Juridiques*, 2ª ed., Paris, Hermés, 1998, p. 117). No mesmo sentido, mostrando a possibilidade da aplicação adaptada de regras jurídicas já existentes, Ludovic Bernardeau e Massimiliano Pacifico, "*Internet* et le Droit des Contrats: observations d'ordre général et identification des intervenants", *Uniform Law Review* 1998-1, p. 35.

4. Tal como Darcy Bessone, reputamos excelente a definição de Ruggiero: "Consenso é o encontro de duas declarações de vontade, que, partindo de dois sujeitos diversos, se dirigem a um fim comum, fundindo-se" (*Do Contrato – Teoria Geral*, 4ª ed., São Paulo, Saraiva, 1997, p. 116).

5. "Conteúdo necessário é o que a lei faz ser essencial à existência do negócio jurídico" (Pontes de Miranda, *Tratado de Direito Privado*, v. III, p. 321).

cetibilidade, a possibilidade de chegar ao outro pólo, de sair da esfera da pura subjetividade e objetivar-se, no mundo social, podendo ser aceito, como ensina Eros Roberto Grau). Assim, *quando proposta e aceitação se encontrarem e forem como um espelho uma da outra, em correspondência perfeita, demonstrando o consenso havido entre as partes no que diz respeito aos elementos essenciais do negócio, teremos celebrado o contrato.*[6] Portanto, ainda que a vontade seja manifestada por intermédio da *Internet*,[7] como veremos adiante, restará concluído o contrato se proposta e aceitação coincidirem, abarcando a *essentialia negotii*.[8]

Costuma-se apartar os contratos *típicos* daqueles *atípicos*, conforme estejam ou não previamente modelados nos textos normativos. Essa distinção é importante porque, tão logo celebrado, o contrato típico chamará sobre si a incidência de todas as normas a ele referentes.

No que diz respeito à compra e venda mercantil, dispõe o art. 191 do CComercial que estaremos diante desse tipo de contrato todas as vezes em que o comprador e o vendedor acordarem sobre a *coisa*, o *preço* e as *condições do negócio*[9] (isto é, a lei determina que esses são os elementos essenciais da compra e venda mercantil). Ora, se uma parte enviou um *e-mail* à outra contendo proposta que especifica a coisa, o preço e as condições, e o destinatário expediu outro exprimindo sua aceitação àqueles termos, podemos reputar concluída a compra e venda mercantil.

O mesmo raciocínio deve ser aplicado aos *sites* nos quais as empresas oferecem produtos aos consumidores, já que, como bem aponta Bensoussan,[10] as operações jurídicas a serem realizadas são meras "compras e vendas à distância"; contendo a página os elementos necessários à celebração do negócio, tão logo o adquirente clique a tecla

6. Nosso Código Civil disciplina: "Art. 1.080. A proposta de contrato obriga o proponente, se o contrário não resultar dos termos dela, da natureza do negócio, ou das circunstâncias do caso"; "Art. 1.083. A aceitação fora do prazo, com adições, restrições, ou modificações, importará nova proposta"; "Art. 1.084. Se o negócio for daqueles, em que se não costuma a aceitação expressa, ou o proponente a tiver dispensado, reputar-se-á concluído o contrato, não chegando a tempo a recusa". As disposições do Código Comercial são no mesmo sentido daquele Civil: "Art. 126. Os contratos mercantis são obrigatórios; tanto que as partes se acordam sobre o objeto da convenção, e os reduzem a escrito, nos casos em que essa prova é necessária"; "Art. 127. Os contratos tratados por correspondência epistolar reputam-se concluídos e obrigatórios desde que o que recebe a proposta expede carta de resposta. Aceitando o contrato proposto sem condição nem reserva; até este ponto é livre retratar a proposta; salvo se o que a fez se houver comprometido a esperar resposta, e a não dispor do objeto do contrato senão depois de rejeitada a sua proposição, ou até que decorra o prazo determinado. Se a aceitação for condicional, tornar-se-á obrigatória desde que o primeiro proponente avisar que se conforma com a condição".

Despiciendo lembrar que as normas do Código Civil são aplicáveis aos contratos comerciais, nos termos do art. 121 do Código especial.

7. Cumpre ver que quem celebra o contrato são as partes, por intermédio da *Internet*, ainda que não haja qualquer pessoa diante do terminal no momento da concretização do negócio. Da mesma forma como ocorre com máquinas automáticas para venda, o negócio é realizado entre a empresa vendedora e o comprador, por intermédio da máquina (e não *pela* máquina). Interessante questão surge quando os computadores são programados para tomar a iniciativa da realização do negócio; para maior aprofundamento, remetemos ao texto de Tom Allen e Robin Widdison, "Can computers make contracts?", a ser transcrito na próxima edição do livro *International Business Transactions*, de Ralpf Folson, Michael Gordon e John Sapgnole, St. Paul, West Publishing, no prelo.

8. Lembra Beviláqua que "é preciso firmar quando ha realmente uma proposta. Ha proposta quando ella se refere aos pontos essenciaes do contracto, e o proponente não se reservou o direito de retiral-a ao receber a aceitação, de modo que, dada a aceitação, esteja formado o contracto" (*Código Civil dos Estados Unidos do Brasil Commentado*, 7ª ed., v. IV, Rio de Janeiro, Francisco Alves, 1946, p. 238).

9. "Art. 191. O contrato de compra e venda mercantil é perfeito e acabado logo que o comprador e o vendedor acordam na coisa, no preço e nas condições; e desde esse momento nenhuma das partes pode arrepender-se sem consentimento da outra, ainda que a coisa se não ache entregue nem o preço pago (...)."

10. *Internet – Aspects Juridiques*, cit., p. 119.

"comprar" haverá a incidência do disposto no art. 191 do CComercial.

Se o *site* não encerrar esses elementos essenciais poderá ser considerado um "convite a propor", transformando-se, então, o adquirente em ofertante. A mecânica da celebração do negócio, entretanto, permanece idêntica àquela já exposta.

Para elucidar a questão podemos nos inspirar na sistematização elaborada por Tosi[11] sobre as formas de conclusão do contrato eletrônico, adaptando-a ao Direito Brasileiro.

Primeiramente, o negócio pode formar-se segundo o difundido esquema da *oferta ao público* prevista no art. 30 do Código do Consumidor (CDC): "Art. 30. Toda informação ou publicidade, *suficientemente precisa, veiculada por qualquer forma* ou meio de comunicação com relação a produtos e serviços oferecidos ou apresentados, obriga o fornecedor que a fizer veicular ou dela se utilizar e integra o contrato que vier a ser celebrado". Destaque se deve dar ao fato de o texto legal fazer referência a "toda informação ou publicidade (...) veiculada por qualquer forma", abrangendo, obviamente, a difusão pela *Internet.* Ao mesmo tempo, a expressão "suficientemente precisa" significa que, para ser considerado uma oferta ao público, o *site* deve conter todos os elementos essenciais do negócio. Nessa situação, reputar-se-á perfeito o contrato no momento em que o consumidor expedir a resposta, como estabelece o art. 1.086 do CC.[12] Note-se que a resposta tanto pode ser um *e-mail* quanto um clique sobre a tecla "comprar".[13]

Tal contexto jurídico aconselha que a empresa, ao efetuar uma oferta ao público, cerque-se de determinados cuidados, pois estará obrigada a cumprir o ofertado quando o consumidor manifestar sua vontade de concluir o contrato. Dizendo de outro modo, caso o pretenso adquirente ordene bem que a empresa não tenha disponível, esta poderá ser obrigada a indenizar eventuais perdas e danos sofridos pelo consumidor em virtude do descumprimento do contrato. Sendo assim, é prudente que no *site* estejam absolutamente claras todas as restrições devidas a estoques, disponibilidade dos bens etc.[14]

A empresa pode se valer do que parte da doutrina chama de *convite a propor.* Nesta hipótese o *site* não conterá todas as informações essenciais para a conclusão do negócio (ou, nos termos do Código do Consumidor, a oferta não será "suficientemente precisa"). Aqui, a proposta é efetuada, na realidade, pelo consumidor que solicita o bem. Em teoria, assiste à empresa o poder de concluir ou não o contrato, mediante a aceitação ou recusa da oferta do consumidor. Segundo Tosi tal esquema resolveria eventuais problemas com estoque, pois a falta do bem não significaria inadimplemento do contrato (como ocorre na situação exposta supra). Ressaltamos, todavia, que ainda não é possível vislumbrar o entendimento que os tribunais darão à questão, especialmente no que diz respeito a

11. "La conclusione di contratti *on line*", *I Problemi Giuridici di Internet*, Milão, Giuffrè, 1999, pp. 14 e ss.

12. "Art. 1.086. Os contratos por correspondência epistolar, ou telegráfica, tornam-se perfeitos desde que a aceitação é expedida (...)." Em outros sistemas a questão é tratada de forma diversa, sendo o contrato perfeito apenas no momento em que a aceitação chega ao conhecimento do proponente (e não naquele em que foi expedida).

13. Por causa de algumas promoções atualmente existentes na *Internet*, quando falamos de "oferta ao público" é preciso apartá-la das "promessas ao público", que são verdadeiros concursos, sujeitos a regramento especial e controle da Secretaria de Direito Econômico do Ministério da Justiça.

14. Trata-se, claramente, de respeitar todas as regras referentes ao comércio com consumidores. Sobre essa questão é interessante a consulta ao *draft* do *Code of Online Business Practices*, elaborado pelo *Better Business Bureau* (*http://www.bbbonline.org/download/draft.com*), bem como as *Guidelines* da OCDE (*Recommendation of the OECD Council concerning Guidelines for Consumer Protection in the Context of Electronic Commerce*). A ação da *Federal Trade Commission* norte-americana visando à proteção do consumidor na *Internet* pode ser encontrada no *site http://www.ftc.gov/opa/1999/9912/case121599.pdf.*

demandas entre consumidores e fornecedores de bens ou serviços.

É possível, também, que o contrato seja celebrado segundo o tradicional esquema proposta/aceitação (cf. arts. 1.080 e ss. do CC, bem como art. 127 do CComercial), mediante a utilização de *e-mails* ou ligação *on line*. Saímos, então, do campo de um contrato de adesão (em que uma das partes, simplesmente, adere aos termos formulados pela outra) para negócios onde as cláusulas contratuais são esculpidas uma a uma. Aliás, esta forma deverá ser a mais utilizada quando o negócio for celebrado entre duas empresas ("*business* to *business*") para disciplinar o relacionamento comercial entre ambas (por exemplo, entre a empresa e seus fornecedores). No caso da proposta efetuada a pessoa determinada, porque o regramento jurídico da mecânica da celebração da avença será diverso, torna-se importante precisar (i) se foi efetuada entre ausentes ou entre presentes e (ii) se possui prazo determinado.[15]

Considera-se presente a pessoa que tem condições materiais de imediatamente aceitar a oferta – e esse parece ser o caso da contraparte que se encontra *on line*, comunicando-se de forma eletrônica em tempo real.[16] A proposta entre presentes caducará se, feita com prazo, nele não for aceita. Ou, ainda, se, feita sem prazo, não for imediatamente aceita.

Entende-se que existe proposta a pessoa ausente quando é feita a alguém que não tenha condições materiais de dar resposta imediata ao proponente. Subsumem-se a essa categoria as propostas efetuadas por *e-mail* quando as partes não estão conectadas *on line*. Nessa hipótese diz o Código Civil que a proposta deixará de ser obrigatória caso, feita sem prazo, tiver decorrido tempo suficiente para chegar a resposta ao conhecimento do proponente. Ou, se feita com prazo, não tiver sido expedida a resposta dentro desse prazo dado. Já o Código Comercial, ao tratar dos contratos por correspondência epistolar, em dispositivo plenamente aplicável aos contratos eletrônicos celebrados entre ausentes, é bem claro ao estabelecer que "os contratos (...) reputam-se concluídos e obrigatórios desde que o que recebe a proposição expede carta de resposta, aceitando o contrato proposto sem condição nem reserva; até esse ponto é livre retratar a proposta; salvo se o que a fez se houver comprometido a esperar resposta, e a não dispor do objeto do contrato senão depois de rejeitada a sua proposição, ou até que decorra o prazo determinado" (art. 127).

Aqui, é oportuno retomar as palavras de Pontes de Miranda, sublinhando o comportamento a ser esperado daquele que recebe a mensagem: "Ao destinatário não poderia ficar o ensejo de conhecer ou de não conhecer. O manifestante de vontade tem que fazer o que possa – e lhe incumbe – para que o destinatário possa conhecer a oferta. Se assim procedeu, não se lhe há de exigir que ainda lhe caiba providenciar para que o destinatário abra a correspondência, ou leia o telegrama, de modo que o oferente tem de fazer tudo que não é de esperar-se, segundo o uso do tráfico, da parte do destinatário. Se êsse não praticou os atos que deveria praticar, conforme as circunstâncias normais, e sòmente não veio a conhecer da oferta, porque não diligenciou, seria absurdo que não se tivesse por cumprido o que o manifestante da vontade tinha que fazer. Não se poderia deixar a líbito do destinatário a eficácia da manifestação de vontade do oferente. O destinatário tem o dever de estar a par do que lhe chega; o oferente tem o de-

15. Lembremo-nos de que, nos termos do art. 1.080 do CC, a proposta de contrato vincula o proponente, se o contrário não resultar dos termos dela, da natureza do negócio ou das circunstâncias do caso.

16. Segundo a doutrina tradicional o que caracteriza o contrato entre presentes é que "a communicação do aceitante chega, immediatamente, ao conhecimento do proponente", ao passo que nos contratos entre ausentes "ha um intervallo de tempo *tractus temporis*, entre a manifestação da vontade do acceitante e o conhecimento della pelo proponente" (Clóvis Beviláqua, *Código* ..., cit., v. IV, pp. 244-245).

ver de tudo fazer para que o destinatário possa conhecer a oferta".[17]

Embora – obviamente – o renomado privatista não tivesse em mente a celebração de contratos eletrônicos, sua lição há de ser considerada para os dias de hoje: é de se esperar que todo comerciante médio (ou mesmo consumidor) ativo e probo acesse sua caixa de correio com a freqüência adequada às suas necessidades (ou aos seus negócios). Entendemos que tal comportamento muito provavelmente será tomado pelos tribunais como uma "presunção jurídica": isto é, o intérprete do Direito está autorizado a supor que aquele que possui um *e-mail* o acesse com adequada freqüência, dificultando a alegação de recebimento mas não conhecimento do teor da mensagem.

4. A forma do contrato

É livre a forma[18] que reveste o contrato, a proposta e a aceitação,[19] a menos que haja texto de lei que diga o contrário. Neste ponto é expresso o artigo 129 do CC: "Art. 129. A validade das declarações de vontade não dependerá de forma especial, senão quando a lei expressamente o exigir".[20]

É bem verdade que aqueles que redigiram os nossos Códigos sequer imaginavam pudessem os contratos vir a se revestir de outra forma que não a oral e a escrita. Mas, estando consagrado e positivado o princípio da *liberdade de forma*, a eletrônica mostra-se plenamente válida e inatacável, salvo se houver um texto de lei que a repudie.[21] Por exemplo, a renúncia da herança jamais poderá assumir a forma eletrônica, já que é exigido que conste expressamente de escritura pública ou de termo judicial.[22] Ao mesmo tempo, uma compra e venda de bem móvel pode ser celebrada sem que, obrigatoriamente, as partes reduzam o acordado a escrito.

Deduz-se que não há necessidade de qualquer novo texto de lei que repute o documento eletrônico como válido, porque nosso ordenamento assim já o considera.[23]

Merecem destaque algumas formas de agir difusas entre os usuários da *Internet* que, sob o ponto de vista jurídico, devem ser entendidas como "comportamentos so-

17. *Tratado de Direito Privado*, t. XXXVIII, Rio de Janeiro, Borsói, 1962, p. 51.

18. Por *forma* do negócio jurídico deve-se entender "o conjunto das solemnidades que se devem observar, para que a declaração da vontade tenha efficacia juridica. É o revestimento jurídico, a exteriorizar a declaração da vontade" – como faz Beviláqua, em definição aproveitada pelos mais renomados civilistas que o seguiram (*Código* ..., cit., v. I, p. 374).

19. Sílvio Rodrigues bem anota que, sendo a vontade elemento de caráter subjetivo, ela se revela pela declaração (*Direito Civil – Parte Geral*, 15ª ed., São Paulo, Saraiva, 1985, p. 163).

20. Lembre-se, também, o texto dos arts. 82, 130 e 145 do CC: "Art. 82. A validade do ato jurídico requer agente capaz, objeto lícito e forma prescrita ou não defesa em lei"; "Art. 130. Não vale o ato, que deixar de revestir a forma especial, determinada em lei (art. 82), salvo quando esta comine sanção diferente contra a preterição da forma exigida"; "Art. 145. É nulo o ato jurídico: (...) III – quando não revestir a forma prescrita em lei".

21. Muito se tem discutido sobre a forma dos contratos celebrados por intermédio da *Internet*. Alguns a apontam como escrita, outros como eletrônica. Para Fabrizio Devescovi aqueles que se dedicaram ao profundo estudo do tema entendem que estaríamos diante de uma nova forma de contrato, não redutível à escrita ou à oral, "ma utilizza, per manifestarsi, gli impulsi elettronici emessi e ricevuti, dai quali verrebbe veicolata". Essa forma eletrônica, desmaterializada, portanto, seria percebida pelo ser humano pela forma escrita (na tela do computador ou impressa), ou ainda pela linguagem oral (*Titoli di Credito e Informatica*, Pádua, CEDAM, 1991, p. 184).

22. Cf. art. 1.581 do CC.

23. O mesmo já se disse a respeito da Lei italiana 59, de 1997, que entende válidos "gli atti e i documenti formati (...) dai privati con strumenti informatici o telematici, i contratti stipulati nelle medesime forme, nonché la loro archiviazione e trasmissione con strumenti informatici, sono validi e rilevanti a tutti gli effetti di legge". Emilio Tosi observa ser redundante tal dispositivo, pois "che gli atti e i documenti formati telematicamente fossero validi – quanto meno in tutte le situazioni negoziali caratterizzate da libertà di forma – anche prima dell'entrata in vigore della L. 59/1997 non si sarebbe dovuto, infatti, avere alcun dubbio" ("La conclusione ...", cit., *I Problemi Giuridici di Internet*, p. 12).

cialmente típicos", ou seja, condutas que traduzem uma declaração de vontade do agente, quer em relação a uma proposta quanto a uma aceitação.[24] Da mesmo forma como em uma hasta pública o gesto de levantar do braço deve ser entendido como a manifestação de vontade no sentido de adquirir o bem ofertado, clicar um determinado botão na tela do computador onde está escrito "comprar" (*point and click*) há de significar que o consumidor quer adquirir o bem; presume-se que, hoje em dia, qualquer pessoa alfabetizada que esteja diante de um computador saiba que, ao praticar tal ato, está manifestando sua vontade de comprar. Igual ilação se pode fazer do ato do consumidor que expede pela *Internet* os dados de seu cartão de crédito ao ofertante do bem, autorizando, dessa forma, o débito.

O que dissemos a respeito da liberdade de forma vale para o ato do cliente que, sempre pela *Internet*, autoriza a transferência de recursos de sua conta corrente para aquela de outrem. A partir do momento em que essa pessoa digita os dados da conta beneficiada e clica no botão "transferir", manifestou sua vontade naquele exato sentido e esta pode (e *deve*) ser considerada pela instituição financeira.

É importante observar que a ordem de transferência há de ser entendida no contexto do contrato de conta corrente (ou de outro tipo) mantido entre o banco e seu cliente, como veremos adiante.

5. O valor probante do instrumento eletrônico

Linhas acima dissemos que a celebração de um negócio jurídico pela *Internet* é plenamente possível e válida desde que as declarações de vontades das partes tenham se encontrado com a coincidência entre oferta e aceitação. A questão desloca-se, portanto, para o campo da *comprovação* em juízo da avença feita ou do ato praticado. Dizendo de outro modo: considerando a atual disciplina jurídica brasileira, não se pode negar a existência e a validade de um contrato porque se reveste da forma eletrônica. Mas os tribunais admitirão o suporte eletrônico como prova do avençado? Em caso afirmativo, de que forma? São essas as questões que passam a ser discutidas.

Diz o art. 136 do CC que "os atos jurídicos, a que se não impõe forma especial, poderão provar-se mediante (...) documentos públicos ou particulares". Em face dessa disposição, cumpre, ainda, perguntar: o contrato eletrônico pode ser entendido como um "documento", para fins e efeitos da prova judicial?

Entendemos que sim,[25] pois, na famosa lição de Chiovenda, o documento "è ogni rappresentazione materiale destinata ed ido-

24. Aqui, lembramos a lição de Antônio Junqueira de Azevedo: "(...) há de se entender por negócio jurídico aquela conduta total socialmente qualificada como negócio. (...). As 'circunstâncias negociais' são, pois, um modelo cultural de atitude, o qual, em dado momento, em determinada sociedade, faz com que certos atos sejam vistos como dirigidos à produção de efeitos jurídicos" (*Negócio Jurídico. Existência, Validade e Eficácia*, 2ª ed., São Paulo, Saraiva, 1986, pp. 139 e 141). Com a clareza que lhe é habitual, Orlando Gomes diz que as declarações pressupõem *processo de comunicação* e podem ser feitas mediante palavras, gestos ou sinais. Assim, conforme o meio empregado, podem ser verbais, escritas ou simbólicas: "Diz-se simbólica a declaração por meio de gestos ou sinais. A que se faz através de gestos chama-se declaração mímica. Assim, a inclinação da cabeça para a frente é tida como expressão de assentimento. Significativo, igualmente, o gesto de levantar o braço. De resto, outros gestos mediante os quais se exprime a vontade por modo a ser entendida por qualquer pessoa. Podem ser utilizados, ainda, certos sinais convencionais, como os semafóricos" (*Contratos*, 11ª ed., Rio de Janeiro, Forense, 1986, p. 51).

25. Elcio Trujillo sustenta que os elementos básicos que compõem e informam o documento tradicional podem ser aproveitados para fundamentar o conceito de "um documento que seja formado sobre uma base material distinta, qual seja o meio eletrônico" (*O Mercosul e a Documentação Eletrônica*, disponibilizado em *http://www.teiajuridica.com/m/mercosul.htm*). Stefano Nespor, por sua vez, diz: "anche il documento informatico è un documento, in quanto presuppone una scrittura nella quale al posto dell'inchiostro c'è il flusso degli elettroni, al

nea a riprodurre una data manifestazione del pensiero".[26] De resto, tem observado a doutrina que os documentos não necessariamente devem ser escritos.[27]

A prevalência da forma escrita do documento sobre todas as outras explica-se pela facilidade de produção da prova da existência do negócio.[28] Mas isso não significa, em absoluto, que o documento eletrônico não sirva ao mesmo fim. E mais: se a forma escrita pode não ser indispensável à existência, validade e eficácia do ato, também não o é a assinatura do documento. Lembremo-nos, a título exemplificativo, de que a jurisprudência brasileira é pródiga em casos de reconhecimento de sociedades comerciais de fato, onde os sócios jamais haviam assinado qualquer documento que os ligasse.

A assinatura presta-se, em nosso sistema, para admitir a *presunção*[29] (i) da autoria do documento e (ii) do conhecimento de seu conteúdo pelo signatário.[30] Por essa razão, dispõe o art. 131 do CC que "as de-

posto della carta la memoria del disco rigido o del *floppy*, mentre i *bit* sono una sorta di alfabeto. Il documento elettronico quindi è un documento che contiene un messaggio scritto in uno specifico linguaggio (il linguaggio dei *bit*) su un supporto materiale (che può essere un *floppy disk*, un *hard disk*, oppure un *compact disk* ...) e destinato a durare nel tempo" (*Come Internet e la Legge*, Milão, Hoelpi, 1999, pp. 56-57). Essa parece ser a opinião unânime dos autores (cf. Miguel Ángel Moreno Navarrete, *Contractos Electrónicos*, Madri, Marcial Pons, 1999, pp. 90 e ss.).

26. *Istituzioni di Diritto Processuale Civile*, 2ª ed., v. II, Nápoles, Jovene, 1936, p. 456. Ou, na tradução de Moacyr Amaral Santos, "é toda representação material destinada e idônea a reproduzir uma manifestação do pensamento". Para Santoro-Passarelli documentos são "cose rappresentative di un fatto giuridicamente rilevante" (*Dottrine Generali del Diritto Civile*, 5ª ed., Nápoles, Jovene, 1957, p. 45). Paolo Piccoli e Giovanna Zanolini anotam que "il supporto materiale del documento può essere costituito da qualunque materia purchè idonea ad incorporare la rappresentazione" ("Il documento eletronico e la firma digitale", *I Problemi Giuridici di Internet*, cit., p. 65).

27. Valemo-nos, aqui, das palavras de Vicente Greco Filho: "O documento liga-se à idéia de papel escrito. Contudo, não apenas os papéis escritos são documentos. Documento é todo objeto do qual se extraem fatos em virtude da existência de símbolos, ou sinais gráficos, mecânicos, eletromagnéticos etc. É documento, portanto, uma pedra sobre a qual estejam impressos caracteres, símbolos ou letras; é documento a fita magnética para reprodução por meio do aparelho próprio, o filme fotográfico etc." (*Direito Processual Civil Brasileiro*, 2ª ed., v. II, São Paulo, Saraiva, 1986, p. 195). Na mais clássica obra brasileira sobre as provas judiciais, Moacyr Amaral Santos explica que: "Etimologicamente, 'documento' significa uma coisa que *docet*, isto é, que tem em si a virtude de fazer conhecer. Costuma-se conceituar documento, num sentido amplo, como toda e qualquer representação material destinada a reproduzir duradoiramente uma representação do pensamento. Será como uma *vox mortua*, isto é, uma voz fixada permanentemente por meio de escrito ou outro sinal material. (...). A percepção de um fato ou a idéia de um fato, que se processam através do psíquico, que os percebe e os reflete, podem ser expressos por via oral (testemunho) ou por via documental. A coisa que fixa permanentemente o fato ou a idéia constitui o documento. Essa fixação, porém, pode dar-se por escrito ou por processos semelhantes: tanto são meios de fixação permanente do fato ou da idéia as escrituras, que os narram ou os focalizam, como as plantas, cartas topográficas, desenhos, que os traduzem em linguagem técnica embora não escrita. E uns e outros são modos de se documentar o fato ou a idéia em condições de serem interpretados e apreciados em juízo" (*Prova Judiciária no Cível e Comercial*, v. IV, São Paulo, Max Limonad, s/d, p. 31).

28. Cf. Orlando Gomes, *Contratos*, cit., p. 55.

29. Por "presunção jurídica" deve-se entender "a legítima dedução de um fato para o conhecimento da verdade de outro", como faz Teixeira de Freitas (*Vocabulário Jurídico*, São Paulo, Saraiva, 1983, p. 270).

30. Moacyr Amaral Santos, *Prova* ..., cit., v. IV, p. 39. No ano de 1996 o *Information Security Committee*, *Section of Science and Technology Division*, da *American Bar Association*, ressaltou as seguintes funções que, geralmente, competem à assinatura: (i) *Evidência*: a assinatura identifica o subscritor com o documento assinado, de forma que "when the signer makes a mark in a distinctive manner, the writing becomes attributable to the signer"; (ii) *Cerimônia*: o ato de firmar o documento chama a atenção do signatário para a relevância jurídica desse mesmo ato. evitando, assim, *inconsiderate engagements*; (iii) *Aprovação*: em certos contextos legais ou históricos a assinatura expressa aprovação ou autorização daquele que firma, ou sua intenção de produção de efeitos jurídicos; (iv) *Eficiência*: a assinatura do documento pode dispensar maiores indagações sobre as obrigações que corporifica. Por exemplo, a circulação rápida e fácil de alguns documentos (*negotiable instruments*) só é possível por-

clarações constantes de documentos assinados presumem-se verdadeiras em relação aos signatários"; e o art. 135 do mesmo Código que "o instrumento particular, feito e assinado, ou somente assinado por quem esteja na disposição e administração livre de seus bens, sendo subscrito por duas testemunhas, prova as obrigações convencionadas de qualquer valor".[31]

Concluímos, portanto, que os documentos eletrônicos, porque são documentos para todos os efeitos de direito, poderão ser admitidos em juízo como meio de provar a existência de um contrato entre as partes ou a prática de qualquer ato jurídico. No entanto, não se tratando de um documento assinado, não se poderá de plano presumir sua autenticidade. A valoração dessa prova dependerá do contexto processual e terá o peso que lhe for atribuído pelo juiz, conforme mandar a sua livre apreciação.[32-33] Nesse momento, provavelmente, o conjunto probatório será de fundamental importância.[34]

Na ausência de jurisprudência nacional acessível sobre a questão de que ora tratamos, não se pode ignorar a atual posição dos tribunais brasileiros em relação a ordens de clientes transmitidas às suas corretoras

que presentes alguns requisitos formais, tal como a assinatura. Importante notar que "the formal requirements for legal transactions, including the need of signatures, vary in different legal systems, and also vary with the passage of time" (*Digital Signatures Guideline*, disponibilizado no *site http://www.abanet.org/scitech/ec/isc/dsgfree.html*).

31. No mesmo sentido é o Código de Processo Civil. "Art. 368. As declarações constantes do documento particular, escrito e assinado, ou somente assinado, presumem-se verdadeiras em relação ao signatário (...)"; "Art. 371. Reputa-se autor do documento particular: I – aquele que o fez e o assinou; II – aquele por conta de quem foi feito, estando assinado; III – aquele que, mandando compô-lo, não o firmou, porque, conforme a experiência comum, não se costuma assinar, como os livros comerciais e assentos domésticos".

32."Art. 131 do CPC: "O juiz apreciará livremente a prova, atendendo aos fatos e circunstâncias constantes dos autos, ainda que não alegados pelas partes; mas deverá indicar, na sentença, os motivos que lhe formaram o convencimento".

33. Há alguns anos, antes que se difundisse entre os juristas a idéia da assinatura eletrônica e da criptografia, José Rogério Cruz e Tucci anotava que eram dois os principais problemas relacionados ao valor probante do suporte informático: (i) "não há como serem firmados" e (ii) "são, por natureza, extremamente vulneráveis". Não obstante, mesmo com tais restrições técnicas existentes à época, o professor já sustentava a força probante dos documentos eletrônicos: "Em nosso país (...), não se vislumbra óbice à admissibilidade deste como meio de prova. Com efeito, o art. 332 do CPC preceitua que são hábeis para provar a verdade dos fatos, ainda que não nominados, todos os meios legais e moralmente legítimos. (...). Ademais, é de ser salientado que pelo princípio da persuasão racional do juiz (...), ao realizar o exame crítico dos elementos probatórios, o agente do Poder Judiciário tem a faculdade de apreciá-los livremente, para chegar à solução que lhe parecer mais justa quanto à vertente fática. Conclua-se, pois, que a eficácia probante dos documentos informáticos deve ser admitida sem quaisquer obstáculos e colocada à prudente análise do juiz, que poderá, à evidência, quando se fizer necessário (...) recorrer aos demais meios de prova, em especial à prova pericial" ("Valor probante do suporte informático", *Ajuris* 44/103 e 106).

34. Tratando das provas na ação monitória, o STJ corroborou a lição de Humberto Theodoro Jr., para quem "não é imprescindível, portanto, que o documento esteja assinado, podendo mesmo ser acolhido o que provém de terceiro ou daqueles registros como os do comerciante ou dos assentos domésticos que não costumam ser assinados, mas aos quais se reconhece natural força probante (CPC, art. 371, n. III). Pouco importa, outrossim, que o documento escrito não contenha a firma do devedor, se por outro documento se obtém a certeza de que este o reconheceu como representativo de sua obrigação. O conjunto documental pode, dessa forma, gerar a convicção do juiz sobre o direito do credor, mesmo quando cada um dos escritos exigidos não seja, isoladamente, capaz de comprová-lo" (transcrito para embasar o voto do Min. Relator, Waldemar Zveiter, no REsp 164.190, cf. texto disponibilizado em *http://www.stj.gov.br*). Esse julgado vai na esteira da jurisprudência comparada, estudada por Luiz Olavo Baptista: "(...) ainda que possam servir como meio de prova os documentos informáticos, o estudo comparativo mostrar-nos-ia que os escritos não assinados dependem de provas complementares, ou do convencimento do juiz de que sejam confiáveis" (*Aspectos Jurídicos das Transferências Eletrônicas Internacionais de Fundos*, tese apresentada ao concurso para Livre-Docente de Direito Internacional Privado do Departamento de Direito Internacional da Faculdade de Direito da USP em 28.3.1986).

de valores mobiliários. Como se sabe, é prática bastante difundida que sejam transmitidas por telefone, determinando-se a compra e venda de títulos sem maiores formalidades. Os julgados, entretanto, exigem que, na ausência de ordem por escrito, a corretora comprove a existência da determinação do cliente.[35] Paralelamente, entende o STJ que o simples fato de uma mensagem ter sido expedida de determinado *telex* ou mesmo de uma máquina de *fax* que indica o remetente não comprova sua origem.[36]

A nosso ver, isso significa que uma mera mensagem enviada por computador, sem qualquer identificação segura do remetente, não servirá, *isoladamente*, para comprovar sua proveniência e tampouco o conhecimento de seu teor. A situação será diversa, entretanto, se houver outras provas que demonstrem tais fatos, como um elemento adicional de identificação, uma senha.

35. "As operações realizadas por corretoras de valores, independentemente de ordens por escrito de seus clientes, só justificam a cobrança de débitos se estes constarem dos respectivos assentamentos, complementados por prova documental" (*RTJ* 108/440). "Alegação de inexistência de autorização para operações de maior vulto e que resultaram ruinosas a pequeno investidor. Incumbe à corretora comprovar a existência de autorização, escrita ou resultante inequivocamente da conduta do investidor, para que possa deste cobrar o saldo negativo resultante das operações" (*JSTJ* 9/131, REsp 1.154, rel. Min. Athos Carneiro, *DJU* 5.2.1990).

36. Cf. o seguinte julgado: "É de ponderar-se que, mesmo tendo as mensagens em questão sido expedidas do *telex* do 'Carrefour', possam elas não ter sido determinadas pelo gerente do setor de mercearia que consta como emitente. Em realidade, qualquer pessoa, munida de certo conhecimento relativo à operação de aparelho de *telex*, bem assim do código do destinatário, pode enviar comunicação de qualquer teor. Ou, ainda, mesmo não tendo o referido conhecimento técnico, pode essa pessoa induzir o empregado que trabalha no respectivo setor a emitir a mensagem, como se tivesse sido determinada pelo preposto credenciado. Por tais razões é que este Tribunal, analisando caso semelhante, envolvendo transmissão via *fax*, já teve oportunidade de decidir: 'Não supre a autenticação de documento transmitido por *fax* a circunstância de haver sido utilizado aparelho de assinatura do expedidor'" (REsp 20.148-6, rel. Min. Sálvio de Figueiredo, j. 16.6.1992, cf. texto disponibilizado pelo referido Tribunal, *http://www.stj.gov.br*, em 10.1.1999).

6. A senha e o comércio eletrônico

Permitimo-nos retomar o que acima ficou dito sobre as assinaturas de próprio punho: quando apostas em documentos particulares fazem presumir (i) a autenticidade do documento e (ii) o conhecimento de seu teor pelo signatário.

É nosso entendimento que a utilização de uma senha pelo cliente pode desempenhar idêntico papel, prestando-se a iguais fins.[37] Por exemplo, na sistemática de que atualmente se valem as instituições financeiras uma senha também é a expressão da identidade do agente e, nessa extensão, faz presumir a autenticidade do ato (isto é, a certeza de que foi praticado por aquela determinada e identificada pessoa), bem como o conhecimento de seu conteúdo.

Essa presunção já foi assumida pelos tribunais: tendo o agente se identificado com uma senha pessoal, há de se supor que praticou aquele ato, assumindo a produção de todos os respectivos efeitos fáticos e jurídicos. Ousaríamos, mesmo, considerar que tal entendimento traduz uma *tendência jurisprudencial*.

Alguns já argumentaram que, em princípio, a senha poderia ser utilizada por terceira pessoa que não seu titular. Mas, atentos à necessidade de presteza das relações comerciais, os julgadores têm entendido que cabe ao titular da senha o dever de protegê-la contra indevida utilização (de-

37. Poder-se-ia argumentar que a aposição de uma senha pelo cliente seria semelhante à colocação de um sinal de qualquer espécie, sinete ou carimbo, considerada vedada em nosso ordenamento pela antiga doutrina. Mas essa posição já foi afastada pelos modernos julgados brasileiros que analisaram a identificação do agente por senhas. No ano de 1988, Luiz Olavo Baptista ressaltava que "o problema da identificação do autor de determinado ato se faz por meios adequados à nova tecnologia: códigos numéricos, cartões magnéticos, fazem as vezes de firma ou chancela" ("Direito e Informática – Reflexões sobre novas fronteiras", *RDP* 86/162).

ver de vigilância). A instituição financeira somente será responsável se agir com culpa ou dolo, concorrendo para eventual prejuízo sofrido pelo cliente.[38]

Trazemos, para ilustrar o afirmado, uma seqüência de elucidativos julgados:

1. "Saque indevido efetuado com cartão magnético – Ausência de responsabilidade do banco, pois o uso do cartão e o conhecimento da respectiva senha são exclusivos do usuário – Eventual quebra do sigilo da senha não pode ser imputada ao banco, pois o saque foi feito em caixa eletrônico de atendimento rápido onde não há participação de nenhum funcionário deste – Responsabilidade do próprio usuário pela utilização de seu cartão e senha que é de seu exclusivo conhecimento. (...).

"A cautela quanto ao uso do cartão magnético bancário repousa tão-somente no zelo que se há de exigir do usuário, porque dele seria a total responsabilidade por eventual violação do sigilo e conseqüente utilização em prejuízo de seu patrimônio, posto sob a guarda do estabelecimento bancário.

"Não resta dúvida de que o usuário deve zelar, guardar e vigiar seu cartão magnético, tanto quanto a senha que permite privacidade e segurança na sua utilização. Afirmar-se a responsabilidade do banco, por fatos ocorridos no interior de sua agência ou mesmo na utilização de equipamentos instalados fora da agência, é distância suficiente para afastar a responsabilidade pelo risco-proveito, ou risco funcional, como diz parte da doutrina.

"Houve, efetivamente, negligência do usuário no manuseio descuidado do cartão magnético, sem que para isso tenha concorrido de qualquer maneira o banco apelante. Se é certo que há de se exigir, de outra parte, vigilância e diligência do banco, quanto à utilização dos equipamentos, não menos certo que este não pode ser responsabilizado por fato a que não deu absolutamente causa.

"O sistema informatizado não é mero elemento de agrado, mas agrado com a finalidade de angariar a simpatia do cliente e, por via de conseqüência, tornar efetivo objeto empresarial, lucrativo. Contudo, também o usuário há de agir com certo cuidado e não deixar toda a vigilância aos cuidados do banco. (...). Se a apelada forneceu seu cartão e a respectiva senha para terceiro, o fez por sua conta e risco, ou se simplesmente foi enganada por alguém, tais fatos

38. Nesse sentido é o entendimento do 1º TACivSP: "Contrato bancário – Indevida utilização de cartão magnético por terceiros, após a sua retenção pela máquina de caixa eletrônico – Responsabilidade do banco-réu pelo pagamento indevido, pois por sua conta passaram a correr os riscos inerentes à guarda do cartão, a partir do momento que passou a tê-lo em sua posse – Impossibilidade de atribuir culpa ao titular da conta, dada a inexistência de prova de eventual descuido em manter sob sigilo a senha – Cobrança procedente. (...). A contratação entre as partes envolve a prestação dos serviços pelo apelante, sendo inerente ao negócio jurídico a sua realização com todos os cuidados necessários para garantir a segurança das operações. Fazendo publicidade da qualidade dos seus serviços, o que compreende segurança e facilidade para os usuários, busca o apelante atrair os clientes, que justamente com ele contrataram com a expectativa de poderem utilizar os serviços, convencidos da eficiência e garantia deles. Se assim anuncia, é evidente que deve o banco zelar para que a estrutura que montou seja plenamente adequada aos seus fins. E a falha do serviço importa necessariamente em responsabilidade do fornecedor pela reparação dos danos que propiciar" (rel. Juiz Antônio Rigolin, j. 17.11.1998, *JTA-Lex* 176/198). Interessa, ainda, o seguinte julgado: "Indenização – Responsabilidade civil – Imposição com fulcro no art. 159 do Código Civil, objetivando a condenação do banco réu no ressarcimento, à autora, das importâncias sacadas em sua conta corrente, conseqüentes de furto de seu cartão especial, que autorizava a retirada de numerário de caixas eletrônicos e agências bancárias – Irrelevância de terem sido os saques efetuados em máquinas instaladas no interior de agências bancárias ou nos Bancos Eletrônicos 24 Horas – Hipótese em que, tendo em vista terem os saques sido reiterados (cerca de 67 em poucas horas), fica configurada a responsabilidade civil do banco, que teria que possuir um controle de programação do sistema eletrônico, no sentido de vedar saques repetidos, diários, geralmente criminosos – Ação procedente – Embargos infringentes rejeitados" (EInfrs 709.932-7/02, rel. Min. Armindo Friere Mármora, j. 20.10.1998, cf. cópia fornecida pelo 1º TACivSP em 31.1.2000).

refogem do campo de responsabilidade do banco."[39]

2. "Cartão magnético de movimentação de contas bancárias – Perda para estelionatário, que causa saques em prejuízo do correntista – Nenhuma a responsabilidade do banco – Culpa exclusiva do correntista, que permitiu o uso do cartão por terceiro que, por sua vez, foi vítima do 'golpe do cartão' – Negligência *in vigilando*."[40]

3. "Ação de cobrança – Prova – Cartão de crédito – Dispensa da assinatura do portador – Existência do crédito que se comprova com o uso do código. (...). Por seu turno, da autora não poderia ser exigido comprovante assinado pelo portador do cartão, porquanto, como já foi dito, a mera utilização do cartão com o uso do código dispensa a assinatura. Nesse tipo de financiamento, acionado eletronicamente por meio de cartão individual e intransferível do usuário portador, nem sempre há necessidade da assinatura para o alcance do crédito. Não necessita, portanto, a autora trazer comprovantes, por ter trazido os diversos lançamentos de crédito e débito, eletronicamente, como fez (...)."[41]

É bem verdade que tal jurisprudência foi desenvolvida considerando os cartões magnéticos e de crédito. Contudo, mesmo não se podendo indicar com exatidão, espera-se que os mesmos princípios, em um futuro próximo, sejam utilizados na análise dos documentos eletrônicos.

Nesse contexto, o velho aforisma *pacta sunt servanda* encontra seu lugar, pois *o contrato que serve de base para o relacionamento entre a empresa (instituição financeira) e seu cliente é de suma importância.* Consideramos paradigmático o acórdão proferido pela 8ª Câmara Cível do 1º TACivSP em 27.3.1995, *JTACivSP* 158/45. Determinado cliente de um banco mudou-se sem comunicação à instituição financeira, que enviou cartão magnético e senha ao antigo endereço, constante do contrato. Saques alegadamente indevidos foram efetuados. Admitiu o cliente que havia se mudado de sua residência sem qualquer comunicação ao banco, "mas este agiu sem um mínimo de segurança, pois enviou correspondência para o endereço (...) sem as cautelas necessárias". Ademais, "sem a comprovação da entrega pessoal do cartão magnético e da senha ao próprio cliente, ou sem a comprovação do AR do Correio, não se pode admitir que o cliente/correntista é o responsável pelos saques feitos via cartão". Decidiu o Tribunal que: "A cláusula 2ª do contrato estabelece que toda correspondência relacionada com a conta corrente aberta pelo apelante seria enviada pelo Correio, no endereço por ele indicado, considerando-se como recebida por esta forma de expedição. Ficou ajustado, ainda, que qualquer alteração de endereço ou telefone seria comunicada" ao banco. Como o cliente mudou de endereço e restou silente, descumpriu o contrato, sendo-lhe defeso reclamar do extravio, "na medida em que era de sua obrigação comunicar a alteração do endereço. Prevalece o que foi estabelecido em contrato, e, por conseqüência, aceito pelas partes, no que se refere à forma de entrega do cartão e respectiva senha. Se não é a forma mais segura, é a forma contratualmente acertada. O contrato obriga os contratantes. Lícito não lhes é arrepender-se; lícito não é revogá-lo senão por consentimento mútuo; lícito não é o juiz alterá-lo ainda que a pretexto de tornar as condições mais humanas para os contratantes. O princípio da força obrigatória do contrato significa, em essência, a irreversibilidade da palavra empenhada".

Idênticos princípios embasaram a decisão proferida na Ap. 715.277-8, julgada em 1.9.1997.[42] A administradora do cartão

39. Cf. cópia fornecida pelo 1º TACivSP, Ap. 847.306-3, rel. Juiz Artur César Berreta da Silveira, j. 5.8.1999.

40. Cf. cópia fornecida pelo 1º TACivSP, Ap. 769.960-9, rel. Juiz Soares de Mello, j. 8.9.1998.

41. 1º TACivSP, rel. Juiz Edgard Jorge Lauand, j. 2.9.1997, *RT* 748.267.

42. É a seguinte a ementa do julgado: "Cartão de crédito – Cobrança – Procedência parcial – Limi-

de crédito enviou extratos das despesas feitas com o uso do cartão ao usuário, que não as impugnou no prazo de 10 dias, conforme previsto no contrato. As contas não foram pagas, tendo a administradora proposto ação de cobrança. Como documentos de prova foram juntados o contrato e os extratos, mas não os comprovantes das despesas efetuadas. A administradora esclareceu que "a sistemática hoje adotada impede a exibição de todos os comprovantes e não há impugnação especificada a qualquer dos lançamentos feitos". Entendeu o Tribunal que "o cartão (...) não é meio de pagamento, nem o equivalente ou sucedâneo da moeda corrente, constituindo-se apenas em elemento do sistema e que pode ser conceituado como 'o conjunto sistematizado de contratos cujo objeto predominante consiste num serviço de administração de contas correntes mercantis' (...). É bem verdade que, no caso, a apelante exibiu apenas parte dos talões ou cupões emitidos pelos comerciantes ou prestadores dos serviços. No entanto, não são eles comprovantes de gastos, constituindo-se, como destaca o já citado Daniel Gerardo Reynoso, apenas 'una información escrita que el usuario y establecimiento efectúe registros en sus respectivas contas. Como la razón y finalidad de tal información está contenida en los contratos de usuario y establecimiento, el cupón no es causa sino efecto' (...). Não têm caráter instrumental ou documental e, em inúmeros casos, sequer chegam à administradora, máxime quando feita a comunicação através de terminal de computação ou quando a compra é feita através de telefone. O registro da conta é feito mensalmente e os extratos encaminhados ao usuário, e não é atribuição do administrador documentar as despesas feitas, mesmo porque não é o vendedor, nem o prestador de serviços. Daí resulta que, encaminhado o extrato, compete ao usuário verificar sua regularidade, efetuando pagamento, se for o caso, ou impugnando eventual erro de lançamento. E, nesse aspecto, (...) *a cláusula contratual nada tem de ilegal e não ofende o Código de Defesa do Consumidor, gerando, em caso de omissão, presunção de que se encontram corretas as contas.* (...). As provas exibidas, assim, mostram-se satisfatórias e autorizam acolhimento integral do pedido (...) verificando-se, ademais, que vários saques em dinheiro foram feitos com seu uso, pressupondo, evidentemente, conhecimento de senha e que só pode ter sido utilizado pelo seu verdadeiro portador".[43]

Vale, ainda, a referência ao julgado publicado na *RT* 755/275: a administradora do cartão de crédito pretendia a cobrança de despesas lançadas em determinado cartão de crédito, sendo que da respectiva nota constava assinatura que não era a do titular. Este alegou que fora vítima de fraude. O 1º TACivSP entendeu que caberia ao titular do cartão comprovar a fraude, porque, *nos termos do contrato firmado*, cabia "ao usuário (...) a responsabilidade pela guarda do cartão que lhe é confiado, sendo que a ocorrência de furto ou de qualquer irregularidade deve ser imediatamente comunicada à empresa administradora". Ademais, embora houvesse concordância entre as partes quanto ao fato de a assinatura lançada no comprovante de compra não pertencer ao titular do cartão, disse o Tribunal que "tal circunstância, por si só, não representava prova suficiente do fato impeditivo do direito da autora. Basta ver que os elementos probatórios constantes do processo não excluem a hipótese de a fraude ter sido perpetrada com a participação do próprio réu, que poderia ter emprestado o cartão a terceiro para que fizesse a compra.

tação aos valores dos comprovantes de compras anexados aos autos – Existência de conjunto sistematizado de contratos cujo objeto predominante consiste num serviço de contas correntes mercantis – Notas emitidas pelos fornecedores – Documentos dispensáveis – Prova suficiente do montante da dívida – Falta de impugnação administrativa das faturas – Recurso provido (...)" (cf. texto disponibilizado pela AASP, em 20.1.2000; *http://200.224.27.202/netacgf/npn-brs*).

43. Íntegra disponibilizada em *http://200.224.27.202/hetacgl*, na data de 20.1.2000.

(...). Outro dado que milita em desfavor do apelado é a exata coincidência entre os dados contidos no cartão e aqueles utilizados na suposta fraude. Dados como o número da conta, data de vencimento etc. só poderiam, em princípio, ser obtidos através do titular do cartão, não sendo aceitável a hipótese de que se tratou de simples coincidência".[44]

Na mesma linha, e mais recentemente, o 1º TACivSP decidiu, na Ap. 844.923-2:

"Cobrança – Cartão de crédito – Ausente impugnação, no prazo de 90 dias, previsto contratualmente, dos valores lançados através dos extratos-fatura, tendo o titular utilizado o cartão para saques em caixas eletrônicos, operação exclusiva daquele, pois dependente da senha, ausente, ademais, denúncia de furto ou roubo – Aceitação tácita reconhecida, havendo, apenas, impugnação genérica do débito – Irrelevante a ausência da assinatura no contrato-padrão, eis que, formada a proposta para optação do cartão, o interessado vincula-se às cláusulas gerais – Recurso improvido. (...).

"É válida a cláusula contratual aludida, que estabelece o prazo de 90 dias para reclamação, presumindo-se correto o extrato em caso de silêncio.

"Trata-se de estipulação necessária nesse tipo de negócio, pois seria inviável para a administradora a remessa, juntamente com o extrato, de todos os documentos comprobatórios das despesas, documentos, esses, que, na maior parte das operações, são entregues, em uma determinada via, ao associado, no momento em que ele utiliza o cartão. Assim, ficando o documento em poder do associado, não seria razoável que outro lhe fosse remetido juntamente com o extrato. E a conferência do extrato mensal é feita, pelo associado, precisamente com base nos documentos que se encontram em seu poder.

"Não é relevante a circunstância referida pelo apelante, de não se encontrar assinatura sua no contrato-padrão em que figura tal cláusula. Pois, quando firma a proposta para obtenção do cartão, o interessado desde logo se vincula às cláusulas gerais, que constam no instrumento que depois chega às suas mãos."[45]

7. *A assinatura eletrônica*

A *praxis* do comércio pela *Internet* tem difundido a utilização de assinaturas ou firmas eletrônicas,[46] bem como da certificação, para assegurar ao destinatário da mensagem que o documento (i) foi expedido por seu "subscritor" e (ii) não houve alteração do seu conteúdo.

As assinaturas eletrônicas (ou digitais) são criadas e conferidas graças à criptografia e utilizam a chamada *public key cryptography*. Esta, por sua vez, emprega um algoritmo usando duas diferentes chaves (*keys*) relacionadas entre si. A primeira cria a assinatura eletrônica e/ou transforma a mensagem em algo ininteligível; a segunda presta-se à verificação da assinatura digital e/ou ao retorno da mensagem à forma legível. Os computadores e programas que utilizam essas duas chaves são geralmente chamados, em conjunto, de criptossistema assimétrico (*asymmetric cryptosystem*).

As chaves complementares de um criptossistema assimétrico são normalmente chamadas de chave privada (*private key*) e chave pública (*public key*), sendo a chave privada de conhecimento exclusivo do signatário que a utiliza para criar a assinatura eletrônica. A chave pública é de alcance mais

44. Rel. Juiz Cristiano Ferreira Leite, j. 26.2.1998.

45. Rel. Juiz Itamar Gaino, j. 29.7.1999, cf. cópia fornecida pelo mencionado Tribunal.

46. A pauta da reunião de n. 2.228 do Conselho da União Européia (Conselho de Telecomunicações), realizada em 30.11.1999, anota que existem várias formas de se assinar eletronicamente documentos, desde as mais simples, como a inserção de uma *scanned image* de uma assinatura manuscrita, até modernos sistemas de criptografia. Aqui, tomamos assinatura eletrônica ou digital por aquela baseada na criptografia, com sistema duplo de chaves, uma pública e outra privada.

difuso e utilizada pelo destinatário da mensagem para verificar a assinatura digital. Obviamente, para viabilizar a conferência da mensagem o destinatário deve saber a chave pública do emitente, mas não a chave privada. Assim, mesmo que várias pessoas possam conhecer a chave pública de determinado subscritor, não conseguem descobrir a chave privada e, com isso, forjar a assinatura. Acrescente-se, ainda, que mediante a utilização das chamadas *hash functions* é acusada e percebida pelo destinatário qualquer modificação no teor da mensagem ocorrida entre a expedição e a recepção.

A utilização de uma assinatura eletrônica geralmente envolve dois procedimentos, um executado pelo remetente e outro pelo destinatário, a saber: (i) criação da assinatura eletrônica e (ii) verificação da assinatura eletrônica, que visa a demonstrar (ii.1) que a assinatura foi criada com a utilização da chave privada e que (ii.2) a mensagem não teve seu teor alterado. Já se disse que a probabilidade de um mal funcionamento ou falha de segurança na assinatura digital criptografada é extremamente remota e sempre inferior ao risco de falsificação de uma assinatura tradicional ou de um documento escrito.

Ocorre que o par de chaves não tem ligação intrínseca com pessoa alguma: trata-se, simplesmente, de um par de números. Como saber, então, que o subscritor é, realmente, quem diz ser? Mostra-se necessário, pois, algum sistema que certifique a ligação entre uma dupla de chaves e uma determinada e identificada pessoa.

Ademais, é lógico que, em princípio, uma pessoa pode comunicar a outra sua chave pública. Esse procedimento será até factível quando as partes mantiverem entre si relacionamento comercial estável. Mas, em outras situações, como saber que não se está tratando com um "fantasma" ou impostor; com alguém que, simplesmente, "criou" uma identidade falsa?

A solução para esses problemas é dada pela utilização de *trusted third parties* que certificam a associação entre uma pessoa e uma chave pública (autoridades de certificação ou *certification authorities*), emitindo os competentes certificados.[47]

Parece-nos claro que a assinatura eletrônica está apta a desempenhar as mesmas funções que nosso ordenamento atribui às assinaturas tradicionais, quais sejam: admitir a *presunção* (i) da autoria do documento e (ii) do conhecimento de seu conteúdo pelo signatário. O desempenho dessas funções restará ainda mais claro se houver a certificação por uma autoridade de renome ou situada em país assistido por um eficaz sistema jurídico.

Não se pode saber se nossa jurisprudência tomará a firma eletrônica como uma assinatura, para os fins e efeitos dos arts. 371 e 389[48] do CPC. Entretanto, considerando que a assinatura digital trabalha com um esquema baseado em senhas, é de se esperar que sejam mantidos os mesmos princípios já deitados em vários julgados. Auguramos que sobre os documentos eletrônicos firmados com o sistema de duplas chaves incida uma *presunção de autenticidade*, tal como ocorre com os documentos firmados de próprio punho e com os saques efetuados mediante a aposição de senha.[49]

Essa presunção de autenticidade será ainda mais reforçada se forem utilizados os serviços de renomadas autoridades de certificação.

47. Todas as informações técnicas e de funcionamento do sistema de assinaturas eletrônicas foram colhidas no documento *Digital Signature Guidelines*, acima citado.

48. O art. 389 trata do ônus da prova, dispondo que: "Incumbe o ônus da prova quando (...) se tratar de contestação de assinatura, à parte que produziu o documento".

49. Lembramos que vários textos legais estrangeiros foram editados para positivar essa presunção. No que diz respeito ao Direito Internacional, a lei-modelo da UNCITRAL aconselha que: "Where the law requires a signature of a person, that requirement is met in relation to a data message if: (a) a method is used to identify that person and to indicate that person's approval of the information contained in the data message; and (b) that method is as reliable as was appropriate for the purpose for which the data messa-

Aqueles que se debruçam sobre o estudo do *e-commerce* costumam situar-se em duas posições maniqueístas: ou propalam a necessidade de sua regulação pelos Estados ou, ao contrário, defendem a livre atuação do mercado.[50] Seria absolutamente inútil discorrermos, aqui, sobre as diferenças filosóficas entre essas posições. Interessa-nos, somente, a questão da segurança jurídica relacionada às autoridades de certificação.

Há autoridades que desfrutam de maior ou menor grau de prestígio entre os comerciantes. Servir-se de uma autoridade de renome traz, por óbvio, um maior grau de segurança e utilidade ao respectivo certificado.[51] O que incisivamente deve aqui ser afirmado é que a certificação é um *plus* em relação à assinatura eletrônica, destinada a conferir-lhe maior grau de confiabilidade, mas não um requisito da validade ou eficácia do ato. *Igualmente, por todos os motivos que já deixamos vincados, a falta de certificação não pode retirar a força probante dos documentos eletrônicos.*[52] *Entendimento diverso somente deverá ser admitido se houver uma alteração nos textos legais vigentes, já que no Brasil inexiste ainda legislação específica que trate da matéria. Dá-se, apenas, notícia de projeto de lei que pretende revestir de fé pública as assinaturas eletrônicas certificadas por notários.*

Assim, na ausência de legislação específica, os usos e costumes desempenharão papel primordial,[53] e, nessa medida, a prática dos negócios celebrados pela *Internet* haverá de ser considerada pelos juízes quando da apreciação das provas, *tal como ocorreu com a análise de contendas versando sobre cartões de crédito.*

8. A comprovação de ordens e do recebimento do produto ou do serviço pelo adquirente

Passamos a tratar da comprovação do recebimento de serviços (virtuais) e produtos (virtuais ou não) pelos consumidores.

ge was generated or communicated, in the light of all the circumstances, including any relevant agreement".

Já a lei sobre assinatura digital de Utah bem como *The Washington Digital Signature Act* determinam que "a digital signature issued according to current legal standards is rebuttably presumed to be valid; that is, if the subscriber wishes to repudiate the signature's validity in a particular instance, then the subscriber has the legal burden of proving that the signature was no longer valid in that instance" (conforme noticiado no *Summary of the Workshop on Consumers and Public Key Infrastructure*, realizado em 8.4.1999 – http://www.ftc.gov/bcp/fcpw/presentations/baum.htm).

E o projeto de Diretiva Européia sobre as assinaturas eletrônicas (art. 5º): "Member States shall ensure that advanced electronic signatures which are based on a qualified certificate and which are created by a secure-signature-creatiion devide: (a) satisfy the legal requirements of a signature in relation to data in electronic form in the same manner as a handwritten signature satisfies those requirements in relation to paper-based data; and (b) are admissible as evidence in legal proceedings" (para um breve comentário sobre a lei-modelo em língua portuguesa, v. Newton de Lucca, "Contratos pela *Internet* e via computador. Requisitos de celebração, validade e eficácia: legislação aplicável. Contratos e operações bancárias", *RTRF-3ª R.* 33/20).

50. V., a título exemplificativo, *Protecting Privacy and Security of Personal Information in the Global Electronic Marketplace*, de Peter Gray (*Internet Consumers Organization*), acessível em *http://www.ftc.gov/bcp/fcpw/comments/fco2.htm.*

51. O certificado – escreve Miguel Navarrete – é "un documento electrónico, emitido por una autoridad certificadora que identifica de forma segura al poseedor del mismo, evitando la suplantación de identidad por terceros. La función principal de un certificado es asegurar la validez de una clave pública" (*Contractos Electrónicos*, cit., p. 108).

52. Nessa linha, o art. 5º do projeto de Diretiva, acima citado, diz que:

"Member States shall ensure that an electronic signature is not denied legal effectiveness and admissibility as evidence in legal proceedings solely on the grounds that it is:

"– in electronic form, or

"– not based upon a qualified certificate, or

"– not based upon a qualified certificate issued by an accredited certification-service-provider, or

"– not created by a secure signature-creation device."

53. Dispõe o art. 4º da nossa LICC: "Quando a lei for omissa, o juiz decidirá o caso de acordo com a analogia, os costumes e os princípios gerais de Direito".

Por *produtos virtuais* entendemos aqueles que abandonam sua base material para existirem apenas no mundo virtual. Como exemplo, fomos convidados a pensar no consumidor que, ao invés de adquirir um *compact disc* tradicional, ordena, pela *Internet*, o conteúdo que teria esse mesmo CD, recebendo, em seu computador, material eletrônico que lhe permite escutar as músicas. Ou, ainda, em um livro que é recebido pelo computador, sem qualquer base material (muito embora seja viável sua posterior impressão). Por *produtos não-virtuais* estamos tomando aqueles que se corporificam em uma base material (por exemplo, um CD de músicas ou um livro). Já quando nos referimos aos *serviços virtuais* estamos cogitando da movimentação, mediante ordem eletrônica, do numerário do cliente depositado junto ao banco. Assim, *v.g.*, a transferência eletrônica de fundos ou outros serviços eletrônicos que viabilizam a colocação de numerário do cliente em aplicações financeiras.

Primeiramente, é preciso notar que todas as vezes em que a empresa tratar com destinatários finais[54] dos produtos poderá estar sujeita à incidência do Código de Defesa do Consumidor. Esse diploma, como se sabe, caracteriza-se por privilegiar o interesse daquele teoricamente hipossuficiente, facilitando sua atuação em juízo.

O art. 6º, VIII, do referido Código (Lei 8.078, de 1990) determina ser direito básico do consumidor "a facilitação da defesa de seus direitos, *inclusive com a inversão do ônus da prova, a seu favor*, no processo civil, quando, a critério do juiz, for verossímil a alegação ou quando for ele hipossuficiente, segundo as regras ordinárias de experiência".

Dessa forma, devemos considerar que a defesa da empresa em juízo pode ser dificultada justamente pela incidência do Código de Defesa do Consumidor, principalmente no que diz respeito à produção de provas. Parece-nos, portanto, adequado lembrar que, muito embora os negócios celebrados permaneçam arquivados na forma digital, é conveniente que, em caso de necessidade, seja materialmente possível levar esse arquivo ao juiz. Além disso, a viabilidade de eventual impressão também é útil. Quanto maior a possibilidade de transposição da prova para um suporte material confiável, maior será a facilidade de sua apreciação pelo magistrado.

Cogitamos três opções para a solução do problema apontado, qual seja, a materialização da prova a ser apresentada em juízo:

(i) em primeiro lugar, seria possível registrar-se o "clique" do consumidor acompanhado de qualificadores (sessão, dia, hora etc.). Ou seja, mediante o exame dos registros eletrônicos da empresa pode-se comprovar que determinada pessoa praticou um comportamento social típico, manifestando sua intenção de adquirir um bem ou de lhe transmitir uma ordem. O inconveniente, neste caso, é que tais provas poderiam ser facilmente forjadas pela empresa;

(ii) poder-se-ia, ainda, utilizar alguma forma de assinatura digital (certificação);

(iii) por último, é possível enviar confirmação por *e-mail* ao interlocutor e aguardar eventual discordância durante um certo período de tempo, nos termos de contrato vigente entre as partes.

Passamos a analisar cada uma dessas opções.

(i) Alguns juristas já fizeram menção à possibilidade de efetuar perícia técnica nos computadores para comprovar a existência e extensão de um contrato eletrônico.[55] No

54. Nesse sentido, estatui o art. 2º do CDC: "Consumidor é toda pessoa física ou jurídica que adquire ou utiliza produto ou serviço como destinatário final".

55. Para Fábio Ulhôa Coelho "cada suporte de informações exige meios de prova judiciária específicos: quando o contrato é oral, faz-se a prova por testemunhas ou depoimento pessoal; quando papelizado, pela apresentação do instrumento escrito, ou de cópia xerográfica, ao juiz; quando eletrônico, por perícia" ("O contrato eletrônico: conceito e prova", *Tribuna do Direito*, ed. fevereiro de 2000, p. 8).

entanto, diante da facilidade da ocorrência de fraudes, quer-nos parecer que tal prova equivaleria a um documento produzido pela parte que, embora possua certo valor, tem a sua força probante limitada no contexto processual. Lembremo-nos dos julgados referidos no início, tratando de ordens de compra e venda de ações: os tribunais não costumam atribuir valor a esse tipo de prova quando o conjunto probatório não a robustece.

(ii) Já a assinatura eletrônica, se mantida a tendência jurisprudencial identificada no caso das senhas, deve prestar-se a comprovar a existência e extensão do contrato eletrônico em juízo com maior eficácia. Das três soluções apresentadas, tudo indica tratar-se daquela que propicia às empresas um maior grau de segurança jurídica no que diz respeito à certificação da identidade do consumidor, bem como à existência da ordem de compra ou de execução do serviço. Alternativamente à assinatura eletrônica, a requisição da senha do cliente para a realização de determinada operação também encerra confortável grau de segurança jurídica.

(iii) Por fim, a utilização de *e-mails* de confirmação pode, também, se prestar à defesa dos interesses das empresas, considerando a jurisprudência que respeita os termos do contrato celebrado entre a instituição financeira e seu cliente. A sistemática a ser adotada deveria, em linha de princípio, considerar o seguinte: (iii.1) necessidade de absoluta ciência dos termos do contrato pelo cliente; (iii.2) necessidade de previsão detalhada do método de envio de *e-mails* de confirmação, incluindo a determinação de prazo para eventuais reclamações. Recorde-se que essa linha de atuação já tem sido admitida pela jurisprudência que atribui ao cliente de cartões de crédito o ônus de conferir os extratos e deles reclamar no prazo previsto no contrato, sob pena de ser responsabilizado pelos valores indevidamente lançados nas faturas.

Tudo o que ficou dito nos leva a concluir que:

(i) nos três casos (produtos virtuais ou não e serviços virtuais) há de se comprovar o ato do cliente, seja manifestando sua vontade de adquirir o produto, seja transmitindo uma ordem à empresa;

(ii) tratando-se de produtos e serviços virtuais é necessário comprovar-se a concretização da operação (entrega do produto virtual ou execução da ordem);

(iii) tratando-se de produtos não-virtuais a comprovação da entrega é mais fácil, podendo-se lançar mão de instrumentos tradicionais (aposição de assinatura no comprovante de recebimento).

Esses eram os apontamentos que pretendíamos efetuar e que se prestam como indicação de pontos que merecem estudo em face da realidade hoje enfrentada pelos agentes econômicos e pelo Direito.

Atualidades

RESPONSABILIDADE ADMINISTRATIVA – A LEGISLAÇÃO DE "LAVAGEM DE DINHEIRO"

ODETE MEDAUAR
e
MARCOS AMARAL

1. Introdução. 2. Pessoas jurídicas e físicas que podem ser responsabilizadas. 3. Obrigações cujo descumprimento desencadeia a responsabilização administrativa: 3.1 Identificação de clientes – 3.2 Manutenção de cadastro atualizado – 3.3 Manutenção de registro de transações – 3.4 Conservação dos registros e cadastros por cinco anos, ao menos – 3.5 Atendimento de requisições – 3.6 Comunicação de operações. 4. Sanções administrativas: 4.1 Destinatários das sanções – 4.2 Rol das sanções – 4.3 Órgãos competentes para aplicar as sanções administrativas. 5. O Conselho de Controle de Atividades Financeiras (COAF). 6. O processo administrativo previsto no Decreto 2.799, de 1998.

1. Introdução

A Lei de "Lavagem de Dinheiro" – Lei 9.613, de 3.3.1998 –, afora a caracterização dos respectivo crimes e seu processo, traz preceitos referentes à responsabilidade administrativa. Tais preceitos, por sua vez, vinculam-se a obrigações impostas a pessoas jurídicas e físicas que desenvolvem, em caráter permanente ou eventual, determinadas atividades, como, por exemplo, a captação e distribuição de recursos financeiros e de títulos, a compra ou venda de bens imobiliários, a comercialização de jóias, pedras e metais preciosos, objetos de arte e antigüidades.

O descumprimento de tais obrigações poderá acarretar a aplicação de sanções administrativas, ou seja, sanções impostas por órgãos administrativos, nos moldes previstos na referida lei.

Dentre esses órgãos encontra-se o COAF – Conselho de Controle de Atividades Financeiras, criado pelo art. 14 da mencionada Lei 9.613, de 1998, e estruturado pelo Decreto 2.799, de 8.10.1998, que aprovou seu Estatuto (v. n. 5 deste estudo).

O conjunto dos preceitos de natureza administrativa da legislação de "lavagem de dinheiro" reveste-se de precípuo caráter preventivo, para tentar impedir a utilização do Sistema Financeiro e de certos setores do comércio na ocultação ou dissimulação de valores oriundos de crimes. Por outro lado, a apuração do descumprimento das obrigações poderá revelar indícios dos crimes de "lavagem de dinheiro", desencadeando as conseqüências penais.

Os principais aspectos da responsabilidade administrativa em matéria de "lavagem de dinheiro" receberão tratamento neste trabalho, que examinará em especial: o rol das pessoas jurídicas e físicas que podem ser responsabilizadas; as obrigações que lhes são impostas na lei; os órgãos competentes para apurar e punir o descumprimento das obrigações; a estrutura e atribuições do COAF; o processo administrativo para apuração da responsabilidade administrativa.

2. *Pessoas jurídicas e físicas que podem ser responsabilizadas*

O art. 9º da Lei 9.613, de 1998, lista pessoas jurídicas e físicas que se sujeitam às obrigações indicadas em outros dispositivos.

As *pessoas jurídicas* devem ter, de modo permanente ou eventual, como atividade principal ou acessória, cumulativamente ou não:

I – a captação, intermediação e aplicação de recursos financeiros de terceiros, em moeda nacional ou estrangeira;

II – a compra e venda de moeda estrangeira ou ouro como ativo financeiro ou instrumento cambial;

III – a custódia, emissão, distribuição, liquidação, negociação, intermediação ou administração de títulos ou valores mobiliários.

Sujeitam-se às mesmas obrigações, nos termos do parágrafo único do art. 9º:

I – as Bolsas de Valores e Bolsas de Mercadorias e Futuros;

II – as seguradoras, as corretoras de seguros e as entidades de previdência complementar ou de capitalização;

III – as administradoras de cartões de credenciamento ou cartões de crédito, bem como as administradoras de consórcios para aquisição de bens ou serviços;

IV – as administradoras ou empresas que se utilizem de cartão ou qualquer outro meio eletrônico, magnético ou equivalente que permita a transferência de fundos;

V – as empresas de arrendamento mercantil (*leasing*) e as de fomento comercial (*factoring*);

VI – as sociedades que efetuem distribuição de dinheiro ou quaisquer bens móveis, imóveis, mercadorias, serviços, ou, ainda, concedam descontos na sua aquisição, mediante sorteio ou método assemelhado;

VII – as filiais ou representações de entes estrangeiros que exerçam no Brasil qualquer das atividades listadas no mesmo art. 9º, ainda que de forma eventual;

VIII – outras entidades cujo funcionamento dependa de autorização de órgão regulador dos mercados financeiros, de câmbio, de capitais e de seguros;

IX – as *pessoas físicas ou jurídicas*, nacionais ou estrangeiras, que operam no Brasil como agentes, dirigentes, procuradoras, comissionárias, ou por qualquer forma representem interesses de ente estrangeiro que exerça qualquer das atividades referidas no art. 9º;

X – as *pessoas jurídicas* que exerçam atividades de promoção imobiliária ou compra e venda de imóveis;

XI – as *pessoas físicas ou jurídicas* que comercializem jóias, pedras e metais preciosos, objetos de arte e antigüidades.

Certamente, o amplo rol de pessoas jurídicas e físicas abarca atividades que mais usualmente propiciam operações que visam a encobrir a origem ilícita de dinheiro, inclusive porque movimentam, de modo habitual, elevadas somas de dinheiro.

A Exposição de Motivos da Lei 9.613, de 1998, ressalta a "idéia de compartilhamento de responsabilidade entre o Estado e os setores da atividade econômica utilizados para a lavagem de dinheiro", porque o combate dos crimes de "lavagem" deve envolver toda a sociedade e porque tais setores são os mais diretamente atingidos por essas atuações ilícitas.

3. *Obrigações cujo descumprimento desencadeia a responsabilização administrativa*

A Lei 9.613, de 1998, nos arts. 10 e 11, menciona as obrigações que as pessoas jurídicas e físicas anteriormente indicadas devem cumprir.

3.1 Identificação de clientes

O inciso I do art. 10 determina que os clientes das pessoas jurídicas ou físicas já apontadas identifiquem seus clientes. Ou seja: as atividades e operações não poderão ser realizadas sem indicação das pessoas jurídicas ou físicas interessadas. A lei omite-se quanto aos dados necessários à identificação, mas o próprio inciso I, na seqüência, refere-se a instruções das autoridades competentes no tocante à manutenção de um cadastro. Se o cliente for pessoa jurídica a identificação deverá abranger as pessoas físicas autorizadas a representá-la e seus proprietários (§ 1º do art. 10).

3.2 Manutenção de cadastro atualizado

Além de identificar os clientes, aquelas pessoas jurídicas e físicas deverão manter cadastro atualizado, nos termos de instruções emanadas das autoridades competentes (art. 10, I).

3.3 Manutenção de registro de transações

Determina o art. 10, II, que as pessoas jurídicas e físicas passíveis de responsabilização administrativa mantenham registro de toda transação em moeda nacional ou estrangeira, títulos e valores mobiliários, títulos de crédito, metais ou qualquer ativo passível de ser convertido em dinheiro que ultrapassar limite fixado pela autoridade competente e nos termos de instruções por esta expedidas.

O legislador, nesse ponto, levou em consideração transações de valor considerável, que podem denotar a necessidade de "lavagem" de altas somas. Mas não descurou de transações de pequena monta, realizadas com periodicidade, pois o § 3º do art. 10 exige, ainda, o registro no caso de pessoas físicas ou jurídicas (e suas coligadas ou interligadas) realizarem no mesmo mês-calendário, com um só pessoa, conglomerado ou grupo, operações que, no seu conjunto, ultrapassarem o limite fixado pela autoridade competente.

3.4 Conservação dos registros e cadastros por cinco anos, ao menos

Os cadastros de clientes e registros de transações deverão ser conservados durante o período mínimo de cinco anos a partir do encerramento da conta ou da conclusão da transação, prazo, este, que poderá ser ampliado pela autoridade competente (art. 10, § 2º).

Além do tempo mínimo de cinco anos, o tempo adicional de conservação dependerá de ato da autoridade administrativa competente no tocante à sua ampliação. Parece evidente que na ausência da ampliação, e havendo dúvida da pessoa jurídica ou física quanto ao tempo de conservação, poderá ser dirigida consulta à autoridade competente para que esclareça tal ponto.

3.5 Atendimento de requisições

Segundo prescreve o inciso III do art. 10, as pessoas referidas no art. 9º deverão atender, no prazo fixado pelo órgão judicial competente, às requisições formuladas pelo Conselho de Controle de Atividades Financeiras – COAF, que se processarão em segredo de justiça.

Diante da redação nebulosa desse inciso, deve-se ponderar, de início, que outros órgãos administrativos detêm competência para formular requisições às pessoas jurídicas e físicas referidas no art. 9º, além do COAF. As disposições contidas nos arts. 11, § 3º, e 14, *caput*, parte final, e § 1º, da Lei 9.613, de 1998, permitem afirmar que a competência daquele, em matéria de requisições e muitas outras, somente emerge na ausência de órgão próprio regulador ou fiscalizador da atuação daquelas pessoas jurídicas e físicas.

Por outro lado, ao se cogitar de acesso a dados relativos ao patrimônio de pessoas físicas ou jurídicas e de possibilidade de instauração de processo administrativo previsto em norma sobre "lavagem de dinheiro" vêm à baila o direito à intimidade, o direito à honra e à imagem, o direito ao sigilo de dados, assegurados pela CF de 1988, art. 5º, X e XII, e o dever de sigilo profissional que a lei impõe no exercício de várias atividades profissionais (inclusive para instituições financeiras, entes integrantes do sistema de distribuição de títulos mobiliários, corretores). No atinente às requisições e, de maneira mais aguda, no tocante à comunicação de operações financeiras, prevista no art. 11, ocorre uma encruzilhada de alguns valores: de um lado, o direito à intimidade, o direito à honra e à imagem, o direito ao sigilo de dados, o dever de sigilo profissional, assegurados pela Constituição e por lei; de outro lado, a necessidade de investigação de condutas que podem revelar crimes insidiosos.

Quanto às requisições, a Lei de "Lavagem" busca encontrar a conciliação desses valores, estabelecendo, embora em linguagem nebulosa, que os órgãos administrativos competentes formulem a requisição pela via judicial. Desse modo, a requisição não é feita diretamente pelos órgãos administrativos às pessoas jurídicas ou físicas arroladas no art. 9º. Estes devem dirigir-se ao juiz competente, com solicitação escrita motivada. O juiz, ante a justificativa apresentada, decidirá em sentido favorável ou desfavorável à requisição; na primeira hipótese, fixará prazo para que seja atendida pelo destinatário.

Outro modo pelo qual a lei intenta preservar o direito à intimidade, à honra, à imagem, encontra-se na exigência de segredo de justiça para a tramitação da requisição. Com isso limita-se a um âmbito muito restrito o acesso aos autos judiciais e administrativos referentes à requisição. Além do mais, a tramitação em segredo de justiça evita que a investigação seja frustrada ante o conhecimento que dela tomem os possíveis envolvidos em atividades ilícitas.

3.6 Comunicação de operações

Outro obrigação em que se confrontam o dever de sigilo, de um lado, e o direito à intimidade, à honra e à imagem, ao sigilo, de outro, e, ainda, a necessidade de investigação, diz respeito à comunicação, às autoridades administrativas competentes, de certas operações realizadas ou propostas. Surgiu linha doutrinária afirmando a inconstitucionalidade dos preceitos que a prevêem, ou seja, do art. 11, II, "a" e "b" (v. Marco Antônio de Barros, *Lavagem de Dinheiro*, São Paulo, Oliveira Mendes, 1998).

Quais são as operações a serem comunicadas?

Em primeiro lugar, *a realização ou proposta de transação que possam constituir-se em sérios indícios dos crimes de "lavagem de dinheiro"* (art. 11, II, "b"). Como saber quais operações se enquadram em tal caracterização? Segundo o art. 11, § 1º, da Lei 9.613, de 1998, os órgãos próprios reguladores e fiscalizadores (para as pessoas jurídicas e físicas sobre as quais atuam) e o COAF (para as demais) emitirão rol de operações que, por suas características, no referente às partes envolvidas, aos valores, à forma de realização, aos instrumentos utilizados ou ante a falta de fundamento econômico ou legal, possam configurar sérios indícios dos crimes de "lavagem de dinheiro".

Em segundo lugar, devem ser comunicadas *todas as transações em moeda nacional ou estrangeira, títulos e valores mobiliários, títulos de crédito, metais ou qualquer ativo passível de ser convertido em dinheiro, que ultrapassarem limite fixado pela autoridade competente* (art. 11, II, "a").

A quem é dirigida a comunicação? Quanto às pessoas jurídicas ou físicas para as quais exista órgão regulador ou fiscalizador, a estes será endereçada a comunicação. No tocante às pessoas para as quais não exista órgão próprio regulador ou fiscalizador efetua-se a comunicação junto ao COAF, na forma por ele fixada (art. 11, § 3º).

Conforme o art. 11, II, a comunicação deve ocorrer no prazo de 24 horas. Supõe-se que esse prazo corra a partir da proposta ou realização da transação. O mesmo dispositivo determina que as pessoas jurídicas ou físicas abstenham-se de dar aos clientes ciência de tal ato.

Para impedir comunicações de má-fé e ao mesmo tempo preservar de responsabilização as pessoas jurídicas ou físicas que as efetuem sem intenções inconfessáveis, o § 2º do art. 11 isenta de responsabilidade civil ou administrativa as comunicações de boa-fé, efetuadas na forma prevista no mesmo art. 11.

4. *Sanções administrativas*

Sob o denominação "Da Responsabilidade Administrativa", o Capítulo VII da Lei 9.613, de 1998, arrola as sanções administrativas que podem ser impostas pelo descumprimento das obrigações elencadas nos arts. 10 e 11, fixando algumas diretrizes a respeito.

4.1 Destinatários das sanções

Sujeitam-se às sanções arroladas no art. 12 as pessoas jurídicas ou físicas indicadas no art. 9º e os administradores das pessoas jurídicas que deixarem de cumprir as obrigações previstas nos arts. 10 e 11.

4.2 Rol das sanções

O art. 12 prevê as seguintes sanções, que podem ser aplicadas cumulativamente ou não:

Advertência – Efetua-se por escrito, no caso de irregularidade no cumprimento das instruções referidas nos incisos I e II do art. 10, como, por exemplo, lapsos na transcrição de dados.

Multa pecuniária – A multa será variável ou fixada em dinheiro. Os critérios de variação consistem em: percentual do valor da operação (de 1% até o dobro); percentual do lucro obtido ou que seria presumivelmente obtido pela realização da operação (até 200%). A multa fixada em dinheiro vai até CR$ 200.000,00. A multa será aplicada quando, *por negligência ou dolo*, as pessoas referidas no art. 9º: I – deixarem de sanar as irregularidades objeto de advertência no prazo assinalado pela autoridade competente; II – não realizarem a identificação ou o registro previstos nos incisos I e II do art. 10; III – deixarem de atender, no prazo, a requisição formulada nos termos do inciso III do art. 10; descumprirem a vedação ou deixarem de fazer a comunicação a que se refere o art. 11 (a vedação, no caso, diz respeito ao caráter confidencial da comunicação, abstendo-se a pessoa jurídica ou física de dar ciência ao cliente).

Inabilitação temporária – Esta sanção destina-se aos administradores das pessoas jurídicas referidas no art. 9º, para que se tornem inabilitados ao exercício dessa atividade pelo prazo de até 10 anos. Será aplicada quando se verificarem infrações graves quanto ao cumprimento da Lei 9.613, de 1998, ou quando ocorrer reincidência específica, devidamente caracterizada em transgressões antes punidas com multa (art. 12, § 3º).

Cassação da autorização para operação ou funcionamento – Será aplicada nos casos de reincidência específica de infrações anteriormente punidas com a inabilitação temporária para o exercício da atividade de administrador das pessoas jurídicas (art. 12, IV). A redação dada a esse sanção leva a entender que se trata de sanção destinada somente a pessoas jurídicas, pois supõe reincidência de infrações anteriormente punidas com inabilitação temporária de administrador das pessoas jurídicas para o exercício das respectivas atividades. Além do mais, há várias atividades que não dependem de autorização para serem realizadas, inviabilizando, portanto, a aplicação do dispositivo.

4.3 Órgãos competentes para aplicar as sanções administrativas

A Lei 9.613, de 1998, previu em seu art. 14 a criação do Conselho de Controle de Atividades Financeiras – COAF, a fim de "disciplinar, aplicar penas administrativas, receber, examinar e identificar as ocorrências suspeitas de atividades ilícitas" previstas na mesma lei, "sem prejuízo da competência de outros órgãos e entidades". Com tal redação pretendeu o legislador preservar a competência, na matéria, dos órgãos reguladores e fiscalizadores de muitas atividades descritas no art. 9º. No tocante às pessoas físicas ou jurídicas para as quais não exista órgão próprio fiscalizador ou regulador a competência para apurar infrações e aplicar sanções é atribuída ao COAF. Tendo em vista o destacado papel conferido ao COAF, será objeto de tratamento individualizado, no item seguinte.

5. O Conselho de Controle de Atividades Financeiras (COAF)

Embora tenha o legislador criado o órgão através da referida lei, sua existência efetivou-se apenas com a edição do Decreto 2.799, de 8.10.1998, que aprovou o Estatuto do COAF, nos termos do que determinava o art. 17 da lei. O mencionado decreto, em seu art. 1º, parágrafo único, autorizou o novo órgão a "manter núcleos descentralizados, utilizando-se da infra-estrutura das unidades regionais dos órgãos a que pertencem os Conselheiros, objetivando a cobertura adequada de todo o território nacional". Tal disposição reconhece simultaneamente as evidentes carências estruturais do órgão nascente, bem como a necessidade de se valer da estrutura de outros órgãos para viabilizar sua atividade.

O Governo pretendeu dar ao Conselho uma composição técnica, de forma a evitar sua eventual manipulação por forças político-partidárias. Assim, integram-no servidores públicos do quadro de pessoal efetivo, representantes do Banco Central do Brasil, da Comissão de Valores Mobiliários – CVM, da Superintendência de Seguros Privados – SUSEP, da Procuradoria da Fazenda Nacional, da Secretaria da Receita Federal, da Subsecretaria de Inteligência da Casa Militar da Presidência da República, do Departamento de Polícia Federal e do Ministério das Relações Exteriores. Embora a designação dos cinco primeiros seja competência discricionária do Ministro de Estado da Fazenda, tais escolhas estarão condicionadas aos requisitos de reputação ilibada e reconhecida competência – requisitos, esses, que sabemos de duvidosa possibilidade de questionamento, quer por parte de cidadãos comuns, da opinião pública, ou mesmo por autoridades investidas nas funções de controle dos atos da Administração.

Ressalte-se ainda que a lei não havia incluído entre seus integrantes o Subsecretário de Inteligência da Casa Militar da Presidência da República, visto que mencionava, genericamente, integrante proveniente "de órgão de inteligência do Poder Executivo". Tal inclusão no decreto governamental parece indicar a pretensão do Presidente da República de acompanhar diretamente as atividades do órgão, já que, como se sabe, a Casa Militar constitui o braço de apoio do Presidente nas áreas militares e de segurança nacional. A lei (art. 16) excepcionou a escolha deste e dos representantes do Departamento de Polícia Federal e do Ministério das Relações Exteriores da competência do Ministro da Fazenda, encarregando os titulares das pastas aos quais tais órgãos estão subordinados de promover a designação, a saber: o Ministro-Chefe da Casa Militar, o Ministro da Justiça e o próprio Ministro das Relações Exteriores.

A exemplo de outros órgãos semelhantes da Administração Federal, o COAF contará com uma Secretaria Executiva (art. 3º do Decreto 2.799, de 1998), dirigida por um Secretário Executivo designado pelo Ministro da Fazenda. O decreto assegurou ao Presidente e aos Conselheiros, nas Seções II e III, as mesmas garantias semelhantes a integrantes de outros conselhos e autarquias especiais, tais como o CADE, a ANATEL, a ANEEL e a ANP. Dessa forma, exigiu dos dirigentes dedicação exclusiva, vedada qualquer acumulação, "salvo as constitucionalmente admitidas", a saber, as constantes do art. 37, XVI e XVII, da CF. A escolha do Presidente do COAF ficou reservada ao Presidente da República, que o fará mediante sugestão do Ministro de Estado da Fazenda.

Ficou assegurada aos Conselheiros possibilidade ilimitada de recondução (ao contrário de outras agências, em que se restringiu o número de mandatos consecutivos), autorizada a perda de mandato apenas nas hipóteses de incapacidade civil absoluta, condenação criminal em sentença transitada em julgado, improbidade administrativa comprovada mediante processo disciplinar de conformidade com o que prevêem as Leis 8.112, de 11.12.1990, e 8.429, de 2.6.1992, perda do cargo efetivo no órgão de origem ou aposentadoria. A fim, ainda, de se evitar o comum tráfico de influência propiciado em órgãos dessa natureza, previu ainda o decreto em seu art. 6º o impedimento ao Presidente, aos Conselheiros e até mesmo aos servidores da Secretaria Executiva do COAF, na condição de controladores, administradores, gerentes, prepostos ou mandatários, de participarem de pessoas jurídicas arroladas no art. 9º da lei, *caput* e parágrafo único.

O decreto estatuiu, em seu art. 7º, IV, competência ao Plenário do Conselho para decidir sobre infrações e aplicar penalidades administrativas previstas no art. 12 da lei, isto é, aos que desempenhem as atividades descritas no mencionado art. 9º da mesma, para as quais não haja órgão próprio fiscalizador ou regulador. Dessa forma, o Poder Executivo restringiu a esfera de atuação administrativa do COAF, outorgando aos respectivos órgãos controladores a função de eventual aplicação de sanção administrativa.

Dois aspectos parecem relevantes na redação dada ao decreto que regulamentou as atividades do COAF, no que tange ao resguardo do devido processo legal e do contraditório determinados na CF em seu art. 5º, LV. O art. 11 autorizou o chamado *intercâmbio de informações* entre o Banco Central do Brasil, a CVM, a SUSEP, o Departamento de Polícia Federal, a Subsecretaria de Inteligência da Casa Militar da Presidência da República e os demais órgãos e entidades públicas com atribuições de fiscalizar e regular as pessoas sujeitas às obrigações referidas nos arts. 10 e 11 da lei. Tal disposição parece restringir o sigilo bancário e financeiro a que estão obrigados os integrantes do chamado Sistema Financeiro Nacional, admitindo o legislador, inclusive, que a transmissão da informação implica "transferência da responsabilidade pela preservação do sigilo" (art. 11, parágrafo único). Autorizou, ainda, o decreto que o COAF obtenha junto a seus congêneres no Exterior e junto a organismos internacionais as informações que julgue pertinentes (art. 12).

6. O processo administrativo previsto no Decreto 2.799, de 1998

A segunda abordagem relevante descrita no Capítulo V trata do *processo administrativo*, meio pelo qual serão apuradas e punidas as infrações administrativas indicadas na lei, resguardando expressamente no art. 14 a observância da ampla defesa e do contraditório. Contudo, o legislador parece contradizer-se, no artigo seguinte, ao permitir a realização do que chamou de *averiguações preliminares*, em caráter reservado, após as quais poderá ou não a autoridade competente determinar a instauração de processo administrativo ou seu arquivamento, sujeita esta decisão a revisão superior.

A fim de limitar a discricionariedade da autoridade administrativa, concedeu-se-lhe prazo de apenas 10 dias para a competente instauração do processo, após a conclusão das averiguações preliminares ou do conhecimento da infração (art. 17). Exigiu, ainda, que tal decisão contasse com a devida motivação e a especificação dos fatos a serem apurados. Após a realização do processo, com rito bastante simplificado, permitida defesa técnica, a decisão da autoridade deverá ser proferida, no prazo máximo de 60 dias após o término da instrução (art. 21), cabendo aos órgãos e entidades responsáveis a aplicação das penas administrativas, que deverão, ainda, zelar pelo cumprimento das suas decisões (art. 22).

A redação dada ao art. 23 do decreto mencionou tão-somente a possibilidade de recurso administrativo das decisões do COAF para o Ministro de Estado da Fazenda, no prazo de 15 dias da ciência da decisão. No entanto, a possibilidade de recurso de decisões de outros órgãos ou entes deve ser admitida em face do princípio da ampla defesa, que norteia os processos administrativos; além do mais, haveria lesão ao princípio da igualdade se tal tratamento não fosse admitido.

Em caso de descumprimento da decisão, no todo ou em parte, o legislador conferiu às autoridades acima mencionadas a atribuição de tomar as providências para sua execução judicial; tratando-se de decisão do COAF cabem à Advocacia-Geral da União as medidas relativas à execução judicial (§§ 1º e 2º do art. 22).

A VISÃO JURÍDICA DA EMPRESA NA REALIDADE BRASILEIRA ATUAL*

MARCOS PAULO DE ALMEIDA SALLES

"A empresa continua sendo um fenômeno desafiante para o Direito, não obstante já tenham decorrido tantos anos desde o seu primeiro aparecimento na legislação através do Código Napoleônico."[1]

Recordo-me ainda dos ensinamentos do professor Philomeno Costa[2] quando ele lembrava que "o mérito que se deve atribuir a Stracca é sobretudo o de ter cuidado da mercancia e do mercador em face das verdadeiras necessidades do comércio ou das novas relações jurídicas ou renovadas, que escapavam dos limites restritos do *Corpus Juris*; este era na época a fonte principal do Direito; era a lei viva vigorante juntamente com leis particulares; os doutores raciocinam e os tribunais decidem em função daquele, onde tudo se deve achar, embora sem a mesma premência anterior da época do predomínio da glosa, em que cada palavra se confirmava com um texto romano e cada expressão com uma *lex*, para que se venha a entender da necessidade que tiveram os jurisconsultores da época em que começaram a declinar as utilidades mercantis da Idade Média até ao ingresso no século XVI. Foi assim que Benvenuto Stracca, em 1553, publicou o seu *Tractatus de Mercatura seu Mercatore*".

Para que se possa compreender o peso que há de ter este ponto da história do Direito Comercial, é sempre bom lembrar que se pode dividi-la em quatro fases, didaticamente assim dispostas: 1) fase primitiva; 2) fase corporativa; 3) fase do ato de comércio; 4) fase da empresa. Com estes quatro capítulos se pode, ainda que a vôo de pássaro, compreender as transições por que veio passando a criatividade dos praticantes do ato satisfativo das necessidades dos homens. Segundo J. X. Carvalho de Mendonça[3] há três grandes épocas na história do comércio que vêm classificar os períodos da história do Direito Comercial – Antigüidade, Idade Média, Tempos Modernos –, demonstrando, assim, que foi da evolução da prática comercial que nasceu a sistematização legisladora das mesmas, que

* Estudo elaborado para publicação na edição especial da *RDM*, em homenagem ao professor Waldirio Bulgarelli.

1. Waldirio Bulgarelli, *O Direito das Empresas*, São Paulo, Ed. RT, 1980, p. 2 – lembrando o art. 632 do CComercial francês de 1807, que falava das "enterprises de manufactures, de comission, de transport par terre ou par car", assim como das "enterprises de formitures, d'agence, bureaux d'affaires, établissements de ventes à l'encan, de spetacles publics". Mais tarde, em 1850, após a edição do Código Comercial brasileiro, o Regulamento Judiciário 737 repete as mesmas citações havendo-as como mercancia.

2. *Autonomia do Direito Comercial*, São Paulo, Ed. RT, 1956, p. 37.

3. *Tratado de Direito Comercial Brasileiro*, v. I, Rio de Janeiro, Freitas Bastos, 1937, p. 59.

viveu apoiada nos costumes até após a Revolução Francesa, quando passou a integrar o Código Napoleônico de 1807.

Agrada-me neste momento abeberar-me nos escritos sempre atuais do professor Waldemar Ferreira,[4] que dá abertura ao seu *Curso*, àquela década, lembrando que "existe o Direito Commercial desde que o commercio fez sua aparição no mundo. E o commercio é coetaneo das primeiras relações pacíficas entre os homens dos primitivos grupos sociais, ao convencerem-se de que um homem não é naturalmente inimigo um do outro, podendo um ser auxiliar do outro e todos cooperadores efficacissimos da obra econômica em que se empenham"; valendo dizer que aquela que denominamos fase primitiva tem início neste estado de congraçamento social em que apenas se pode vislumbrar a figura do escambo de produtos excedentes, sem armazenamento daqueles perecíveis pela sua própria apropriação à natureza, lembrando, ainda com Waldemar Ferreira, que "differenças, que na ordem econômica se manifestaram pelo desenvolvimento de indústrias diversas e produções distinctas, fizeram surgir, naturalmente, a idéia da troca dos productos que em commercio, propriamente, se transformou quando, com a descoberta da moeda, mercadoria por todos admittida como medida commum de valor, a troca passou a ser a compra e venda", quando, então, podemos ver o início da economia de mercado que vai levando à especialização da produção para dar atendimento às necessidades, constituindo-se as ordens protecionistas dos praticantes do mesmo ofício.

Esta passagem da satisfação dos desejos ou necessidades humanos pela via do artesanato àquela da manufatura predisponente à oferta de produtos, à tentativa de ofertas na "praça", ou no local mais conveniente, foi modelando costumeiramente "atos jurídicos" regulados pelas necessidades de ambos os interessados, que vieram, pouco a pouco, se tornando paradigmas para a solução de controvérsias assim surgidas.

Em momentos pontuais vamos encontrar alguns traços legislativos em que se delinearam operações comerciais em códigos das épocas mais remotas, como é o caso do Código de Hamurabi, na Babilônia, onde escavações do princípio deste século trazem informações. No comércio marítimo foram os técnicos que lhe deram maior ênfase, fabricantes e armadores de navios de comércio foram transformando o Mar Mediterrâneo em importante via de comércio internacional, agregando-lhe, assim, normas próprias desta circulação de mercadorias, centrada na Ilha de Rhodes, cidade que se notabilizou como base legiferante do comércio no Mediterrâneo. Organizava-se, assim, o comércio marítimo, enquanto vigiam ainda apenas os costumes a reger o comércio terrestre, sendo certo que "para as exigências do commercio terrestre bastavam os costumes dos mercadores que viviam no dilatado império, os quais, por sua condição de estrangeiros ou bárbaros, influência muito escassa exerciam na vida jurídica do povo romano, porque, sendo este de natureza guerreiro e aristocrático, não praticava o commercio, que considerava com menosprezo e impróprio do seu orgulho. Não sentia necessidade de modificar o seu systema juridico por exigências de uma vida economica que não comprehendia".[5]

Na época romana é importante que se lembre a comercialização de produtos necessários sem caráter de industrialização, cujos atos vinham disciplinados no *jus civile*, mantendo-se, de certa forma, o distanciamento do cidadão do âmbito do comércio, prevalecendo, assim, um regramento costumeiro, além da *lex rhodia*, disciplinando o comércio no *mare nostrum*.

É a queda do Império Romano, no entanto, que vai dar fim à fase primitiva,

4. *Curso de Direito Commercial*, São Paulo, Salles Oliveira, 1927, p. 15.

5. Waldemar Ferreira, *Curso* ..., cit., p. 18.

de situações esparsas, sem grande criatividade organizacional, apesar de algumas leis e muitos costumes, havendo sido dada preferência normativa ao comércio marítimo.

É a Idade Média que se inicia aquela responsável pelas transformações na vida na Europa, à vista do esfacelamento da estrutura de poder centralizado, com a conseqüente atomização do domínio em torno a vários centros dispersos. "No decorrer do século XI a vida na Europa começou a modificar-se; verificou-se avanço notável na constituição política e econômica dos povos, estes passaram da vida de aldeolas informes para a vida de primitivas cidades com rudimentos de organizações; estas surgiam, via de regra, nos sítios onde um castelo de senhor feudal lhes dava a indispensável proteção militar, ou onde o mosteiro as amparava também com o respeito religioso; a prosperidade das cidades acentuava-se mais quando localizadas em postos que permitissem o exercício do comércio proveitosamente (pontos de transbordo de mercadorias ou lugares de pouso natural das caravanas)."[6]

É este o cenário ideal para a compreensão da relação de independência que passa a se criar entre as várias camadas sociais da época, permitindo-se a sociedade citadina o direito de organizar o trabalho destinado à satisfação dos desejos humanos, necessários e supérfluos, seguindo a intuição própria dos que passaram a se habituar com a intermediação.

Aqui tem início o direito dos mercadores em forma ordenada e sistematizada costumeiramente, com base na defesa de um profissionalismo. Passa-se a fazer da prática do comércio uma profissão, consolidando a anterior posição isolada de Athenas, onde "os commerciantes não podiam ser calumniados e nem embaraçados no exercício da profissão".[7] Os mercadores e os artesãos passam a se organizar em corporações de ofício a partir do século XII, que acabam por fazer um contraponto com os senhores dos castelos e dos mosteiros, uma vez que as corporações passam a se fazer reger por meio de regramentos consubstanciados em estatutos.[8]

Conforme Bulgarelli:[9] "É, portanto, o período de formação do Direito Comercial. Criam os mercadores e artesãos, no seio das suas corporações, o seu Direito ágil, vivo e solerte, em contraposição ao Direito Romano-Canônico, excessivamente formalista e solene".

Assim chegamos à fase das corporações, onde vamos encontrar a grande fertilidade criativa dos mercadores, que de tudo faziam para ver entregue ao consumidor os produtos que pudessem portar aos pontos de encontro entre a oferta e a procura.

Chama-nos especial atenção o desenvolvimento de Veneza, território que, diversamente do restante da Europa, onde há o predomínio da terra agriculturável, "a cidade dos canais trata, com uma energia e uma atividade surpreendentes, de impulsionar êsse comércio marítimo que é condição essencial de sua existência. Pode-se dizer que tôda a população se dedica ao comércio e dêle vive, da mesma maneira como, no Continente, todos os homens vivem da terra (...). Apenas a fortuna estabelecia entre eles diferenças sociais, porém estas não dependiam de sua condição jurídica. Desde o comêço, os lucros comerciais produziam uma classe de comerciantes endinheirados, cujas operações apresentaram, desde então, um caráter nitidamente capitalista. A sociedade *en commenda* aparece desde o século X e é, com toda a evidência, uma imitação das práticas do Direito Consuetudinário Bizantino. O progresso econômico manifesta-se de forma indiscu-

6. Philomeno J. da Costa, *Autonomia* ..., cit., p. 19.

7. Waldemar Ferreira, *Curso* ..., cit., p. 17.

8. Utilizada a palavra no plural no Brasil até 1976, com a promulgação da Lei 6.404, de 1976, que a empregou no singular, para as sociedades anônimas.

9. *Direito Comercial*, São Paulo, Atlas, 1993, p. 30.

tível pelo emprego da escrituração, que é indispensável a qualquer movimento de negócios de certa importância".[10]

Aparece, como se vê do texto clássico de Henri Pirenne, a menção à precursora da sociedade em comandita, abrindo a série de criações ou inovações que vieram dando ao mundo jurídico nova dimensão em Direito Comercial: "sem dúvida a Igreja se opôs a êsse movimento, hostil como era ao comércio, e cujos bispados eram mais numerosos e poderosos ao Sul dos Alpes do que em qualquer outra parte". "Para dizer a verdade, o referido conflito existiu durante tôda a Idade Média, e até fins desta, a Igreja continuou considerando os lucros comerciais como perigosos para a salvação da alma",[11] porém isto não impediu o florescimento do comércio, das práticas mercantis e das novas figuras jurídicas que vieram tendo nascimento nessa época e que perduram até nossos dias em plena eficácia.

"Os *mercadores* e os *artesãos*, que a partir do século XII se associam em grêmios e corporações e possuem seus próprios órgãos de jurisdição, aparecem também em estreita conexão com as *feiras* e *mercados*."[12] "Adotam, portanto, por primeiro os costumes em regras escritas, em regulamentos ou estatutos, daí a denominação *Direito Estatutário*. Os processos eram dirimidos pelos cônsules eleitos das corporações ou por aqueles das uniões de corporações como o da *Mercanzia* de Florença, reconhecida em 1307" (grifos do autor).

Este recrudescimento com crescimento do comércio, também conhecido como Renascimento do Comércio no Mediterrâneo, pode ser visto durante a Idade Média como que tendo vivido nesta amplitude até a tomada de Constantinopla pelos turcos, que vem marcar o início da Idade Moderna, sem, porém, modificar a prática comercial. Dá-se a sua expansão pelos mares do Atlântico na busca do contorno do Globo para atingimento dos mesmos pontos de fornecimento, porém por meio de expedições de muito maior vulto e risco, que, por sua vez, necessitavam de novas composições associativas a serem criadas pela mente ativa dos comerciantes da época.

Como nos lembra Waldemar Ferreira,[13] "o Direito Estatutário, Direito Costumeiro, mescla de usos e costumes e de decisões dos tribunais especiais do commercio, foi a fonte abundante do Direito Commercial escripto", até que as corporações, tidas como *corps de métier* na França, *bruder schaften* na Alemanha, *fratellanza* na Itália etc., vieram a ser extintas na segunda metade do século XVIII com a aura da Revolução Francesa que já se fazia presente, com ênfase na igualdade de oportunidades que deveriam poder desfrutar os cidadãos, sem a reserva de mercado que se visualizava naqueles organismos.

Após a Revolução Francesa vemos iniciar-se a era dos códigos que se vieram a inspirar no Código Comercial francês de 1807, tendo início a fase dos *atos de comércio*.

Como nos lembra Philomeno da Costa,[14] "foi a obra dos mercadores na Idade Média, encontrando uma estrutura social generalizadamente corporativa, que criou um conjunto de normas destacadas; estas conseguiram fortuna e, passando para a fase do Direito escrito, se erigiram em sistema positivo – código – destacado do tradicional"; motivo pelo qual vamos encontrar, na preponderância do comércio francês do século XVIII com as ordenações do Rei Sol, a mudança que se veio operando nesse sentido de predisposição legal de normas obrigatórias. Após a Revolução de 1789, com o advento do Código Comercial francês de 1807, é que se consolidou este aspecto da

10. Henri Pirenne, *História Econômica e Social da Idade Média*, São Paulo, Mestre Jou, 1963, p. 24.
11. Henri Pirenne, *História* ..., cit., p. 33.
12. Waldirio Bulgarelli, *Direito Comercial*, cit., pp. 29-30.
13. *Curso* ..., cit., p. 28.
14. *Autonomia* ..., cit., p. 60.

lei escrita, colocando em destaque o aspecto objetivo do *ato de comércio* como o epicentro do Direito Comercial a partir de então, muito embora alguns aspectos subjetivos da figura do comerciante continuassem a ser levados em consideração pelo legislador.

"Predominou nelle o preconceito de fazer delle um codigo de classe, considerado o Direito Commercial como um Direito de excepção, legislação complementar e subsidiária da civil. Teve, por isso mesmo, o cuidado de disciplinar, de preferência, as materias não reguladas pelo Código Civil."[15]

"A esfera é redobrada – segundo Vivante[16] é o termo justo – depois que sua disciplina *[a do Direito Comercial]* se estendeu a quem quer que participe de um ato de índole comercial; o cidadão que adquire alimentos, um remédio, um livro; que deposita as suas economias no banco; que assegura um dote para as suas filhinhas; que garante uma pensão para a velhice, é sempre regulado pelo Código do Comércio: do nascimento ao túmulo, pela pia batismal, pelas galas das núpcias, pelos sufrágios aos mortos, é sempre o Código do Comércio que hoje em dia governa o ato do cidadão que contrata com uma empresa mercantil". Vê-se da leitura do trecho de Vivante que a teoria do ato de comércio trouxe à esfera reguladora do Direito Comercial tanto sujeitos comerciantes, ou mercadores, como não-comerciantes, mas consumidores – inclusive com destaque à expressão "empresa mercantil", utilizada pelo ilustre jurista italiano, autor da famosa aula inaugural de Bolonha, em 1888, que deu ensejo às controvertidas discussões a respeito da unificação do Direito Privado, em relação à autonomia do Direito Comercial.

O instante é, assim, propício para que tratemos do Direito pátrio, que, com a vinda da família real portuguesa para o Brasil e a subseqüente abertura dos portos às nações amigas em 1808, pondo fim ao pacto colonial, haveria de ser terreno fértil para a busca de *uma* legislação que inserisse aquela parte do Reino Unido Português no contexto "globalizado" da época. Necessária foi, no entanto, a chegada da Independência do Brasil para que não fossem baldados os esforços codificantes, de modo que pela Lei 556, de 25.6.1850, para vigorar a partir de 1º de janeiro de 1851, foi erguido o monumento legislativo de afirmação do Direito Comercial no Brasil, vigente há um século e meio, mesmo que mutilado pelas necessidades de adaptações aos fatos sócio-econômicos que se sucederam de lá a esta parte.

Tomando ares próprios, embora guiado pelo paradigma do Código Napoleônico, o Código Comercial brasileiro (à época, Código Commercial do Império do Brasil) concentra-se predominantemente no comerciante, sujeito praticante do *ato de comércio*, destacando em vários pontos a necessidade subjetiva daquele agente. Seguiu-se o Decreto 737, de 1850 – Regulamento 737 –, que estabeleceu o processo comercial para aplicação na jurisdição específica.

E o Regulamento 737 declina, em sua subdivisão, a proeminência dos atos no Código Comercial, no estabelecer, em seus Capítulos II e III, titulação específica para a "jurisdição comercial em razão das pessoas e dos atos" e "jurisdição comercial em razão somente dos atos".

Como nos lembra Philomeno Costa,[17] "a caracterização dos atos de comércio, no Direito Brasileiro, cristalizou-se, então, um

15. Waldemar Ferreira, *Curso* ..., cit., p. 30. "Na Allemanha, paiz em que as investigações scientificas e philosophicas muito se aprofundaram, era outro o ponto de vista jurídico, diversa a maneira de encarar o Direito Comercial. Alli vigorou até 1848 o Codigo Prussiano, que não fazia distinção entre as relações do Direito Commercial e do Direito Commum."

N.A.: A Itália, por sua vez, apenas seguiu essa tendência de busca da *globalização* da norma comercial em 1882, que foi o *Codice* que vigeu até 1942, quando falaremos do início da fase da empresa.

16. *Apud* Philomeno da Costa, *Autonomia* ..., cit., p. 70.

17. *Autonomia* ..., cit., p. 56.

pouco mais, diferenciando-se bem do remoto modêlo francês, porque excluiu expressamente os atos praticados por comerciantes fora dos seus negócios, além de admitir, com a natureza de comercial, os denominados atos mistos e os atos indiretos, praticados em razão do comércio, isto é, os acessórios".

"Le Code français de 1807 est les plus ancien des Codes de Commerce du monde; il a exercé pendant de longues anneés, surtout jusqu'au milieu du dix-neuvième siècle, une influence préponderante sur les législations commerciales des États étrangers",[18] motivo pelo qual sua axialidade no ato de comércio tornou-o predominante em todos os códigos que assim se viram por ele influenciados. Ainda nas pegadas de Lyon-Caen, vamos compreender desde logo a ambigüidade sobre o caráter subjetivo e ao mesmo tempo objetivo de qualificar o objeto do Direito Comercial desta fase.

"Le Droit Commercial est un Droit spécial en ce sens qu'il est destiné à regir, sois certaines personnes, les *commerçants*, soit certaines operations, les *actes de commerce*. Il eût été, par suite, naturel que le Code de Commerce commençat par déterminer ce qu'on doit entendre par *commerçants* et par *actes de commerce*"[19] (grifos do autor).

Porém, ao se olhar o Código francês de 1807 vamos encontrar no art. 1º o conceito de comerciante, como sendo aquele que exerce atos de comércio e deles faz sua profissão habitual,[20] porém nenhuma outra passagem do Código se preocupa em abordar ou conceituar os *actes de commerce*, a não ser quando, em seu último livro, define a competência dos tribunais do comércio. Para que se não pense que apenas esta caracterização seria argüível no momento da definição da competência na prestação da tutela jurídica processual, Lyon-Caen admite as hipóteses doutrinárias da existência de atos de comércio em si e atos de comércio em razão das partes, mantendo-se, assim, na linha de atos puros e atos mistos que vamos encontrar também na base do Código Comercial brasileiro.

Bem mais incisiva é a afirmação de Jean Escarra,[21] para quem "le Code de 1807, en dépit des apparences et des intentions mêmes de ses rédacteurs, peut être considéré plutôt comme le code des commerçants que comme celui des actes de commerce, encore que le système qui y est suivi pour la détermination du contenu du Droit Commercial soit hybride et équivoque".

Waldemar Ferreira[22] entende que, "sempre que encontrarmos actos que determinem, directa ou indirectamente, a circulação das riquezas, teremos actos de commercio, sob o ponto de vista objetivo. O trabalho é de analyse. Sempre que, decompondo um acto nos seus elementos, estes fôrem reveladores da funcção organica de mediação especulativa entre a offerta e a procura de mercadorias, subordinada à lei da circulação das riquezas, o acto de commercio será".[23]

O tema no Brasil, assim como o fora na França, passou a ser tratado apenas no regramento adjetivo, ou seja, no Regulamento 737, de 1850, que cuidou do processo comercial, é que vamos encontrar que, ao se falar da jurisdição comercial, a

18. Lyon-Caen e Renault, *Manuel de Droit Commercial*, Paris, Pichon, 1904, p. 13.

19. Lyon-Caen e Renault, *Manuel* ..., cit., p. 19.

20. Tradução livre.

21. *Principes de Droit Commercial*, Paris, Sirey, 1934, p. 99.

22. *Curso* ..., cit., p. 101.

23. Franchi i Pagani (*Commentario al Codice di Commercio*, Milão, Vallardi, p. 51) entendem que, "a rigor de logica, il criterio di determinazione positiva *dell'atto de commercio*, in senso giuridico, sarebbe per verità molto semplice. Infatti, stabilita la soggezione al Diritto speciale di *ogni fatto giuridico attinente all'attività commerciale*, basterebbe analizzare e determinare *in se stessa*, cioè *obbiettivamente*, questa attività, designando i fatti economici che entrano a comporla. La corrispondenza alle forme economiche designate determinerebbe nel fatto giuridico la qualità di atto di commercio, cioè la sttoposizione sua al Diritto Commerciale".

competência se determinaria não apenas pela subjetividade relativa às partes, em que ao menos uma delas fosse comerciante, mas também pelo caráter comercial da dívida exeqüenda.

Mesmo seguindo a linha do ato de comércio, o CComercial brasileiro, em seu art. 4º, utilizou-se da expressão "mercancia" para caracterizar o comerciante quando no seu exercício habitual. O horizonte vamos buscá-lo nos comentários de Bento de Faria,[24] quando se relembra que "constituem provas de profissão habitual do commercio: a) a expedição de facturas de differentes generos a commerciantes, em proprio nome ou em nome de supposta firma; b) o emprego, em documentos, das locuções: *recebemos*, *acceitamos* – o que prova a existência de uma sociedade commercial, nos termos do art. 305, n. 6, do Cod. Com.".[25] Como se pode ver, a mercancia seria a prática dos atos de comércio, neles computados necessariamente o elemento formal subjetivo da matrícula e o essencial da especulação com o fito de lucro. Definiu-se desta forma o legislador brasileiro pela subjetividade da prática dos atos de comércio, se lhes atribuindo a condição de *mercancia*, vendo-se amenizado o formalismo da matrícula, com o passar do tempo.

Assim, como o quer Waldemar Ferreira,[26] "dizendo actos de mercancia, bem claro fica que só o exercício de actos de commercio por sua natureza *re ipsa* constitue elemento caracterizador do commerciante. A pratica de actos de commercio por connexão ou por dependencia, ou de actos de commercio por força ou autoridade da lei, a ninguem dá a qualidade de commerciante".

Segundo Escarra,[27] "une conciliation est elle possible entre la double tendence signalée et peut-on concevoir une définition du Droit Commercial édifiée sur la base d'une notion plus large, celle d'enterprise, par example?". Consagrando o espírito da dúvida que já assolava o jurista francês à frente do Código de 1807, porém com a visão projetada para mais adiante, como que a buscar um apoio para sair da dualidade entre o direito dos comerciantes ou o direito dos atos de comércio, como acabou vindo a ocorrer pouco a pouco, mais acentuadamente depois da postura adotada pelo legislador italiano de 1942.

Isidoro la Lumia,[28] comentando o ordenamento jurídico vigente, deduz "che è statuito un concetto giuridico di *attività commerciale in senso ampio*, comprendente le seguente forme di attività economica produttiva: 1º) *attività industriale* diretta alla produzione di beni o di servizi; 2º) *attività intermediaria nella circolazione dei beni* (*attività commerciale in senso stretto*); 3º) *attività di trasporto*, per terra, per acqua o per ària; 4º) *attività bancaria e assicurativa*; 5º) *attività ausiliarie delle precedenti*", e que do exercício de qualquer uma dessas atividades advém um "concetto giuridico di impresa commmerciale in senso ampio", apoiando, assim, a conceituação que o *Codice Civile* de 1942, a partir de seu art. 2.082, faz da empresa, por via da interpretação que se venha a dar da definição de empresário que ali se contempla.[29]

24. *Codigo Commercial Brazileiro Annotado*, Rio de Janeiro, Ribeiro dos Santos, 1903, p. 12.

25. E do mesmo trecho podemos extrair uma jurisprudência da época: "Commerciante – se diz aquelle que do commercio faz profissão habitual, constituindo essa profissão, não o hábito simplesmente, e sim o exercício assás freqüente, seguido da prática de actos de commercio".

26. *Curso* ..., cit., p. 135.

27. *Principes* ..., cit., p. 98.

28. *Corso di Diritto Commerciale*, Milão, Giuffrè, 1950, p. 21.

29. Do parecer de Mario Rotondi sobre o projeto do Código Comercial de 1940; depois a matéria foi incorporada ao *Codice Civile*, promulgado em 1942; extrai-se que: "Il Progetto infatti pone a fulcro del nuovo Codice di Commercio il concetto di impresa, ma l'impresa – intesa come attività organizzata e contrapposta nel Projeto all'Azienda, correttamente concepita come organizzazione concreta dei mezzi di produzione – non è um soggetto: essa non pone in evidenza se non un concetto di correlazione tra più attività ad atti" (*La Riforma della Legislazione Commerciale*, Milão, Ambrosiana, 1941, p. 5).

Chegamos, assim, à quarta fase, onde muito se tem escrito sobre a empresa, mas poucas criações juscientíficas têm sido tão felizes como o conceito de "empresarialidade" apresentado pelo professor Waldirio Bulgarelli em 1981, em sua tese de concurso à titularidade de "Direito Comercial" na Faculdade de Direito da Universidade de São Paulo – USP, e que vem sendo por ele desenvolvido ao longo dos anos, como corolário de seus estudos, sobre a mudança do epicentro do Direito Mercantil. *Direito Comercial, no sentido da mercancia decorrente do ato de comércio, ou Direito Empresarial, na análise da empresarialidade?*

Em 1955, no VI Congresso Jurídico Nacional, o professor Waldemar Ferreira[30] procurou uma "elaboração do conceito de emprêsa para extensão do âmbito do Direito Comercial", em que conclui ser "evidente que, reunindo no Código Civil o Direito Civil e o Direito Comercial, o legislador italiano quis em uma só palavra compreender o sujeito da atividade econômica no âmbito civil e no âmbito comercial. Tal o empresário"; encerrando sua leitura *de lege ferenda*, com a seguinte proposta: "Quando as sociedades civis revestirem as formas estabelecidas nas leis comerciais, elas se reputarão sociedades mercantis, obedecerão aos respectivos preceitos e se regerão pelas leis e usos do comércio".

Desta conclusão vê-se que o cerne da questão não está apenas no conceito da empresa ou do empresário, mas também na autonomia do Direito Comercial, ameaçada pelo legislador italiano, que nos primórdios do projeto de Código unificado houvera dado o título ao capítulo onde se acha o art. 2.082, "Dell'Impresa e del Lavoro", promulgando-se a lei apenas com o título "Del Lavoro", embora a teoria da empresa que o amparou tenha sido aquela desenvolvida por Vivante, que a toma como agente econômico que reúne os fatores de produção de bens e de serviços para um mercado, com o fito de lucro.

30. V. *RDM* 5/1, 1ª Série, São Paulo, Max Limonad, 1955.

Vivante já houvera passado pela famosa retratação a respeito da autonomia do Direito Comercial, porém mesmo assim o legislador italiano, sob o manto da reunião do Direito Obrigacional, acabou por dar tratamento às propostas que se iniciam com a sociedade simples. Igual tratamento vamos encontrar no Anteprojeto do Código Civil brasileiro.

Foi naquela mesma oportunidade, em 1955, que o jurista Francisco Campos pôde expor o cerne de seu pensamento sobre a empresa, como legislador de notório saber, para quem "o conceito de empresa representa uma contribuição muito importante à classificação dos conceitos jurídicos, mas a verdade é que o conceito de empresa ainda não amadureceu suficientemente, de maneira a poder constituir uma base segura para a edificação do sistema de Direito Positivo. Pelo conceito de empresa o que se pretende é exprimir de outra maneira as mesmas realidades, os mesmos caracteres que integram o conceito de ato comercial. A empresa teria um caráter comercial pela natureza da sua atividade ou dos seus atos, de maneira que nós, ao instituirmos o conceito de empresa, estaríamos transportando para ela as mesmas incertezas e as mesmas indecisões que reinam na configuração da natureza dos atos de comércio".

Pode-se ver que ao início da segunda metade deste século XX continuamos a buscar na empresa uma mais completa axialidade para sobre ela aplicar a sistematização do Direito Comercial, já tão amplamente discutida no seio da elite de juristas que se dedica a este ramo do Direito, porém sem que olvidemos que, "se se quiser indicar uma instituição social que, pela sua influência, dinamismo e poder de transformação, sirva de elemento explicativo e definidor da civilização contemporânea, a escolha é indubitável: essa instituição é a empresa".[31]

Coube ao jurista italiano Asquini o desbravar desta selva de dificuldades so-

31. Fábio Konder Comparato, "A reforma da empresa", *Direito Empresarial*, São Paulo, Saraiva, 1990, p. 3.

bre a novel instituição, tal como trazida à luz pelo Código Civil italiano em 1942, resultando sua decomposição interpretativa em quatro facetas sob as quais encará-la, às quais denominou de perfis, que fez publicar na *Rivista del Diritto Commerciale* (v. 41-I, 1943), como sendo: *perfil subjetivo*, *perfil objetivo*, *perfil funcional* e *perfil corporativo*, assim entendidos a empresa como empresário, como estabelecimento, como atividade e como instituição, respectivamente.

"O projeto do *Codice Commerciale* de 1940 dava efetivamente a noção de empresa sob este perfil *[funcional]*, considerando a empresa como um particular modo de atividade econômica: 'atividade organizada para a empresa (art. 1º)'. Também o novo *Codice Civile [1942]* usa muitas vezes a palavra 'empresa' com este significado; assim, todas as vezes que fala do exercício da empresa, do início da empresa, da duração da empresa, a exposição unilateral expressamente assinala que a empresa em sentido formal é a atividade profissional organizada do empresário."[32]

Contemplando esta explicação, em que se é conduzido para o raciocínio sobre a *atividade*, ao invés da simplicidade do *ato*, como até aqui vínhamos acompanhando, vemos, ainda com Asquini, que "o conceito da atividade empresarial tem notável relevância na teoria jurídica da empresa; antes de mais nada porque para se chegar à noção de empresário é necessário partir do conceito de *atividade empresarial*"[33] (grifo nosso). Apraz-nos, assim, dar preponderância a este perfil funcional como sendo aquele que mais bem nos coloca frente à evolução de ato de comércio, para atividade do empresário, no exercício da empresa.

Ainda segundo Asquini, "a análise jurídica deste conceito já foi realizada pelas razões da teoria da empresa como ato objetivo de comércio, segundo o ab-rogado Código Comercial *[1882]*. Segundo tal teoria consideravam-se como *operações fundamentais da empresa* as operações *passivas* destinadas à contratação e à organização do trabalho e as operações *ativas* voltadas para a troca dos bens ou serviços colhidos ou produzidos; e como operações *acessórias* da empresa as operações auxiliares das precedentes. A conexão destas diversas operações explicava-se pelo fim, ou motivo, de organizar a produção para a troca. Esta análise conserva todo o seu valor também em relação ao amplo conceito de empresa adotado pelo novo Código Civil *[1942]*"[34] (grifos do autor).

É de se relembrar neste momento o saudoso professor Oscar Barreto Filho, para quem "o enxerto no sistema jurídico da noção econômica de empresa não se fez sem dificuldades nem se revelou apto a solucionar todos os problemas decorrentes. A verdade é que várias leis passaram a utilizar o termo 'empresa', em diversas acepções, sem cuidar de empregá-lo num mesmo sentido. De tudo isto resulta que não se chegou, no âmbito da teoria dos atos de comércio, a fixar uma concepção unitária de empresa"[35] – que, no entanto, pode ser vista neste momento como uma evolução no andar do instituto da empresa, fixando-o preferencialmente na condição de atividade, em contraponto com o ato exercido com habitualidade, vista assim a prática da mercancia. A mobilidade de que é dotado o conceito de empresa nos faz desejar repensar os perfis de Asquini, para se ter à frente não a mercancia, mas a empresarialidade.

A empresarialidade decorre, a nosso ver, da reavaliação dos referidos perfis do grande doutrinador italiano, que, da época em que foram elaborados ao presente momento, tiveram seu elemento causal a perfilar ora uma, ora outras de suas facetas. O

32. Alberto Asquini, "Perfis da empresa", trad. com anotações do professor Fábio Comparato, *RDM* 104/109.

33. "Perfis ...", cit., *RDM* 104/116.

34. "Perfis ...", cit., *RDM* 104/117.

35. *Teoria do Estabelecimento Comercial*, São Paulo, Saraiva, 1988, p. 24.

crescimento da aproximação econômica dos fatores capital e trabalho acabou por colocar na empresa – e, por via de conseqüência, no empresário – a responsabilidade pelo desenvolvimento da atividade mercantil, ora sediando a empresa no perfil objetivo, como o quer a Lei de Sociedades Anônimas, ora no perfil subjetivo, como o demostram as legislações fiscal e trabalhista.

O primeiro contato do jurista com a nova postura do *Codice Civile* italiano de 1942, definindo juridicamente a empresa, causou o impacto necessário a que, no mínimo, o pensamento didático de Asquini buscasse decompor o instituto nascente em quatro vertentes próprias da época.

Passados, no entanto, esses mais de 50 anos, pode-se pretender "reperfilar" a empresa, dando-lhe uma visão atual em que há de ser considerada a convergência dos perfis sobre a própria perfilada.

O prisma que a mercancia ofertava na primeira metade deste século deverá, agora, vir sendo substituído por esse novo prisma da empresarialidade.

Os estudos de Asquini vão sendo completados no traçar da teoria jurídica da empresa, buscando:

a) a profissionalização dos empresários, que dentre nós vão se aperfeiçoando desde o final da II Guerra Mundial, com o pioneirismo da Escola de Administração de Empresas da Fundação Getúlio Vargas;

b) a disciplina jurídica do trabalho na empresa, que, em meio ao Estado Novo, pretendeu-se ordenar com a Consolidação das Leis do Trabalho – CLT, mas que se vê, com o passar dos anos, estar ainda eivada dos vícios da antinomia protecionista, em detrimento da co-participação entre os fatores;

c) a disciplina do patrimônio do estabelecimento, cuja natureza jurídica a encontramos definida na obra do professor Oscar Barreto Filho, onde se procura desvincular a figura do estabelecimento daquela de seu titular, a esta dando vida jurídica própria. O patrimônio separado, destinado ao exercício da atividade empresarial, tem sua elevação à qualidade de sujeito de direito, por meio da personalidade jurídica, que nasceria da evolução dos estudos de Saleilles sobre *patrimoine d'affectation*, em direção à sociedade empresária. A universalidade partrimonial e seu sujeito titular, na visão de Oscar Barreto Filho[36] ou nas assertivas de Sylvio Marcondes;[37]

d) finalmente, a disciplina das atividades da empresa em relação aos terceiros, isto é, das relações obrigacionais e da responsabilidade pela sua execução específica ou pela reparação do dano.

A tendência contemporânea é aquela de administrar a universalidade dos bens que compõem o estabelecimento comercial destinado a uma determinada atividade com fim lucrativo, portanto empresarial, a ser atribuído a um titular, de preferência com a mais ampla limitação de responsabilidade pelos atos praticados em relação a terceiros, no desenvolvimento da empresa.

Data de 1945 a atual Lei de Falências, que está a merecer novos estudos e alterações no sentido de se evitar a tradicional realização do ativo para pagamento do passivo sem a devida consideração pela atividade, isto é, pela empresa. São as novas tendências reorganizativas de preservação da atividade, que vão consolidando cada vez mais a importância da empresa em seus vários perfis e em relação à sua função perante a coletividade.

Chega-se à disposição constitucional da "função social da propriedade", recebida na Lei de Sociedades por Ações como "a função social da empresa", devendo ser preservado o elemento justificador de sua existência: a harmonização dos fatores, capital e trabalho, que se arregimentam reciprocamente para assegurar a todos a sua participação no processo produtivo.

É assim que vamos encontrando a empresa na realidade atual.

36. *Teoria ...*, cit., p. 82.

37. *A Limitação da Responsabilidade de Comerciante Individual*, São Paulo, EGRT, 1956, p. 115.

Recordando Vivante, lembramos que o Direito Mercantil viu-se condenado a viver na metade do caminho entre o pragmatismo dos comerciantes e o rigorismo das normas obrigacionais do Direito Civil. As figuras nascidas de criatividade dos "empresários" eram explicitadas para maior compreensão de suas partes, mas deixava-se o enquadramento às disputas judiciais. Esse Direito Mercantil viu-se ordenado no *Tratado* de Vivante, que atribui valores próprios a esse ramo da Ciência Jurídica, ampliando o leque dos atos jurídicos que viessem a se enquadrar no Direito Comercial, como que a "comercializar o Direito Civil", que, no dizer de Ascarelli,[38] "decorre justamente da maior modernidade e, releve-se a expressão, da maior comercialidade do Código Civil".

No entanto, a unificação legislativa procedida no Código Civil italiano em 1942 proporcionou acirrada discussão sobre a unificação do Direito Privado. Esta, no entanto, vem pouco a pouco se acentuando, não mais pela avaliação subjetiva ou objetiva dos atos praticados, pois com o abandono da teoria do "ato de comércio" e o crescente florescer da "atividade empresa" esta passou a ser o centro das atenções do jurista, que nela passou a ver a justificativa para a manutenção da autonomia de um ramo do Direito, voltado à atividade negocial. É o Direito Empresarial, que, em coexistência com o Direito Econômico, tendência da moderna interferência do Estado na organização dos mercados, passou a normatizar a atividade empresarial por meio de microssistemas jurídicos reguladores ou limitadores da ação do empresário, em relação aos abusos do poder econômico, às ações defensivas dos interesses coletivos ou difusos ou mesmo à livre e leal concorrência inter-empresarial, com vistas à proteção do consumidor.

A especialidade do Direito Empresarial, como diz Bulgarelli,[39] traz "questões que ultrapassam os lindes do Direito clássico, exigindo e impondo novas formulações para evitar erros (...)"!

A Lei 8.934, de 1994, modificou o Registro Público do Comércio, para procurar aproximá-lo da teoria da empresa, e passou a denomina-lo "Registro Público de Empresas Mercantis e Atividades Afins", demonstrando, no entanto, com esta extensa denominação, a timidez do legislador em aceitar a transformação das atividades comerciais em empresariais, deixando de centrá-las no comerciante, para quem nasceram as "Juntas Comerciais", vindo a passar definitivamente para o "registro de empresas", sem adjetivos conturbadores dos conceitos.

A empresa tem existência jurídica no Brasil por influência da lei francesa de 1807 sobre o Código Comercial de 1850, mais especificamente no Regulamento 737, que, ao enumerar os atos de mercancia, traz exemplificativamente, como no modelo alienígena, em seu art. 19, "as empresas de fábricas, (...) de transporte de mercadorias (...)", atribuindo-lhes deste logo a atividade própria da mercancia, e a regular, àquela época (até 1875), a competência dos "Tribunais do Comércio" para a prestação dessa tutela jurisdicional específica.

Nelas é, no entanto, a tendência protecionista do legislador que vai pouco a pouco aumentando o número e as formas com que a empresa aparece nas leis brasileiras, criando, assim, a necessidade interpretativa doutrinária cada vez mais ampla, de modo a compatibilizá-la com as noções de estabelecimento, de ente associativo, de ente produtivo etc., mostrando, assim, que a noção de mercancia, admitida como decorrente da habitualidade, já traz em si o caráter de atividade, o que nos explica sua evolução no sentido de empresarialidade.

Por outro lado, o dualismo pendular do Direito Brasileiro, nas pegadas do professor Fábio Comparato,[40] vem tendo como

38. *Apud* Waldirio Bulgarelli, *Direito Empresarial Moderno*, Rio de Janeiro, Forense, 1993, p. 15 – n.r.

39. *Direito Empresarial* ..., cit., p. 17.

40. *Aspectos Jurídicos da Macroempresa*, São Paulo, Ed. RT, 1970, p. 95.

objetivo a proteção dos interesses do credor, em relação ao patrimônio do devedor, ainda na forma apenadora da infelicidade na prática da mercancia, porém sem levar em conta os danosos efeitos da desconsideração da função social da empresa.

Para se considerar a função social da empresa, tal como ela se acha mencionada na Lei 6.404, de 1976 (arts. 116 e 154), quando atribui ao administrador o dever de exercer suas atribuições no interesse da companhia mas satisfeitas as exigências da função social da empresa, é necessário relembrar o princípio constitucional da função social da propriedade para atinar-lhe como os elementos subjetivos.

Segundo Modesto Carvalhosa[41] "a empresa é a racionalização dos fatores econômicos, tecnológicos e humanos da produção, instituída sob a forma de pessoa jurídica, a companhia. Tem a empresa uma óbvia função social, nela sendo interessados os empregados, os fornecedores, a comunidade em que atua e o próprio Estado, que dela retira contribuições fiscais e parafiscais. Consideram-se principalmente três as modernas funções sociais da empresa. A primeira refere-se às condições de trabalho e às relações com seus empregados (...) a segunda volta-se ao interesse dos consumidores (...) a terceira volta-se ao interesse dos concorrentes (...). E ainda mais atual é a preocupação com os interesses de preservação ecológica urbana e ambiental da comunidade em que a empresa atua".

Vemos desde logo que a função decorre da detenção dos meios de produção, que, como nos lembra Fábio Comparato,[42] "quando se fala em função social da propriedade não se indicam as restrições ao uso e ao gozo dos bens próprios. Estas últimas são limites negativos aos direitos do proprietário. Mas a noção de função, no sentido em que é empregado o termo nesta matéria, significa um poder, mais especificamente, o poder de dar ao objeto da propriedade um destino determinado, de vinculá-lo a certo objetivo. O adjetivo 'social' mostra que esse objetivo corresponde ao interesse coletivo e não ao interesse próprio do *dominus*; o que não significa que não possa haver harmonização entre um e outro. Mas, de qualquer modo, se se está diante de um interesse coletivo, essa função social da propriedade corresponde a um *poder-dever* do proprietário, sancionável pela ordem jurídica".

Mais adiante, continua o ilustre professor, "quando os bens de produção acham-se incorporados a uma exploração empresarial, a discutida função social já não é mais um poder-dever do proprietário, mas do controlador (...). A Lei de Sociedade por Ações de 1976 atribui às companhias uma função social (...)"; para concluir que "a exploração empresarial dos bens de produção tende, incoercivelmente, a se destacar do regime de propriedade. Mas a harmonização entre os interesses empresariais e o largo interesse da coletividade local, regional ou nacional só poderá ser alcançada quando a ordem econômica e social estiver fundada no princípio do planejamento democrático".[43]

Vale dizer que chegamos ao estágio atual da realidade brasileira, por meio da evolução histórica do Direito Comercial, que granjeou novos horizontes nos mais recentes anos com a instituição da Organização Mundial do Comércio, entidade internacionalizadora da atividade da empresa.

Produto da ata final da Rodada Uruguai do GATT, após anos de sua vivência, a OMC tem como função facilitar a implementação, administração e operação do próprio acordo de sua constituição, como também dos acordos comerciais que se sucederem, administrando o mecanismo de exame das políticas comerciais conjugado com a determinação das políticas econômicas globais implantadas pelo FMI.

41. *Comentários à Lei de Sociedades Anônimas*, v. 3, São Paulo, Saraiva, p. 237.

42. *Direito Empresarial*, São Paulo, Saraiva, 1990, p. 32.

43. *Direito Empresarial*, cit., pp. 35-36.

Embora já disponha de cinco anos de existência, vem sendo alvo de constantes controvérsias entre as correntes desenvolvimentistas mercadológicas e sustentáveis, no sentido de dar maior ou menor liberalidade às condições de proteção territorial aos empresários locais frente aos multinacionais. Contudo, há uma visão incontestável de que normas de comportamento internacionais se vêm criando a cada dia, colocando em confronto a *lex mercatoria* e as soberanias nacionais. Como relembra Hermes Marcelo Huck, "a aceitação da lei dos mercadores, na Idade Média, não esbarrava nas barreiras de Judiciários nacionais, pois sua aplicação ocorria em tribunais próprios dos comerciantes e destes tribunais jamais extravasava".[44]

Assim é que a denominada "globalização" vem fazendo mesclar no sentido histórico de nosso Direito Comercial novas modalidades na prestação da atividade empresarial, que acabam por colocar a empresa em crise diante das dificuldades na absorção dessas figuras.

Já não é de hoje que se procura arregimentar os fatores de produção, na instituição da empresa, por meio de mercados de trabalho e de mercados de capital. O primeiro deveria ser estimulado pelo dispositivo constitucional da participação nos lucros, porém o atavismo rançoso do Estado Novo ainda prefere fazer dos empregados hipossuficientes vulneráveis, em uma tutela que os predispõe contra o exercício da atividade, por meio de antagonismos e antinomias.

O mercado de capitais, que busca estímulo na eficiência marginal do capital aplicado no risco da empresa, em relação à taxa de juros, ainda está longe de ver satisfeitas as suas atratividades, pois, além destas dificuldades financeiras, há que se considerar uma confusão histórico-colonial entre propriedade e controle, assim como entre este e a administração especializada das companhias abertas, que pretendem deixar-se penetrar pela presença de co-partícipes acionistas, de modo menos agressivo que a visão do antigo banqueiro Fürstenberg.[45]

Na busca deste novo horizonte, o *American Law Institute* (ALI), em 1978, formalmente apresenta um projeto de *Corporate Governance* (que vem sendo traduzido por "Governança Corporativa"), que vem demonstrar que mais uma vez são os estudos posteriores à crise de 1929 que, na busca dos genes da crise, dão origem ao tratamento especializado em matéria de Direito Societário, principalmente buscando ampliar o sentido verdadeiro da "empresa como atividade patrocinada pela aglutinação dos fatores de produção", de modo a buscar o respeito recíproco entre os *partners* que resumem a relação "capital/trabalho" em que se promove a segregação entre a titularidade das ações (participação societária e controladora) da participação na administração, da companhia, nível mais elevado da carreira (das oportunidades) proporcionada ao fator trabalho.

Assim, embora esteja sendo apenas na década de 70 que o *American Law Institute* (ALI) venha a apresentar com desenvoltura seu projeto sobre *Corporate Governance*, este tem seu embrião na década de 30 em *três* tentativas de anteprojetos organizadas à época.

A partir destes fatos, e com base no prestigio da ALI, passaram a ser traçados os "princípios da *Corporate Governance*", *em março de 1992*.

Vê-se na *Corporate Governance* não apenas a possibilidade de se vir a imiscuir

44. *Sentença Estrangeira e "Lex Mercatoria"*, São Paulo, Saraiva, 1994, p. 108. No mesmo texto: "a ampla e irrestrita aceitação de uma *lex mercatoria* por parte de tribunais estatais caracterizaria um forte impacto nos conceitos vigentes na medida em que implicaria (...) a concessão de parte da soberania do Estado em favor das mãos invisíveis de uma inconstante comunidade de comerciantes, que faz a lei de acordo com as suas conveniências e necessidades".

45. V. Luiz Gastão Paes de Barros Leães, *Direito do Acionista ao Dividendo*, São Paulo.

na administração das companhias, mas aquele trabalho hercúleo de se afetar todos os tipos de negócios associativos dos fatores capital e trabalho, na busca do exercício de uma atividade que promete remunerar os seus participantes, em ambas as posturas fatoriais (lembrar da possibilidade de comparar valores mobiliários com *securities*, antes e depois da definição da MP 1.637, de 1998, sobre "títulos ou contratos de investimento"[46]).

Em um resumo muito a vôo de pássaro, este método de participação externa nos meios de administração há que ser entendido em suas finalidades mais fiscalizadoras do que deliberativas, pois somente participar pode representar riscos que levem o empresário a se expor à concorrência, assim como também ao aparecimento do *insider trading*.

A regra do *disclosure* implica sua aplicação na capacidade sancionadora independente do órgão regulador do mercado, ao mesmo tempo em que o empresário adquire um poder-dever, ao abrir o seu capital, no sentido das obrigações de ordem pública que têm as companhias abertas, ampliando-se também a função social da empresa.

A atividade da empresa, quanto mais se amplia, mais distante do arbítrio coloca o empresário, passando ele a ter que se haver com a compatibilização de suas atitudes àquelas do dever para com os terceiros, inclusive acionistas investidores com quem se relaciona. Como nos lembra o professor Luiz Gastão Leães, "a legislação em tela *[sobre o mercado de "securities"]*, fruto do exercício desse emergente *federal police power* (que por sua vez resulta da reconstrução jurisprudencial da cláusula constitucional do comércio), reflete esses vários problemas".[47]

Assim é que passamos a sentir mais facilidade em expor uma visão jurídica da empresa na realidade brasileira atual quando nos deparamos com as conseqüências de suas crises, pois esses são os desafios do momento.

A singela afirmação de que a extinção da dicotomia do Direito Privado depende apenas da unificação das normas obrigacionais ajuda-nos a compreender de sua importância quando se transmuda o Direito Comercial em Direito Empresarial, pois na figura da empresa encontramos o sustentáculo de toda uma moderna política econômica e social.

Isto é, competindo ao Direito como fato social e histórico apresentar-se sob múltiplas formas, em razão dos interesses tutelados, sem nunca perder a realidade econômica, é que vislumbramos o fato da empresa em várias disciplinas, umas tratando apenas da ordem privada, e outras também da ordem pública. É, no entanto, quando nos deparamos com as conseqüências da interrupção nas atividades da empresa que se atenta para a amplitude de sua conceituação.

Segundo José Pinto Antunes,[48] "empresa é um dos regimes de produzir onde alguém (empresário), por via contratual, utiliza os fatores de produção sob a responsabilidade (riscos) a fim de obter uma utilidade (...) enquanto a produção sob o regime de empresa já importa na complexidade do processo produtivo, buscando o mercado".

A empresa não pode ser corolário de filantropia e nem de selvageria, mas apenas deve ser a contribuição privatista para o desenvolvimento social, mediante a reunião dos fatores produtivos. É a atividade econômica organizada de Manuel Broseta Pont[49] a interferir na conceituação jurídica da empresa, juntamente com as noções de empresário e estabelecimento, na forma dos círculos concêntricos de Waldemar Ferreira.[50]

46. V. Luiz Gastão Paes de Barros Leães, *Direito Comercial – Textos e Pretextos*, São Paulo.

47. *Mercado de Capitais & "Insider Trading"*, São Paulo, Ed. RT, 1982, p. 89.

48. *A Produção sob o Regime da Empresa*, São Paulo, Saraiva, 1964, p. 62.

49. *Manual de Derecho Mercantil*, Madri, Tecnos, 1978, p. 50.

50. *Instituições de Direito Comercial*, v. 2, São Paulo, 1980, p. 45.

De lege ferenda, no Projeto do Código Civil que tramita já há 20 anos no Congresso Nacional foi preponderante a opinião de Sylvio Marcondes[51] no sentido de que o exercício que o empresário faz do seu estabelecimento constitui exatamente a empresa, regulando, assim, a atividade negocial, que levou o título do Livro II da Parte Especial do projeto a ser transmudado em "Direito de Empresa".

Muita falta vem fazendo a adaptação da legislação concursal a essa nova realidade em que a reorganização empresarial deve prevalecer sobre a penalidade a ser imposta ao empresário pelo insucesso no exercício da atividade, com a pura e simples quebra do estabelecimento.

Os mais recentes projetos de lei de liquidação judicial, em substituição à falência, somente agora, após anos de emendas, vêm atribuindo à concordata preventiva da falência a função reorganizadora da empresa.

Resta ainda tecer algumas considerações sobre a proteção ao consumidor como fator de ordem pública a afetar o comerciante, ou o empresário, pois a tipificação legal de fornecedor dada pelo Código de Defesa do Consumidor veio especificar aquela função social da propriedade a que nos referimos páginas atrás.

Segundo Bulgarelli,[52] "corresponde a configuração do fornecedor, como concebida pela lei, à caracterização dos empresários, abrangendo os vários tipos de atividades, sem, contudo, especificar os produtos e serviços decorrentes, o que seria, sem dúvida, tarefa quase impossível, a não ser através de um exercício de refinada abstração, o que, aliás, foi tentado no conceito de serviço".

Considerando-se, no entanto, que a empresa é a atividade que resulta da reunião dos fatores de produção de bens ou serviços, trata-se da tipificação do agente ativo nas relações de consumo, aquela figura do empresário, que passa a ter, indistintamente, sobre si também os encargos de ordem pública que o sistema nacional de defesa do consumidor (Lei 8.078, de 1990) impõe àqueles que pretendem ser fornecedores de bens ou serviços, por meio de ofertas, diretas ou veiculadas publicitariamente, aos demandantes ou consumidores.

Assim é que, numa visão atual da micro à macroempresa, há que se reafirmar a empresa como a atividade economicamente organizada para a produção ou oferta de bens ou serviços aos mercados; aquilatando no risco o fim de obter lucros a atividade é desenvolvida pelo empresário por meio de seu estabelecimento. A empresa constitui a essência da empresarialidade, e como tal deve ser entendida sua razão de existir e de ser preservada, como fato econômico e social, merecedor de tratamento jurídico específico, pelo ramo do Direito que lhe dá conceitos apropriados, mesmo que a legislação privada possa se ver unificada.

51. *Problemas de Direito Mercantil*, São Paulo, Max Limonad, 1970, p. 163.

52. *Questões Contratuais no Código de Defesa do Consumidor*, São Paulo, Atlas, 1993, p. 28.

FUNDO MONETÁRIO INTERNACIONAL (FMI) – ASPECTOS JURÍDICOS DE SUAS OPERAÇÕES DE SUPORTE ECONÔMICO AOS PAÍSES-MEMBROS – ASPECTO NÃO-CONTRATUAL

LUIZ MACHADO FRACAROLLI

I

1. Muito se fala, e há muito tempo, sobre o FMI, às vezes apresentado como terrível vilão dos países pobres, outras vezes como aquele emprestador de última instância, ao qual se recorre quando todas as outras portas estão fechadas e a situação, que se deteriora rapidamente, cobra soluções urgentes, ainda que penosas. Há um óbvio viés ideológico na caracterização do FMI como o depositário de todo o mal, dos países ricos (ou imperialistas, conforme a retórica de poucos anos atrás) contra os subdesenvolvidos, que se veêm obrigados a recorrer a tal entidade mesmo sabendo do elevado custo político da operação. Não por acaso, o ex-Governador Leonel Brizola apodou o FMI de "supervisão geral das colônias"...

2. Desnecessário recordar que tais ataques ao FMI não são exclusividade brasileira: por toda a América Latina, por boa parte dos países pobres da Ásia e até em alguns lugares da Europa – não a desenvolvida, por suposto – se reclama do FMI, de suas exigências para a concessão de apoio econômico, da injustiça de suas políticas; e, no entanto, o FMI resiste, impávido colosso, a tanta retórica e continua, em seu mais de meio século de existência, a ser procurado pelos países em crise, a fazer as mesmas "desumanas" exigências, como que a simbolizar, talvez contra a vontade, o triunfo das idéias liberais contra tentativas de adoção de políticas que se consideram mais socialmente orientadas.

3. No Brasil entrou para a História o então denominado "rompimento" entre o país e o FMI, por iniciativa do Presidente Juscelino Kubitschek, nos anos 50, anunciado em comício que contou até com o comparecimento do ex-Senador Luiz Carlos Prestes, que ocupava a Secretaria-Geral do Partido Comunista Brasileiro, aliás banido da legalidade, naqueles anos em que se temia que a Guerra Fria pudesse esquentar. Tal rompimento, escusado é dizê-lo, jamais ocorreu, pois o Brasil, um dos países fundadores do FMI, dele nunca se desligou. No caso, tratava-se apenas de recusar apoio financeiro, por consideradas inaceitáveis as condições macroeconômicas que o condicionavam. Durante o Governo Militar (1964-1985) o Brasil buscou mais de uma vez o apoio daquela instituição em suas várias crises causadas pela dívida externa, cujo serviço, conceituado em linhas gerais como a soma das amortizações do principal com o montante de juros a vencer, nem sempre foi possível satisfazer.

4. Os que viveram aqueles dias certamente se lembrarão do ritual: ao reconhecer-se incapaz de atender ao serviço da dívida externa, o país pedia prazo e compreensão aos bancos credores. Estes, que, como quaisquer bancos, basicamente emprestavam ao Brasil – e aos demais países, obviamente – recursos alheios, que eram exigíveis dentro dos prazos avençados com seus depositantes ou investidores, juntamente com as remunerações respectivas, não podendo tomar outra atitude, sempre exigiam que, juntamente com quaisquer tratativas de reescalonamento dos vencimentos, pedisse o Brasil o apoio financeiro do FMI, sem o qual tais reescalonamentos jamais seriam concedidos.

5. O FMI, como sempre faz, impunha várias condições à concessão de seu apoio, várias delas que resultariam, como resultaram, em desaceleração do crescimento econômico, desemprego, rígida disciplina fiscal – sempre de efeitos políticos os mais penosos e difíceis de explicar ao eleitorado, mesmo quando o Governo não dependesse só de resultados das urnas, como sucedeu durante a maior parte do Governo Militar. Ao não conseguir cumprir inteiramente com as *conditionalities*, para usar o jargão do FMI, o Brasil, para não perder seu apoio junto aos bancos privados, normalmente pedia um *waiver*, expressão que, além de seu sentido usual de renúncia, no caso devia ser entendida como "renúncia pelo FMI ao atendimento tempestivo de determinado componente macroeconômico acordado com o país", mas que a imprensa, impiedosa e maliciosamente, traduzia, em suas primeiras páginas e chamadas de noticiários da televisão, como "pedido de perdão" ao FMI...

6. Tal situação, que se repetiu ao longo das moratórias enfrentadas pelo Brasil nos anos 80 – em 1983, com a denominação eufemística de "centralização do câmbio no Banco Central"; em 1987, quando do fracasso do "Plano Cruzado"; e em 1989, quando se revelou impossível cumprir os contratos renegociados em 1988, pouco antes da promulgação da nova Constituição Federal. E ainda agora, no momento em que estas linhas são escritas, primeiro semestre de 2000, embora não tenha o Brasil declarado moratória dos pagamentos externos, precisou, de novo, buscar o apoio do FMI, devido às crises da Ásia e da Rússia, em 1997-1998, para garantir a posição relativa de suas reservas, que estão permitindo a continuidade do pagamento dos compromissos externos e a manutenção das linhas de crédito do comércio exterior. E – desnecessário dizer – de novo o FMI condicionou seu suporte financeiro à adoção de políticas restritivas, máxime as fiscais, que voltaram a causar o aumento do desemprego, a relativa desaceleração do crescimento econômico, a falta de recursos em vários programas sociais do Governo, tudo isso motivando a baixa do prestígio do Presidente da República e do seu partido político.

7. Mas, afinal, o que é o FMI, tão poderoso e tão cortejado, apesar de tão "intransigente" em suas políticas? De onde vem todo seu poder, exercido em nível mundial? E que tipo de instrumentos utiliza o FMI, tão eficientes na realização de seus objetivos? Juridicamente falando, que arranjo, contratual ou institucional, criou o FMI para fazê-los tão efetivos na manutenção de suas *conditionalities*, apesar de serem elas tão antipáticas, para dizer o mínimo?... A resposta a tais perguntas exige uma digressão histórica, que certamente facilitará o entendimento de como funciona o FMI e do porquê do sucesso na implantação de suas políticas, em que pese ao coro de protestos que sempre as acompanha.

II

8. O FMI foi criado, juntamente com o Banco Internacional de Reconstrução e Desenvolvimento (BIRD), ou *World Bank* (Banco Mundial), pelas delegações de 44 países e 1 representante da Dinamarca reunidos na Conferência Monetária e Financeira das Nações Unidas, em Bretton Woods, no Estado Norte-Americano de New Hampshire, entre 1º e 22 de junho de 1944, onde foi assinado o chamado "Tratado de Bretton Woods" (*Articles of Agreement*), que deu origem a essas instituições, sabendo-se que o FMI foi instalado em 27 de dezembro de 1945, e a sessão inaugural de sua Diretoria teve lugar em 8 de março de 1946. Suas primeiras operações financeiras ocorreram em 1º de março de 1947.

9. O sistema financeiro criado em Bretton Woods, que deu origem ao FMI, tem a ver com a experiência vivida por muitos países durante a "grande depressão". Nos anos 30 vária nações tentaram manter o nível de renda interna em face de mercados que se encolhiam progressivamente, mediante a desvalorização competitiva de suas moedas e restrições cambiais e comerciais às importações. Mas o êxito dessas medidas dependia do agravamento das dificuldades dos parceiros comerciais. Estes, entretanto, em autodefesa. eram levados a adotar as mesmas políticas. Surgiu daí a idéia de regular a conduta dos países, em seus aspectos monetários e financeiros, através de um organismo supranacional. Esse projeto foi melhor desenvolvido por dois grandes especialistas, o inglês John Maynard Keynes, por muitos considerado o maior economista do século XX, e o americano Harry Dexter White, assessor do então Ministro da Fazenda americano, Henry Morgenthau. Embora trabalhando separadamente, de início, chegaram os dois economistas a uma proposta bastante semelhante. Keynes preconizava a criação de um Banco Central Mundial, uma espécie de Câmara de Compensação Internacional, que emitiria sua própria moeda, por ele denominada *Bancor*, o que importaria, em última análise, o fornecimento de crédito pelos países mais ricos aos mais necessitados.

10. White, por sua vez, preparou os planos para a criação de um Fundo de Estabilização Monetária e de um Banco de Reconstrução e Desenvolvimento. O Fundo de White era bem menos ambicioso que o de Keynes, embora também devesse emitir sua própria moeda, a ser denominada *Unitas*. Sem embargo, não seria um Banco Central Internacional. Seus recursos seriam fixos e limitados e sua expansão dependeria dos votos concordantes dos países-membros. Mais ou menos como o atual FMI, seria uma agência que distribuiria dinheiro, e não, como queria Keynes, um mecanismo para criar crédito.

11. Após várias reuniões entre os dois economistas e em face das posições tomadas pelos Governos Americano e Inglês, ficou decidido o estabelecimento de um Fundo Monetário Internacional, sem, no entanto, as características preconizadas, quer por Keynes, quer por White. O Fundo não iria emitir uma moeda própria e não seria um Banco Central Internacional. E o Banco de Reconstrução e Desenvolvimento não competiria com investidores privados, nem forneceria recursos para financiar o comércio internacional ou estabilizar o preço de mercadorias, mas emprestaria apenas para projetos específicos.

12. A título de explicação, com clara intenção didática, esclarecia-se, naqueles dias, que se um país dispusesse de farta quantidade de determinada mercadoria exportável – o que hoje se passou a chamar de *commodity* – mas fosse insuficiente sua estrutura viária, dificultando ou impedindo a chegada do produto a algum porto ou ferrovia, poderia tal país recorrer ao Banco Mundial. Este, por sua vez, lhe emprestaria, após elaboração de estudos de viabilidade econômica, técnica, financeira etc., parte do montante necessário para sanar tal deficiência viária, a prazos longos – 15, 20 anos – e a juros que, embora não subsidiados, seriam sempre menores que os do mercado, já que a captação de recursos pelo Banco Mundial era, e é, favorecida, porque conta, institucionalmente, de acordo com os termos do tratado que o constituiu, com a garantia dos Tesouros dos países-membros, entre os quais, obviamente, os desenvolvidos, que jamais permitiriam um inadimplemento do Banco.

13. Se o problema enfrentado pelo nosso hipotético país fosse não de natureza estrutural, mas meramente conjuntural – por exemplo, se a *commodity* geradora da maior parte dos ingressos externos do país estivesse com preços deprimidos, dificultando ou impedindo que os pagamentos externos fossem efetuados –, poderia tal país recorrer ao FMI, que, mediante observância de suas *conditionalities*, lhe forneceria o aporte financeiro para fazer frente a um problema que se supunha passageiro. Por esta razão, os prazos das operações do FMI não são longos como os do Banco Mundial, mas muito mais curtos, raramente superiores a três anos, de acordo com o tipo de ajuda procurada pelo país-membro.

III

14. Podem filiar-se ao FMI todos os países que estejam no controle de suas relações internacionais e preparados para cumprir as obrigações dos associados, contidas no Convênio Constitutivo (*Articles of Agreement*). Cada membro do Fundo tem uma quota, atualmente expressa em SDR – *Special Drawing Rights* (DES – Direitos Especiais de Saque). A quota do país-membro representa a sua subscrição no "capital" do FMI, sua porção nas alocações de DES e também indica o seu poder de voto e de acesso aos recursos do Fundo. A quota de cada país-membro foi fixada tendo em vista, aproximadamente, a respectiva posição no comércio internacional. Fácil de ver, portanto, que os países ricos, capitaneados pelos Estados Unidos, controlam o FMI, já que tal critério jamais foi mudado.

15. O DES, a unidade de conta com que o FMI expressa seu patrimônio e realiza suas operações financeiras, é uma espécie de "moeda", mas sem expressão real. Inicialmente o DES foi expresso em termos de ouro, o DES-35, que era equivalente a uma onça de ouro (uma onça pesa aproximadamente 28g). Contudo, a partir de 1974, quando a administração Nixon decidiu eliminar a equivalência entre o dólar norte-americano e determinada quantidade de ouro, passou-se a determinar o valor de um DES como a média ponderada do valor das 16 moedas mais importantes do comércio internacional, como tais entendidas as dos países cuja participação no comércio internacional excedia a 1% do total das exportações mundiais. Em 1981 reduziu-se o "cesto de moedas" para apenas 5, cujo peso, na época, em cada DES, era de 42 para o dólar americano, 19 para o marco alemão e 13 para cada uma das restantes, isto é, o iene, o franco francês e a libra esterlina. Assim, para exemplificar, em janeiro de 1981 um DES valia o total somado de 54 *cents* de um dólar, 46 *pfennigs* de um marco alemão, 74 *centimes* de 1 franco francês, 34 *ienes* e 7 *shillings* de 1 libra esterlina, e um DES equivalia a US$ 1.27.

16. As contribuições dos países-membros são expressas em DES e formam parte de suas reservas internacionais, juntamente com o ouro e a moeda conversível. As operações financeiras do FMI, bem como as da Associação Internacional de Desenvolvimento (*International Development Association* – IDA), uma subsidiária do Banco Mundial, são expressas em DES.

17. É digno de nota que pelo Art. IV, Seção I, do Convênio Constitutivo do FMI, todo país-membro se obriga a:

a) fazer o possível para orientar suas políticas econômicas e financeiras para o objetivo de estimular um crescimento econômico ordenado com razoável estabilidade de preços;

b) procurar aumentar a estabilidade financeira internacional; e

c) evitar manipular as taxas de câmbio ou o Sistema Monetário Internacional.

18. O FMI, por sua vez, obriga-se, segundo o Art. I do citado Convênio, a promover a cooperação monetária internacional, facilitar a expansão e o crescimento equilibrado do comércio internacional, promover a estabilidade cambial, auxiliar no estabelecimento de um sistema multilateral de pagamentos relativos a transações comerciais entre os países-membros e na eliminação de restrições cambiais, colocar à disposição dos países-membros recursos do Fundo, para permitir a correção de desajustes temporários de seus balanços de pagamentos, e, por último, reduzir o grau de desequilíbrio dos balanços de pagamentos dos países-membros.

IV

19. Entre as atribuições institucionais do FMI, portanto, sobreleva a de fornecer recursos aos países-membros para a correção de desajustes temporários dos balanços de pagamentos. A assistência financeira do FMI concretiza-se através de vários mecanismos, pelos quais o FMI permite que um país-membro adquira divisas ou DES, pagando-os com a sua própria moeda, mediante o compromisso de adotar políticas monetárias e financeiras tendentes a restaurar o equilíbrio de seu balanço de pagamentos.

20. Dos mecanismos de assistência financeira do FMI merecem destaque, entre outros, o Crédito Ordinário (*Credit Tranche Drawings*), o Serviço Financeiro Ampliado (*Extented Facility*) e o Serviço Financeiro Compensatório (*Compensatory Financing Facility*).

21. O "Crédito Ordinário" enseja ao país-membro adquirir DES até o valor de sua quota, em quatro parcelas iguais. O documento que se utiliza para fazer uso do crédito ordinário chama-se "Acordo de Direito de Saque" (*Stand-By Arrangement*). Esse crédito tem, normalmente, vigência de um ano. Com a crise dos balanços de pagamentos de vários países-membros nos fins da década de 70, em virtude do aumento do preço do petróleo, o FMI decidiu, em 1979, permitir que a vigência de tais acordos se estenda a três anos, durante os quais o país deve adotar uma política de ajustamento do seu balanço de pagamentos.

22. O "Serviço Financeiro Ampliado" destina-se a auxiliar desajustes de balanços de pagamentos devidos a fatores não meramente conjunturais, tais como distorções de custo e preço de insumos, que importam diferentes padrões de produção e de troca, em prejuízo do país. Nesse caso, o país-membro pode comprar DES com sua moeda, até 140% do valor de sua quota, sob as mesmas condições previstas para os acordos do "Crédito Ordinário". O prazo normal é de 3 anos para a compra dos DES e o país deve começar a pagar, ou, melhor, recomprar sua moeda, a partir do quarto ano, até um período máximo de 10 anos.

23. Por sua vez, o "Serviço Financeiro Compensatório" foi estabelecido em 1963 para prover assistência financeira adicional aos países-membros fornecedores de produtos primários que estejam experimentando dificuldades em seus balanços de pagamentos em virtude de quedas nas exportações, devidas a fatores fora do controle do país-membro, tais como condições meteorológicas adversas. O prazo máximo de utilização dos recursos do "Serviço Financeiro Compensatório" é de 12 meses.

V

24. Examinado, assim, o FMI em seu aspecto institucional e operacional, não fica clara a razão de seu poder sobre os países em vias de desenvolvimento, cuja soberania, a um exame superficial, nada poderia sofrer pelo simples fato de se recorrer ao sistema de apoio financeiro daquela entidade.

25. Sem embargo – e deve ser dito claramente –, nem sempre só o que está escrito e consta de tratados, acordos e mesmo contratos contém toda a verdade. No caso do FMI isto é muito patente, pois nenhum país é obrigado a recorrer aos seus serviços financeiros. Se o faz é porque decidiu correr o "risco" de tal atitude, com todo o custo político aí envolvido. Qual é, então, o móvel para tal decisão?

26. O Sistema Financeiro Internacional privado, ou "a Banca", como muitos preferem dizer, ao emprestar ou abrir linhas de crédito para algum país, normalmente se vale das informações colhidas junto a agências de avaliação de risco de países (*rating*), usualmente rigorosas e de pouca flexibilidade. Essa prática, usualmente, revela-se suficiente para resguardar os interesses de um ou vários bancos, em condições normais de operação.

27. Pode ocorrer, no entanto – e a prática demonstra que não é uma circunstância rara –, de determinada conjuntura internacional abalar, ao mesmo tempo, um grupo de países, às vezes até em Continentes distantes, levando-os a enfrentar dificuldades para honrar a dívida externa contraída. Exemplo clássico de tal acontecimento foi a elevação continuada do preço do petróleo, a partir da guerra entre países árabes e Israel em 1973, quando o barril do óleo subiu de um patamar próximo de US$ 2.00 para perto de US$ 11.00 e, pior ainda para os não-produtores, para quase US$ 40.00 ao tempo da queda do regime do Xá, no Irã, em 1979.

28. Ocorrendo tal circunstância, da qual a conseqüência mais comum é a interrupção de pagamentos devidos a credores externos, os bancos internacionais, quando convidados a colaborar com esforços de renegociação ou de simples reescalonamento das dívidas existentes, ficam sem um Norte em que se basear para aferir as condições de solvabilidade do país inadimplente. Logicamente, não têm acesso irrestrito às contas e documentos de ordem financeira de tal país, nem podem, por suposto, recorrer às agências de *rating*, as quais, obviamente, estarão cotando o crédito do país da maneira mais desfavorável.

29. É aqui que entra o FMI, desempenhando o relevante papel de "auditor" externo do país, já que, institucionalmente, tem acesso às contas públicas nos países-membros (Art. VII, Seção 5, e Art. XII, Seção 8, dos *Articles of Agreement*, citados), não precisando basear-se apenas nos relatórios das autoridades financeiras (Ministérios de Finanças e Bancos Centrais), que poderiam merecer credibilidade menor dos potenciais bancos convidados a participar dos reforços de renegociação e reescalonamento da dívida externa. Torna-se, assim, o FMI virtual árbitro daquelas tentativas de regularização financeira internacional encetadas pelo país inadimplente.

30. Neste ponto é que o FMI, fiel às suas concepções estritamentes monetaristas (não por acaso seu nome é Fundo *Monetário* Internacional), exige de qualquer país o compromisso da adoção de rígidas políticas de contenção fiscal, visando a gerar excedentes, em seu comércio exterior, para fazer frente aos compromissos financeiros internacionais do país que a ele recorre. Em contrapartida, o FMI presta socorro ao país, colocando à sua disposição vultosas importâncias em moeda-forte, deixando transparecer, para a comunidade bancária, que aprovou o programa de recuperação financeira de tal país-membro, podendo os bancos, conseqüentemente, voltar a abrir créditos para tal país ou, pelo menos concordar com propostas de reescalonamento das dívidas inadimplidas. Esse o grande e talvez maior poder do FMI: arbitrar a volta, ou não, de um país ao Sistema Financeiro Internacional. Poder, provavelmente, mais relevante do que o de prestar socorro ao mesmo país, que não é desprezível, por sinal, já que seus recursos são vultosos e necessários para fechar as contas externas.

VI
Da Instrumentação Jurídica do Apoio Financeiro do FMI

31. O FMI, segundo se depreende da leitura do chamado "Tratado de Bretton

Woods", não foi instituído como uma entidade bancária ou financeira, mas, sim, como uma instituição de cooperação econômica internacional, visando à preservação do equilíbrio econômico-financeiro através de ações de cunho político, embora de formato predominantemente econômico, ou macroeconômico, para a salvaguarda da paz mundial. Esta a razão pela qual as negociações com o FMI – diferentemente das entabuladas com o Banco Mundial, tratadas quase como matéria rotineira dentre as operações bancárias dos países-membros – sempre se revestem de maiores dificuldades, já que os fins das tratativas com o FMI são de alcance muito maior, dizendo respeito à própria manutenção da ordem política de um Estado, através de ações de conteúdo econômico.

32. Aliás, a simples leitura do artigo do Tratado de Bretton Woods já explícita essa intenção do FMI, ao dizer, *litteris*, que o propósito dos instituidores da entidade através das ações da mesma é:

"*Objetivos*

"Os propósitos do Fundo Monetário Internacional são:

"(i) Promover a cooperação monetária internacional por meio de uma instituição permanente que se constitua em mecanismo de consulta e colaboração em problemas monetários internacionais.

"(ii) Facilitar a expansão e o crescimento equilibrado do comércio internacional, contribuindo, desse modo, para a promoção e manutenção de altos níveis de emprego e de renda real e para o desenvolvimento dos recursos produtivos de todos os membros como objetivos primordiais de política econômica.

"(iii) Promover a estabilidade cambial, manter regimes cambiais ordenados entre seus membros e evitar desvalorizações cambiais competitivas.

"(iv) Auxiliar no estabelecimento de um sistema multilateral de pagamento para as transações correntes que se realizem entre os membros e na eliminação das restrições cambiais que entravem a expansão do comércio mundial.

"(v) Inspirar confiança nos países-membros, pondo à sua disposição os recursos gerais do Fundo, temporariamente, sob adequadas garantias, facultando-lhes, assim, a oportunidade de corrigir desequilíbrios nos seus balanços do pagamentos, sem recorrer a medidas comprometedoras da prosperidade nacional ou internacional.

"(vi) De acordo com o que antecede, abreviar a duração e minorar o grau de desequilíbrio dos balanços de pagamentos dos membros.

"O Fundo se orientará, em todas as suas políticas e decisões, pelos objetivos enunciados neste artigo" (trad. oficial publicada como anexo do Decreto Legislativo 5, de 1978, no *Diário do Congresso Nacional* de 6.4.1978).

33. Ademais, é oportuno recordar que no Art. IV do Tratado, em sua Seção I – "Obrigações Genéricas dos Membros" –, se diz que:

"(...) cada membro deverá:

"(i) esforçar-se por orientar suas políticas econômicas e financeiras no sentido do objetivo de promover um crescimento econômico ordenado com razoável estabilidade de preços, tendo na devida conta suas peculiaridades;

"(ii) procurar promover a estabilidade mediante o fomento de condições econômicas e financeiras básicas ordenadas e de um sistema monetário que não se incline a produzir perturbações inusitadas;

"(iii) evitar a manipulação das taxas de câmbio ou do Sistema Monetário Internacional para impedir um reajuste eficaz do balanço de pagamentos ou obter vantagens competitivas desleais frente a outros membros; e

"(iv) adotar políticas cambiais compatíveis com os compromissos assumidos nos termos desta Seção" (idem, idem).

34. Vê-se, portanto, que a ambição dos instituidores do FMI, entre eles o Brasil, não era a mera concessão de empréstimos aos países-membros, mas organizar um sistema que, ao lado de promover o desenvolvimento sustentado, propiciasse as condições para uma estabilidade monetária internacional, eliminando o que se considerava, à época – antes mesmo do fim da II Guerra Mundial –, uma das causas do início das guerras, caracterizada, em termos práticos, pela luta por mercados, através de artifícios cambiais ou da concessão de subsídios aos produtores locais, de forma a permitir que eles exportassem a preços aviltados, eliminando os concorrentes, que não dispunham de tal facilidade.

35. De todo o exposto, fica patente que nunca se imaginou o FMI como uma instituição financeira, destinada a aportar recursos por via de empréstimos aos seus membros, mas, sim, foi ele concebido como uma espécie de Organização das Nações Unidas para Assuntos Econômicos Internacionais, predominando seu caráter de entidade organizadora dos mercados de moeda, com a esperança de seus instituidores de que, estabelecido certo grau de equilíbrio financeiro e monetário, se teria aberto uma via, talvez a mais importante, para a consecução dos objetivos da manutenção da paz internacional.

36. Essa configuração deixa claro, portanto, que o FMI, não sendo uma instituição financeira, não adota, em princípio, em seu *modus operandi*, práticas que poderiam ser caracterizadas como operações de natureza financeira.

VII

37. Outro ponto digno de exame é a forma que revestem as ações de cooperação internacional do FMI, as quais – deve ser apontado desde logo – em nenhum momento são referidas no Tratado constitutivo da Instituição como financiamentos ou aberturas de linhas de crédito, sendo, ainda, de se ressaltar que o texto original daquele documento, em Inglês, nunca usa as expressões *loan* (empréstimo), *financing* (financiamento), *borrower* (mutuário ou tomador de empréstimo), *lender* (prestador de recursos), ou assemelhadas.

38. A propósito deste tema, será cabível transcrever as seguintes partes da alínea "(b)" da Seção 3 do Art. V do Tratado referido, que regula as "Condições para o Uso dos Recursos Gerais do Fundo":

"(...)

"(ii) o membro declara que necessita realizar a *compra* devido à posição de seu balanço de pagamentos ou de suas reservas, ou à evolução de suas reservas;

"(iii) a *compra* proposta esteja compreendida dentro da tranche de reserva, ou não levaria os haveres do Fundo na moeda do membro *comprador* a excederem a 200% de sua quota" (idem, idem – grifos nossos).

39. Note-se que a expressão contida no texto em Inglês – "A member shall be entitled to *purchase* the currency of other members from the Fund *in exchange [adquirir mediante permuta]* for an equivalent amount *of its own currency* 9...)" (grifos nossos) – já indica, de per si, que o FMI não opera sob a forma de empréstimos, mas através da *permuta* de recursos seus em moeda conversível, ou na sua moeda escritural, o *Special Drawing Right* (Direito Especial de Saque), igualmente conversível nos mercados financeiros de todo o mundo por importância equivalente na moeda do país-membro. Isto é, o FMI não quer que suas operações sejam caracterizadas como operação financeira de tipo bancário, empréstimo, financiamento, abertura de crédito etc., mas, sim, que sejam elas vistas como meros atos de *cooperação*, razão pela qual as reveste com esta forma de permuta de moedas ou, no máximo, de uma operação de *aquisição de moe-*

da conversível mediante pagamento na moeda nacional do país-membro, dificilmente caracterizável como operação externa de natureza financeira.

40. Aspecto que, igualmente, merece ser recordado, neste passo, é o do caráter não-contratual dos documentos que embasam as operações com o FMI.

41. De feito, é hoje pacífico naquele organismo internacional que as "Cartas de Intenção", instrumentos através dos quais os países-membros comunicam seu interesse na cooperação econômico-financeira do organismo, nem os atos administrativos internos que o FMI pratica para analisar, levar o assunto à deliberação da Diretoria e comunicar ao país interessado sua aprovação – denominados pela instituição de *Stand-By Arrangements* (acordo para pôr à disposição de país-membro recursos do FMI) – *não são contratos*, nem devem ser assim considerados, em hipótese alguma. Nesse sentido, deve recordar-se a lição do ex-Consultor Jurídico do FMI, Mr. Joseph Gold, que afirma: "The legal character of stand-by arrangements or stand-by documents was not a subject of inquiry in their early days. It is still a common practice in the press and elsewhere to refer to stand-by arrangements as 'agreements'. (...). Decisions of the Fund in 1968 and 1979 clarified that *stand-by arrangements are not agreements.* A provision of the Second Amendment, which became efective on April 1, 1978, stated that they are *decisions* of the Fund. (...). The problem is not solely of legal taxonomy, because, as noted already, the answer has practical consequences. (...). The form of stand-by documents, apart from the degree of standardization that has been mentioned, gives little support to the theory of agreement. A member addresses its letter of intent to the Managing Director and requests the Fund to aprove a stand-by arrangement in accordance with the request. The member's representatives, usually the Minister of Finance of the Governor or the Central Bank, or both, subscribe their signatures to the letter of intent. *No exchange* of signatures or documents of the kind that normally constitutes and evidences an agreement takes place between the Fund and a member, although the member is informed at once of the Fund's decision approving a stand-by arrangement and a public announcement is made" (grifos nossos). "The Fund's determination not to contract when approving stand-by arrangements is conclusive, because if a party lacks *animus contrahendi* and makes its attitude clear to the other party, it is not possible to hold that an agreement has been entered into" (in *The legal Character of the Fund's Stand-By Arrangements and Why It Matters*, publicado pelo FMI, 1980).

42. Ante as conclusões da citação acima, de que as "Cartas de Intenção" e os atos internos do FMI que corporificam sua disposição de prestar cooperação financeira a um país-membro (*Stand-By Arrangements*) não revestem caráter contratual, poder-se-ia, mesmo, perguntar: qual a garantia que tem o FMI, uma vez efetuada uma permuta de moedas conversíveis de seus recursos, por importância equivalente em moeda não-conversível de um país-membro, de que nova permuta será efetuada no futuro, devolvendo-se ao Fundo as moedas conversíveis e permanecendo o país-membro com as suas? Não poderia o país-membro, simplesmente, negar-se, alegando que se trata de mera liberalidade da instituição? Verdade que tais cogitações só se colocam no plano teórico, já que, pelo que estamos informados, nenhum dos países-membros do FMI jamais deixou de honrar as obrigações assumidas perante o mesmo, especialmente no que tange à revenda, ao próprio FMI, dos direitos especiais de saque, ou moeda conversível, mediante recebimento de sua própria moeda.

43. Se tal negativa de revender ao FMI as moedas conversíveis acontecesse, escusado é dizer que sofreria o país-membro do FMI que assim procedesse várias represálias, de ordem econômico-financeira, que o desestimulariam de continuar com tal procedimento, sendo a mais óbvia delas a pura e simples perda de credibilidade perante a comunidade financeira internacional, da qual todos os países dependem para o financiamento de seu comércio exterior. No entanto, pensando em termos meramente jurídicos, encontramos no próprio Tratado constitutivo do FMI a determinação seguinte, contida na alínea "(b)" da Seção 7 do Art. V: "(b) Em condições normais, e na medida que lhe melhorar seu balanço de pagamentos e sua posição de reserva, *espera-se* que o membro que tiver efetuado uma compra com base na Seção B deste Artigo irá recomprar os haveres do Fundo em sua moeda decorrentes da compra, e que estejam sujeitos às comissões da Seção B (b) deste Artigo. O membro deverá recomprar esses haveres se, de acordo com políticas sobre recompras que o Fundo adotar e após consultas ao membro, *o Fundo declarar ao membro que deveria recomprar* em virtude de melhoria no seu balanço de pagamentos e sua posição de reservas" (idem, idem – grifos nossos).

44. Com base nessa disposição do Tratado constitutivo do FMI, o país que tenha recorrido à sua cooperação econômico-financeira, sempre pressupondo-se que esteja de boa-fé, voluntariamente recomprará os recursos expressos em sua própria moeda, com moedas conversíveis, as quais, em conseqüência, voltarão a integrar o que podemos chamar de "capital" do FMI. Parece-nos que esta operação de recompra da própria moeda, e conseqüente revenda da moeda conversível, ou dos Direitos Especiais de Saque, à luz do Direito Brasileiro, poderia ser considerada um contrato de compra e venda de divisas, com pacto de retrovenda. Só que, mais uma vez, vale recordar que o FMI não opera através de contratos, confiando, apenas, na boa-fé dos países-membros e na intenção dos mesmos de manter sua credibilidade internacional.

45. É verdade que a posição do Departamento Jurídico do FMI, relativa à não-caracterização dos *Stand-By Arrangements* como contratos, tem recebido críticas como a do professor Rolf Knieper, que chega a dizer textualmente que a opinião do ex-Consultor Jurídico do FMI, Mr. Joseph Gold, nada mais é que uma ficção jurídica, elaborada para atender às conveniências daquela entidade (v. "The conditioning of national policy-making by international law. The Stand-By Arrangements of the International Monetary Fund", *International Jounal of the Sociology of Law* 41/64, n. 11, 1983). De qualquer forma, esta é uma opinião muito distante do que poderíamos chamar de predominante, especialmente levando em consideração a autoridade científica jamais posta em dúvida daquele antigo Consultor-Geral do FMI.

VIII

46. No caso particular de nosso país, se analisarmos as tratativas até hoje efetuadas entre o Brasil e o FMI, desde o ponto de vista operacional, será mais fácil compreender que não se está na presença de uma operação externa de natureza financeira, mas, sim, de um ato ou uma série de atos caracterizadores de procedimentos de *cooperação econômica internacional.*

47. Segundo a mecânica operacional daquela Instituição, enviada, pelo Brasil, ao FMI, uma "Carta de Intenção"* e aprovada

* A "Carta de Intenção", como o nome indica, é um mero comunicado, normalmente em uma ou duas páginas, firmado pelas autoridades da área monetária do país-membro, em geral o Ministro das Finanças e/ou o Presidente do Banco Central, informando ao FMI da intenção do país de utilizar uma ou mais das linhas de apoio financeiro da entidade. Tal Carta de Intenção traz, como anexo, o programa de ajustes a serem implementados nas áreas monetária, fiscal e creditícia pelo país-membro. Este programa, uma vez examinado e aprovado pela Diretoria do FMI, permitirá a entrega dos recursos pretendidos, sem outros documentos a detalhar a operação, que se baseará, somente, nas regras que, sobre

esta pela Diretoria da entidade, é comunicado ao país que ele, no uso dos direitos decorrentes de sua adesão ao Tratado de Bretton Woods, poderá adquirir ou os Direitos Especiais de Saque ou moeda (conversível) de outros países-membros, mediante permuta com valores equivalentes em sua própria moeda, os quais integram os recursos do FMI, já que são os meios com os quais o Brasil integralizou a quota do "capital" inicial da Instituição. Recebida esta comunicação, o Banco Central participa, em geral mediante simples mensagem por *telex*, *fac-simile* ou *e-mail*, ao FMI, seu interesse na compra de determinado volume de Direitos Especiais de Saque ou de moedas de outros países-membros, igualmente integrantes dos recursos do FMI. Ato contínuo, o FMI ou entrega os Direitos Especiais de Saque, mediante depósito em conta do Banco Central do Brasil no Exterior, ou autoriza os Bancos Centrais dos países emitentes das moedas que estão sendo permutadas, e nos quais os recursos da Instituição são mantidos, a efetuarem créditos na mesma conta do Banco Central do Brasil no Exterior, nos montantes indicados por este na comunicação em que manifestou interesse na permuta de moedas.

48. Fácil de ver, portanto, que nem formalmente, nem conceitualmente, as operações com o FMI são classificáveis como financeiras, pelo menos quando se pensa que na definição clássica de operação financeira sempre se levam em conta os aspectos do crédito e da fidúcia nela envolvidos. Nas operações com o FMI, a rigor, tais características são despiciendas, por se desenvolverem em um quadro de cooperação internacional, a qual, não raro, é devida e prestada exatamente a países que contam com escasso crédito e inspiram diminuta confiança nos prestadores particulares.

tal ou qual tipo de assistência financeira, tenha o FMI previamente estabelecido (prazo para utilização, número de parcelas, prazo para recompra da própria moeda pelo país assistido, comissões para fazer frente ao custo operacional da operação pelo FMI etc.).

49. Com respeito ao nosso país, o caráter de operação não-financeira é consagrado, ademais, no próprio sistema contábil adotado pelo Banco Central ao elaborar o balanço de pagamentos do Brasil. Tais recursos não figuram como ingressos oriundos de operações de crédito, nem, muito menos, é claro, como investimentos voluntários no Brasil. Vão eles aparecer, em destaque, no final das demonstrações contábeis relativas a moedas estrangeiras na situação que o Banco Central coloca as reservas, no "fechamento" do balanço de pagamentos.

50. A rigor, a compra de haveres do FMI com o uso da quota em moeda nacional assemelha-se às operações corriqueiras, efetivadas pelo Banco Central, de compra e venda de ouro, por exemplo, as quais nunca se pensou em classificar de financeiras. E, da mesma maneira que o metal precioso, figurarão os recursos vendidos pelo FMI como reservas, no balanço de pagamentos, e não como ingressos financeiros, como acontece com os empréstimos, seja aqueles concedidos por bancos privados, seja aqueles concedidos pelo Banco Mundial ou pelo Banco Interamericano de Desenvolvimento (BID).

51. Apenas à guisa de melhor esclarecimento, será útil observar, neste passo, que os recursos do FMI, ao ingressarem no país, não são objeto de Certificado de Registro – o documento necessariamente emitido pelo Banco Central quando se formaliza uma operação de empréstimo em moeda estrangeira –, nem de Certificado de Autorização – o documento necessariamente emitido pelo mesmo Banco Central quando se formaliza uma operação de financiamento para a aquisição de bens, hipótese em que ingressam no país os bens assim adquiridos, mas não os recursos do financiamento externo, que vão para o fabricante, a fim de que possa ele produzir os produtos encomendados. Isso significa que, para todos os efeitos da legislação concernente a empréstimos e financiamentos em moeda estrangeira, que regra as atividades do Banco Central, os negócios com o FMI não são considerados operações externas de natureza financeira.

52. Outro aspecto que sobreleva rememorar, nesta altura, diz respeito à simples posição de cada país-membro, como o Brasil, ao efetuar uma operação com o FMI. Ao fazê-lo, o país-membro está usando um dos direitos que o Tratado constitutivo lhe defere, qual seja, o de recorrer ao apoio e cooperação financeira do organismo. Trata-se, pois, de *exercício de direito* decorrente de Tratado internacional, subscrito pelo Poder Executivo e referendado pelo Congresso Nacional, integrado, pois, na legislação interna, e não de negócio financeiro, a ser formalizado mediante o uso de normas contratuais e realizado por acordo de vontades. No caso das operações com o FMI o país *unilateralmente* decide solicitar a sua cooperação institucional e a entidade *também unilateralmente*, observados os requisitos ínsitos no próprio Tratado, decide estender seu apoio, *sem que se utilize qualquer instrumento que caracterize acordo de vontades*, como ocorre nos empréstimos e financiamentos.

53. Desta forma, quando se considera que o formato da cooperação financeira proporcionada pelo FMI dificilmente se amolda às características de uma operação externa de natureza financeira, podemos concluir, ao menos no caso de nosso país, que o Brasil, ao solicitar tal cooperação, está apenas fazendo uso de direitos que lhe assegura Tratado internacional validamente integrado à legislação interna, sem utilização de instrumentos contratuais, que incorporariam acordos de vontade, mas mediante simples encaminhamento de Cartas de Intenção de utilizar recursos do FMI. Este, por sua vez, verificando que os parâmetros estabelecidos no Tratado que o constituiu foram observados, não poderá responder negativamente à solicitação de país-membro, como o nosso.

REFORMA DAS S/A E CONSELHO FISCAL

NELSON EIZIRIK

Em 1997, mediante a promulgação da Lei 9.457, ocorreram algumas modificações tópicas tanto na Lei das S/A como na Lei 6.385/76, que disciplina o mercado de valores mobiliários.

À época, visou-se, no que se refere à reforma da Lei das S/A, a flexibilizar alguns de seus institutos, como o do direito de recesso e o de participação dos minoritários na alienação do controle de companhia aberta, com o objetivo principal de facilitar a privatização das companhias estatais e de reduzir os custos em processos de reestruturação societária mediante incorporação, fusão ou cisão.

Relativamente à Lei 6.385/76, a Lei 9.457/97, embora não tenha dotado a CVM de efetiva autonomia, como há muito se propugnava, alterou aspectos importantes do seu poder de polícia, notadamente ao aumentar significativamente a severidade das sanções administrativas.

Conforme foi amplamente reconhecido, a reforma de 1997 operou importantes restrições aos direitos dos acionistas minoritários.

Cogita-se, agora, de nova reforma na Lei das S/A, cujo objetivo declarado é o fortalecimento dos direitos das minorias, com vistas ao maior desenvolvimento do mercado de capitais.

Encontra-se em discussão na Câmara dos Deputados, Projeto de Reforma da Lei das S/A, cujo Substitutivo tem como Relator o Deputado Antônio Kandir (Substitutivo ao Projeto de Lei 3.115, de 1997, sendo autor o Deputado Luiz Carlos Hauly e Relator o Deputado Antônio Kandir, em tramitação na Comissão de Finanças e Tributação).

Da mesma forma que o Relator anterior, Deputado Emerson Kapaz, o Deputado Antônio Kandir vem promovendo amplas discussões sobre a matéria, com advogados, representantes das companhias abertas e investidores do mercado de capitais, estando igualmente a Comissão de Valores Mobiliários a participar ativamente dos debates.

As principais modificações propostas, visando, declaradamente, a fortalecer os direitos das minorias acionárias, são as seguintes:

a) fixação de um preço mínimo, com base no valor econômico, para a realização de oferta pública de *fechamento de capital* das companhias abertas;

b) estabelecimento, por parte da CVM, de *níveis* de companhias abertas, dependendo da natureza dos valores mobiliários de sua emissão que estão sendo objeto de negociação no mercado de capitais, fixando também a CVM as normas sobre companhias abertas aplicáveis a cada nível;

c) estabelecimento, para as companhias abertas, de uma disciplina da política de dividendos que efetivamente confira vantagens econômicas reais aos titulares de ações preferenciais de companhias abertas; nesse sentido, cria-se três alternativas: o pagamento de um dividendo prioritário de 3% sobre o patrimônio líquido; ou o pagamento de 10% a mais do que o recebido pelos titulares de ações ordinárias, ainda que o dividendo atribuído às ações preferenciais seja fixo ou mínimo; caso a companhia não confira nenhuma das vantagens acima, o titular de ações preferenciais teria o direito de receber, por ocasião da alienação do controle da companhia, pelo menos 80% do valor pago aos titulares de ações ordinárias;

d) alteração na proporção entre ações ordinárias e preferenciais, de forma que estas últimas não possam exceder a 50% do total das ações da companhia; tal proporção seria aplicável: imediatamente às companhias constituídas após a entrada em vigor da nova Lei das S/A; às companhias fechadas existentes no momento em que decidirem abrir o seu capital; já as companhias abertas existentes quando da promulgação da nova Lei poderiam manter a proporção de até 2/3 de ações preferenciais, em relação ao total de ações emitidas, inclusive no que toca a novas emissões de ações;

e) fixação do valor de reembolso das ações de companhias abertas, a ser estipulado, no mínimo, com base no valor econômico da companhia, a ser apurado em avaliação independente com base no seu fluxo de caixa descontado;

f) aquisição do direito de voto por parte dos titulares de ações preferenciais se a companhia deixar de pagar, total ou parcialmente, pelo prazo previsto no estatuto, não superior a três anos, os *dividendos a que fizerem jus*, e não apenas, como presentemente, os dividendos fixos ou mínimos;

g) possibilidade de ser convocada assembléia especial, por acionistas que representem pelo menos 10% do capital social, para deliberar sobre a existência de conflitos de interesse;

h) aumento do prazo de convocação da assembléia geral para quinze dias; possibilidade de a CVM, visando a proteger os acionistas minoritários: aumentar, até trinta dias a contar da data em que os documentos relativos às matérias a serem deliberadas forem colocados à disposição dos acionistas, o prazo de antecedência de publicação do primeiro anúncio de convocação da assembléia geral, quando esta tiver por objeto operações muito complexas; e interromper, por até quinze dias, o curso do prazo de antecedência da convocação de assembléia geral extraordinária de companhia aberta, a fim de analisar as propostas e, se for o caso, informar à companhia as razões pelas quais entende que elas violam disposições legais ou regulamentares;

i) nova sistemática de apuração da liquidez e da dispersão das ações para o efeito de ser negado o direito de recesso nas hipóteses de fusão, incorporação e participação em grupo de sociedades;

j) direito dos preferenciais representando 10% do capital social de elegerem um membro do conselho de administração;

k) obrigatoriedade de oferta pública de aquisição das ações com direito de voto por ocasião da alienação do controle de companhia aberta.

Ademais, o Substitutivo apresenta algumas inovações, com vistas a adequar a Lei das S/A às novas práticas do mercado, dentre as quais destacam-se:

a) a introdução de novos parágrafos ao art. 118 da Lei das S/A, visando a conferir maior eficácia à execução específica dos acordos de acionistas;

b) a modernização do tratamento legal das debêntures, dispensando a anacrônica obrigatoriedade de arquivamento da escritura de emissão no registro de imóveis, permitindo a correção do título com base na variação da taxa cambial, bem como admitindo o pagamento do principal e acessórios em ativos ou em direitos (institucionalizando, pois, as chamadas *debêntures imobiliárias*);

c) a possibilidade de atuar a instituição autorizada pela CVM a prestar serviço de custódia como proprietária fiduciária dos valores mobiliários, como já consagrado, na prática, pela atuação da CETIP e da

SELIC e outras entidades atuando como *clearing houses*.

Relativamente à Comissão de Valores Mobiliários e à regulação do mercado de capitais, o Substitutivo apresenta também algumas importantes inovações, a saber:

a) ampliação dos poderes da CVM, que passará a fiscalizar não só as Bolsas de Valores, como também as Bolsas de Mercadorias e de Futuros;

b) tratamento mais adequado do conceito de valores mobiliários, nele incluindo todos os contratos futuros, de opções e derivados, assim como quaisquer outros títulos ou contratos de investimento coletivo;

c) outorga de efetiva independência à CVM, assegurada mediante: exercício de autoridade administrativa independente; ausência de subordinação hierárquica; e mandato fixo para os membros do Colegiado;

d) criação do Comitê de Padrões Contábeis, entidade sem fins lucrativos, que tem por objeto o estudo, elaboração e divulgação de princípios, procedimentos e padrões de contabilidade;

e) disciplina dos seguintes crimes contra o mercado de capitais: manipulação do mercado; uso indevido de informação privilegiada; e exercício irregular de cargo, profissão, atividade ou função no mercado de valores mobiliários.

Como se pode perceber, a partir da sumária enumeração dos principais tópicos do Substitutivo, estamos, desta vez, diante de uma efetiva Reforma, em vários aspectos, estrutural, da Lei das S/A.

Aspecto bastante relevante do Projeto de Reforma da Lei das S/A refere-se à nova disciplina do Conselho Fiscal, tema ao qual dedicou-se, com brilho e particular acuidade, o Prof. Waldirio Bulgarelli.[1]

A *mini-reforma* empreendida em 1997, com a promulgação da Lei 9.457, conforme observado pelo Prof. Bulgarelli,[2] frustrou aqueles que esperavam uma verdadeira reformulação do regime jurídico do Conselho Fiscal nas companhias brasileiras, não atendendo a boa parte das sugestões propostas pela doutrina e pelas entidades do mercado de capitais.

De fato, a Lei 9.457/97, com relação ao Conselho Fiscal, limitou-se a aumentar, embora modestamente, o elenco de atribuições individuais dos conselheiros, reforçando sua atuação fiscalizadora sobre as contas das companhias, sem promover, porém, uma alteração estrutural no órgão.[3]

Nesse sentido, a Lei 9.457/97 modificou o § 4º do art. 163 da Lei das S/A, o qual, em sua redação original estabelecia que *se a companhia tiver auditores independentes, o Conselho Fiscal poderá solicitar-lhes os esclarecimentos ou informações que julgar necessários, e a apuração de fatos específicos.*

Da forma como estava redigida, a norma do § 4º do art. 163 caracterizava a competência *colegial* do Conselho Fiscal para solicitar aos auditores independentes informações ou a apuração de determinados fatos, que poderia, por maioria de votos, decidir sobre a pertinência ou não de tais solicitações, o que, em algumas ocasiões propiciava o cerceamento, praticado pelos conselheiros fiscais majoritários, ao pleno exercício do direito-dever de diligência individual junto ao auditor independente.[4]

Com a nova redação dada ao § 4º do art. 163 da Lei das S/A, a competência, na matéria, passou a ser inequivocamente in-

1. Estamos aqui nos referindo ao excelente trabalho de Waldirio Bulgarelli: *Regime Jurídico do Conselho Fiscal das S/A*, Rio de Janeiro, Ed. Renovar, 1998, que constitui uma revisão e atualização da tese do ilustre Professor sobre o Conselho Fiscal, apresentada em 1987 à Faculdade de Direito da USP, com a qual obteve a laurea de Professor Titular de Direito Comercial daquela Faculdade.

2. Bulgarelli, ob. cit., p. 401.

3. Cf. o nosso *Reforma das S/A e do Mercado de Capitais*, 2ª ed., Rio de Janeiro, Renovar, pp. 111 e ss.

4. Modesto Carvalhosa, *Comentários à Lei de Sociedades Anônimas*, 3º v., São Paulo, Saraiva, 1997, p. 386.

dividual, ao dispor a norma que o Conselho Fiscal, *a pedido de qualquer de seus membros*, poderá solicitar dos auditores independentes esclarecimentos, informações, ou apuração de fatos específicos.

Ademais, a Lei 9.457/97 acrescentou o § 8º ao art. 163, nos termos do qual o Conselho Fiscal (aqui como órgão) poderá, visando a apurar fato cujo esclarecimento seja necessário ao desempenho de suas funções, formular, com a devida justificativa, questões que devem ser respondidas por um perito, a ser contratado pela companhia.

Ao longo de sua obra sobre o Conselho Fiscal, o Prof. Bulgarelli aponta as seguintes falhas ou antinomias no modelo adotado pela Lei das S/A sobre este órgão, não dirimidas, como a *mini-reforma* de 1997:

a) em relação à competência do órgão e dos membros singularmente considerados, por si ou concorrentemente, de sorte que a qualificação do Conselho como órgão acaba por absorver as posições individuais dos membros;

b) em relação à maioria de membros assegurada ao acionista controlador, o que inibe a função fiscalizadora do Conselho;

c) no que diz respeito ao quadro eleitoral referido aos diversos tipos de ações votantes na eleição de membros do Conselho.

Tais pontos, evidentemente, se interpenetram, devendo, numa análise sistemática, ser apreciados em conjunto.

Descrevemos, em seguida, quais as principais propostas de reformulação do Conselho Fiscal no Substitutivo ora objeto de nossos comentários, bem como procederemos a uma avaliação de sua consistência e da possibilidade de tais modificações corrigirem, de fato, as falhas no modelo legal vigente, ensejando uma atuação eficaz do órgão.

Cabe notar, inicialmente, que o Projeto de Reforma das S/A, seguindo a tendência que timidamente se esboçara em 1997, quando da promulgação da Lei 9.457, aumenta as hipóteses de competência *individual* dos membros do Conselho Fiscal.

Nesse sentido, propõe-se nova redação aos incs. I e IV do art. 163, bem como ao parágrafo único do art. 164, que passariam a dispor o seguinte:

"Art. 163. Compete ao Conselho Fiscal:

"I — fiscalizar, *por qualquer de seus membros*, os atos dos administradores e verificar o cumprimento dos seus deveres legais e estatutários;

"(...)

"IV — denunciar, *por qualquer de seus membros*, aos órgãos de administração e, se estes não tomarem as providências necessárias para a proteção dos interesses da companhia, à assembléia geral, os erros, fraudes ou crimes que descobrirem, e sugerir providências úteis à companhia.

"Art. 164. (...)

"Parágrafo único. Os pareceres e representações do conselho fiscal *ou de qualquer um de seus membros* poderão ser apresentados e lidos na assembléia geral, independentemente de publicação e ainda que a matéria não conste da ordem do dia" (grifamos as modificações propostas).

Conforme agudamente observado por Bulgarelli,[5] embora nos outros órgãos da companhia também exista a presença das pessoas físicas não inteiramente absorvida pela figura do órgão, no conselho fiscal tal atuação individual, concorrente ou disjuntiva, é mais intensa; assim, os conselheiros, quando atuam singularmente, fazem-no como *projeções orgânicas individuais*, agrupados sob a armadura legal do órgão.

É indiscutível que o Substitutivo, ao aumentar as hipóteses de atuação individual dos conselheiros fiscais, em cujo exercício não podem ser tolhidos pela deliberação majoritária do órgão, dá importante passo no sentido de tornar mais eficaz a função fiscalizadora do conselho fiscal.

5. Ob. cit., p. 189.

Por outro lado, o Substitutivo prevê algumas regras relevantes, visando a impedir que a função de conselheiro fiscal seja indevidamente utilizada, por minoritários agressivos, como instrumento de pressão ilegítima contra o controlador, para *valorizar* as suas ações. Trata-se, no caso, de vedar que o órgão seja utilizado como instrumento de abuso das minorias.

Nesse sentido, o § 2º do art. 163, com a nova redação que lhe é dada, passa a dispor que "o conselho fiscal, a pedido de qualquer dos seus membros, solicitará aos órgãos de administração esclarecimentos ou informações, *desde que relativas à sua função fiscalizadora*, assim como a elaboração de demonstrações financeiras ou contábeis especiais" (grifamos a modificação proposta).

Com a nova redação dada ao § 2º do art. 163, objetiva-se impedir que os conselheiros fiscais, abusando de suas prerrogativas, solicitem informações não necessárias ao exercício da função fiscalizadora, como, por exemplo, relativas à política de preços, estratégias de *marketing* ou de venda dos produtos etc.

Com relação ao eventual conflito entre os interesses da companhia e os dos eleitores dos conselheiros fiscais, o Substitutivo parece acolher um modelo contraditório.

Está consagrado na Lei das S/A o princípio de que não só os diretores e membros do Conselho de Administração, como também os conselheiros fiscais, devem exercer as suas atribuições no interesse da companhia. Assim, havendo conflito entre os interesses da companhia e os do grupo de acionistas que o elegeu, é dever do conselheiro atender aos interesses da companhia, mesmo em sacrifício do interesse de seus eleitores.

Nesse sentido, o Substitutivo, no novo § 1º do art. 165 estabelece que *os membros do conselho fiscal deverão exercer suas funções no exclusivo interesse da companhia; considerar-se-á abusiva a atuação do conselheiro com o fim de causar danos à companhia ou aos seus acionistas, ou de obter, para si ou para outrem, vantagem a que não faz jus e de que resulte, ou possa resultar, prejuízo para a companhia ou para os acionistas.*

Por outro lado, conforme observa Bulgarelli,[6] embora os conselheiros fiscais disponham de certa margem de autonomia de atuação, não se deve esquecer a realidade de que, agindo no interesse de seus eleitores, estão eles presos aos interesses destes, bem como sujeitos às suas instruções; existiria, entre os conselheiros fiscais e seus eleitores um vínculo *metajurídico*, que não pode ser ignorado.

O Substitutivo reconhece a existência da tal vínculo *metajurídico*, tratando de impedir que dele decorram eventuais abusos, bem como que continuem a exercer tais funções conselheiros cujos eleitores deixam de ser acionistas da companhia.

Assim, nos termos de seu art. 164, § 4º c/c os §§ 5º, 6º e 8º do art. 141, aplicam-se aos conselheiros fiscais as seguintes regras:

a) os titulares de ações preferenciais somente poderão eleger representantes no conselho fiscal quando comprovarem a titularidade ininterrupta da participação acionária durante o período de três meses, no mínimo, imediatamente anteriores à data de realização da assembléia geral que eleger os membros do conselho fiscal;

b) os acionistas preferencialistas que concorrem com seus votos para a eleição de representantes seus no conselho fiscal não poderão exercer a mesma prerrogativa em mais de uma empresa cujos objetos sociais preponderantes sejam coincidentes; e

c) os mandatos dos conselheiros eleitos pelos titulares de ações preferenciais ficarão extintos sempre que os acionistas que os elegerem reduzirem suas respectivas participações acionárias a 50% dos percentuais mínimos para exercerem tal prerrogativa.

6. Ob. cit., p. 122.

Assim, há certa contradição no modelo adotado pelo Substitutivo, talvez impossível de ser evitada: por um lado, manifesta o entendimento de que os conselheiros fiscais devem atender ao interesse da companhia; por outro lado, reconhece que, na prática, podem eles atender aos interesses de seus eleitores, coibindo os abusos que de tal fato podem decorrer.

A questão que suscitou — e continua a suscitar — grande polêmica no curso das discussões sobre a Reforma da Lei das S/A é a referente à composição dos membros do Conselho Fiscal. Discute-se, com enorme ênfase, se devem os acionistas controladores deter a maioria dos cargos, ou se, ao contrário, caberia aos minoritários eleger a maioria dos membros do Conselho Fiscal.

Sustenta-se, por um lado, que o fato de terem os acionistas controladores, no modelo legal vigente, a possibilidade de eleger a maioria dos conselheiros fiscais, implica na ineficácia da atuação fiscalizatória do órgão. A propósito, indaga-se: como poderiam os conselheiros fiscalizar com rigor e isenção a atividade de seus eleitores, ou de administradores indicados por seus eleitores? Assim, clamam, os críticos do modelo, por uma reforma radical, de sorte a que os acionistas minoritários possam eleger a maioria dos membros do Conselho Fiscal.

Por outro lado, argumenta-se que assegurar aos minoritários a maioria de membros do Conselho Fiscal poderia não só provocar verdadeiro *engessamento* das atividades empresariais, como também ensejar abusos da minoria; na prática, dar-se-ia a eventuais acionistas inescrupulosos instrumentos de pressão sobre o controlador para forçá-lo a comprar suas ações.

Depois de inesgotáveis discussões, em que se demonstravam inconciliáveis os antagonismos, o Substitutivo adotou solução salomônica, mas juridicamente indefensável.

Assim, em sua nova redação, o § 4º do art. 161 passaria a dispor o seguinte:

"Art. 161. (...) § 4º. Na constituição do conselho fiscal de companhia aberta serão observadas as seguintes normas: a) os titulares de ações preferenciais sem direito de voto ou com voto restrito, excluído o acionista controlador, terão direito de eleger, em votação em separado, um membro e respectivo suplente; b) os titulares de ações ordinárias, excluído o acionista controlador, que representem, em conjunto, 10% (dez por cento) ou mais das ações com direito a voto, também terão o direito previsto na alínea *a*; c) os acionistas controladores e os demais acionistas com direito a voto poderão eleger membros em número igual ao somatório dos eleitos nos termos das alíneas *a* e *b*; d) o último membro do conselho será um representante do auditor independente da companhia".

Ou seja, o Conselho Fiscal de companhia aberta será composto por: um membro eleito pelos minoritários preferencialistas; outro pelos minoritários ordinaristas, titulares de pelo menos 10% das ações com direito de voto; igual número de membros representantes dos minoritários eleitos pelo acionista controlador; e um último membro representante do auditor independente da companhia.

Assim, optou-se por uma alternativa na qual o controlador e os acionistas minoritários teriam o *mesmo* número de membros, aos quais se adicionaria um *membro* não eleito, representante do auditor independente, provavelmente para o fim de atuar como um *desempatador* em casos de conflitos inconciliáveis entre representantes de acionista controlador e de minoritários.

A solução aventada, em primeiro lugar, é manifestamente incompatível com a natureza das funções do auditor independente.

Existe um manifesto interesse público na atuação do auditor independente das companhias abertas; com efeito, ele confere credibilidade às contas das companhias, concluindo, em seu parecer independente, se estão cumpridos os dispositivos legais aplicáveis, assim como se foram seguidos os princípios de contabilidade geralmente aceitos, os quais constituem normas técnicas aplicadas pelos contabilistas e de uso predominante no meio profissional.[7]

Constitui dever fundamental do auditor atuar de maneira absolutamente *independente* frente à empresa auditada, fundamentando sempre seu relatório em argumentos absolutamente técnicos. Nesse sentido, as Normas Profissionais do Auditor Independente (NBC-P-1-1.2) baixadas pelo Conselho Federal de Contabilidade, estabelecem, a propósito, que: *o auditor deve ser independente, não podendo deixar-se influenciar por fatores estranhos, por preconceitos ou quaisquer outros elementos materiais ou afetivos que resultem perda, efetiva ou aparente, de sua independência.*

No mesmo sentido, a Instrução CVM 308/99, que ora disciplina a matéria, estabelece, no seu art. 22, como postulado fundamental, o da independência do auditor, dispondo, de maneira expressa, que não poderão realizar auditoria independente o Auditor Independente — Pessoa Física — e os sócios e demais integrantes do quadro técnico do Auditor Independente — Pessoa Jurídica — quando ficar configurada, em sua atuação na entidade auditada, suas controladas, controladoras ou integrantes de um mesmo grupo econômico, a infringência às normas do Conselho Federal de Contabilidade relativas à independência.

Se o auditor compromete sua independência, causando, em virtude de atuação dolosa ou culposa, danos a terceiros, deve por eles responder civilmente, a teor do art. 26, § 2º da Lei 6.385/76, podendo também ser punido administrativamente, nos termos da Instrução CVM 308/99.

Não temos qualquer dúvida de que ficará comprometida a independência do auditor ao indicar ele um representante no conselho fiscal da companhia, o qual, aliás, será decisivo para dirimir os conflitos entre controlador e minoritários.

A melhor solução, em nosso entendimento, e seguindo a lição de Bulgarelli,[8] seria reconhecer a Lei que *todas* as atribuições conferidas ao conselho fiscal podem ser desempenhadas individualmente.

Assim, seria eliminada a aporia relativa a quem deve ter maioria de membros no conselho fiscal, afastando-se a estranha solução de colocar o auditor independente dentro do conselho. Consagrando-se claramente a competência individual dos conselheiros fiscais, igual número de representantes poderiam ter o acionista controlador e os minoritários, sem comprometimento da atuação do conselho fiscal.

7. Cf. o nosso "Poder de polícia da CVM frente aos auditores independentes", *Revista de Direito Administrativo* 193/384 e ss.

8. Ob. cit., pp. 190 e ss.

"MONOPOLIZATION", "ATTEMPT TO MONOPOLIZE" E A INTERPRETAÇÃO DO INCISO II DO ART. 20 DA LEI 8.884, DE 1994

LUIS FERNANDO SCHUARTZ

1. O significado no Direito Antitruste Norte-Americano: 1.1 Monopolização: 1.1.1 O poder de monopólio – 1.1.2 O elemento de intencionalidade – 1.2 "Attempt to monopolize". 2. Correspondências no Direito Antitruste Brasileiro: 2.1 Monopolização e domínio de mercado – 2.2 Tentativa de dominar mercado.

A finalidade imediata do presente texto é propor uma interpretação do inciso II do art. 20 da Lei 8.884, de 1994, que lhe confira um significado jurídico autônomo, especialmente em face do disposto no inciso IV do mesmo artigo. O caminho escolhido para chegar a tal interpretação passa pela demonstração da razoabilidade na construção de uma ponte entre o tratamento doutrinário e jurisprudencial que deveria ser dispensado ao tipo previsto no referido inciso II (*domínio de mercado*), de um lado, e o tratamento efetivamente dispensado pelas Cortes Norte-Americanas a um tipo de prática previsto no § 2 do *Sherman Act*, de outro.

Neste sentido, cabe atentar especificamente para os tipos de prática que os norte-americanos denominam *monopolization* e *attempt to monopolize*. No que segue serão (1) descritos os significados desses tipos no Direito Antitruste Norte-Americano e (2) apresentados argumentos que justificam a recepção do modo de tratamento jurídico dos mesmos nos Estados Unidos, no âmbito do Direito Concorrencial Brasileiro.

1. O significado no Direito Antitruste Norte-Americano[1]

1.1 Monopolização

A Seção 2 do *Sherman Act* estabelece que "every person who shall monopolize, or attempt to monopolize, or combine or conspire with any other person or persons, to monopolize any part of the trade or commerce among the several States, or with foreign nations, shall be deemed guilty of a felony (...)".

No que se refere à prática da monopolização, cabe dizer que a mesma é, tradicionalmente, tratada como uma conduta ilegal quando puder ser mostrada a presença de dois requisitos fundamentais, a saber, o *poder de monopólio* e o *elemento de intencionalidade*.[2]

1. A reconstrução a seguir apresentada está baseada nas considerações a respeito do tratamento jurisprudencial da *monopolization* e do *attempt to monopolize* contidas no *Antitrust Law Developments* (Fourth), I, (1997), da *American Bar Association*.

2. Cf. "United States *vs.* Grinnell Corp.", onde a Suprema Corte identificou os elementos da infração da seguinte forma: "The offense of monopoly power

1.1.1 O poder de monopólio

O primeiro deles, o *poder de monopólio*, é entendido como um poder de controlar preços e excluir a concorrência. No contexto de uma análise acerca da presença de poder de monopólio num caso concreto é importante dizer que as Cortes Americanas apenas requerem que tal poder exista, e não que esteja sendo de fato exercido. Assim, em "American Tobacco Co. *vs.* United States", a Suprema Corte sustentou que "the material consideration in determining whether a monopoly exists is not that prices are raised and that competition actually is excluded but that power exists to raise prices or to exclude competition when it is desired to do so".

Se o poder de monopólio é concebido nestes termos, isto é, como uma *capacidade* de aumentar preços e excluir a concorrência, é necessário indagar a seguir o que pode ser caracterizado como *evidência* da existência de um tal poder num caso concreto. Teoricamente, o poder de monopólio poderia ser diretamente verificado mediante uma análise de curvas de demanda e oferta. A determinação das elasticidades da demanda e da oferta seria, desta forma, o meio mais adequado para servir de prova *direta* da existência de *monopoly power* num caso concreto.

Entretanto, este tipo de evidência raramente está disponível no contexto de um contencioso antitruste. Por tal razão, as Cortes costumam valer-se de um meio *indireto* de prova, qual seja, o *market share* da empresa investigada no mercado relevante. A participação de mercado de uma empresa é, portanto, e nestas circunstâncias, tratada como o dado mais conveniente e acurado para a medição do seu poder de mercado.

Pelo menos desde "United States *vs.* Aluminum Co. of América" (1948) a Suprema Corte e as Cortes inferiores Norte-Americanas vêm, sistematicamente, utilizando o *market share* como medida de poder de monopólio. A pergunta a ser feita neste contexto é *qual* a participação de mercado normalmente usada pelas Cortes como referência para justificar a presunção[3] de que uma empresa que detenha uma tal participação possui poder de monopólio. Apesar de não haver uma regra explícita a respeito, há um certo consenso entre as Cortes no sentido de considerar um *market share* de no mínimo 70% como *suficiente* para justificar a referida presunção. Em outras palavras, uma empresa que detiver 70% ou mais de participação nas vendas (em volume ou receita) num mercado relevante é considerada, *prima facie*, como detentora de poder de monopólio neste mercado.[4]

1.1.2 O elemento de intencionalidade

Como exposto acima, a existência de poder de monopólio, por si só, não é suficiente para a caracterização de uma conduta como infração à Seção 2 do *Sherman Act*. Além da referida existência, é necessário mostrar que ocorreu ou que está ocorrendo uma "willful acquisition or maintenance of that *[monopoly]* power as distinguished from growth or development as a consequence of a superior product, business acumen, or historic accident".

under § 2 of the Sherman Act has two elements: (1) the possession of monopoly power in the relevant market and (2) the willful acquisition or maintenance of that power as distinguished from growth or development as a consequence of a superior product, business acumen, or historic accident".

3. Trata-se, com efeito, de uma presunção, na medida em que a participação de mercado, apesar de consistir na principal, não é a única forma de determinar a presença de poder de monopólio num caso concreto. Há outros fatores importantes, tais como presença e nível das barreiras à entrada, superioridade tecnológica resultando em vantagens de custos, economias de escala e de escopo, a homogeneidade dos produtos, a *performance* e o tamanho dos concorrentes etc.

4. Há uma infinidade de decisões que suportam esta afirmação. Cf.: "United States *vs.* E.I. du Pont de Nemours & Co." (1956), "Eastman Kodak Co. *vs.* Image Technical Services" (1992), "Morgenstern *vs.* Wilson" (oitavo circuito, 1994), "Heatransfer Corp. *vs.* Volkswagenwerk" (quinto circuito, 1977), "Illinois *ex rel.* Hartigan *vs.* Panhandle E. Pipe Line Co." (1990), entre outras.

Este elemento de intencionalidade tem sido caracterizado pelas Cortes como um "propósito ou intenção" *genéricos* (*general purpose or intent*) de adquirir ou preservar poder de monopólio. Não se exige, assim, a presença de uma intenção ou de um propósito *específicos* de adquirir ou de preservar esse poder. A diferença entre os referidos tipos está em que para a caracterização dos tipos *genéricos* admite-se, para fins de prova, a *inferência* de um tal tipo de intenção ou propósito da *natureza da conduta* investigada. Desse modo, as Cortes Norte-Americanas evitam as dificuldades quase insuperáveis associadas a análises *subjetivas* do comportamento das empresas. Trata-se, ao contrário, de inferir a partir da natureza da conduta investigada (ou seja, *do seu caráter pró ou anticompetitivo*) a presença, ou não, do referido elemento intencional num caso concreto.[5]

Nesse sentido, há, além da já citada expressão ("anticompetitiva"), uma série de expressões utilizadas pelas Cortes para indicar a presença do *general purpose or intent* nas acusações de monopolização, tais como *predatory*, *exclusionary*, *unreasonably restrictive* e *abusive*. Embora raramente as Cortes Norte-Americanas tenham tentado articular o sentido dessas expressões em termos de princípios gerais, é possível identificar dois padrões distintos de decisão que permitem identificar critérios gerais para a distinção entre os dois opostos de cada par de tipos (conduta pró *ou* anticompetitiva, abusiva *ou* não-abusiva, predatória *ou* não-predatória etc.).

Em *primeiro* lugar, quando uma dada conduta contribui para a criação ou a manutenção de poder de monopólio é provável que a intencionalidade exigida para caracterizá-la como uma infração venha a ser inferida nos casos em que a conduta em questão deva ser caracterizada como ilícita também de acordo com razões *extrínsecas* ao âmbito do Direito Antitruste. Casos típicos incluem o da propaganda enganosa, da litigância de má-fé (*sham litigation*) e da violação de normas regulatórias (por exemplo, das que definem os regimes de tarifas).

Em *segundo* lugar, as Cortes têm sistematicamente entendido que uma conduta é predatória, anticompetitiva, abusiva etc. quando a adoção de tal conduta seria economicamente irracional para o monopolista, *salvo em razão do seu impacto negativo sobre a concorrência.*[6] Isto significa dizer, em outras palavras, que a legislação não pune a chamada concorrência agressiva, isto é, aquela que, *na busca do lucro*, consiste em estratégias *que resultam* – ou podem resultar – na geração de impactos altamente negativos sobre rivais, mesmo quando praticadas por empresas monopolistas. A abusividade não se localiza na *agressividade* da estratégia, mas sim na *inversão da causalidade entre busca do lucro e prejuízo aos rivais*. Se nos casos de ações lícitas a busca do lucro *tem como efeito* o prejuízo aos rivais, no caso do abuso é o prejuízo aos rivais que aparece como a *condição para a obtenção do maior lucro*.

A práxis recente revela que este segundo padrão é o dominante no que se refere à determinação da natureza abusiva de uma conduta no contexto de uma acusação de monopolização. Deste modo, no julgado "Aspen Skiing Co. *vs.* Aspen Highlands Skiing Corp." (1985) a Suprema Corte afirmou que se uma dada empresa estava "attempting to exclude rivals on some basis

5. Isto não significa que o aspecto subjetivo deva ser negligenciado (cf. "Aspen Skiing Co. *vs.* Aspen Highlands Skiing Corp.", 1985), mas, sim, que a prova da *intenção* – subjetiva – predatória ou abusiva não é suficiente para qualificar uma conduta como tal. O foco dos casos recentes tem recaído no sentido objetivo da conduta, e não no desejo subjetivo de destruir um concorrente.

6. Cf. "Advanced Health-Care Servs. *vs.* Radford Community Hosp." (quarto circuito, 1990); cf. também "Eureka Urethane Inc. *vs.* PBA, Inc." (1990): "Such conduct makes sense only because it eliminates competition...To be labeled anticompetitive, the conduct involved must be such that its anticipated benefits were dependent on its tendency to discipline or eliminate competition".

other than efficiency", é razoável caracterizar o seu comportamento como predatório ou anticompetitivo.

Concluindo, a conduta de uma empresa deverá ser caracterizada como monopolização no sentido do disposto no § 2 do *Sherman Act* quando tal empresa detiver uma participação substantiva no mercado relevante (em regra, superior a 70%) e quando sua racionalidade econômica estiver associada não à geração de eficiências, mas sim ao puro e simples prejuízo aos rivais como condição de obtenção de maior lucro futuro.

1.2 "Attempt to monopolize"

Mesmo quando o poder econômico de uma empresa não for suficiente para justificar a sua classificação como monopolístico, condutas predatórias ou anticompetitivas no sentido acima exposto podem constituir uma infração ao § 2 do *Sherman Act*. Trata-se da *tentativa* de monopolização ou *attempt to monopolize*. A infração em questão requer como pressupostos, para a sua caracterização, a prova dos seguintes elementos: (1) o caráter anticompetitivo da conduta (exatamente como nos casos de monopolização); (2) a presença da intenção *específica* de monopolizar (hipótese supostamente diferente da de monopolização, em que a intenção *genérica* é suficiente); e (3) uma "perigosa probabilidade", associada à conduta, de que ela resulte na geração de poder de monopólio para a empresa que a adota.[7]

Tendo já descrito brevemente o significado do primeiro requisito (isto é, a natureza anticompetitiva da conduta), cabe explicar, sucintamente, o sentido dos outros dois elementos acima mencionados. No que se refere à exigência da intenção *específica* de monopolizar a jurisprudência norte-americana exige a prova de que possa ser atribuída à empresa investigada "specific intent to destroy competition or build monopoly".[8] Note-se, por outro lado, que esta "intenção específica" não necessita ser provada de forma *direta*, podendo, ao contrário, ser *inferida* de evidências da natureza anticompetitiva da conduta.[9] Esta circunstância relativiza sobremaneira a diferença acima afirmada entre o ***general** intent* da prática de monopolização e o ***specific** intent* do *attempt to monopolize*.

Com efeito, podendo a intenção específica de monopolizar ser inferida da natureza anticompetitiva ou predatória da conduta investigada e esta, por sua vez (nos moldes da análise da existência de monopolização), ser presumida na ausência de uma justificação econômica racional *que não* o prejuízo a um ou mais rivais como condição para aumentar preços e lucros, é natural concluir que a jurisprudência norte-americana favorece um tratamento *objetivo* no que se refere à determinação das condições de existência *tanto* da monopolização *como* da tentativa de monopolizar.

A diferença relevante entre os dois tipos de prática, portanto, deve ser buscada no último elemento antes citado, a saber, a "perigosa probabilidade" de criação de poder de monopólio em favor da empresa que adota a conduta investigada. Em relação ao mesmo, afirmou a Suprema Corte na já citada decisão "Spectrum Sports, Inc. *vs.* McQuillan" (1993) que "in order to de-

7. Cf. "Spectrum Sports, Inc. *vs.* McQuillan" (1993), em que a Corte Suprema refere-se a esses três elementos do seguinte modo: "(1) that the defendant has engaged in predatory or anticompetitive conduct with (2) a specific intent to monopolize and (3) a dangerous probability of achieving monopoly power".

8. "Times-Picayune Publ'g Co. *vs.* United States" (1953).

9. "M & M Med. Supplies & Serv. *vs.* Pleasant Valley Hosp." (quarto circuito, 1992): "Specific intent may be inferred from the defendant's anticompetitive practices". No mesmo sentido "Great Escape, Inc. *vs.* Union City Body Co." (sétimo circuito, 1986): "Specific intent may be inferred from predatory conduct (...) [*i.e.*] conduct that is in itself an independent violation of the antitrust laws or that has no legitimate business justification other than to destroy or damage competition".

termine whether there is a dangerous probability of monopolization, Courts have found it necessary to consider the relevant market and the defendant's ability to lessen or destroy competition in that market".

Para determinar se pode ser atribuída a uma empresa uma "probabilidade perigosa" de sucesso em sua tentativa de monopolização as Cortes geralmente examinam os mesmos fatores considerados relevantes para verificar se uma dada empresa possui ou não poder de monopólio. Como, entretanto, trata-se, aqui, de mera tentativa, a natureza da prova é qualitativa mas de modo algum quantitativamente equiparável àquela exigida nos casos envolvendo acusações de monopolização.[10]

Tal como neste último caso, o principal critério no qual as Cortes baseiam suas decisões a respeito da presença, em um caso concreto, da probabilidade perigosa de constituição de poder de monopólio é o *market share* da empresa investigada.[11] Embora não existam limites mínimos precisos, considera-se que uma participação de mercado acima de 50% é suficiente para fins de atestar a presença da referida probabilidade.

2. *Correspondências no Direito Antitruste Brasileiro*

2.1 *Monopolização e domínio de mercado*

No Direito Positivo Brasileiro a correspondência com os tipos definidos na Seção 2 do *Sherman Act* está ao alcance da mão. Isto vale especialmente para a *monopolizing conduct*. De fato, a interpretação do disposto no inciso II do art. 20 da Lei 8.884, de 1994, conduz naturalmente a uma associação entre os sentidos jurídicos da mencionada prática nos Estados Unidos, de um lado, e da prática denominada *domínio de mercado*, de outro lado. Em outras palavras, a leitura mais imediata – e correta – da expressão "dominar mercados de bens ou serviços" (inciso II do citado art. 20) é aquela que conecta seu sentido àquele associado à expressão *monopolization*, tal como entendida no Direito Norte-Americano.

Isto significa que as mesmas *condições de ilicitude* estão presentes num e noutro caso. Com efeito, assim como no caso da monopolização do Direito Norte-Americano, o domínio de mercado requer a presença de duas condições para existir, quais sejam: um controle de parcela substancial de um mercado relevante (tal como manifestado no *market share* da empresa investigada) – ou seja, um *poder de mercado* – que seja *suficientemente alto* para diferenciá-lo de mera posição dominante (presumida a partir de um *market share* de 20%, nos termos do § 3º do art. 20); *e* um elemento associado diretamente à *natureza da conduta* em questão, de modo a permitir a sua caracterização como prática anticompetitiva.

O *primeiro* elemento decorre da necessidade de interpretar os incisos do art. 20 da Lei 8.884, de 1994, de maneira a conferir às expressões técnicas que neles aparecem um sentido jurídico *autônomo* e *sistematicamente justificável*. *Deter uma posição dominante* num mercado e *dominar*

10. Cf. "McGahee *vs*. Northern Propane Gas Co." (décimo-primeiro circuito, 1988): "determining whether a defendant possesses sufficient market power to be dangerously close to achieving a monopoly requires (...) proof of the same character, but not the same *quantum* (as a monopolization claim)".

11. Assim como nos casos de monopolização, as Cortes entendem que, embora o critério do *market share* deva ser tratado como o mais conveniente, o mesmo não é absoluto. Cf., a respeito, a decisão "Colorado Interstate Gas Co. *vs*. Natural Gas Pipeline Co. of America" (décimo circuito, 1989): "A high market share indicates that a firm has the economic capacity to monopolize the market. However, proximity to monopolistic *status* is not enough; the defendant must also have the ability to propel itself to monopolistic control over the market". Além da participação de mercado, outros fatores relevantes neste contexto incluem a natureza e o nível das barreiras à entrada, o grau de concentração do mercado, a natureza da conduta anticompetitiva investigada, a força dos rivais e a elasticidade da demanda.

um mercado são, desta forma, situações econômica e juridicamente distintas, correspondendo, *grosso modo*, aos conceitos de poder de mercado e de poder de monopólio do Direito Antitruste Norte-Americano. Assim, não apenas as condições de aplicação, mas também – e sobretudo – as *conseqüências jurídicas* associadas aos conceitos de posição dominante e de domínio de mercado são diferentes. Uma empresa que controla 70% ou mais de um mercado relevante não pode, em princípio, ser tratada da mesma forma que uma empresa que detém uma participação de 20% no mesmo.[12]

Esta interpretação, que está inteiramente de acordo com o bom senso econômico e jurídico, não significa, de modo algum, que *do fato* de uma firma deter 70% ou mais de participação num mercado relevante pode ser inferido *diretamente* o cometimento da infração prevista no inciso II do art. 20 da Lei 8.884, de 1994. Ao contrário, e como acaba de ser antecipado, a expressão "dominar mercado relevante de bens ou serviços" não se refere *exclusivamente* a uma específica situação *estrutural* do mercado (o fato de uma empresa possuir um *share* de 70%, por exemplo), mas aponta *adicionalmente* para um momento de *abusividade* relacionado à *conduta* da detentora dessa posição monopolística ou desse poder de monopólio.

Contudo, em virtude do que foi dito no tocante à distinção entre posição dominante e domínio de mercado de bens ou serviços, esta *segunda* condição necessária à configuração de uma dominação de mercado no sentido do inciso II do art. 20 *não pode ser identificada* com o sentido que o termo "abusiva" possui na expressão "exercer de forma abusiva posição dominante" (inciso III do art. 20 da Lei 8.884, de 1994). Esta implicação é óbvia, pois decorre diretamente da premissa segundo a qual posição dominante e domínio de mercado devem ser tratados juridicamente como situações diferentes. Esses conceitos seriam juridicamente indiferenciáveis se refletissem idênticas condições de aplicação e conseqüências jurídicas.

Isto significa que para a empresa detentora de *poder de monopólio* o momento de abusividade em sua conduta deve poder ser detectado de acordo com *critérios distintos* daqueles usualmente utilizados para verificar se houve exercício abusivo de uma *posição dominante* por parte de uma empresa que a detém.[13] A explicitação desses critérios, implícitos em uma leitura sistemática da Lei 8.884, de 1994, é muito facilitada ao levarmos em conta o disposto no § 1º do art. 20 da Lei 8.884, de 1994, que exclui do conteúdo do inciso II do mesmo artigo (que define a infração) "a conquista de mercado resultante de processo natural fundado na maior eficiência de agente econômico em relação a seus competidores (...)".

A positivação desta ressalva ao conteúdo do inciso II do referido art. 20 é muito significativa. Essa previsão legal limitadora do âmbito de validade do inciso II *não apenas* implica – na leitura mais óbvia – uma conclusão *negativa* no tocante ao conceito jurídico de domínio de mercado, isto é, ela não apenas nos dá uma informação a respeito daquilo que o domínio de mercado *não é*; para além dessa informação gramaticalmente trivial, o mencionado dispositivo legal está nos revelando algo *positi-*

12. Isto não quer dizer, em absoluto, que não seja possível relacionar as duas práticas ("domínio de mercado" e "exercício abusivo de posição dominante") sistematicamente, a partir de uma proposta teórica *unificadora* do conceito de *infração da ordem econômica*, como o *genus* que abarca, entre suas *espécies*, os *quatro* incisos do art. 20 da Lei 8.884, de 1994.

13. Resumidamente, poderíamos afirmar que o exercício abusivo de uma *posição dominante* requer, para a sua caracterização num caso concreto, a demonstração de relação de determinação entre a conduta investigada e um impacto líquido negativo, em termos *quantitativamente* relevantes, para o bem-estar do consumidor. Isto normalmente implica, para a análise antitruste, a prova da presença de efeitos negativos associados à conduta sobre a *estrutura* do mercado em questão.

vo muito importante acerca do conceito de domínio de mercado.

Exatamente *o que* de positivo nos é revelado pela citada norma é, após o exposto acima sobre os elementos constitutivos da prática de monopolização, de imediata apreensão. Foi visto, naquele contexto, que o empenho das Cortes Norte-Americanas em separar conceitualmente a *monopolization conduct* (que é tratada como infração) da *concorrência agressiva* (caracterizada como lícita mesmo quando praticada por uma empresa detentora de poder de monopólio) está cristalizado jurisprudencialmente na doutrina do *general intent*, ou seja, na exigência da demonstração do caráter ilícito na criação ou manutenção do poder de monopólio a partir da *natureza objetiva dos meios empregados* para esta criação ou manutenção.

A forma especificamente moderna desta exigência pode ser expressa na fórmula enunciada pela Suprema Corte na já citada decisão "Aspen Skiing Co. *vs.* Aspen Highlands Skiing Corp.", de acordo com a qual é correto caracterizar o comportamento de uma empresa (detentora de poder de monopólio) como predatório (ou anticompetitivo, ou abusivo etc.) se estiver direcionado para a exclusão de ou o prejuízo a rivais "on some basis other than efficiency". Um agente econômico que conquista ou mantém poder de monopólio *em razão* de estratégias de conduta prejudiciais aos seus concorrentes *e* não justificáveis a partir de considerações de eficiência econômica comete, *ipso facto*, a infração de monopolização.

Note-se, ainda, que a interpretação da expressão "domínio de mercado" que acaba de ser proposta nada tem a ver com um suposto tratamento *per se* da infração prevista no inciso II do art. 20 da Lei 8.884, de 1994. Num certo sentido, e ao contrário, nós poderíamos afirmar que, tal como definido, o domínio de mercado é o *único* tipo de conduta anticompetitiva que, por assim dizer, carrega a regra da razão estampada na própria testa. Com efeito, consistindo a regra da razão na consideração de possíveis eficiências que compensem uma perda maior ou menor de bem-estar associada a uma dada prática, fica claro que, no domínio de mercado, essa consideração é um *elemento constitutivo do próprio tipo*. Em outras palavras, *faz parte da própria definição* de domínio de mercado a *inexistência de eficiências* capazes de compensar a perda de bem-estar associada aos meios empregados para estabilizar esse mesmo domínio e ao exercício do poder de monopólio no mercado em questão.

Vale relembrar que o aspecto relevante para o qual se deve atentar nas análises das condutas de empresas detentoras de poder de monopólio suspeitas de terem cometido monopolização no sentido da § 2 do *Sherman Act* recai sobre o *sentido da relação de determinação* que conecta prejuízo a rivais, de um lado, e preservação ou aumento de *market shares* e/ou margens de lucro, de outro. Assim, se, e conforme exposto, a *concorrência agressiva* de um dado agente em face de outro significa – sem bem sucedida – o prejuízo ou mesmo a eliminação do rival como *conseqüência* de uma estratégia economicamente racional voltada para a ampliação de participações de mercado e aumentos de lucros, a *monopolização* exige tal prejuízo ou eliminação como uma *condição* de sucesso. A relação de determinação inverte-se, e aquilo que era lícito num caso vira, no outro, infração.

Num caso (concorrência agressiva), portanto, o impacto negativo sobre rivais é resultado econômico natural do sucesso de uma estratégia competitiva que tem como objeto imediato a busca de um maior lucro e da consolidação de posições de poder no mercado de atuação; no outro (monopolização) referido impacto negativo constitui, ele mesmo, o objeto imediato da estratégia, sendo o aumento esperado de lucros e participações de mercado a conseqüência que se associa a tal impacto. A linha que divide esses casos, por sua vez, deve ser traçada a partir de uma investigação economicamente esclarecida a respeito da existência ou não, em cada caso concreto, de *eficiências* de qualquer espécie que possam servir como premissas num processo de *justificativa racional* das condutas investigadas.

É perfeitamente correta a transferência dessas implicações para o Direito da Concorrência Brasileiro. Ela nao apenas permite uma interpretação do inciso II do art. 20 da Lei 8.884, de 1994, que confere à expressão "domínio de mercado" – como determinam as regras aceitas de Hermenêutica – um sentido jurídico genuinamente autônomo, irredutível àquele da expressão "exercício abusivo de posição dominante"; ademais, a recepção dos ensinamentos da jurisprudência norte-americana no contexto da determinação do sentido da referida expressão se harmoniza com o viés objetivista da lei antitruste brasileira, que prescinde, para fins de análise de condutas no âmbito do art. 20, de elementos associados à subjetividade dos agentes. Se o prejuízo causado a um rival por uma prática de empresa detentora de poder monopolista é infração, ou não, é algo que pode ser inferido *objetivamente* da natureza da própria conduta e das circunstâncias do mercado relevante.

Assim, por exemplo, contratos de exclusividade celebrados por empresa detentora de poder monopolista e distribuidores de seus produtos poderão vir a ser caracterizados como *domínio de mercado* no sentido do inciso II se não for plausível, em face das características do produto envolvido, uma eventual tentativa de justificá-los economicamente mediante o recurso a eficiências (em regra, economias de custos de transação). A natureza *predatória* ou *abusiva* da conduta, neste caso, *decorre* dessa conjunção (poder de monopólio + exclusão de concorrentes de um conjunto real ou potencial de canais de distribuição + ausência de eficiências associadas a esta exclusão), não devendo ser tratada como elemento *adicional* à mesma para efeitos de caracterização da conduta *como* infração.

2.2 *Tentativa de dominar mercado*

Conclusões análogas podem ser sacadas no que diz respeito ao *attempt to monopolize*. Em primeiro lugar deve-se ter presente que a presença geral da figura da *tentativa* no contexto da aplicação do art. 20 da Lei 8.884, de 1994, não pode ser seriamente questionada.[14] O *caput* do art. 20 é explícito no sentido de reconhecer como infratores da ordem econômica "os atos sob qualquer forma manifestados, que tenham por objeto *ou possam produzir* os seguintes efeitos" (listados nos incisos I-IV), "*ainda que* [tais efeitos] *não sejam alcançados*" (grifos meus).

Tendo sido interpretado, em segundo lugar, o "domínio de mercado de bens ou serviços" como um símile, no Direito Brasileiro, da *monopolization* do Direito Norte-Americano, segue que pode ser estabelecida uma correspondência entre a *tentativa* de dominar mercado, por um lado, e o *attempt to monopolize*, de outro.

Esta conclusão é, diante do exposto no n. 2.1, acima, necessária, já que nada mais é requerido para justificá-la do que o reconhecimento de que é razoável estabelecer-se uma correspondência entre as formas consumadas das respectivas infrações. A apresentação de argumentos adicionais aos mostrados naquela parte do texto é, logo, inteiramente dispensável, sendo mais ilustrativa neste momento a explicitação de algumas implicações associadas à concepção da tentativa de domínio de mercado nos moldes do *attempt to monopolize* do Direito Norte-Americano.

Estas implicações têm a ver com os elementos constitutivos da tentativa de domínio de mercado como infração da ordem econômica. Como descrito no n. 1.2, a configuração do *attempt to monopolize* requer a demonstração de três elementos, os quais, dada a tendência processual de assimilação entre ***general*** e ***specific** intent* que marca o desenvolvimento jurisprudencial nos Estados Unidos, poderiam ser essencialmente

14. Embora, como veremos a seguir, o sentido em que se deve entender a expressão "tentativa" no contexto do direito de defesa da concorrência nada tenha a ver com o sentido que essa mesma expressão adquiriu no âmbito do Direito Penal.

reduzidos a dois, quais sejam, o caráter – objetivamente – anticompetitivo da conduta investigada (nos termos do tratamento dos casos de monopolização) e a "perigosa probabilidade" de que a referida conduta resulte na consolidação de poder monopolista em favor da empresa que a adotou ou está adotando.

A determinação desse segundo requisito, por sua vez, segue os mesmos passos que o processo de determinação de poder de monopólio nos casos de monopolização. Em ambos os casos é o *market share* da empresa investigada a aparecer, em regra, como principal variável na análise (embora, como antes notado, fatores como a natureza e o nível das barreiras à entrada, a força dos concorrentes efetivos e potenciais, a elasticidade da demanda etc. venham a ser considerados em graus variados de relevância).[15] A diferença fundamental está no *quantum* de participação de mercado exigido num e noutro caso para justificar a existência de poder de monopólio e de "perigosa probabilidade" de geração desse poder: algo em torno a 70% ou mais no primeiro caso; e algo entre 50% e 70%, no segundo.[16]

Isto posto, é natural pensarmos na *tentativa de domínio de mercado de bens ou serviços* em termos de estratégias *predatórias* (isto é, não justificáveis por meio do recurso a eficiências), utilizadas por empresas possuidoras de um poder de mercado suficiente para assegurar a criação de *poder de monopólio* (expresso, principal mas não exclusivamente, por um *market share* estipulado a partir de um limite mínimo); ou seja, em termos de "atos sob qualquer forma manifestados" que *possam* produzir o efeito da monopolização de mercados relevantes, *ainda que tal efeito não seja alcançado* (atos que apresentem uma "perigosa probabilidade" de resultar na criação de poder de monopólio para a empresa que os adota ou está adotando, ainda que tal criação não venha a se consumar).

Por fim, e neste mesmo contexto, um motivo de possível confusão deve ser desde logo enfrentado por meio do lembrete de que as expressões "possam produzir" e "ainda que não sejam alcançados", as quais aparecem no *caput* do art. 20 da Lei 8.884, de 1994, não podem ser tomadas como sintomas de que há no Direito Antitruste o reconhecimento da figura da tentativa *no sentido do Direito Penal.*

Com efeito, *se* um ato qualquer pode, num sentido técnico-econômico, produzir um dos efeitos listados nos incisos do art. 20, ele *constitui infração*, quer os tais efeitos tenham sido alcançados ou não. Não se trata, no primeiro caso, de uma *tentativa de infração*, mas de uma infração *consumada*, perfeita no que diz respeito à presença de *todos* os seus elementos constitutivos. Logo, o uso da expressão *tentativa* no âmbito do Direito da Concorrência é guiado por regras de sentido peculiares a esse ramo do Direito, sendo justificado em razão da igualdade de efeitos associados aos casos "tentados" (agora entre aspas) e "consumados". *Stricto sensu*, não há infrações tentadas no Direito Antitruste; os atos que, por qualquer motivo, não lograrem alcançar os efeitos previstos nos incisos do art. 20 são *ou infrações consumadas* (quando puderem alcançar os efeitos) *ou não são infrações* (quando não puderem alcançar os mencionados efeitos).

15. O *status* privilegiado do *market share* para fins de determinação da presença tanto do poder de monopólio como da "perigosa probabilidade" de geração desse poder decorre, basicamente, de considerações de natureza pragmática, relacionadas à necessidade de *contextualização jurídica* de análises técnico-econômicas. É bem possível que o mesmo analista chegasse a conclusões distintas (ou não chegasse a conclusão alguma, por falta de dados) *se* estivesse realizando suas análises *num outro contexto*, por exemplo, como pesquisador em uma Universidade. Na medida, porém, em que suas análises se dão no contexto de um contencioso administrativo ou judicial, elas vão estar sujeitas a uma série de restrições específicas a esse contexto, como, por exemplo, a necessidade de tomar *uma decisão* num período *limitado* de tempo.

16. Existem casos em que esses limites habitualmente considerados como mínimos foram rebaixados, mas eles não traduzem a tendência das Cortes.

OS VALORES MOBILIÁRIOS COMO TÍTULO DE CRÉDITO

João Luiz Coelho da Rocha
e
Marcelle Fonseca Lima

1. Os traços essenciais dos títulos de crédito. 2. O formalismo estrito. 3. Efeitos de comércio e valores mobiliários. 4. Os valores mobiliários: títulos de crédito heterodoxos.

1. Os traços essenciais dos títulos de crédito

Pela sua impressionante capacidade de síntese, aliada à feliz expressão que vai na essência do instituto, é difícil falar dos títulos de crédito sem a referência básica à clássica conceituação de Cesare Vivante (*Trattato di Diritto Commerciale*, 5ª ed., v. VII, p. 123): "Título de crédito é o *documento necessário* para o exercício do direito *literal* e *autônomo*, nele mencionado" (grifamos).

Tão ajustado o conceito do mestre italiano que é aceito genericamente pelos doutrinadores e, conforme assegura Fran Martins (*Títulos de Crédito*, 4ª ed., v. I, Rio de Janeiro, Forense, p. 9), chega a constituir princípio legal em algumas ordens jurídicas.

Nele, através do emprego dos adjetivos "necessário", "literal" e "autônomo", se faz menção aos três princípios básicos que informam e qualificam o Direito Cambiário, concedendo aos títulos de crédito e às obrigações deles derivadas um papel especial no campo do Direito.

Das três características destacadas, a mais importante diz respeito à autonomia das obrigações assumidas nos títulos de crédito, certamente sua própria razão de ser e que os diferencia das cessões de crédito comuns. A autonomia significa que o cumprimento das obrigações assumidas por alguém no título não está vinculado a outra obrigação qualquer ali assumida. Assim, ao circular o papel de crédito, como é seu objetivo, passando do credor "A" para o credor "B", não pode o devedor opor a este último os direitos (compensação, remissão, abatimento de dívida etc.) que eventualmente teria perante o credor anterior.

Este é o princípio da autonomia, o qual, em sua raiz causal, apresenta-se como uma garantia ao adquirente do título de crédito (ao comprador do crédito) de que nada daquilo que a pessoa que lhe cedeu o título ou seus antecessores tiverem de problemas com o devedor lhe poderá ser imputado. Uma garantia, enfim, de que o crédito íntegro lhe está sendo cedido, diferentemente do que ocorre nas cessões de crédito do Direito Civil Comum, nas quais o cessionário, por adquirir direito de modo derivado, está sujeito ao risco dos defeitos do título do cedente e às exceções que o devedor poderá opor contra aquele (art. 1.072 do CC brasileiro).

Já os outros qualificativos de Vivante – literalidade e cartularidade – somente vêm integrar o conceito de títulos de crédito como seqüelas jurídicas necessárias para contrabalançar a radicalidade daquele direito autônomo ali contido.

Assim, o direito de crédito tão severo, tão protetor da posição credora, apenas existe nos exatos e estritos termos do que conste no título, desprezando-se, nesse passo, ajustes laterais (*side letters*), residindo aí a literalidade de que fala Vivante.

Por outro lado, ao falar de documento necessário o grande comercialista vocaliza um requisito adicional de solenidade muito estrita, exigível diante desse caráter radical do que ali se trata: a exigência concreta, física, do título. Sem isto, desaparece o crédito, vinculado que ficou à sua corporificação no papel adequado. É neste sentido que se faz menção à característica da cartularidade.

2. *O formalismo estrito*

Além desses princípios qualificadores básicos, existe ainda uma outra norma cambiária de ordem geral, admitida na doutrina e na jurisprudência, que é a da formalidade estrita.

Estamos, aí, no campo daquilo que Fran Martins (*Títulos* ..., cit., v. I, p. 17) chama de rigor cambiário. Isto quer dizer que as leis que tratam dos títulos de crédito (e sobre eles temos uma grande diversidade de leis a respeito, uma sobre cheques, outra sobre duplicatas, outra, ainda, sobre cédulas de crédito rural, dentre várias mais) trazem artigos próprios decodificando os chamados requisitos formais essenciais de cada título.

Vejam-se, a propósito, o art. 2º, § 1º, da Lei 5.474, de 1968, sobre as duplicatas; o art. 1º da Lei 7.357, de 1985, sobre os cheques; os arts. 1º e 75 da Lei Uniforme de Genebra sobre as Letras de Câmbio e Notas Promissórias.

Por mais estranho que possa parecer à primeira vista, o rigor formal cambiário assim opera de modo que se faltar a denominação "nota promissória" no título de crédito que então se pretenda, ainda que todos os outros requisitos legais (nome, CPF e endereço do emitente, nome do beneficiário, praça do pagamento, valor devido em algarismos e por extenso, data do vencimento etc.) ali se achem, o documento não terá valor como nota promissória. O seu beneficiário, então, não disporá de um título executivo extrajudicial, tal como um dos listados no art. 585 do CPC, e, é claro, seu crédito não desfrutará da proteção da autonomia, como vimos acima, típica dos títulos de crédito.

O formalismo é, portanto, fator preponderante para a existência e a validade do título, sendo certo que sem ele não terão eficácia os demais princípios inerentes aos títulos de crédito. Tanto a autonomia quanto a literalidade invocadas por Vivante só poderão ser discutidas se o título estiver formalmente de acordo com a lei que o regule, donde se conclui que o rigor formal é essencial para que um documento seja considerado um título de crédito.

3. *Efeitos de comércio e valores mobiliários*

Deve-se à doutrina francesa a diferenciação entre os títulos de crédito considerados como *effects de commerce* daqueles outros denominados *valeurs meubilières*.

Os primeiros dizem com o surgimento usual de obrigações cambiarizadas de pagamento em razão de relações bilaterais comuns do comércio: são as duplicatas, as promissórias, os cheques, todos aqueles títulos derivados da intervenção do crédito nas trocas econômicas normais.

Já os valores mobiliários se encaixam em um setor particular do circuito econômico, conectado ao mercado aberto, onde as operações creditícias envolvem não uma troca no âmbito puramente bilateral e restrito, mas, pelo contrário, se abrem para o mercado, para disseminação ao público em geral da posição credora no título de crédito.

Pegue-se como paradigma do "valor mobiliário" a debênture. Vê-se claramente como este título não se distingue essencialmente de uma nota promissória.

Com efeito, se a Petrobrás, por exemplo, toma dinheiro emprestado em um banco e assina notas promissórias representativas deste débito e, simultaneamente, lança debêntures suas no mercado, está ela se tornando devedora principal de dois tipos de títulos de crédito (as notas promissórias e as debêntures são igualmente documentos que embasam execuções como títulos extrajudiciais).

A diferença está em que a promissória é cártula restrita à rota comum das relações de troca, enquanto a debênture é título que o devedor principal (emitente) coloca junto ao grande público investidor, convidando qualquer um a se tornar credor daquele documento.

Sempre que a procura de crédito sair do âmbito comum das relações bilaterais e se expandir para o mercado aberto, para a oferta a pública, estaremos em um terreno da Economia que demanda um regramento especial da ordem jurídica. A poupança popular, o mercado aberto de capitais, são considerados de forma especial pela ordem jurídica, a qual estabelece regras muito nítidas de proteção dos investidores e da credibilidade do mercado.

Tomar dinheiro emprestado em relações normais de comércio, assinando uma letra de câmbio, endossando uma duplicata, são operações cujo trato só diz respeito às partes envolvidas.

Contudo, lançar debêntures no mercado de capitais, atraindo o público investidor a mutuar recursos à companhia, é assunto que, para além do trato sociedade/investidor, diz respeito ao mercado público de capitais, e uma severa ordem normativa cerca e baliza tal operação.

Daí por que, sendo as sociedades anônimas as grandes células motoras da economia moderna, os valores mobiliários ficaram como títulos de crédito próprios delas, podendo as companhias, em razão de sua importância comunitária e escopo publicístico, colocar-se no mercado como emitentes de ações, debêntures, partes beneficiárias e seus derivativos, tais como cédulas pignoratícias de debêntures e bônus de subscrição.

4. Os valores mobiliários: títulos de crédito heterodoxos

Inobstante o acima exposto, sempre houve resistência de parcela da doutrina à qualificação dos valores mobiliários como títulos de crédito.

Nessa oposição tomavam-se em conta sobretudo documentos como as ações e as partes beneficiárias, títulos de participação social, argüindo-se que representavam eles créditos incertos, pois, ao contrário dos direitos derivados das debêntures, por exemplo, eles seriam dependentes de resultados eventualmente inexistentes e também ilíquidos e nem sempre mensuráveis de antemão.

Acabou sedimentando-se, porém, a conclusão correta de que o crédito do acionista ou do titular da parte beneficiária é certo desde que haja lucro, devendo ser liquidado de acordo com os termos percentuais ou quantificado de outra forma nos estatutos sociais da companhia emitente.

Ao apurar a companhia lucros sociais o título de crédito ação tal qual a parte beneficiária, se existente, concederão a seus detentores um crédito contra a empresa tão certo e líquido quanto o de titularidade de detentor de uma nota promissória.

Há também os que mais recentemente procuram desqualificar as ações como títulos de crédito por serem hoje de forma obrigatoriamente nominativa, podendo ou não ser representadas através de certificados.

A situação torna-se ainda mais complexa quando se fala de ações escriturais.

Assim se manifestou Modesto Carvalhosa, em seus *Comentários à Lei de Sociedades Anônimas*, v. I, São Paulo, Saraiva,

1977, p. 157: "O problema da natureza jurídica da ação não encontra ainda uma solução unânime na doutrina. A questão torna-se mais complexa quando se sabe que não há uma natureza jurídica comum a todas as ações, em face da diversidade das formas de que se revestem. Não se pode, outrossim, deixar de considerar a existência de ações que não se encontrem materializadas em um documento, como pode ocorrer com as nominativas e que, necessariamente, ocorre com as escriturais".

Afirma, ainda, o insigne professor (p. 88): "Não mais necessariamente representada por um título (certificado) coloca-se também a questão tormentosa de tratar se a ação é um título de crédito ou não. De plano fica eliminada essa problemática no que diz respeito às ações escriturais por lhes faltar o requisito fundamental do documento através do qual pudesse o direito inerente à ação ser exercido".

Esquece-se referido mestre do Direito Comercial de que a cartularidade não é, como acima alertado, razão para criação de títulos de crédito, mas sim conseqüência de algumas de suas modalidades.

A função principal dos títulos de crédito é facilitar a circulação de riquezas, assegurando que esta se faça sem riscos. E isto ocorre nas ações, tanto nas nominativas quanto nas escriturais, as quais têm em comum a característica de serem direitos corporificados mediante registro gráfico do nome do titular, no caso das ações nominativas, no Livro de Registro de Ações Nominativas, e quanto às ações escriturais em conta de registro dessas ações, mantida por instituição financeira.

O acionista tem um direito de crédito (a dividendos, a parcela do patrimônio líquido em certos casos, dentre outros) contra a companhia. Se ceder sua ação nominativa ou escritural a "B", este receberá íntegro e preservado aquele direito de crédito a ser exercido contra a companhia, a qual não lhe poderá negar dividendos, por exemplo, alegando que "A" devia mais à companhia do que teria de crédito a receber.

É esta proteção do princípio da autonomia que confere um toque especial aos títulos de crédito, ainda que tais títulos sejam tão excepcionais em sua estrutura e em sua forma – como a ação.

Vêem-se poucos autores atentos a essa "linha d'água" traçada pela autonomia. Fábio Ulhôa Coelho, em seu *Curso de Direito Comercial*, v. I, São Paulo, Saraiva, 1998, p. 379, é um dos poucos que assim percebem, enfatizando, diante de certa perplexidade quanto aos *títulos virtuais* nascentes no furacão informático:

"O registro da concessão e circulação do crédito em meio magnético tornou obsoletos os preceitos do Direito Cambiário intrinsecamente ligados à condição de documento dos títulos de crédito. Cartularidade, literalidade, distinção entre atos 'em branco' e 'em preto' representam aspectos da disciplina cambial desprovidos de sentido, no ambiente informatizado.

"O único dos três princípios da matéria que não apresenta incompatibilidade intrínseca com o processo de desmaterialização dos títulos de crédito é o da autonomia das obrigações cambiais, e os seus desdobramentos no da abstração e inoponibilidade das exceções pessoais aos terceiros de boa-fé. Será a partir dele que o Direito poderá reconstruir a disciplina da ágil circulação do crédito, quando não existirem mais registros de sua concessão em papel."

Também neste sentido são as lições de Alfredo Lamy Filho e José Luiz Bilhões Pedreira, em sua obra *A Lei das S/A*, 2ª ed., v. II, "Pareceres", Rio de Janeiro, Renovar, pp. 58 e ss., ao comentar opiniões de juristas que negam a natureza de título de crédito às ações: "Essas opiniões sobre a natureza das ações nominativas, quando têm por objeto a ação como valor mobiliário (e não o certificado da ação nominativa), são improcedentes e precisam ser refutadas porque negam à ação nominativa característica essencial à funcionalidade das sociedades por ações, que é a circulabilidade dos conjuntos de direitos e obrigações dos sócios com a certeza e segurança jurídicas próprias dos direitos incorporados em títulos de crédito".

Assim, alertam ser inquestionável que os certificados de ações nominativas não são títulos de crédito de acordo com a definição clássica de Vivante, mas que tal fato não acarreta a exclusão desta modalidade de ações, assim como das escriturais, do regime dos títulos de crédito.

Isto porque, na opinião dos renomados juristas – à qual aderimos –, a noção fundamental de títulos de crédito não se liga às características dos documentos que incorporam direitos, mas sim ao regime de circulação destes de forma rápida e segura, o que efetivamente se faz mediante inscrição do nome do adquirente das ações no respectivo Livro de Registro de Ações Nominativas ou nas contas de depósito de ações escriturais mantidas por instituição financeira de escolha da companhia. O que muda nas ações em relação aos demais títulos de crédito mais populares (nota promissória, cheque etc.) é apenas a forma de corporificação dos direitos a elas inerentes, o que se dá pela aposição de escritos em livros específicos ou em contas mantidas por instituições financeiras qualificadas, bem como o modo de transferência destes direitos, conforme já esclarecido.

Dessa forma, mesmo tão desqualificadas em sua circulabilidade e na sua cartularidade, desde que preservada a autonomia da relações creditícias ali contidas, deverão as ações ser consideradas títulos de crédito, como de resto também deverão ser as debêntures, as partes beneficiárias e os demais títulos derivativos das sociedades anônimas admitidos à colocação no mercado aberto, assim como títulos de crédito serão as modernas cédulas de produtos rurais, os pioneiros valores mobiliários, não de emissão de sociedades anônimas, admitidos na ordem jurídica brasileira (Lei 8.929, de 1994, art. 19), como documentos de circulação de direitos a certas *commodities* (gado, soja, dentre outras) no mercado aberto.

Atualidades

O SISTEMA CAMBIAL BRASILEIRO E A IMPLANTAÇÃO DE PROGRAMAS DE *STOCK OPTION*

ALMIR ROGÉRIO GONÇALVES

1. Introdução. 2. Sistema cambial brasileiro: 2.1 Remessas em moeda estrangeira; 2.2 Transferência Internacional de Reais; 2.3 Doutrina jurídica da compensação privada de créditos; 2.4 Aplicabilidade das regras de compensação privada de créditos às Transferências Internacionais de Reais. 3. Remissibilidade dos valores referentes ao programa de "stock option". 4. Questões tributárias atinentes aos programas de "stock option". 5. Possíveis alternativas para a implementação do programa de "stock option": 5.1 Sociedade de investimento; 5.2 BDR ("Brazilian Depositary Receipts Program"). 6. Conclusão. Bibliografia.

1. Introdução

Na história recente das transferências de investimentos tem sido muito comum que empresas multinacionais de grande porte ao se instalarem no Brasil decidam manter um programa de participação dos seus funcionários de primeiro escalão no lucro de suas empresas. Estes programas são realizados principalmente com o intuito de manter os benefícios que os funcionários, que estão se transferindo para o Brasil, possuíam quando eram funcionários da matriz da empresa. Com o tempo, e o desenvolvimento da empresa nacional, esta passa a ter a intenção de conceder estes benefícios não somente aos funcionários estrangeiros, como também aos seus novos gerentes contratados no país.

No entanto, o que acontece geralmente é que a empresa nacional ainda está se formando e não tem lucros a distribuir e, mesmo que tivesse, este seria em escala bem inferior ao que seria obtido pela participação do funcionário nos lucros da matriz. Desta forma, a empresa resolve aplicar ao caso um programa de *stock option*.

Este tipo de programa se resume basicamente à concessão ao funcionário no país de uma opção de comprar em determinada data, geralmente alguns anos depois, determinado número de ações da empresa matriz, negociáveis em uma bolsa no exterior, pelo preço da cotação na data da concessão. Assim, à medida que o grupo cresce, inclusive em razão do bom trabalho prestado pelo funcionário, os ganhos do funcionário aumentam, constituindo uma verdadeira forma de participação nos lucros.

Este programa, nos países em que ele é implementável, geralmente obedece à seguinte estrutura:

1) É concedido ao funcionário o direito de optar pela compra de determinado número de ações pagando, no momento da opção, o valor da ação na data da concessão. Este direito de opção inicia-se geralmente um ano após a concessão e termina na maioria dos casos 10 anos após.

2) Caso o funcionário opte por comprar as ações, uma instituição financeira as compra na bolsa estrangeira, transfere sua titularidade ao funcionário e posteriormente recebe o valor desembolsado da empresa nacional, que cobra do funcionário o preço estipulado na concessão, ficando responsável pela diferença.

3) No entanto, na prática, geralmente o funcionário, não pretendendo desembolsar valores, dispõe do número de ações necessárias para o pagamento da sua parcela, não precisando remeter ou desembolsar fundos e ficando apenas com o valor equivalente à diferença entre a opção e o exercício. Assim, somente a empresa desembolsa valores, e o funcionário recebe livremente sua participação, não obstante o recolhimento dos devidos impostos.

O que acontece nestes países é que, devido à liberdade ou facilidade cambial que tem, a empresa nacional consegue facilmente remeter estes valores para o exterior, concretizando uma operação que é vantajosa para o país de destino, uma vez que a empresa estrangeira remunera de maneira mais digna seus funcionários e padroniza suas operações. Por outro lado o país de origem também tem vantagens, já que seus funcionários têm sua riqueza aumentada, aumentando assim a riqueza do país.

No Brasil estes programas não são implantados porque, devido às restrições cambiais para a remessa, a empresa sediada no exterior não consegue receber os valores referentes à opção, arcando unilateralmente com os prejuízos. Por outro lado, a carga tributária incidente sobre estes benefícios é muito grande e, não só as empresas, como também seus funcionários acabam vendo todos os seus ganhos se esvair em tributos, o que só se presta a gerar evasão fiscal e fraude cambial.

2. Sistema cambial brasileiro

Conforme visto, os obstáculos para a implantação no Brasil de programas internacionais de *stock option* se resumem à impossibilidade de se realizar as remessas de saída ou retorno de capital que envolvem o programa. Uma boa alternativa para estes problemas seria a realização de operações de transferência internacional de Reais. No entanto, também este mercado apresenta uma série de dificuldades e muitas vezes nos remete à problemática da compensação provada de créditos. Desta forma, procuramos abaixo prestar maiores esclarecimentos acerca do histórico e da situação atual da política cambial brasileira para que se possa ter uma noção mais exata da problemática e de suas eventuais soluções.

2.1 Remessas em moeda estrangeira

No cenário mundial, um país pode adotar várias formas de política cambial, como a abertura, o fechamento total ou a realização condicionada, que é uma forma de controlar, sem fechar totalmente o sistema. Até o fim da I Guerra Mundial era comum a abertura do mercado de câmbio em todos os países, tendo em vista a ausência de problemas com evasão de divisas, ou com controle monetário. A partir da crise de 1929, o Brasil, seguindo a tendência mundial, passou a adotar como política monetária o sistema de restrição das operações de câmbio. Assim, passou-se a nutrir a idéia no Brasil de que qualquer movimentação de divisas para o exterior tende a prejudicar a economia nacional e seus valores xenófobos.

Desde os primórdios da organização e sistematização monetária da economia nacional, o controle cambial foi realizado através de limites e exigências burocráticas para a aquisição de moeda estrangeira. O governo, às voltas com a escassez de divisas, tinha de distribuir entre as atividades prioritárias as moedas disponíveis. Em virtude deste controle excessivo e como forma de dar vazão às necessidades dos contratos, o mercado sempre foi composto pelos mercados "oficial" e "paralelo". Assim, quem não se enquadrava nos limites do

Banco Central para a aquisição de moeda estrangeira, deveria necessariamente recorrer ao mercado paralelo, pagando taxas mais altas para a conversão, que eram chamadas de ágio. O mercado paralelo sempre foi alimentado por fraudes no mercado de turismo, nas operações de importação e de exportação. A manutenção deste tipo de mercado impedia o controle das divisas pelo Banco Central e causava distorções estatísticas nos elementos de análise macroeconômica governamental.

O sistema cambial brasileiro é composto por inúmeros normativos, que se sucederam a cada década e de redação não muito clara, o que causa dúvidas com relação a que normas usar, como proceder em cada caso ou a respeito da validade ou não de determinados normativos.

Para se ter uma idéia mais exata do controle atual de câmbio, devemos fazer um estudo que remonte a suas origens. O primeiro decreto a centralizar as atividades de câmbio, impondo-lhe um controle mais rígido, foi o Decreto 20.451/31, que transferiu para o Banco do Brasil a competência para aquisição de divisas, podendo transferi-las a outras instituições. O Decreto 23.258/33 tornou ilegítima qualquer operação de câmbio praticada sem prévia autorização do Banco do Brasil ou quaisquer remessas efetuadas em moeda brasileira. Já o Decreto 23.501/33 (substituído pelo Decreto-lei 857/69) institui o curso forçado da moeda nacional.

O Decreto-lei 7.293/45 transferiu para a SUMOC a competência para a realização de operações de câmbio, competência esta que se transferiu para o Banco Central do Brasil, através da Lei 4.596/69. Este normativo concedeu, ademais, ao Banco Central poder delegado para regulamentar, fiscalizar, autorizar e centralizar as operações de câmbio. Vale lembrar que a Lei 4.131/62 reservou aos estabelecimentos autorizados a operar em câmbio a possibilidade de operar no mercado brasileiro.

Aqui se faz importante estudarmos mais detalhadamente o Decreto-lei 9.025/46, ainda em vigor e que regulamenta as operações de câmbio. Este normativo assegurou a liberdade de compra e venda de câmbio por qualquer empresa, desde que devidamente autorizada pelo poder público a operar, o que não alterava a legislação anterior. Permitiu ainda as operações entre bancos.

O art. 1º de referido normativo proibiu "a realização de compensação privada de créditos ou valores de qualquer natureza". Já o art. 12 veio a disciplinar e permitir o livre uso *no país* de fundos em moeda nacional pertencentes a residentes no estrangeiro, permitindo ainda a abertura de contas em moeda nacional ou estrangeira por residentes ou domiciliados no exterior.

Aqui surgiu o Decreto 32.285/53, que foi a primeira tentativa de consolidação das normas cambiais, que em seu art. 17 determinou que era "assegurado o livre uso de fundos, títulos ou valores em moeda nacional, vedada, porém, a compensação privada de créditos ou valores de qualquer natureza sem a competente operação cambial".

O mais representativo normativo em vigor que trata do problema da circulação, não só de moedas, como também de títulos e ações é o Decreto 42.820/57, em seu art. 17, que diz que "é livre o ingresso e a saída de papel moeda nacional ou estrangeiro, bem como de ações e quaisquer outros títulos representativos de valores". O entendimento à época deste decreto era de que esta saída somente poderia ser cursada por meios físicos. Notemos no entanto que a legalidade deste decreto ainda hoje é discutível, havendo aqueles que acreditam que sua interpretação deve ser mais extensiva e aqueles que o vêm inconstitucional.

No que se refere à moeda nacional, as transferências bancárias foram regulamentadas pela Carta Circular do Bacen 5/69, que instituiu as contas no Brasil de não residentes. Estas contas estão previstas no Decreto 55.762/65, que no seu art. 57 diz que "as contas de depósitos no País, de pessoas físicas ou jurídicas residentes, domiciliadas ou com sede no exterior, qualquer que seja a sua origem, são de livre movimentação, independente de qualquer autorização, prévia ou posterior, quando os seus saldos provierem exclusivamente de ordens em moeda estrangeira ou de vendas de câmbio, e poderão ser livremente transferidas para o exterior a qualquer tempo, independentemente de qualquer autorização". Conforme visto, a Lei 9.025/46 já disciplinava o uso destes recursos no Brasil, estes normativos vieram a disciplinar e ampliar o campo de incidência desta norma.

Não obstante o acima descrito, a Lei 9.069/95, que instituiu o Plano Real, restringiu, em seu art. 65, o direito de saída e entrada de moeda física no país para o valor máximo de R$ 10.000,00 (dez mil Reais) ou seu equivalente em moeda estrangeira, tornando sem efeito o Decreto 42.820/57 acima citado no que se refere às saídas físicas.

A referida lei do Plano Real ainda determinou que qualquer outra forma de ingresso ou saída de moeda nacional ou estrangeira do país só poderia ser processada por via de transferência bancária, "cabendo ao estabelecimento bancário a perfeita identificação do cliente ou do beneficiário". Ademais, segundo a mesma lei, o transporte de moeda através de vias eletrônicas ou documental somente poderá ser realizado com autorização e acompanhamento do Banco Central, seja expressa, seja através de regulamentação específica emitida pelo Conselho Monetário Nacional.

Assim, consolidaram-se as disposições referentes à movimentação de moeda, seja nacional, seja estrangeira, passando definitivamente o controle de todas as operações ao Banco Central do Brasil e autorizando as remessas somente nos casos e condições previstas por aquela instituição. Este é basicamente o dilema do câmbio atualmente no país. De qualquer forma e independente das estipulações legais acima, o mercado sempre se pautou nas orientações do Bacen para realizar qualquer tipo de operação, tendo em vista não só a relativa indecisão legal, como também o fato de as instituições financeiras estarem diretamente subordinadas ao controle do Bacen, estando sujeitas a multas e penalidades caso o desrespeitem.

Do exposto concluímos que, nos dias de hoje, e principalmente a partir de 1995, a regularidade das operações de câmbio depende essencialmente de serem elas praticadas junto às empresas autorizadas e dentro dos casos previstos em lei ou regulamento, podendo o Banco Central, em casos extremos, optar pelo monopólio do setor.

No entanto, pudemos notar que mesmo antes da Lei 9.069/95, o mercado sempre atendeu à política governamental e ao controle público. Assim, durante as décadas de 1970 e 1980, esta já era em linhas gerais a postura adotada pelas instituições financeiras. Naquela época, em virtude sobretudo da "crise do petróleo" e do grande endividamento do governo brasileiro, a política governamental e os regulamentos aplicáveis às operações de movimentação internacional de divisas sempre foram restritivos à liberdade cambial e tiveram como escopo as previsões legais de abertura do sistema, propiciando o crescente crescimento do "mercado paralelo".

Com a abundância de divisas iniciada a partir da década de 1990, através da obtenção de capitais externos e os superávits da balança comercial, o governo iniciou uma relativa abertura do mercado nacional, tendo como elementos principais a abertura do mercado interno para o comércio exterior, a criação do "dólar turismo" e a permissão de abertura de contas e movimentação de Reais por residentes no exterior.

Assim, em dezembro de 1988, o Banco Central, através da Resolução CMN 1.552, criou o mercado de câmbio apartado do oficial, no qual as pessoas pudessem negociar moedas estrangeiras por preços e condições livremente pactuados com as instituições financeiras, o chamado Segmento de Câmbio de Taxas Flutuantes.

As principais características deste mercado eram a livre estipulação das taxas de câmbio, em acordo com os preceitos de oferta e procura, e a instituição de maiores limites para obtenção de moeda estrangeira para turistas brasileiros que pretendessem ir ao exterior. Outro ponto importante desta regulamentação foi a permissão para que os agentes que obtivessem dólar no câmbio paralelo o utilizassem, sem a necessidade de identificação, no câmbio flutuante, trazendo estes recursos para a legalidade e sufocando o mercado paralelo.

Com o tempo, a regulamentação foi incorporando ao novo mercado novas operações que anteriormente eram cursadas no paralelo, como pagamento de *royalties*, serviços, disponibilidades etc.

Ademais, como vimos no começo desta explicação, as antigas regras sobre contas de não-residentes determinavam que "as contas de depósitos no País, de pessoas físicas ou jurídicas residentes, domiciliadas ou com sede no exterior, qualquer que seja a sua origem, são de livre movimentação, independente de qualquer autorização, prévia ou posterior, quando os seus saldos provierem exclusivamente de ordens em moeda estrangeira ou de vendas de câmbio, e poderão ser livremente transferidas para o exterior a qualquer tempo, independentemente de qualquer autorização".

No entanto, como também vimos acima, a movimentação física era livre, o que levava os interessados em obter recursos no exterior a levarem dinheiro para uma praça vizinha, o trocarem lá e então realizar a remessa para qualquer local do mundo. Estas operações ficaram conhecidas como "Operação Uruguai" e eram, além do mercado paralelo, a principal fonte de movimentação de divisas fora do controle governamental.

Em fevereiro de 1992 o Banco Central alterou o Plano Contábil das instituições financeiras, permitindo a criação de uma conta intitulada "conta livre". Com isso, deu uma autorização genérica para que as instituições financeiras movimentassem recursos para o exterior, sem se subordinar ao normativo acima e, portanto, sem nenhuma restrição, o que veio a abrir o mercado internacional de Reais e legalizar a antiga "Operação Uruguai".

Na contramão das tendências acima, e sob a justificativa de que deveria haver um controle fiscal das saídas de divisas, a Resolução CMN 1.946/92 determinou que as operações com moeda nacional deveriam ser registradas no SISBACEN e obedecer a uma série de exigências, como apresentar e explicar a finalidade da transferência.

Por fim, com a crise cambial de 1998, o Banco Central do Brasil tomou três atitudes que tiveram grande impacto no nosso sistema de controle de câmbio. A primeira foi passar a adotar uma atitude de fiscalização mais rígida às chamadas contas de não-residentes, de modo a restringir as remessas para o exterior. Por outro lado, houve a união dos fundos destinados aos mercados flutuante e livre ("oficial"), o que uniformizou as taxas de câmbio dos dois mercados de câmbio então existentes. O terceiro e mais incisivo ato foi a liberalização das taxas de câmbio que passaram a ser regidas e determinadas exclusivamente pelo mercado, pondo fim ao antigo sistema de minibandas de controle de cotação cambial, ainda que o Banco Central continue intervindo no mercado com o intuito de controlar a cotação.

Do exposto, concluímos que o mercado de câmbio atual no país ainda é bastante restritivo às remessas que não estejam previamente autorizadas pelos normativos do Banco Central, como as remessas que ora se pretendem fazer. A melhor alternativa para este impasse seria a utilização do mercado internacional de Reais para a realização da remessa. No entanto, a fiscalização de referido mercado continua intensa, sobretudo sob o aspecto fiscal, tendo ficado ainda mais rígida com a recente Lei 9.613/98 (Lei da lavagem ou ocultação de bens, direitos ou valores), que obrigou as instituições financeiras a manter cadastro e registro de toda a operação praticada, informando às autoridades as operações que possam constituir indícios de fraudes.

Não podemos deixar de notar ainda que, recentemente, o Banco Central e o Conselho Monetário Nacional vêm acenando, conforme divulgado pela imprensa, com a possibilidade de abrir definitivamente o mercado brasileiro de câmbio, passando a permitir a realização de qualquer tipo de remessa pelas instituições financeiras, desde que lícitas. No entanto, seria utópico pensar na adoção destas medidas para um futuro próximo, tendo em vista sobretudo a persistência de uma certa instabilidade nas reservas internacionais do país e os sérios entraves de natureza política que envolvem o problema. Podemos, de qualquer forma, acreditar que não seria absurdo esperar a adoção destas medidas para os próximos 5 anos, desde que não surjam reviravoltas ou graves problemas monetários durante esse período.

Como um dos principais problemas envolvidos nas remessas dos valores inicialmente comentados se refere à situação fiscal das remessas, procuramos à frente, já havendo passado em breves linhas o sistema monetário e de pagamentos internacionais do Brasil, discorrer sobre nossos pareceres anteriores e mais sucintamente sobre as questões práticas que o problema ora em análise envolve.

2.2 *Transferência Internacional de Reais*

A realização de Transferência Internacional de Reais pode ser feita diretamente junto a uma instituição financeira ou através da titularidade, por um agente estrangeiro no Brasil, de uma conta de não residente em uma instituição financeira autorizada a operar em câmbio. Devido ao fato de estas contas terem sido inicialmente regulamentadas pela Carta Circular 5, o mercado convencionou chamar este tipo de conta de CC5. As CC5 admitiam a livre remessa de moeda nacional, e tratando-se de conversão em estrangeira, subordinava-as à comprovação do prévio ingresso das divisas no país.

Com a Resolução CMN 1.552, os bancos passaram a poder realizar operações de compra e venda de moeda estrangeira com instituições no exterior diretamente. Assim, ficou permitido, exclusivamente às instituições financeiras, remeter ao exterior moeda nacional para conversão em moeda estrangeira sem a necessidade de comprovação do prévio ingresso das divisas, realizando uma ligação entre o mercado flutuante e o mercado de Reais.

Isto significa que para realizar uma remessa para o exterior sem a observância de todo o rigor das operações de câmbio livre ou flutuante, basta que o interessado deposite o dinheiro em moeda nacional em uma instituição financeira estrangeira, que esta pode comprar moeda estrangeira de um banco no Brasil e transferir para quem for necessário no exterior.

Este procedimento, apesar de menos burocrático, é mais oneroso para o remetente das divisas, tendo em vista a menor disponibilidade de recursos no mercado de Reais, bem como as taxas de riscos que os bancos cobram (apesar de não praticarem nenhuma operação ilegal ou de risco). Por outro lado, os pagamentos ao exterior podem ser realizados a qualquer título, desde que lícito, não importando se a remessa está ou não regulamentada pelo mercado cambial.

Atualmente as contas CC5 estão regulamentadas pelas Resolução CMN 1.946/92 e pela Circular 2.677/96. Procuramos abaixo explicar as disposições destes normativos que encontram-se sistematizadas na publicação do Banco Central do Brasil intitulada *Consolidação das Normas Cambiais*.

Talvez a disposição mais importante seja a Resolução 1.946/92, que obriga que as instituições financeiras identificarem as pessoas responsáveis por pagamentos ou recebimentos em espécie sempre que o valor seja igual ou superior ao equivalente a US$ 10.000,00 (dez mil dólares). Ademais, estas remessas devem necessariamente ser acompanhadas de declaração que discrimine o título a que a remessa está sendo realizada. Ademais, este normativo transferiu às instituições financeiras as responsabilidades pelas fraudes ou ilícitos ocorridos neste tipo de operação, o que, de certa forma, inibe a contestação judicial destas regras.

A Circular 2.577/96, por sua vez, determinou que as contas de estrangeiros em moeda nacional deveriam ser cadastradas no Sisbacen e diferenciadas das demais contas pelo banco depositário. Diminuiu ademais para R$ 10.000,00 (dez mil Reais) o limite previsto na Resolução 1.946/92, mantendo a necessidade de identificação dos clientes e comprovação documental da operação.

Outro ponto importante a ser tratado é a limitação presente nas normas cambiais que determinam que as instituições autorizadas a operar em câmbio devem recolher os documentos necessários à comprovação de que não está havendo duplicidade de remessas, bem como a comprovação do pagamento de todos os impostos incidentes sobre a operação. Esta conferência deve ser realizada averiguando as remessas já realizadas tanto no mercado de Reais, como no mercado comum de câmbio.

A Circular 2.577/96 também previu a possibilidade de realização de remessas para disponibilidades no exterior. No entanto, nestes casos, deve ficar comprovado que o remetente e o destinatário das divisas são a mesma pessoa física ou jurídica. As formalidades e os documentos a serem apresentados nestes casos são menores. No entanto, mantém-se a necessidade de justificar as despesas incorridas ou a realizar.

2.3 Doutrina jurídica da compensação privada de créditos

Conforme mencionado acima, o Decreto-lei 9.025/46, ainda em vigor, e que regulamenta as operações de câmbio, em seu art. 10, proibiu "a realização de compensação privada de créditos ou valores de qualquer natureza". Instituiu ainda uma multa de 200% do valor compensado para as empresas que desobedecessem esta proibição.

Apesar desta proibição legal expressa, nunca foi criado ou editado posteriormente nenhum normativo, regulamento ou parecer acerca da definição do que seja compensação privada de créditos ou e que casos ela ocorre, causando uma confusão de definições no mundo jurídico. Dentro do próprio Banco Central, não existe uma segurança acerca de quando ou como aplicar estas multas, não havendo nenhum departamento explicitamente responsável pela sua aplicação. Talvez por este motivo, a previsão do art. 10 acima não é habitualmente aplicada e exigida, não havendo numerosos casos de imposição de multa. Neste contexto, os poucos doutrinadores que se arriscaram a comentar o assunto definiram que o conceito mais adequado a se aplicar à compensação privada de crédito seria o de uma compensação de créditos recíprocos em moedas diferentes, sem se aprofundar nas causas de tal definição.

Para melhor colocarmos a matéria e fazendo um esforço de interpretação e conclusão, poderíamos, com o intuito de esclarecer as questões a nós impostas, chegar a duas conclusões possíveis sobre o sentido da compensação acima descrita:

(i) Poderíamos concluir que a compensação citada no Decreto-lei 9.025/46 deve ser entendida em seu conceito vulgar, ou seja, a realização de qualquer liquidação de compromissos sem a efetiva realização de pagamentos em moeda; ou

(ii) Podemos concluir que a compensação privada de créditos é espécie do gênero compensação previsto no Código Civil em seus arts. 1.009 e ss., que determina que "Se duas pessoas forem, ao mesmo tempo, credor e devedor uma da outra, as duas obrigações se extinguem até onde se compensarem".

Esta segunda opção é mais técnica e defensável pelos princípios gerais do direito e pela lei de introdução ao Código Civil que determina a aplicação de disposições analógicas quando a lei for omissa.

Ora, se a compensação privada de créditos se rege pelas disposições do Código

Civil, este determina que a compensação somente poderá ser efetuada entre dívidas líquidas e vencidas, o que não ocorreu no caso em questão. Mas talvez a disposição mais importante seja aquela do art. 1.019, que deixa claro que quando uma das partes estiver obrigada por terceiro não haverá compensação.

Apesar de este artigo ser de difícil interpretação, a doutrina é unânime em afirmar que a redação deste artigo determina que a compensação somente se opera entre duas pessoas e duas dívidas, conforme descrito no art. 1.009, não podendo se falar em compensação quando houver mais de duas partes.

2.4 Aplicabilidade das regras de compensação privada de créditos às Transferências Internacionais de Reais

A Carta Circular 5/69, repetindo o previsto no Decreto 32.285/53, condicionou à expressa autorização do Banco Central a utilização de recursos de pessoas domiciliadas no exterior para amortização ou liquidação de despesas aqui realizadas. Dizia o normativo que "é vedada a realização de compensação privada de créditos ou valores de qualquer natureza (...)".

Previa ainda o Manual de Normas e Instruções (MNI) do Banco Central, em seu capítulo 15, a.2, que as contas de não residentes "não podem ser usadas para compensação privada de crédito". No entanto, a Circular 2.577/96 revogou expressamente estas disposições e não previu nenhuma disposição similar em seu texto.

Partindo-se destes fatos, poderíamos concluir que se o legislador deixou de prever a compensação privada para as contas CC5, seria porque pretendeu liberar esta prática neste mercado. No entanto, esta conclusão é um tanto temerária, tendo em vista que o Decreto-lei 9.025/46 continua em vigor e é claro ao proibir a compensação privada de créditos e não de câmbio como costuma-se pensar. Assim, nos parece que referida proibição continua a vigorar de qualquer forma e que o simples fato de o crédito ser em Real não deve afastar a aplicabilidade das normas gerais de compensação de créditos.

Por fim, observamos que os problemas acima elencados dizem respeito a remessas de Reais para o exterior. Devemos reiterar que o responsável por estas remessas e pela prestação de informações ao BACEN será sempre a instituição financeira que realizar a operação. Assim, é válido observar que não existe posicionamento correto ou errado, legal ou ilegal, o problema aqui está centrado basicamente em até que ponto a instituição financeira está disposta a se arriscar pelo cliente. Não importa se as operações que pretendemos não são ilegais, caso o BACEN desconfie de alguma irregularidade nelas, irá impor uma rígida fiscalização à instituição financeira remetente, o que lhe trará problemas e dificuldades.

3. Remissibilidade dos valores referentes ao programa de "stock option"

Pelo exposto nos capítulos anteriores, não resta dúvida de que eventuais pagamentos de valores referentes a programa de *stock option* são remissíveis pelo sistema de Transferência Internacional de Reais, visto que este caminho está aberto a qualquer tipo de pagamento ou transferência, desde que tenha origem e objeto lícito e tenha sido devidamente oferecido à tributação.

No entanto, conforme mencionado acima, a partir de 1997 o Banco Central passou a realizar uma fiscalização mais rígida sobre este tipo de operação, fazendo com que as instituições financeiras fechassem as possibilidades deste tipo de remessa com medo de serem fiscalizadas e terem multas impostas pelo Banco Central. Assim, apesar destes pagamentos não serem proibidos, os bancos passaram a realizar as operações de Transferência Internacional de Reais (operação TIR) somente em casos previstos expressamente nas normas do Banco Central ou para clientes que julguem preferenciais, desde que estes assumam os riscos da operação.

É certo que os pagamentos de valores referentes a programa de *stock option* não estão previstos nas normas do Banco Central e isto pode eventualmente causar dificuldades para a realização dos pagamentos. No entanto, em momento nenhum podemos assumir que estes pagamentos são ilegais ou ilegítimos.

De qualquer forma, por razões operacionais e econômicas será de fundamental relevância determinar se as remessas são ou não remissíveis pelo mercado de câmbio flutuante, pois em o sendo, não resta dúvida que não será recomendável o mercado de Reais.

O capítulo 2, título 7 da CNC prevê que os bancos podem, sem necessidade de análise prévia pelo BACEN, realizar transferências para o Exterior por parte de funcionários de empresas brasileiras com vistas a aquisição de ações da empresa líder (plano de participação dos funcionários). Este tipo de remessa pode se dar até o limite de US$ 20.000,00 (vinte mil dólares) por funcionário a cada período de 12 meses.

Como se trata de investimento brasileiro no exterior, a operação deverá ser registrada no Banco Central até 30 dias após a realização da remessa. O responsável por este tipo de remessa será sempre a empresa brasileira da qual os funcionários façam parte. Esta empresa deverá estar em dia com as obrigações tributárias, apresentar ato societário que delibere sobre o plano de participação e se responsabilizar acerca da prestação de informações sobre dividendos, alienação, operações de câmbio e comprovação da efetiva participação acionária dos funcionários.

Não há nenhuma proibição para a realização de remessas de valores acima do limite de US$ 20.000,00 (vinte mil dólares) por funcionário a cada período de 12 meses. A única exigência do Banco Central nestes casos é que o registro do investimento no BACEN ocorra até 30 dias antes da realização da remessa e não após, como nos demais casos.

As ações adquiridas por este modelo só podem ser alienadas no exterior, devendo o investidor necessariamente retornar o capital após sua venda. O funcionário que se desligar da empresa perde automaticamente o direito de possuir as ações no exterior. Não existe nenhum limite na legislação acerca do tipo ou número de funcionários participantes do programa, ficando a critério da empresa discutir quantos ou quais poderão receber este direito.

Assim, podemos notar que não há nenhum tipo de limitação dentro das normas cambiais para a realização de remessa pelo câmbio flutuante de planos de participação de funcionários em empresas internacionais, devendo em alguns casos apenas ser cumprida formalidade anterior com o Banco Central. Concluímos, portanto, que caso assumirmos que o programa de *stock option* se enquadre nas normas e conceitos atinentes ao plano de participação de funcionários, as despesas reconhecidas contabilmente são plenamente remissíveis pelo mercado de taxas flutuantes.

No entanto, não devemos confundir plano de participação dos funcionários com programa de *stock option*. O primeiro é a efetiva conferência de uma participação acionária ao funcionário no Brasil e o segundo é a concessão, sem desembolso inicial de divisas, de uma opção de compra de ações, que podem ou não ocorrer no futuro.

Assim, como pela legislação vigente, a análise do Banco Central é requerida no momento da concessão dos benefícios, que deverá coincidir com o momento do desembolso das divisas, podemos concluir que não há previsão legal expressa acerca da Remissibilidade de valores referentes a programa de *stock option*. Quanto ao possível enquadramento deste programa na previsão geral de participação de funcionários, não existe uma posição fixa, inclusive dentro do Banco Central.

Alguns funcionários entendem que o programa de *stock option* é idêntico ao previsto no capítulo 2 da CNC cuja única diferença é que fica a critério do funcionário e não da empresa decidir quando aderir ao plano e portanto quando cumprir as formalidades da CNC. Outros funcionários entendem que esta figura é independente da presente no Capítulo 2 da CNC, tendo em vista que o registro junto ao Banco Central deveria ocorrer a partir da concessão da opção ainda que não haja contrapartida financeira em sua concessão. Para que a dúvida seja dirimida completamente, o único recurso seria realizar uma consulta formal ao Banco Central que então daria um parecer definitivo.

Lembramos apenas que esta consulta tem que se basear em uma empresa existente e dar dados reais, não podendo ser realizada meramente em tese.

Devemos notar ainda que mesmo que não se enquadre no capítulo 2 da CNC, a remessa de valores referentes a programa de *stock option* ainda seria possível através da realização de um pedido de Remessas Diversas, que é o procedimento para a obtenção de autorização para a remessa de valores não previstos nos normativos do Banco Central. No entanto, este pedido não tem nenhuma garantia de sucesso e a possibilidade de não aprovação já seria suficiente para desqualificar a remessa como realizável pelo câmbio flutuante.

Concluímos do exposto que não podemos, sem a realização de uma consulta prévia, concluir acerca da Remissibilidade ou não dos valores em questão. Ademais, ainda que admitamos esta possibilidade, os valores teriam que estar previamente registrados no Banco Central, o que não pode ocorrer na prática, dada a imprevisão com relação à data da concretização da opção pelo funcionário. Ademais, a realização deste programa traria sérios problemas fiscais à empresa brasileira e aos funcionários envolvidos, conforme segue.

4. Questões tributárias atinentes aos programas de "stock option"

Os pagamentos de valores referentes a participação de funcionários nas empresas devem ser considerados como remuneração e portanto serem tributados como tal, o que representaria uma incidência de uma carga extremamente onerosa de impostos e inviabilizaria o prosseguimento de um programa de *stock option*. A alternativa para escapar deste tipo de tributação seria o enquadramento do programa de *stock option* nas regras dispostas na Medida Provisória 1.982-67, de 10.2.2000, que em seu art. 3º determina que a participação tratada na MP não substitui nem complementa a remuneração devida a qualquer empregado, nem constitui base de incidência de qualquer encargo trabalhista. Ademais, determina que os valores pagos poderão ser deduzidos como despesa operacional.

Para atender os requisitos da medida provisória, o plano deverá ser negociado entre a empresa e todos os empregados ou através de acordo coletivo, ou seja, tem de ser extensiva a todos os funcionários. Devemos notar que a Medida Provisória 1.982-67 não torna ilegais outros tipos de programas de participação, apenas impede o aproveitamento dos benefícios tributários. Mas ainda que fossem atendidas as regras anteriores, vale lembrar que os lucros obtidos pelos funcionários, segundo a própria MP deveriam ser oferecidos à tributação do imposto de renda na fonte, o que também constitui uma carga tributária considerável caso não seja possível compensar com valores pagos no exterior.

Em virtude do exposto, concluímos que, apesar de não podermos definir se as remessas para pagamentos de *stock option* são ou não livremente remissíveis pelo câmbio flutuante, esta definição já não se faz de tanta importância, em virtude sobretudo dos problemas fiscais que o reconhecimento legal do programa envolve. Mas estes problemas não são impeditivos absolutos e é possível que algumas empresas estejam dispostas a sofrer esta incidência tributária e realizar o programa de qualquer maneira. Neste caso, buscamos abaixo elencar algumas alternativas para a realização das devidas remessas em consonância com o sistema cambial vigente.

5. *Possíveis alternativas para a implementação do programa de "stock option"*

Já concluímos acerca da não remissibilidade pelo câmbio flutuante de valores para a realização de pagamentos referentes a programas de *stock option*. No entanto, resta ainda às empresas a possibilidade de realizar referido programa internamente e não remeter as respectivas divisas ou remetê-las por formas indiretas. Procuramos abaixo explicitar duas das formas possíveis de realização dos eventuais futuros pagamentos a título de *stock option*. As hipóteses abaixo têm maior caráter de exemplo do que de proposta e servirão para a obtenção de uma idéia mais ampla dos sistemas de pagamentos e investimentos no Brasil.

5.1 Sociedade de investimento

Uma forma regular e legal de se realizar um investimento por parte de pessoa física no exterior seria através da adesão a um fundo de investimento no exterior nos moldes da Circular 2.485 ou da Circular 2.714. No entanto, a adesão a referido fundo pelos funcionários da empresa nacional seria dispendiosa, além de causar uma série de outras complicações e restrições, como a necessidade de diversificação dos investimentos. Em razão disto, não entraremos em maiores detalhes sobre esta proposta.

5.2 BDR ("Brazilian Depositary Receipts Program")

Outra opção para a realização do programa de *stock option* seria a realização de um programa de BDR. As vantagens deste tipo de operação seriam que os investimentos são realizados no Brasil, de forma legal e declarada, sem a necessidade de movimentação de recursos para o exterior por parte dos funcionários ou da empresa nacional.

No entanto, é valido lembrar que os custos para implantação de um programa deste tipo são muito altos e somente poderiam ser compensados caso a empresa estrangeira tenha interesse em captar investimentos no mercado brasileiro.

De qualquer maneira, a implantação do BDR nos parece ser de grande interesse para o Brasil, tendo em vista o seu grande potencial de revitalização do mercado de capitais nacional. Assim, a hipótese de implantação de programas BDR deve ser analisada com muita atenção pelo legislador nacional, já que traria inúmeros benefícios ao país.

Conforme comentado, uma das formas de investimento brasileiro no exterior dá-se através do mecanismo de Certificado de Depósito de Valores Mobiliários (*Brazilian Depositary Receipts* — BDRs). As normas reguladoras de referido investimento são basicamente a Resolução 2.318, de 26 de setembro de 1996 e Circular 2.723 de mesma data, ambas publicadas pelo Banco Central do Brasil.

Referidos certificados são representativos de valores mobiliários de emissão de companhia aberta, ou assemelhada, com sede no exterior e emitidos por instituição depositária no Brasil, a qual é autorizada a funcionar pelo Banco Central do Brasil e pela CVM a, com base nos valores custodiados no exterior, emitir os correspondentes Certificados de Depósito de Valores Mobiliários. Esta mesma instituição será responsável por todas as obrigações operacionais relativas ao registro dos investimentos bem como pela atualização perante o Banco Central do registro do investimento brasileiro no exterior, no prazo de cinco dias úteis da data de cada emissão ou cancelamento dos Certificados.

Os valores mobiliários adquiridos permanecerão sob custódia de uma instituição custodiante localizada no país de origem de referidos valores e que esteja munida de autorização concedida por órgão similar à Comissão de Valores Mobiliários para prestar serviços de custódia.

Os programas de Certificados deverão ser submetidos previamente à análise e aprovação pela Comissão de Valores Mobiliários. A Instrução CVM 255, de 31.10.1996, em seu art. 5º enumera os documentos necessários para apresentação do programa para análise. Já os recursos movimentados em função de operações realizadas na forma destes programas serão objeto de registro no Banco Central do Brasil, o qual será responsável pelo acompanhamento e controle do investimento brasileiro no exterior, bem como dos respectivos rendimentos, retorno do investimento e ganhos de capital.

Vale ressaltar que o valor da alienação dos Certificados de Depósito de Valores Mobiliários nos mercados supervisionados pela CVM, exceto as despesas correspondentes, será o valor limite para remessas para o exterior.

Quando alienados os valores mobiliários no exterior tal fato implicará o cancelamento do respectivo certificado no Brasil, tendo sido estabelecido prazo de cinco dias para repatriação dos recursos investidos. Os recursos oriundos de direitos recebidos em espécie pelo investidor brasileiro devem obrigatoriamente ingressar no País, vedada sua reaplicação no exterior.

O registro no Banco Central do Brasil do investimento brasileiro no exterior será instrumento hábil para se efetuarem as remessas ao exterior e os ingressos no País dos recursos decorrentes de direitos recebidos em espécie, bem como do produto da alienação dos valores mobiliários correspondentes no exterior. O registro será efetuado na moeda efetivamente transferida ao exterior ou ingressada no País e as transferências serão processadas no Mercado de Câmbio de Taxas Livres.

A Instrução 255, de 31.10.1996, emitida pela CVM, trata dos programas de BDRs e respectivos registros. Referida norma define como empresa patrocinadora a companhia aberta, ou assemelhada, com sede no exterior, emissora dos valores mobiliários objeto dos certificados de depósitos. Vale ressaltar que somente serão aceitos valores mobiliários de emissão de companhias abertas, ou assemelhadas, com sede em países cujos órgãos reguladores tenham celebrado com a CVM acordo de cooperação sobre consulta, assistência técnica e assistência mútua para a troca de informações.

Há o programa BDR patrocinado que se caracteriza por ser instituído por uma única instituição depositária ou emissora, contratada pela companhia emissora dos valores mobiliários objetos dos certificados de depósitos. Existem três classificações para esses programas que distinguem-se, dentre outros, pela necessidade de registro perante a CVM ou local de negociação (exclusiva no mercado de balcão organizado, mercado de balcão e bolsa de valores ou distribuição pública no mercado).

O BDR não patrocinado, por sua vez, é instituído por uma ou mais instituições depositárias ou emissoras de certificados, sem um acordo com a companhia emissora dos valores mobiliários objeto dos certificados de depósitos, somente admitindo negociação nos moldes do BDR patrocinado nível I (negociação exclusiva em mercado de balcão não organizado, dispensa de exigência de outras informações da companhia emissora além das que está obrigada a divulgar em seu país de origem e dispensa de registro de companhia perante a CVM).

6. Conclusão

Assim, concluímos pela urgência e relevância da regulamentação no país dos programas internacionais de *stock option*. Um país que se pretenda globalizado não pode ficar à margem das práticas e interesses das empresas transnacionais, principalmente quando estas práticas só trazem benefícios para os países receptadores de investimentos.

A regulamentação e o fomento, principalmente no que se refere aos seus aspectos tributários, de programas internacionais de *Stock Options*, *Cost Sharing*, *BDR* etc. são condições indispensáveis para a inclusão do Brasil em uma economia globalizada e no mercado internacional de capitais. Neste contexto, para o Brasil se manter como país captador de investimentos externos, cabe exclusivamente às autoridades nacionais pesquisarem e proporem as medidas necessárias à adequação do Brasil às práticas comerciais globais.

Bibliografia

BANCO CENTRAL DO BRASIL. *Capital Estrangeiro*, Brasília, 1997.

_____ *O Regime Cambial Brasileiro*, Brasília, 1993.

BARBOSA, Denis Borges. *Direito de Acesso do Capital Estrangeiro*, São Paulo, Lumen Juris, 1996.

BERTOLDI, Marcelo M. "Aspectos atuais do contrato de câmbio", *RDM* 115, São Paulo, 1999.

GRAU, Eros Roberto. "Registro de capital estrangeiro", *Revista de Direito Público* 87, São Paulo, 1988.

LEÃES, Luis Gastão Paes de Barros. "O controle cambial e o fluxo internacional de moeda nacional", *RDM* 83, São Paulo, 1991.

VERÇOSA, Haroldo M. Duclerc. "Câmbio flutuante e contas de não residentes", *RDM* 92, São Paulo, 1993.

_____ "O contrato de câmbio", *RDM* 42, São Paulo, 1981.

O USO DE DUPLICATAS PARA A COBRANÇA DOS SERVIÇOS PRESTADOS PELOS CONCESSIONÁRIOS DE SERVIÇO PÚBLICO*

Plínio José Lopes Shiguematsu

I — Introdução. II — Administração e serviços públicos: 1. Entidades políticas administrativas; 2. Serviço público; 3. Concessão de serviço público. III — Títulos de crédito: duplicatas. IV — Posição do STJ. V — Posição do STF. VI — Conclusões.

I — Introdução

Não é novidade entre nós o sistema de concessão de serviços a terceiros pela Administração Pública. A concessão possibilita que terceiros, mais especializados e capacitados, executem alguns serviços públicos, que originariamente não seriam de sua responsabilidade.

A lógica está na oferta de um serviço com qualidade superior, realizado por pessoas ou empresas especializadas no serviço, alavancadas por um custo/benefício maior do que se o mesmo serviço fosse realizado pela própria Administração Pública.

Não é difícil perceber as vantagens do serviço executado por terceiros especializados. No entanto, algumas situações originadas desta prestação de serviços ocasionam diversas discussões nos tribunais. Entre elas está a cobrança dos serviços prestados através de títulos de crédito.

A dúvida surge quando os concessionários dos serviços prestados cobram dos beneficiários o valor correspondente a estes serviços. O objetivo deste trabalho é analisar a possibilidade da cobrança destes serviços através da utilização de instrumentos pertencentes ao direito privado, mais especificamente, as duplicatas, bem como seus fundamentos e conseqüências.

Entre os levantamentos realizados, encontram-se diversos julgados do Supremo Tribunal Federal e do Superior Tribunal de Justiça, onde, em casos correlatos, se discutiu se serviços públicos, como a pavimentação de avenidas, poderiam ser cobrados via duplicata ou contribuição de melhoria.

A estrutura deste trabalho, para facilitar a compreensão do tema, foi dividida em quatro partes. A primeira parte corresponde a um breve repasso nos conceitos do direito administrativo, discutindo administração direta e indireta, concessão de serviço público. A segunda parte irá abordar as duplicatas em si, mostrar os casos possíveis e sua estrutura. A terceira parte mostrará alguns julgados do STF e do STJ sobre casos correlatos, mostrando a direção tomada por estes tribunais e, por fim, na quarta e última parte, a conclusão do estudo realizado.

* Trabalho apresentado ao Curso de Pós-Graduação da FADUSP, 2º semestre de 1999, na disciplina "Títulos de Crédito em Direito Comparado II", ministrado pelo Prof. Mauro Rodrigues Penteado.

II — Administração e serviços públicos

1. Entidades políticas administrativas

Hely Lopes Meirelles[1] afirma que o Governo e a Administração atuam por intermédio de suas entidades, pessoas jurídicas públicas ou privadas, de seus órgãos e de seus agentes. Estas entidades, que auxiliam a instrumentalização da Administração Pública, são por ele classificadas em estatais, autárquicas, fundacionais e paraestatais.

As entidades paraestatais, segundo este autor (1993:318), "são pessoas jurídicas de Direito Privado cuja criação é autorizada por lei específica (CF, art. 37, XIX e XX), com patrimônio público ou misto, para realização de atividades, obras ou serviços de interesse coletivo, sob normas e controles do Estado".

Prosseguindo em sua explicação, afirma o autor que o paraestatal "não é o estatal, nem o particular; é o meio-termo entre o público e o privado. Justapõe-se ao Estado, sem o integrar, como o autárquico, ou alhear-se, como o particular. Tem personalidade privada, mas realiza atividades de direito público, e, por isso mesmo, os atos de seus dirigentes, revestindo-se de certa autoridade, sujeitam-se a mandado de segurança (Lei 1.533/31, art. 1º, § 1º) e a ação popular (Lei 4.717/65, art. 1º)".

As entidades paraestatais não gozam das mesmas prerrogativas que os entes estatais. Não possuem foro privilegiado ou prazos dilatados. São entidades que existem e atuam sem tais prerrogativas, valendo-se das regras que norteiam o direito privado.

No entanto, isto não significa que não possam haver privilégios. Alguns privilégios podem ser concedidos exclusivamente a uma determinada entidade, sem representar, contudo, que esta entidade percam sua característica paraestatal.

1. Hely Lopes Meirelles, *Direito Administrativo Brasileiro*, 18ª ed., São Paulo, Malheiros Editores, 1993, p. 62.

A não existência de qualquer forma de privilégio pode ser entendida como regra geral, e a existência de privilégios como exceção. Esta é a conclusão que podemos tirar da leitura do §§ 1º e 2º, do art. 173 de nossa Constituição, ao dizer que "a empresa pública, a sociedade de economia mista e outras entidades que explorem atividade econômica sujeitam-se ao regime jurídico próprio das empresas privadas, inclusive quanto às obrigações trabalhistas e tributárias". E ainda, "as empresas públicas e as sociedades de economia mista não poderão gozar de privilégios fiscais não extensivos às do setor privado".

Observa-se o esforço do legislador em deixar claro que a participação do Estado na atividade econômica se justificaria por motivos de segurança nacional ou de relevante interesse coletivo. E caso comprovada a necessidade desta participação, a empresa pública ou sociedade de economia mista deve, via de regra, não possuir privilégios que a coloquem em uma situação de superioridade às empresas privadas, evitando-se o abuso de poder econômico, dominação do mercado, eliminação de concorrência ou ainda aumento arbitrário dos lucros.

As sociedades de economia mista ao promover suas atividades comerciais, equiparam-se a qualquer outra empresa privada e exercem, muitas vezes, uma função estratégica, entre elas, a fomentação de uma atividade econômica em uma determinada região, participação mais ativa em determinado mercado, evitando-se o monopólio ou a formação de oligopólios em setores específicos da economia.

As empresas públicas e as sociedades de economia mista são vinculadas ainda a um Ministério do Governo, que possui a função de acompanhar as atividades da entidade com o intuito de proteger o interesse público, principalmente do endividamento e despesas desnecessárias, compras superfaturadas, fatos, que, infelizmente, não se mostraram raros quando verbas públicas estão em discussão.

Não somente as empresas públicas, mas também as sociedades de economia mista, ao atuarem como empresas privadas, exercendo atividade comercial, não podem se valer de sua condição para auferir vantagem em detrimento àqueles que negociam.

Em um exemplo de fácil visualização, uma siderúrgica, sociedade de economia mista, não pode valer-se dos privilégios da Administração Pública para realizar contratos de venda de metais com terceiros. Esta situação a colocaria em uma injustificada posição superior aos seus contratantes e seus concorrentes.

Ao executar contratos livremente estipulados entre a sociedade de economia mista e terceiros, valerão portanto as regras de direito privado, que regerão o contrato e os casos de inadimplemento contratual, que deverá seguir as regras do direito das obrigações.

2. *Serviço público*

O serviço público, de forma geral, foi definido por José Cretella Júnior como "toda atividade que o Estado exerce, direta ou indiretamente, para a satisfação das necessidades públicas mediante procedimento típico do direito público".[2]

Para Maria Sylvia Zanella Di Pietro, serviço público é "toda atividade material que a lei atribui ao Estado para que a exerça diretamente ou por meio de seus delegados, com o objetivo de satisfazer concretamente às necessidades coletivas, sob regime jurídico total ou parcialmente público".[3]

Considerando esta definição, os serviços públicos podem ser próprios e impróprios. Próprios são aqueles que o Estado os executa diretamente através de seus agentes e os impróprios, indiretamente, através de concessionários e permissionários.

2. José Cretella Júnior, *Administração Indireta Brasileira*, Rio de Janeiro, Forense, 1980, p. 55.

3. Maria Sylvia Zanella Di Pietro, *Direito Administrativo*, 7ª ed., São Paulo, Atlas, 1996, p. 84.

Os serviços impróprios são, na verdade, atividades privadas que, por atenderem necessidades de interesse coletivo, dependem de autorização, regulamentação e fiscalização por parte do Estado.

Segundo Maria Sylvia Zanella Di Pietro (1996:88) esta "categoria de atividade denominada de serviço público impróprio *não é serviço público* em sentido jurídico, porque a lei não a atribui ao Estado como incumbência sua ou, pelo menos, não atribui com exclusividade; deixou-a nas mãos do particular, apenas submetendo-a a especial regime jurídico, tendo em conta a sua relevância".

As concessões de serviços outorgadas pela Administração Pública, portanto, representam um serviço da esfera privada, realizado por entes do direito privado, mas sob a autorização e fiscalização do ente público.

3. *Concessão de serviço público*

As empresas públicas e as sociedades de economia mista são criadas com a finalidade de realização de atividades, obras e prestação de serviços de interesse coletivo. No entanto, nem só as empresas públicas e as sociedades de economia mista podem prestar serviços ou exercer atividades de interesse coletivo. As empresas privadas podem também estar realizando estes serviços sob a supervisão da Administração Pública.

Tanto no caso da empresa pública, como no caso das sociedades de economia mista e das empresas privadas, a Administração Pública concede o direito de executar a obra ou prestação de serviço.

Esta é uma característica da descentralização dos serviços públicos, na qual tanto as entidades autárquicas, fundacionais e paraestatais, que integram a Administração Indireta, como os entes paraestatais de cooperação, que são entes que não compõem nem a administração direta, nem a indireta, e ainda as empresas privadas e particulares individualmente, podem executar tais serviços sob a autorização e supervisão da Administração Pública.

Segundo Hely Lopes Meirelles (1993: 338), concessão é a "delegação contratual ou legal da execução do serviço, na forma autorizada e regulamentada pelo Executivo. O contrato de concessão é ajuste de Direito Administrativo, bilateral, oneroso, comutativo, realizado *intuitu personae*".

No serviço concedido, o particular assume o risco do serviço, sendo remunerado por esta atividade, na forma regulamentada, onde há uma delegação contratual ou legal da Administração Pública. Cabe à Administração Pública supervisionar o serviço concedido, zelando pelos limites contratuais estabelecidos, bem como pela qualidade do serviço prestado.

No entanto, devemos distinguir o serviço concedido daquele livremente prestado por entidades privadas. Tomemos, por exemplo, a limpeza de praças públicas. Este serviço pode ser concedido a empresa pública ou de sociedade de economia mista que efetuará a limpeza mensalmente nas praças públicas.

Apesar da concessão, os moradores de uma determinada região podem achar que a limpeza oferecida pelo serviço público não atende aos seus desejos. Isto não significa que o serviço tenha sido executado de forma insatisfatória. Pode ser que estes decidam ter a grama da praça carpida duas vezes por mês, ou, ainda, queiram incrementar o serviço com atividades de jardinagem.

Neste caso, estão livres os moradores para contratar uma empresa de jardinagem que realize estes serviços, sendo livremente acordado entre as partes o serviço prestado, o preço, o local e a forma de pagamento, com a empresa assumindo a obrigação de prestar os serviços nos moldes acordados e os moradores se comprometendo a pagar o preço pelo serviço previamente acordado. Neste caso, não há que se falar em concessão de serviço público, é puro ato contratual regido pelo direito das obrigações, estabelecido entre o particular e a empresa sem nenhuma ingerência da Administração Pública.

III — Títulos de crédito: duplicatas

A duplicata é título de crédito e, portanto, sujeita às normas do direito cambiário. É título eminentemente de origem brasileira. Nas palavras de Túlio Ascarelli, a duplicata é "il titolo principale brasiliano"[4] e para Waldirio Bulgarelli, "a criação genuína brasileira".[5]

Nasce do crédito originado de uma prestação de serviço ou compra e venda mercantil. Rege-se pelas leis do direito cambiário e em especial pela Lei 5.747, de 18.7.1968.

Segundo Pontes de Miranda, a duplicata é o "título cambiariforme, em que o criador do título assume, por promessa *indireta* (isto é, de ato-fato alheio, que é *pagar*), vinculação *indireta*".

Com a promulgação da Lei 5.747/68, três situações podem ensejar a emissão da duplicata: a) o contrato de compra e venda mercantil; b) a prestação de serviços por empresas individuais ou coletivas, fundações ou sociedades civis que se dediquem a esta atividade; c) a prestação de serviços dos profissionais liberais e pelo prestador de serviço eventual.

Em todos os casos podemos observar elementos comuns sem os quais não seria possível a emissão da duplicata. Entre eles está o contrato firmado entre as partes que, seja de compra e venda, seja de prestação de serviços, deve evidenciar o acordo de vontades, a estipulação do preço, local e forma de pagamento e as particularidades do serviço prestado.

Como bem coloca De Plácido e Silva, a duplicata "revela-se o contrato pelo qual

4. Túlio Ascarelli, *Saggi Giuridici*, Milão, 1949, p. 123.

5. Waldirio Bulgarelli, *Títulos de Crédito*, São Paulo, Atlas, 1998, p. 422.

o comprador, em face do contrato de compra e venda, firmado e concluído com o vendedor, reconhece a exatidão da soma, em que se firmou o preço de venda mercantil, obrigando-se a pagá-lo ao vendedor, no vencimento ajustado entre eles, e que se estabeleceu no próprio título".

Prossegue, ainda, afirmando que "a duplicata pressupõe a existência de um contrato de compra e venda mercantil ou de uma compra feita a comerciante já perfeita e acordada. Ela resulta desta venda mercantil, quando não é o preço pago segunda a regra, isto é, imediatamente, logo que o contrato se última".[6]

Do mesmo modo, a duplicata de prestação de serviços pressupõe a existência de um contrato, não um contrato de compra e venda, mas, como seu próprio nome diz, um contrato de prestação de serviços, onde também se ajustará o preço, o serviço a ser prestado e as demais estipulações contratuais como o local e a forma de pagamento.

A duplicata de prestação de serviços poderá ser emitida por empresas, sejam individuais ou coletivas, fundações ou sociedades civis que se dediquem à prestação de serviços. Na duplicata constará a natureza do serviço prestado e a soma a pagar em dinheiro, correspondente ao preço dos serviços prestados. A prova do serviço prestado bem como o contrato assinado entre as partes são documentos hábeis para levar a protesto a duplicata. O mesmo se aplica aos profissionais liberais e ao prestador de serviço eventual.

Bulgarelli nos ensina que a "duplicata é, pois, entre nós, um título de crédito, forma (abstrato, para Pontes de Miranda e causal para a maioria da doutrina brasileira) suscetível de circular por endosso (à ordem), dotada de ação executiva admitindo-se o aval e o aceite".

De fato, a doutrina majoritária aponta a duplicata como um título causal e não como um título abstrato. Esta diferenciação permite dizer que, entre as partes envolvidas na relação fundamental, o negócio jurídico que deu origem ao crédito pode ser sempre invocado para a discussão do valor expresso na duplicata.

Pontes de Miranda, por sua vez, entende que a duplicata, como título cambiariforme, não estaria privada de um de seus requisitos, a abstração. A abstratividade do título o acompanharia a partir do momento do aceite, não podendo ser invocada nem a relação fundamental entre as partes do negócio jurídico primário (compra e venda ou prestação de serviços) para que o crédito seja solvido. Desta forma, qualquer defeito na prestação do serviço ou no bem negociado não mais afetaria a duplicata, pois a obrigação de pagar assumida restaria válida e eficaz e o direito ao crédito, constante neste título, protegido.

Pela corrente majoritária, que entende ser o título eminentemente causal, qualquer descumprimento do que foi avençado poderia ser submetido à discussão entre as partes, podendo o contratante se recusar a pagar ao contratado o valor estipulado.

Esta possibilidade aparece inclusive no art. 21 da Lei 5.747/68, ao elencar três possibilidades em que o sacado poderia deixar de aceitar a duplicata de prestação de serviços: a) quando o serviço prestado não corresponde com o serviço contratado; b) quando existem vícios ou defeitos na qualidade dos serviços prestados devidamente comprovados; e c) quando existem divergências nos prazos ou nos preços ajustados.

Uma vez prestados os serviços conforme livremente avençado entre as partes, não pode o sacado eximir-se do pagamento. Nos casos de pavimentação de rua, por exemplo, apesar de ser um serviço notoriamente público, pode ser executado por empresa particular, ou ainda sociedade de economia mista, através de contrato entre os moradores de determinada região.

Este fato não significa que o pagamento do serviço deva ser feito pela Adminis-

6. De Plácido e Silva, *Noções Práticas de Direito Comercial*, 10ª ed., São Paulo, Guaíra.

tração Pública, através de contribuição de melhoria, imposto, tarifa ou taxa. Uma vez acertado entre moradores e sociedade pública ou privada a realização de um serviço, este se regerá pelas normas do direito privado e não pelas do direito público, possibilitando a emissão de duplicata para a cobrança das quantias previamente ajustadas.

IV — A posição do Superior Tribunal de Justiça (STJ)

A utilização de duplicatas para a cobrança de serviços prestados como os de asfaltamento de via pública, foi tema que gerou muitas discussões nos mais diversos tribunais do país, não se excluindo o Superior Tribunal de Justiça (STJ).

No STJ a possibilidade de cobrança dos serviços prestados por intermédio de duplicatas foi tese que orientou diversos julgados sobre o tema. De fato, a aceitação da duplicata quando emitida por sociedade de economia mista tornou-se corrente preponderante que analisaremos a seguir.

O fundamento usado pelos que adotaram esta corrente jurisprudencial valoriza a duplicata em si, como título de crédito, colocando a sociedade de economia mista, como entidade capaz de exercer atividades econômicas, inclusive a prestação de serviços, sem necessariamente indicar uma vinculação ou extensão da Administração Pública.

Por outro lado, havia no STJ entendimento contrário a este posicionamento, que buscava natureza administrativa para a relação entre beneficiário do serviço e o seu executor. Estruturados sobre os princípios do direito administrativo, os argumentos desta corrente afastavam a viabilidade de cobrança de serviços prestados via duplicata, classificando este título como meio inidôneo para a cobrança de obra ou serviço público.

O principal fundamento desta corrente, que devemos reconhecer sua coerência em parte, afirmava que, no caso específico do asfaltamento de rua, a pavimentação indiscutivelmente traria aos moradores por onde passasse o asfalto benefícios diretos e indiretos. Levando-se em conta o dever de todo cidadão em contribuir para o bem comum, os proprietários das casas por onde passasse o asfalto deveriam arcar com os benefícios advindos das obras públicas realizadas.[7]

Se um bem é valorizado pela construção de uma obra que comprovadamente trouxe benefícios ao bem ou à vida dos proprietários, de fato, não há como discordar da possibilidade de cobrança dos proprietários-beneficiários pela valorização auferida.

O que não se pode admitir é a forma como foi abordada a questão. Primeiro porque a cobrança pela valorização do imóvel, decorrente de realização de obra pú-

7. A primeira ressalva que faço a esta argumentação é que, apesar de o cidadão estar obrigado a contribuir com o bem comum, o sistema deve se basear em uma estrutura justa, capaz de afastar tratamentos desiguais entre os administrados. Por esta razão, se a pavimentação traz benefícios a todos, todos devem contribuir, se traz somente a alguns, somente estes devem contribuir e, por fim, se traz mais benefícios para alguns e menos para os outros, deve haver uma cobrança diferenciada para a cobrança dos benefícios.

O problema maior ocorre quando os benefícios são recebidos de forma desigual, o que de certa forma permitiria um tratamento desigual para os desiguais. Os que são os diretamente beneficiados pelos serviços prestados ou obras realizadas deverão contribuir de forma mais expressiva do que aqueles que não são os diretamente beneficiados. Mas o importante é que todos contribuam, pois somente assim se poderia admitir um sistema justo e igualitário.

No caso em tela, a contribuição de melhoria poderia resolver a questão dos benefícios recebidos diretamente por aqueles próximos à realização da obra e o imposto ou até mesmo a taxa, se este fosse o caso, seriam aplicados para o custeio da obra, considerando-se que todos os moradores da cidade serão beneficiados, já que a obra irá trazer benefícios gerais para a cidade, como por exemplo, a melhora do sistema de trânsito do local e da região, a melhora no sistema de saúde, pois permite o acesso do sistema de coleta de lixo a regiões que anteriormente não eram atingidas (principalmente aquelas localizadas em morros, sobretudo em épocas de chuvas freqüentes, quando tormentoso se torna o acesso a estes locais) etc.

blica através de contribuição de melhoria aparece um tanto desvirtuada. O instituto de contribuição de melhoria já foi amplamente discutido e examinado por nossa doutrina e jurisprudência e de fato este seria o meio adequado para se cobrar do cidadão os ganhos recebidos pela construção realizada pela Administração Pública.

No Código Tributário Nacional, em seus arts. 80 e 81, encontramos as regras estabelecidas para sua instituição. Segundo o art. 80, a contribuição de melhoria pode ser instituída para "fazer face ao custo de obras públicas de que decorra valorização imobiliária, tendo como limite total a despesa realizada e como individual o acréscimo de valor que da obra resultar para cada imóvel beneficiado".

Ao se discutir a contribuição de melhoria, não se pode deixar de observar também o Decreto-lei 195, de 24.2.1967, que em seu art. 1º estipula que a contribuição de melhoria tem como "fato gerador o acréscimo do valor do imóvel localizado nas áreas beneficiadas direta ou indiretamente por obras públicas".

Em seguida, no art. 2º deste Decreto-lei, existe um rol de obras públicas que podem ser objeto de cobrança por contribuição de melhoria. Para alguns autores como Hugo de Brito Machado,[8] a relação das obras públicas feita neste dispositivo é taxativa, ou seja, "uma obra que não tenha sido ali indicada não ensejará a cobrança dessa espécie tributária, pelo menos por parte da União Federal".

De qualquer forma, o valor a ser cobrado pela Administração Pública não poderá, em linhas gerais, ser superior ao valor total da obra e, individualmente, não poderá exceder o ganho auferido por cada beneficiário.

Não se pode admitir, no entanto, que o valor cobrado corresponda ao valor da obra se não forem respeitados os limites individuais de ganho auferido. Se o cidadão deve contribuir para o bem de toda a comunidade, e se, de forma geral, a coletividade irá usufruir também dos benefícios da obra, nada mais justo que toda a coletividade ajude no custeio da obra.

O capital para o custeio dessa obra viria de toda a coletividade através dos mecanismos normais de arrecadação que a Administração Pública possui para os casos nos quais não há uma prestação de serviços correspondente, nem esteja dentro dos limites estabelecidos da cobrança de contribuição de melhoria, ou seja, os impostos.

São os impostos os responsáveis pelo custeio da obra pela coletividade, quando esta é cobrada pela Administração Pública, e a contribuição de melhoria pelos ganhos recebidos individualmente por cada beneficiário.[9]

Nos casos de obras realizadas não diretamente pela Administração Pública, mas por sociedades de economia mista, o STJ vinha reconhecendo a possibilidade de a sociedade de economia mista emitir duplicatas para o pagamento dos serviços prestados. Essa emissão, todavia, era aceita inclusive nos casos onde não existia contrato previamente firmado entre as partes, usando-se o fundamento do dever de contribuir do cidadão com a coletividade.

Os beneficiários inconformados com a forma arbitrária de cobrança procuravam o judiciário na tentativa de uma solução para este impasse, alegando não ser caso para a cobrança por meio de duplicatas, mas sim através de contribuição de melhoria, uma vez que esta melhor refletia a realização de uma obra pública. Entendia-se que

8. Hugo de Brito Machado, *Curso de Direito Tributário*, 12ª ed., São Paulo, Malheiros Editores, 1997, p. 328.

9. No entanto, a Administração Pública pode alcançar o valor dos gastos com a obra apenas com a cobrança da contribuição de melhoria. A ressalva está na impossibilidade de se cobrar, de cada contribuinte, parcela superior ao ganho de capital auferido individualmente. Se, respeitado este limite, a Administração Pública não poderia cobrar imposto para este fim específico, uma vez que o seu custo já foi integralmente pago.

a obra realizada era uma obra pública e portanto a Administração seria a responsável por cobrar e receber os valores referentes aos custos desta obra, observando-se as formas próprias da Administração Pública. Não se discutia a questão da duplicata em si, mais sim a natureza da obra realizada.

De qualquer forma, os tribunais vinham afastando os fundamentos dos beneficiários, entendendo devido o pagamento das duplicatas, mesmo quando não existia qualquer contrato escrito entre as partes.

A mudança deste entendimento ganhou forma no STJ, principalmente após o julgamento do recurso extraordinário 93.320/SP, julgado pela 1ª Turma deste Tribunal, em 5.5.1981, que teve como seu Relator o Ministro Rafael Mayer.[10]

Na análise feita ao caso de asfaltamento de vias públicas por sociedade de economia mista que emitiu duplicatas para custear a obra, o Ministro afastou a posição tomada pelo juiz de primeira instância e confirmada pelo 1º Tribunal de Alçada Civil do Estado de São Paulo em aceitar a cobrança via duplicata, mesmo sem a existência de prévio acordo entre as partes.

Segundo o Ministro Rafael Mayer, "tanto a sentença quanto o acórdão recorrido têm como legítima a emissão de duplicata de prestação de serviços, que levada a protesto com a comprovação da execução destes, ainda que sem o aceite do sacado, induzir-lhe-ia efeito cambial. Carece, entretanto, tal colocação, da devida consideração a requisito posto de modo expresso na lei, qual a preexistência do vínculo contratual autorizativo da prestação de serviços. Aliás, essa relação jurídica subjacente, a *causa debendi*, entre sacador e sacado, seria obviamente questionável em título de tal natureza, cuja origem sempre assenta em contrato de compra e venda ou de serviço, razão de ser da duplicata".

Reconhecendo a necessidade da existência da relação jurídica obrigacional entre as partes, aponta a contribuição de melhoria como meio mais adequado para a cobrança de parte do custo da obra, relevando sobre a questão da falta de legitimidade para cobrança de tal tributo, pois, ainda que se utilizasse da contribuição de melhoria como forma de cobrança pelos gastos havidos com a prestação de serviços, esta não poderia ser cobrada por sociedade de economia mista.

Este julgado trouxe, portanto, novo direcionamento ao tema, afastando o fundamento do dever de contribuir para com a coletividade para, então, examinar a cambial a ser usada, verificando se seus requisitos estariam presentes, entre eles o contrato de prestação de serviços que dera sua origem.

No REsp 35.140/SP, julgado em 1.6.1994, pela 1ª Turma do STJ,[11] a Codemar — Companhia de Desenvolvimento Econômico de Marília, emitiu duplicatas para a cobrança de obras realizadas.

O Ministro Relator Demócrito Reinaldo afirmou no acórdão que "recentemente, a jurisprudência vem se firmando em sentido contrário, tolerando, em certos casos, quando os serviços públicos são realizados por 'empresa de economia mista' e, em havendo contrato, o pagamento desses serviços mediante a emissão de duplicatas de serviços".

10. Este acórdão foi publicado na *Revista Trimestral de Jurisprudência* 98/912.

11. Acórdão publicado na *Revista do STJ* 65/356. "*Ementa*: Realização de obras pela administração através de empresa de economia mista. Custeio dessas obras efetuado por particulares. Possibilidade. Quando o Estado intervém no domínio econômico, o regime jurídico a que se submete é aquele pertinente ao direito do trabalho e das obrigações, equiparando-se a empresa particular, inaplicando-se-lhe as normas relativas ao predomínio vertical do poder público. Em realizando, o Município, através de sociedade de economia mista, obras públicas (construção de rede de esgotos), torna-se possível a cobrança do preço livremente pactuado com os particulares, com base em 'autorização de serviços', que legitima a emissão de duplicatas. A empresa pública cuja receita se constitui através de faturamento pela realização de serviços (e não de arrecadação tributária), desde que autorizada pelos beneficiários da construção, pode emitir duplicatas que garantam o ressarcimento das despesas com a realização de obras".

Fundamentando sua decisão esclarece que "quando o Estado intervém no domínio econômico, o regime jurídico a que se submete é o pertinente ao do direito do trabalho e ao das obrigações. Há, portanto, nivelamento completo do Estado com os particulares. Despe-se o Estado de suas prerrogativas próprias, para sujeitar-se ao direito privado. Não atinge as entidades criadas pelo Estado (sociedade de economia mista, empresas públicas e fundações) qualquer norma de conteúdo publicístico. Equiparam-se a qualquer empresa particular, não se lhes transmitindo normas relativas ao predomínio vertical de Poder Público. A incidência de normas públicas diz respeito exclusivamente ao vínculo que une o Estado à sua entidade, que se denomina tutela ou exclusivamente ao vínculo que une o Estado à sua entidade, que se denomina tutela ou controle. Não há qualquer impedimento legal que impeça a prestação — por sociedade de economia mista — da construção de rede de esgotos e nada impede, também, que, realizando qualquer obra, cobre seu custo do particular por ela beneficiado. Pode ela própria, a sociedade de economia mista, firmado contrato com o contribuinte, haver o preço combinado. Assinado o autor, a 'autorização de serviços', firmando o vínculo com a administração, regido pelo direito privado, tornou legítima a exigência do preço através da emissão por duplicatas".

Na análise que faz do caso, o Ministro Relator observa que ocorreu autorização por parte do autor, concordando com a realização das obras, com o preço, forma e o prazo de pagamento e aceitando, inclusive, a firmação de duplicatas. Conclui, então, que não estão destituídas de causa as duplicatas emitidas pois a autorização teria verdadeira feição de contrato vinculativo.

Em caso análogo, no REsp 15.069-0/SP,[12] julgado em 24.8.1994, cujo Relator foi o Ministro Antônio de Pádua Ribeiro, o STJ afastou a defesa de ser caso de execução de obra pública vinculando-se à cobrança de contribuição de melhoria, para aceitar a possibilidade de emissão de duplicatas para a cobrança dos serviços prestados.

O contrato livremente firmado entre a sociedade de economia mista e o autor caracterizaram o vínculo bilateral, viabilizando a emissão das duplicatas. Neste caso, o STJ reconheceu, ainda, que o rótulo dado aos títulos seria secundário em seu conteúdo, e o título emitido evidenciaria a existência de um crédito a receber originário da execução de serviços validamente autorizado pelo autor.

V — Posição do Supremo Tribunal Federal (STF)

A exemplo do STJ, o Supremo Tribunal Federal (STF) também primordialmente entendeu não ser possível a cobrança por obra realizada por companhia de economia mista.

No RE 98.841-6, julgado em 13.6.1983, cujo Relator foi o Ministro Rafael Mayer, a possibilidade de cobrança de obra pública através de duplicatas era afastada, embora já se pudesse perceber algumas men-

12. REsp 15.069/SP, publicado no *Diário da Justiça*, em 12.9.1994: "*Ementa*: Administrativo. Obra Pública. Construção de rede coletora de esgotos, mediante contrato celebrado com particular. Cobrança mediante a emissão de duplicatas. I — O município não pode contratar serviços públicos que devem, por sua natureza, ser reembolsados por meio de contribuição de melhoria. Todavia, sociedade de economia mista, instituída com o fito de executá-los no interesse do Município, não é vedada a contratação com particulares, ficando ajustado na avença o pagamento da obra a ser realizada. No caso, a implantação da rede coletora de esgotos foi autorizada em contrato, no qual se obrigaram os recorrentes a aceitar duplicatas em razão do ajuste, optando por não aguardar a efetivação do serviço pela Administração Pública, seguindo seus critérios de conveniência e oportunidade. O rótulo dado aos títulos é irrelevante, na espécie. II — Ofensa ao art. 145, II, do Código Civil, aos arts. 2º, IV e 3º do Decreto-lei 195, de 1967, e do art. 1º da Lei 5.474, de 1968, não caracterizada. Dissídio pretoriano não configurado. III — Recurso especial não conhecido".

ções ao vínculo contratual. A ementa deste acórdão possui a seguinte redação: "Contribuição de melhoria. Fato gerador. Asfaltamento de via pública. Tratando-se de contribuição de melhoria, pois o fato gerador e a valorização do imóvel particular em razão do asfaltamento da via pública, não é legítima a cobrança a título de taxa, aliás esta mesma desvirtuada por ser imposta por empresa privada, ainda que concessionária de serviço público, e mediante duplicata de serviço. Recurso extraordinário conhecido e provido".

No voto do Ministro Relator encontramos referência a não existência de um contrato autorizativo da emissão das duplicatas quando ele afirma que "mesmo que se admitisse o caráter de taxa, assim como pareceu ao acórdão recorrido, ela estaria desvirtuada por uma forma de cobrança, por meio de duplicatas de serviço, de todo incompatível com os critérios legais de exigibilidade de qualquer tributo.

"A versão da recorrida, no sentido de privar o crédito exigido de qualquer conotação tributária, não lhe traria melhor sorte, posto que acaso se tratasse de uma duplicata de serviço estaria destituída de causa, porquanto inexistente um contrato de que se originasse, conforme se verifica sob outro enfoque, em precedentes da Corte, em caso assemelhado (RE 93.320, 1ª T., *RTJ* 98/912)."

No RE 97.805/SP, julgado no mesmo ano, em 5.12.1983, cujo Relator foi o Ministro Néri da Silveira, o mesmo entendimento se observou, afastando-se as duplicatas emitidas por empresa concessionária de serviço público para a cobrança da execução de serviços de pavimentação de via pública e obras complementares realizadas. Segundo o Ministro, nos casos em que "cabe a imposição do tributo (contribuição de melhoria), não tem o poder público a opção de instituir, alternativamente, taxa remuneratória".

O STF havia tomado posição clara de não aceitar a cobrança do serviço executado via duplicata, ainda que emitida por concessionária pública que havia celebrado contrato autorizativo junto aos beneficiários.

No RE 89.748, julgado pelo plenário desta Suprema Corte, foi declarada a inconstitucionalidade da taxa cobrada pelo Município de Anápolis, por serviços de pavimentação de ruas e calçamento, cobrados por sociedade de economia mista especialmente criada para a consecução da obra e a cobrança dos beneficiários. Entendeu-se ser caso de contribuição de melhoria,[13] devendo ser observado os requisitos do Decreto-lei 195/67 (*RT* 94/732).

No RE 91.373-60, de 28.8.1979, entendeu-se que nos casos em que caberia a imposição de contribuição de melhoria,[14] não caberia, alternativamente, taxa remuneratória.[15]

13. Neste sentido conferir também os julgados STF: RE 83.516, *RTJ* 90/162; RE 97.661, *DJ* 26.11.82; RE 95.348, *DJ* 22.10.82; RE 92.341/GO, *RTJ* 101/1.101.

14. Conferir RE 87.604, plenário, 21.2.79: "*Ementa*: Contribuição de melhoria. Nos casos em que cabe a imposição desse tributo, não tem o poder público a opção de instituir, alternativamente, taxa remuneratória. Ilegitimidade da Taxa de execução de obras de água e esgotos do Município de São Caetano do Sul. Recurso não conhecido".

15. RE 97.805-4/SP: "Em suma, e aplicados os princípios que prevalecem na Suprema Corte, não se abre ao Poder Público a possibilidade de opção entre a cobrança do custo, de um lado, ou da contribuição de melhoria do outro, como quer a apelada. A hipótese é dessa última. No que interessa aos autos, e aplicado o disposto no art. 71 do Código Tributário Nacional, a taxa pressupõe 'a utilização, efetiva ou potencial, de serviço público específico indivisível, prestado ao contribuinte ou posto à sua disposição'. O requisito da indivisibilidade, ao menos, não se acha presente. Já à contribuição de melhoria se aplica a lição de Aliomar Baleeiro: 'oferece matiz próprio e específico: ela não é a contraprestação de um serviço público incorpóreo, mas a recuperação do enriquecimento ganho por um proprietário em virtude de obra pública concreta no local da situação do prédio. Daí a justificação do tributo pelo princípio do enriquecimento sem causa, peculiar do direito privado. Se o poder público, embora agindo no interesse da coletividade, emprega vultosos fundos desta em obras restritas e custos locais melhorando-a, tanto que observa elevação dos

No mesmo sentido encontramos o RE 163.426-2/SP, julgado em 29.11.1985, que teve como Relator o Ministro Aldir Passarinho, que ao analisar o caso reconheceu a inexistência de relação jurídico-cambial, afirmando a natureza jurídico-administrativa da relação existente entre autor e prestador de serviços.[16]

Esta posição do STF, em não reconhecer a cobrança dos custos de obra pública através de duplicatas, sofreu algumas alterações ao longo dos anos, percebendo-se uma nítida mudança na abordagem dada ao tema, como já se pode notar no RE 191.495/SP, julgado pela 1ª Turma do STF, em 15.12.1998, cujo Relator foi o Ministro Sydney Sanches.[17]

VI — Conclusões

A cobrança dos serviços prestados pelos concessionários de serviço público, quando realizada diretamente por estes concessionários, pode ser realizada através de duplicatas, desde que presente o vínculo obrigacional entre prestador de serviço e beneficiário.

A emissão de duplicata, seja resultante de uma prestação de serviço, seja resultante de uma compra e venda, somente é possível se provada a existência de um vínculo obrigacional. A não existência do contrato de prestação de serviços tornaria a duplicata inexistente.

imóveis aí situados, com exclusão de outras causas decorrentes da diligência do proprietário, impõe-se que este, por elementar princípio de justiça e de moralidade, restitua parte do benefício originado do dinheiro alheio' (*Direito Tributário Brasileiro*, Forense, 1970, p. 139). Por outro lado, a importância aqui em discussão não pode ser considerada como contribuição de melhoria, porque além de cunhada sob a denominação de taxa não reúne as condições legais de contribuição de melhoria" (cf. *RTJ* 94/327).

16. No RE 150.507/SP, j. 29.4.1997, cujo Relator foi o Ministro Ilmar Galvão, encontramos uma análise interessante sobre o tema. O Relator afirma ser caso de obra pública cujo custo não pode ser cobrado dos usuários senão por contribuição de melhoria. Afasta a autorização de serviços assinada pelo Autor, alegando ter sido esta realizada de forma constritiva. Faz, ainda, e este é o ponto interessante deste acórdão, distinção entre a cobrança do custo da obra e do custo dos serviços prestados. Segundo o ministro, "a circunstância de a exploração do serviço haver sido concedida a entidade de direito privado, conquanto organizada como sociedade de economia mista, contrariamente ao que entendeu o acórdão, não acarreta para o usuário o dever de financiar o custo de sua implantação, cumprindo-lhe satisfazer tão-somente o pagamento da taxa ou tarifa correspondente ao serviço posto à sua disposição".

Desta forma, faz distinção entre a cobrança dos serviços de execução de obra pública com o custo da obra em si. Partindo dessa distinção poderíamos dizer que, no caso da contribuição de melhoria, essa cobrança seria possível, uma vez que a contribuição de melhoria não busca diretamente o custeio da obra, mas sim cobrar daqueles que obtiveram um ganho em sua propriedade, em decorrência da obra realizada. O fato gerador da contribuição de melhoria é o ganho auferido no imóvel do contribuinte após a realização da obra. Dificilmente, a parcela cobrada pela Administração Pública chegará a cobrir a obra, mas a legislação é clara quando diz que o valor arrecadado poderá equivaler (mas não ultrapassar) o valor gasto com a obra, respeitando sempre o limite do ganho auferido na valorização do imóvel.

17. RE 191.495/SP, j. 15.12.1998, rel. Ministro Sydney Sanches, *DJ* 8.12.99, p. 57. "*Ementa*: Direito constitucional, administrativo, comercial e processual civil. Obra pública, de interesse de particulares, realizada por sociedade de economia mista. Cobrança. Mediante duplicatas de prestação de serviços. Concordância dos interessados no contrato. Admissibilidade. Recurso extraordinário. 1. Os autores, ora recorrentes, concordam com a prestação de serviços a ser feita pela recorrida, empresa de economia mista, bem assim com o preço por ela estipulado, responsabilizando-se pelo respectivo pagamento. 2. No julgamento do RE 150.507, não se mencionou essa concordância, de sorte que não pode ser invocado para a solução do caso presente. 3. Em caso análogo que coincide com a reproduzida nestes autos, a 1ª T. desta Corte, no RE 236.310-3/SP, relatado pelo Ministro Sepúlveda Pertence, por votação unânime, decidiu, a 14.12.98: '*Ementa*: Obra pública: o particular que assumiu por contrato a obrigação de ressarcir a sociedade de economia mista executadora dos custos de obra pública de seu interesse, não pode opor à validade da obrigação livremente contraída a possibilidade, em tese, da instituição para a hipótese de contribuição de melhoria'. 4. Adotando-se, então, os fundamentos deduzidos nesse precedente, cuja matéria de fato e de direito coincide com a focalizada no acórdão extraordinariamente ocorrido e considerando-se que, por isso mesmo, este não violou normas constitucionais, como a do art. 18, II, da EC 1/69, o RE resta não conhecido".

Neste sentido também afirma Amador Paes de Almeida ao dizer que a duplicata é "título eminente causal, tem seu alicerce no contrato de compra e venda mercantil ou na prestação de serviços. Sem estes, como adverte Carlos Fulgêncio da Cunha Peixoto, é inexistente. Conquanto mantenha traços comuns com a letra de câmbio, desta distingue-se por ter a sua origem necessariamente presa a um contrato mercantil — disso decorrendo sua natureza causal".[18]

A emissão da duplicata decorrente de prestação de serviços, ainda que estes possam ser classificados como serviços de natureza pública, devem seguir os requisitos estabelecidos para este tipo cambial, ou seja, deve existir, entre outros requisitos, um vínculo obrigacional entre as partes e a efetiva realização do serviço.

Portanto, no decorrer deste estudo, procurou-se demonstrar que aquelas sociedades que possuem em seu capital investimento estatal e que realizam serviços públicos estariam aptas a emitir duplicatas para a cobrança destes serviços prestados.

Estas empresas ao contratarem com os beneficiários dos serviços estarão assumindo obrigações e deveres, regulados pelo contrato estabelecido entre eles, atuando dentro do direito comercial. Não podem usar quaisquer prerrogativas concedidas para colocarem-se em situação de vantagem face ao consumidor, ou ainda deixar de prestar o serviço acordado.

A duplicata serve de meio eficaz para a cobrança dos serviços prestados, inclusive podendo ser levada a protesto pelo prestador de serviço e fundamentar pedido de execução como título extrajudicial que é.

Por sua vez, a inexistência de uma relação contratual entre prestador de serviços e beneficiários não autoriza nem a cobrança normal de prestação de serviços, devendo prevalecer o vínculo entre este, o prestador e a Administração Pública.

Neste caso, o prestador deverá receber diretamente da Administração Pública, que por sua vez irá cobrar de seus contribuintes os custos destes serviços. Para isto, buscará as formas normais de custeio de suas atividades, seja através do imposto, taxa ou contribuição de melhoria, dependendo do caso.

Estabelecendo a Administração Pública que a concessionária poderá cobrar diretamente dos beneficiários os serviços prestados, então, a única possibilidade para a emissão da cambial seria a existência de um vínculo obrigacional entre a prestadora de serviço e cada um dos beneficiários.

A mera autorização neste caso não parece ser a melhor forma de estabelecer a relação contratual, exceto se presentes no pedido de autorização todos os elementos relevantes do contrato, ou seja, preço, forma, data e local de pagamento, possibilidade de parcelamento, multa e juros de mora, conseqüências do não pagamento (*v.g.*, corte do fornecimento de água, luz, telefone etc.).

Enfim, devem constar no pedido de autorização todos os elementos essenciais para o esclarecimento ao consumidor do que realmente está autorizando. Deve-se lembrar, ainda, que o Código de Defesa ao Consumidor se aplica ao caso, devendo este ser observado no que diz respeito aos direitos e deveres tanto do consumidor como do prestador de serviços.

Em suma, mostrou-se que a Administração Pública, ao atuar através de empresas públicas ou sociedades de economia mista oferecendo serviços à comunidade, desce de sua posição de superioridade para nivelarse à mesma posição da outra parte contratante. Nesta situação de igualdade entre as partes, podem elas livremente estabelecer as regras que regerão seu relacionamento, acertando prazos, preço e formas de pagamento.

A emissão de duplicatas por terceiro concessionário, não pertencente à Administração Indireta, também deve observar o mesmo que para as sociedades de economia mista. Tendo em vista a maior proximidade com a Administração Pública, as

18. Amador Paes de Almeida, *Teoria e Prática dos Títulos de Créditos*, São Paulo, Saraiva, 1984, p. 127.

empresas públicas e até as sociedades de economia mista (estas apesar de não sofrerem gerência pela Administração Pública, possuem um vínculo com esta, ainda que somente para a sua fiscalização), claro está que as sociedades privadas poderiam, da mesma forma, emitir duplicatas para a cobrança dos seus serviços prestados.

Esta possibilidade, aliás, está muito mais clara para a sociedade privada do que a pública, ainda que concessionária de serviço público. Em todos os casos, imprescindível é a existência da relação obrigacional entre as partes.

Esta vinculação obrigacional formada entre as partes permite que ocorra emissão de fatura, observado o que se encontra disposto na Lei 5.474/68 e na legislação de títulos de crédito, em geral.

A relação que se forma entre o poder concedente e o concessionário é marcada pela superioridade do Poder Público, mas esta superioridade desaparece entre o concessionário e o beneficiário do serviço prestado. Existindo contrato firmado entre beneficiário e concessionário, este valerá entre as partes, devendo respeitar o que nele foi estabelecido.

ASPECTOS JURÍDICOS DA CÉDULA DE PRODUTO RURAL*

ILENE PATRÍCIA DE NORONHA

I — Introdução: 1. Lei 6.385/76; 2. Lei 4.728/65; 3. Valores mobiliários: conceito. II — Cédula de Produto Rural.

I — Introdução

Antes de adentrarmos no valor mobiliário Cédula de Produto Rural, cumpre-nos tecer algumas considerações iniciais, à guisa de introdução ao tema.

1. Lei 6.385/76

A Lei 6.385/76 trouxe uma inovação no quadro do Sistema Financeiro Nacional, tal como estruturado pela Lei 4.595/64, ao criar a CVM, entidade autárquica vinculada ao Ministério da Fazenda, para disciplinar e fiscalizar o mercado de capitais. A CVM é composta por um presidente e quatro diretores, todos nomeados pelo Presidente da República.

Ao definir os papéis que devem ser classificados como valores mobiliários como basicamente aqueles emitidos por sociedade anônima, e atribuir à CVM a competência para sua fiscalização, a Lei 6.385/76 retirou do BACEN uma parte da competência que antes lhe era atribuída pelas Leis 4.595/64 e 4.728/65.

* Trabalho apresentado ao Curso de Pós-Graduação da FADUSP, 2º semestre de 1999, na disciplina "Títulos de Crédito em Direito Comparado II", ministrado pelo Prof. Mauro Rodrigues Penteado.

2. Lei 4.728/65

Com efeito, nos termos das referidas leis, especialmente da Lei 4.728/65, o Banco Central possuía competência para fiscalizar o mercado de capitais como um todo. Com o advento da Lei 6.385/76, esta competência foi fragmentada, passando a CVM a ser o órgão competente para regularizar e fiscalizar o mercado de capitais em tudo aquilo que se refere a valores mobiliários, ou seja, títulos emitidos por sociedade anônima (como veremos no tópico seguinte, a lei associa valores mobiliários a títulos emitidos por sociedade anônima). O Banco Central ficou, assim, com a competência remanescente para disciplinar outros títulos ofertados no mercado, que não os emitidos por sociedade anônima.

Assim, os princípios da proteção ao investidor, do livre acesso à informação de forma eqüitativa para todos os participantes do mercado, e do combate à manipulação das condições de demanda e oferta de valores mobiliários, motivadores da edição da Lei 4.728/65, são os mesmos princípios presentes na Lei 6.385/76. Aliás, o que se pretendeu com a criação de um órgão como a CVM foi justamente atingir um melhor resultado na persecução de todos estes objetivos.

3. *Valores mobiliários: conceito*

A legislação brasileira não conceitua o que sejam valores mobiliários. Ao invés de elaborar um conceito para definir valores mobiliários, o legislador brasileiro houve por bem listar os títulos ou papéis que devem ser entendidos como tal. Nesse sentido, o art. 2º da Lei 6.385, de 7.12.1976, dispõe o quanto segue:

"São valores mobiliários sujeitos ao regime desta lei:

"I — as ações, partes beneficiárias e debêntures, os cupons desses títulos e o bônus de subscrição;

"II — os certificados de depósito de valores mobiliários;

"III — outros títulos criados ou emitidos pelas sociedades anônimas, a critério do Conselho Monetário Nacional."

A legislação brasileira se espelhou na legislação norte-americana, na maneira pela qual escolheu definir os tipos que caracterizam valores mobiliários. Com efeito, o direito norte-americano não conceitua o que sejam valores mobiliários, mas ao invés disso enumera, numa tentativa de abarcar o maior número possível de tipos, o que se deve entender como tal. Assim, nos Estados Unidos, onde valores mobiliários recebem a denominação de *securities*, a legislação define valor mobiliário como "(...) toda nota, ação, ação em tesouraria, obrigação, debênture, comprovante de dívida, certificado de participação em qualquer contrato de participação de lucro, certificado de depósito em garantia, parte de fundador, boletim de subscrição, ação transferível, contrato de investimento, certificado de transferência de direito de voto, certificado de depósito de uma *security*, co-propriedade de direitos em minas, jazidas de petróleo, ou, em geral, todo direito ou participação conhecido como *security*, ou ainda todo certificado de participação ou interesse, permanente ou temporário, recibo, garantia, direito de subscrição ou opção referentes aos títulos e valores acima mencionados" (*Section* 2 (1) do *Securities Act*, de 1993).[1]

Já no direito europeu é possível afirmar que, de uma maneira geral, pode-se encontrar um conceito elaborado de valores mobiliários, não obstante a denominação e abrangência desta expressão variem conforme o país. Na Europa, a acepção do termo valores mobiliários é, no geral, bem mais limitada do que nos Estados Unidos, sendo idéia de valor mobiliário normalmente associada a títulos emitidos por sociedade anônima. Nesse mister cabe observar que, não obstante a principal influência no modelo regulamentar do mercado de capitais adotado pela legislação brasileira tenha vindo da legislação federal de títulos norte-americana, a influência do direito europeu é marcante no que diz respeito à limitação da amplitude do conceito de valores mobiliários, tal como definidos pela Lei 6.385/76.[2]

A Lei 6.385/76 não elabora um conceito para valores mobiliários, mas define por enumeração os papéis que devem receber esta qualificação. Conforme se depreende do texto acima, no direito brasileiro a concepção de valores mobiliários é bastante limitada, e mormente associada a títulos de emissão de sociedade anônima. Ocorre que esta definição nem sempre mostra-se suficiente para acomodar todas as situações cotidianas que, sobretudo por representarem captação de recursos populares, neces-

1. Conforme observa Luiz Gastão Paes de Barros Leães, "Longe, pois, de fornecer a 'essência' do conceito de *security*, o legislador se limita a enumerar, exemplificativamente, tipos que partilhariam de uma essência comum, de resto deixada indefinida" (in "O conceito de *security* no Direito norte-americano, e o conceito análogo no Direito brasileiro", *RDM* 14/44, 1974).

2. Neste sentido, o Prof. Arnoldo Wald observa que "(...) o conceito de valor mobiliário, nos países europeus, particularmente na França, apresenta um alcance bem mais limitado, referindo-se basicamente aos títulos emitidos por sociedades anônimas e aptos a serem negociados publicamente. (...) Podemos concluir, então, que no direito positivo brasileiro, nesse particular influenciado fortemente pelo sistema legal francês, são considerados valores mobiliários os títulos emitidos pelas sociedades anônimas (com exceção do certificado de depósito de valores mobiliários) destinados à negociação pública, em bolsa de valores ou em mercado de balcão" (in "O mercado futuro de índices e os valores mobiliários", *RDM* 57/11 e 15, 1985).

sitam da proteção das normas reguladoras do mercado de capitais.

Para o professor Rubens Requião,[3] são valores mobiliários, "todos os papéis emitidos pelas sociedades anônimas para a captação de recursos financeiros no mercado".

Diante das ponderações declinadas, em que pese as ações de companhia fechada também serem consideradas pela própria Lei das S/A, no nosso entender valores mobiliários poderiam ser definidos como "títulos negociáveis em massa, emitidos em série, por sociedades anônimas, ou por entes a ela equiparados para esse fim, mediante registro da emissão na Comissão de Valores Mobiliários, fungíveis ou não, suscetíveis de negociação em bolsas de valores ou mercado de balcão, com cotação no mercado, arrolados no art. 2º da Lei 6.385/76, como valores mobiliários, cujo rol pode ser acrescido a critério do próprio legislador pátrio ou consoante o mérito, conveniência e oportunidade do Conselho Monetário Nacional".

Justamente por esta razão, foi editada a Medida Provisória 1.637, de 8.1.1998,[4] atualmente MP 1.742/99, para incluir contratos de investimento coletivo no rol dos tipos passíveis de classificação como valor mobiliário no direito brasileiro. De acordo com o art. 1º da MP 1.742/99, "Constituem valores mobiliários, sujeitos ao regime da Lei 6.385, de 7.9.1976, quando ofertados publicamente, os títulos ou contratos de investimento coletivo, que gerem direito de participação, de parceria ou de remuneração, inclusive resultante de prestação de serviços, cujos rendimentos advêm do esforço do empreendedor ou de terceiros".

Em virtude da edição desta medida provisória, o conceito de valores mobiliários por nós elaborado acima pode ser ampliado para considerar como valores mobiliários "títulos negociáveis em massa, emitidos em série, por sociedades anônimas, mediante registro da emissão na Comissão de Valores Mobiliários, fungíveis ou não, suscetíveis de negociação em bolsas de valores ou mercado de balcão, com cotação no mercado, arrolados no art. 2º da Lei 6.385/76, como valores mobiliários, cujo rol pode ser acrescido *de quaisquer títulos ou contratos de investimentos coletivo quando ofertados publicamente, que gerem direito de participação, de parceria ou remuneração, inclusive resultante de prestação de serviços.* E, ainda, quaisquer outros títulos ou contratos, a critério do próprio legislador pátrio ou consoante o mérito, conveniência e oportunidade, do Conselho Monetário Nacional".

Mas não só através de medidas provisórias vem sendo ampliado o rol de valores mobiliários elencados (a título exemplificativo, e não exaustivo) no art. 2º da Lei 6.385/75. Em razão da faculdade outorgada pelo inciso III do referido art. 2º, o Conselho Monetário Nacional já editou inúmeras resoluções para definir novos valores mobiliários. Além disso, novas leis ordinárias foram editadas para qualificar outros tipos de papéis como valores mobiliários.

É interessante observar que, se por um lado a Lei 6.385/76 limitou a definição de valores mobiliários aos títulos emitidos por sociedade anônima, por outro lado, dentro de tais limites, delegou poderes bastante abrangentes ao CMN, ao permitir que este possa, a seu critério, definir que outros tipos de papéis emitidos por sociedade anônima podem ser classificados como valores mobiliários, sem contudo estabelecer previamente qualquer parâmetro a ser utilizado pelo CMN no exercício desta faculdade.

Com efeito, inexistindo conceito legal do que sejam valores mobiliários, o CMN tem que elaborar sua própria conceituação da expressão, para desempenhar a função que lhe foi atribuída pelo inciso II do art. 2º da Lei 6.385/76, qual seja, a de colocar dentro do campo de abrangência da CVM ou-

3. *Curso de Direito Comercial*, 2º v., 9ª ed., Saraiva, 1980, p. 27.

4. Na Exposição de Motivos do Ministério da Fazenda 712, de 9.1.1997, que originou a Mensagem ao Congresso Nacional 37/98 (31/98, na origem), explicou-se que a MP 1.637/98 "(...) visa ampliar a competência normativa e fiscalizadora da Comissão de Valores Mobiliários — CVM no que diz respeito às relações entre investidores e captadores de poupança popular através de novos instrumentos de investimento, que não estão hoje submetidos à adequada regulação estatal".

tros títulos emitidos por sociedades anônimas, diferentes daqueles já mencionados na lei. Daí, ao nosso ver, uma conceituação de valores mobiliários contribuiria para evitar que o CMN extrapolasse a vontade do legislador, e qualificasse como valor mobiliário um título ou contrato qualquer que não possuíssem as características a eles inerentes.

Uma vez feitas estas considerações introdutórias, passamos à análise separada de apenas uma das espécies de valores mobiliários existentes no direito brasileiro, objeto do nosso estudo.

II — Cédula de Produto Rural

2. Este valor mobiliário, ainda pouco utilizado em nosso mercado de capitais, em que pese o benefício que lhe é conferido (sobre este valor mobiliário não recai sequer a Taxa de Fiscalização do Mercado de Valores Mobiliários criada pela Lei 7.940/89), ainda é objeto de debate a cerca de ser este título um valor mobiliário ou não.

Este título-valor mobiliário foi criado pela Lei 8.929, de 22.8.1994, que foi regulamentada pelo Conselho Monetário Nacional através das Resoluções 2.469, de 19.2.1998; 2.477, de 26.3.1998; 2.500, de 28.5.1998; 2.510, de 17.6.1998, e pela 2.590, de 28 de janeiro do corrente ano que altera o prazo de amortização das operações externas para 90 (noventa) dias.

A Cédula de Produto Rural, doravante denominada de CPR, aliás como o faz a própria Lei 8.929, de 22.8.1994 é um título realmente significativo, como bem explicita o mestre Waldirio Bulgarelli,[5] "na medida em que alcança a disciplina legal de vários institutos afins ou conexos, como: (1) o penhor rural e o penhor mercantil; (2) o direito cambial; (3) os valores mobiliários; (4) as obrigações em geral previstas, principalmente, no Código Civil; (5) as normas sobre execução específica reguladas pelo Código de Processo Civil".

5. In *Títulos de Crédito*, 14ª ed., Atlas, pp. 575 e ss.

Assim, o operador do direito fica compelido a praticar os exercícios de interpretação para uma correta aplicação harmônica das várias normas, consoante as lições do festejado Prof. Waldirio Bulgarelli.

Cumpre ressaltar que diferentemente dos outros valores mobiliários criados posteriormente à Lei 6.385/76, a lei que criou a CPR não fez uso da frase comum em toda a legislação que complementou o inciso III do art. 2º da mencionada lei, qual seja "são considerados valores mobiliários para os efeitos do art. 2º da Lei 6.385/76". Porém, a Lei 8.929/94 assevera em seu art. 19: "A CPR poderá ser negociada nos *mercados de bolsas e de balcão*".

Ora essa faculdade, contida no verbo "poderá" utilizado pelo legislador justamente para expressar, *in casu*, a possibilidade de a CPR vir a ser negociada tanto em mercado de balcão como de bolsa já descortina a natureza jurídica deste "papel" a de *título de crédito* porquanto, diante do art. 4º da Lei 8.929/94, o qual consigna os requisitos a serem lançados no título, demonstra a existência das características de um título de crédito neste papel.

Em que pese o título poder ser emitido sem um valor nominal, ele será sempre *líquido e certo*, é *causal* — por estar ligado aos produtos nele mencionados e eventuais garantias reais; pode ser *dependente* quando vinculado a aditivos e outros, é *autônomo*, no que se refere à sua circulação, posto que suscetível de endosso, na medida em que obrigatoriamente é emitido *à ordem*, contudo a garantia é *veritas* e não *bonitas* (os endossantes não respondem pela tradição do produto rural, mas só pela existência da obrigação, porém é dispensado o protesto cambial para a garantia do direito de regresso).

Por outro lado é também *valor mobiliário*, posto que passível de negociação em bolsa de valores ou em mercado de balcão.

A Lei 8.929/94 consubstancia a CPR como sendo uma promessa de tradição de produtos rurais, com ou sem garantia cedularmente constituída — a garantia cedular pode consistir em hipoteca, penhor ou alienação fiduciária —, a qual pode ser elaborada sem um valor mencionado no título, mas é considerado título líquido e certo, exigível pela quantidade e qualidade no produto nela previsto. Em caso de inadimplemento da obrigação, pode ser utilizada a ação de execução de coisa incerta, nos moldes do Código de Processo Civil nos arts. 629-631 (arts. 3º e 4º da Lei 8.929/94).

Com efeito, possuem legitimidade para a emissão da CPR o produtor rural e as suas associações, inclusive as cooperativas (portanto, tais emissores estariam equiparados a uma sociedade anônima no que tange à possibilidade de emitirem este tipo de valor mobiliário e negociá-lo tanto em bolsa de valores quanto em mercado de balcão).

Cumpre, nesse passo, ressaltar que a CPR hoje por força da regulamentação do § 1º do art. 19 da Lei 8.929/94 feita pela Resolução do Conselho Monetário Nacional 2.483, de 26.3.1998, deve ser registrada e liquidada financeiramente pela CETIP.

Vale ainda frisar que a emissão deste título-valor mobiliário é considerado um ativo financeiro, porém, por força do § 2º do art. 19 da Lei 8.929/94, não incidirá o Imposto sobre Operações de Crédito, Câmbio e Seguro, ou Relativas a Títulos e Valores Mobiliários. Assim, sequer a Lei 7.940/89 que instituiu a Taxa de Fiscalização do Mercado de Valores Mobiliários incidirá nas emissões de CPR.

Assim, nota-se que a CPR é um *papel complexo*, participando da natureza jurídica dos títulos de crédito e dos valores mobiliários.

São essas as considerações básicas sobre o título — valor mobiliário que se acha sujeito, pois, ao regime do art. 2º da Lei 6.385/76, denominado de Cédula de Produto Rural — CPR —, cuja abordagem tocou apenas nos pontos mais elementares da Lei 8.929/94.

Atualidades

A EXECUTORIEDADE DO CONTRATO DE ABERTURA DE CRÉDITO EM CONTA CORRENTE — CHEQUE ESPECIAL*

Daniella Maria Neves

I — O contrato de abertura de crédito em conta corrente: definição. II — Extinção. III — Cobrança do saldo devedor. IV — Executoriedade do saldo devedor. V — Medida Provisória 1.410. VI — As Cédulas de Crédito e a Medida Provisória 1.925. VII — Inexistência de título executivo. VIII — Conclusão.

I — O contrato de abertura de crédito em conta corrente: definição

1. O contrato de conta corrente bancária é o contrato pelo qual "o Banco se obriga a receber os valores que lhe são remetidos pelo cliente ou por terceiros, bem como cumprir as ordens de pagamento do cliente até o limite de dinheiro nela depositado ou do crédito que se haja estipulado".[1]

2. Acordos decorrentes do contrato de conta corrente bancária não se confundem com este. Por isso, salvo cláusula de possível operação a descoberto, através do mencionado contrato o cliente é credor do Banco, pois os débitos têm que ser efetuados no limite do crédito.

3. Conclui-se, então, que o banco nunca está obrigado a efetuar pagamentos de valores superiores ao montante constante da conta corrente, o que ocorre se houver no contrato de conta corrente cláusula permitindo encargo(s) a descoberto(s).

4. Para a efetivação de operações a descoberto, pode-se firmar contrato diverso, denominado Abertura de Crédito (vulgarmente conhecido como Cheque Especial), através do qual o Banco disponibiliza crédito ao cliente, o qual pode, conforme a sua conveniência, utilizá-lo.

5. Nessa modalidade contratual há duas etapas. A etapa da disponibilidade, na qual o banco se obriga a colocar à disposição do cliente fundos sem que tenha recebido qualquer contraprestação do cliente; e, a etapa da disposição, na qual o cliente utiliza-se do crédito, tornando-se devedor do banco.

6. Não se trata de contrato real, cuja efetivação independe da entrega do crédito, por isso, a última etapa pode não se consumar. Nesse caso, o cliente obriga-se ao pagamento da comissão em decorrência da disponibilização do crédito.

II — Extinção

7. A cobrança do saldo devedor em contrato de abertura de crédito deve ocorrer com a extinção do mesmo. Por isso ca-

* Trabalho apresentado ao Curso de Pós-Graduação da FADUSP, 2º semestre de 1999, na disciplina "Títulos de Crédito em Direito Comparado II", ministrado pelo Prof. Mauro Rodrigues Penteado.

1. Conforme definição do Prof. Sérgio Carlos Covello, in *Contratos Bancários*, 3ª ed., São Paulo, Editora Leud, 1999.

be destacar seus diferentes modos de extinção.

8. O contrato de abertura de crédito extingue-se por: a) denúncia; b) distrato; c) concurso de credores (art. 165 do Decreto-lei 7.661, de 21.6.1945; d) falecimento; e) liquidação da instituição financeira; e, f) por decurso do prazo acordado.

III — Cobrança do saldo devedor

9. Com a extinção do contrato, resta à instituição financeira a cobrança do saldo devedor remanescente, que muitas vezes é feita através de medidas judicias (ação executiva, ação monitória e pedido de falência). Passaremos a tratar da executoriedade do saldo devedor com respaldo em entendimento jurisprudencial que se vem firmando em nosso país.

IV — Executoriedade do saldo devedor

10. Em muitos casos, o saldo devedor é exigido por meio de processo de execução. Por isso, cabe verificar se constitui título executivo extrajudicial, estando presentes os requisitos previstos no inciso II do art. 585 do Código de Processo Civil que estabelece: "II — a escritura pública ou outro documento público assinado pelo devedor; o documento particular assinado pelo devedor e por duas testemunhas;".

11. Ocorre que, além dos requisitos anteriormente mencionados, o contrato de abertura de crédito deve ser dotado de liquidez e certeza, conforme preceitua o art. 586 do referido diploma legal: "Art. 586. A execução para cobrança de crédito fundar-se-á sempre em *título líquido, certo e exigível*".

12. Sabe-se que tratamos aqui de documento particular assinado pelo cliente e por duas testemunhas, todavia, a existência de certeza e liquidez do contrato é bastante dúbia.

13. No sentido de que se constitui título executivo, deve-se ressaltar que:

a) os escritos dos comerciantes fazem prova contra si e contra terceiros, conforme preceitua o art. 22 do Código Comercial. Cabendo ao cliente o dever de zelo, pois recebe extratos bancários com freqüência, os quais caso forem dotados de informação inverídica devem ser questionados junto ao banco em 10 dias (aplicação analógica do art. 219 do Código Comercial);

b) nesse caso, o *quantum debeatur* é facilmente apurado por mero cálculo aritmético conforme preceitua o art. 614 do Código de Processo Civil.

14. Diante dos argumentos acima expostos, o posicionamento inicial dos nossos Tribunais era pela aceitação do referido contrato como título de crédito extrajudicial. Eventuais divergências referentes aos valores cobrados deveriam ser discutidas em sede de embargos à execução, conforme determina o disposto no art. 745 do Código de Processo Civil.

V — Medida Provisória 1.410

15. Qualquer dúvida acerca da liquidez e certeza do contrato de abertura de crédito não tinha mais razão de persistir ao ter sido editada a Medida Provisória 1.410, de 18.4.1996, que determinou no seu art. 5º: "Os instrumentos, públicos ou particulares, de contrato de depósito bancário e de contrato de abertura de crédito em conta corrente (cheque especial) são títulos executivos extrajudiciais, sendo líquidos os saldos apresentados nos extratos de conta corrente emitidos pela instituição financeira na forma dos respectivos instrumentos".

16. Assim, ainda que houvesse qualquer dúvida acerca da liquidez e certeza do título executivo, a mesma não mais existiria porquanto tais requisitos foram-lhe conferidos através de instrumento que tem força de lei, configurando-se título executivo nos moldes do que dispõe o inciso VII do art. 585 do Código de Processo Civil: "Art. 585. São títulos executivos extrajudiciais: (...) VII — todos os demais títulos que, por disposição expressa, a lei atribuir força executiva".

17. Ocorre que referida Medida Provisória foi reeditada em 16.5.1996, e o art. 5º foi excluído de seu texto.

VI — As Cédulas de Crédito e a Medida Provisória 1.925

18. As cédulas de crédito rural, industrial e comercial são títulos executivos por força da legislação que os instituem. Além disso, todos são instrumentos que permitem financiamento para utilização parcelada, devendo o cliente abrir junto à instituição financeira conta vinculada à operação.

19. Assim, não obstante serem as cédulas de crédito anteriormente mencionadas vinculadas à abertura de crédito, as mesmas são admitidas pela doutrina e jurisprudência como título executivo, nos termos do inciso VII do art. 585 do Código de Processo Civil, porquanto a lei assim os define (exemplo: Decreto-lei 167, art. 10 e Decreto-lei 413, art. 10).

20. O mesmo veio a ocorrer com a Cédula de Crédito Bancário, instituída pela Medida Provisória 1.925, de 14.10.1999, que possui força executiva nos termos do que determina o art. 3º da mencionada MP.

21. Além disso, no caso da Cédula de Crédito Bancário, há previsão de estipulação de juros, correção monetária, despesas e demais encargos decorrentes da obrigação, o que leva à solução para a imediata cobrança do saldo devedor originado da abertura de crédito: como garantia da mesma, solicita-se a emissão da Cédula de Crédito Bancário que poderá ser plenamente executada.

VII — Inexistência de título executivo

22. O contrato de abertura de crédito não é considerado título executivo pela 4ª Turma do Superior Tribunal de Justiça, se não é acompanhado por demonstrativo discriminando detalhadamente o débito, conforme a ementa a seguir transcrita:

"*Execução. Contrato de abertura de crédito e nota promissória. Iliquidez. Carência decretada.* Não basta ao credor, na execução fulcrada em contrato de abertura de crédito e em nota promissória a ele vinculada, assinalar, de modo unilateral, o saldo devedor no anverso da cambial. É necessário, segundo jurisprudência da Eg. 4ª Turma, que a inicial da execução venha acompanhada do adequado demonstrativo contábil" (REsp 9.784).

23. Muito além disso, a 3ª Turma da referida Corte, entende que mesmo que acompanhado por memória de cálculo detalhada, o contrato de abertura de crédito em conta corrente não é dotado de certeza e liquidez, não cumprindo os requisitos estabelecidos pelos arts. 585 e 586 do Código de Processo Civil, conforme os julgados a seguir:

"*Execução. Título executivo extrajudicial. Contrato de abertura de crédito em conta corrente.* Contrato de abertura de crédito em conta corrente não constitui título executivo extrajudicial, segundo previsto no art. 585, II do CPC, por não consubstanciar obrigação de pagar quantia determinada. Precedentes. Recurso não conhecido" (REsp 89.682).

"*Processual civil. Execução. Contrato de abertura de crédito. Título executivo. Inteligência dos arts. 585, II e 586 do CPC.* Mesmo subscrito pelo eventual devedor e assinado por duas testemunhas, o contrato de abertura de crédito não é título executivo extrajudicial, ainda que a execução seja instruída com extratos e que os lançamentos fiquem devidamente esclarecidos, com explicitação dos cálculos, dos índices e dos critérios adotados para a definição e a evolução do débito, pois esses são documentos unilaterais de cuja formação não participou o devedor" (REsp 152.867).

24. Diante da divergência jurisprudencial existente no Superior Tribunal de Justiça, nos autos dos embargos de divergência em recurso especial 108.259, a 2ª Seção do mencionado tribunal, decidiu que o contrato de abertura de crédito em conta corrente não constitui título executivo extrajudicial, conforme a ementa que segue: "*Processual civil. Execução. Contrato de abertura de crédito. Inexistência de título executivo. Inteligência dos arts. 585, II e 586 do CPC*".

VIII — Conclusão

25. Diante do exposto, conclui-se que, para a cobrança do saldo remanescente referente a contrato de abertura de crédito em conta corrente, deve-se utilizar a ação monitória para a constituição do valor a ser cobrado, que ensejará a constituição de título executivo judicial.

26. Por outro lado, como alternativa, poderá o Banco solicitar em garantia ao mencionado contrato a emissão de Cédula de Crédito Bancário, que tem força executiva conferida pela MP 1.925. Deve-se ressalvar que a sobrevivência do título anteriormente mencionado está condicionada à reedição da Medida Provisória, tão logo seu prazo de vigência tenha decorrido ou caso não seja a mesma convertida em lei.

Jurisprudência Comentada

DUPLICATA SIMULADA

Comentários de
Haroldo Malheiros Duclerc Verçosa
ao acórdão do recurso ordinário em *habeas corpus* 79.784-9-GO

RO em HC 79.784-9-GO – 1ª T., STJ
Rel.: Ministro Sepúlveda Pertence
j. 14.12.1999
DJU *3.3.2000*

Ementa: Duplicata simulada. Descaracterização. Emissão de título sem assinatura do sacador. Delito que se consuma, no entanto, se a cambial estiver formada com o saque, e o emitente dela fizer qualquer uso, mesmo sem endossá-la. Interpretação do art. 172 do CP.

Ementa da Redação: O delito previsto no art. 172 do CP resta descaracterizado se a duplicata for emitida sem a assinatura do sacador, visto que esta é requisito fundamental para existência do título; no entanto, formada a cambial pelo saque, consumado estará o crime se o emitente fizer qualquer uso do título, como de confiá-lo a instituição bancária para cobrança e protesto, mesmo sem endossá-lo.

ACÓRDÃO

Vistos, relatados e discutidos estes autos, acordam os Ministros da 1ª Turma do STF, na conformidade da ata do julgamento e das notas taquigráficas, por unanimidade de votos, em dar provimento, em parte, ao recurso ordinário em *habeas corpus*.

Brasília, 14 de dezembro de 1999. Moreira Alves, Presidente. Sepúlveda Pertence, Relator.

RELATÓRIO

O Exmo. Sr. Min. Sepúlveda Pertence (Relator): Cuida-se de recurso de decisão do STJ que indeferiu *habeas corpus* substitutivo do recurso contra acórdão denegatório do TJGO.

A impetração dirigida ao STJ começa por dar a versão do impetrante para os fatos:

> *Origem da Dívida* – A paciente Magda Moffato Hon, na qualidade de representante legal de Império Romano Empreendimentos Imobiliários Ltda., representou a empresa prometendo vender a Maryam Mikhael Borges, mediante contratos particulares, dois apartamentos sitos no Edifício Bella Roma, na cidade de Caldas Novas, Estado de Goiás, mediante pagamentos parcelados.
>
> Registre-se, pela relevância, que Império Romano Empreendimentos Imobiliários Ltda. tem como objeto social a incorporação e construção de bens imóveis.
>
> Posteriormente, pretendeu a promitente compradora quitar um dos apartamentos utilizando as parcelas pagas referente ao outro imóvel, do que discordou a paciente, em nome da empresa. Conforme a denúncia, em tese foi acatada a alegação da promitente compradora, segundo a qual sua proposta teria sido aceita, inobstante a inexistência

de distrato ou aditivo contratual por escrito, mas mediante assento verbal via pseudocontato por telefone. Na hipótese, afigura-se a absoluta impossibilidade jurídica de modificação unilateral dos contratos escritos por meio de presumido ajuste verbal.

Com este artifício, considerou a promitente compradora quitado o preço de um apartamento e desobrigada da responsabilidade pelo pagamento do restante do preço do outro apartamento. Em conseqüência, deixou de pagar as parcelas ainda devidas dos dois contratos.

2. *Expedição de duplicatas* – Diante da sustação pela compradora (vítima) dos pagamentos das parcelas, a empresa vendedora, por seus empregados e prepostos, expediu várias duplicatas, correspondentes aos valores das parcelas ainda devidas e não pagas, remetendo-as diretamente à promitente compradora, para fins de aceite e devolução. Algumas duplicatas foram devolvidas, sem aceite, e outras retidas pela promitente compradora, dando causa à sua substituição por "boletos", na forma dos arts. 6º e parágrafos e 13 da Lei 5.374 de 18.6.1968.

O primeiro fundamento, da configuração de "crime impossível", ficou assim deduzido:

A promitente compradora e pretensa vítima anexou aos autos de inquérito policial seis duplicatas, das quais cinco sem assinatura da empresa sacadora. Com relação, pois, a estas cinco duplicatas, inexiste crime. Dentre os onze requisitos do art. 2º da Lei 5.474/68, para constituição do título cambial ou duplicata, o inciso II dispõe sobre a obrigatoriedade de constar da duplicata "a assinatura do emitente" (*sic*). Sem ela, o título não existe no mundo jurídico. Não pode, pois, haver duplicata simulada se o título não foi formalizado de conformidade com a lei. A duplicata, sem assinatura do emitente, é inexigível e sem circulação admitida.

A sexta duplicata traz uma rubrica, sem identificação da sua autoria. A olho nu, percebe-se que não é do punho da paciente.

Em segundo lugar, nega-se que a expedição da duplicata correspondesse à emissão, que tipifica o delito:

As duplicatas não foram emitidas, mas apenas expedidas diretamente para a pretensa vítima (...).

Com a modificação do art. 172 do CP pela Lei 8.137, de 27.12.1990, foram substituídas as expressões "expedir ou aceitar duplicatas" por "emitir fatura, duplicata ou nota de serviço". Portanto, para que configure o ilícito é imprescindível a circulação da duplicata, mediante endosso. A simples expedição ou saque da duplicata, por si só, não é crime. A duplicata deve ser transferida a terceiro, por endosso, sem o que não circulou e por isso não foi emitida.

Alega-se mais a regularidade de seguidas duplicatas e a ausência de dolo.

Em contra-razões ao recurso, o Ministério Público Federal, pelo ilustre Subprocurador-Geral Raimundo de Bonis, suscita preliminar de não conhecimento, pois a decisão recorrida do STJ não foi proferida em única instância, nos termos do art. 102, II, *a*, CF, por tratar-se de impetração substitutiva de recurso ordinário da primitiva decisão local.

A Procuradoria-Geral, com parecer do ilustre Dr. Edson de Almeida, aduz:

É esta a ementa do acórdão recorrido (f.):

Penal. Processual penal. *Habeas corpus*. Trancamento de ação penal. Descrição em tese de crime. Emissão de duplicatas simuladas. CP, art. 172. Consumação. Crime impossível. Não configuração. Elemento subjetivo. Impropriedade.

O crime de emissão de fatura, que tem como núcleo o ato de emitir títulos que não guardam correspondência com a venda mercantil efetivamente realizada, consuma-se no momento em que os documentos são colocados em circulação, não se exigindo a efetividade do proveito econômico pela oposição do aceite do sacado. Perfaz-se o tipo com o envio do título feito diretamente pelo sacador ou por instituição financeira, suficiente para ensejar a omissão da vítima em aceitar o título em detrimento de seu patrimônio.

Não procede a alegação do crime impossível, sob a invocação de falta de circulação da duplicata, se esta é emitida sem correspondência com a venda realizada e é levada a protesto por falta de aceite do sacado.

O trancamento de ação penal por falta de justa causa, postulada na via estreita do *habeas corpus*, somente se viabiliza quando, pela mera exposição dos fatos na denúncia, se constata que há imputação de fato penalmente atípico ou que inexiste qualquer elemento indiciário demonstrativo da autoria do delito pelo paciente.

Para a descaracterização do elemento subjetivo do crime de emissão de duplicatas simuladas é imperativo o exame de questão de fato controvertida, e por isso o tema situa-se fora do alcance do *habeas corpus*, que não é instrumento processual próprio para se obter sentença de absolvição sumária. *Habeas corpus* denegado.

3. As longas razões do recurso reeditam, sem sucesso, as alegações de atipicidade e de ausência de dolo, já afastadas corretamente pelo v. acórdão (f.):

Efetivamente, na peça acusatória consignou-se que a empresa Império Romano Empreendimentos Imobiliários Ltda., por meio de sua representante legal, celebrou dois contratos de promessa de compra e venda de imóveis habitacionais com Maryam Mikhael Borges, que, ao renegociar o saldo devedor, quitou integralmente os valores ainda devidos a título da primeira unidade com o crédito pago do apartamento devolvido à empreendedora.

Disse, ainda, a acusação que a paciente emitiu duplicatas simuladas para promover a cobrança de valores indevidos, sem correspondência com o imóvel efetivamente adquirido na transação imobiliária, que, em virtude de cláusula contratual proibitiva, não autorizava a emissão de duplicatas, mas tão-somente de notas promissórias.

Daí por que a paciente, na qualidade de representante da empresa, foi denunciada sob a acusação de emitir duplicatas simuladas, tipo este descrito no art. 172 do CP, assim enunciado:

"Emitir fatura, duplicata ou nota de venda que não corresponda à mercadoria vendida, em quantidade ou qualidade, ou ao serviço prestado:

"Pena – detenção, de dois a quatro anos, e multa.

"Parágrafo único. Nas mesmas penas incorrerá aquele que falsificar ou adulterar a escrituração do Livro de Registro de Duplicatas".

A propósito, merecem destaque os pontos centrais da narração dos fatos que ensejaram a acusação pública:

"Consta do incluso inquérito policial que nos meses de agosto a dezembro de 1995, nesta cidade, por ordem da denunciada, a sua empresa, Império Romano Empreendimentos Imobiliários Ltda., emitiu duplicatas simuladas, em desfavor da pessoa da vítima, Maryam Mikhael Borges, vez que as mesmas não correspondem a mercadorias vendidas.

"Segundo se apurou, a vítima adquiriu da referida empresa duas unidades habitacionais constituídas dos apartamentos n. 1.004 e 1.006, do empreendimento, Império Romano, Edifício Bella Roma, firmando os contratos de f., sendo que, em virtude de interesse pessoal, quitou integralmente o primeiro, transferindo, para tanto, crédito pago ao segundo, tudo conforme documentos de f.

"Todavia, nos meses de agosto a dezembro, foi a vítima surpreendida pela cobrança de duplicatas, via Banco Bradesco S/A, emitidas pela empresa da denúncia, n. 005/07 – 1.004, n. 04/05 – 1.006 e n. 3/4/5/6 – 1.006, nos valores de R$ 13.086,84 (treze mil e oitenta e seis reais e oitenta e quatro centavos), R$ 21.567,10 (vinte e um mil, quinhentos e sessenta e sete reais e dez centavos) e R$ 43.567, 27 (quarenta e três mil, quinhentos e sessenta e sete reais e vinte e sete centavos), respectivamente, doc. de f., cobrando quantia já paga, de unidade quitada, bem como quantia de apartamento devolvido à empreendedora.

"Infere-se, ainda, de todo o ocorrido que, além de cobrança indevida promovida pela denunciada, vez que as duplicatas emitidas não correspondiam a qualquer mercadoria mercantil vendida, a mesma, em hipótese alguma, pela natureza do negócio, transação imobiliária, estava autorizada a emitir duplicatas, mas, sim, por própria determinação do contrato, notas promissórias" (f.).

Ora, o crime de emissão de fatura, duplicata ou nota de venda simulada tem como núcleo o ato de emitir títulos que não guardam correspondência com a venda mercantil efetivamente realizada, seja com a mercadoria vendida ou serviço prestado, e consuma-se no simples momento em que os documentos são colocados em circulação, não se exigindo a efetividade do proveito econômico pela oposição do aceite do sacado. Perfaz-se o tipo com o envio do título feito diretamente pelo sacador ou por instituição financeira, suficiente para ensejar a omissão da vítima em aceitar o título em detrimento de seu patrimônio.

Assim sendo, não procede a alegação de crime impossível, sob invocação de falta de circulação da duplicata, se esta é emitida sem correspondência com a venda e é levada a protesto por falta de aceite do sacado.

De outra parte, não tem relevância o argumento de que a paciente não pode ser acriminada por não conter a duplicata a sua assinatura. A jurisprudência e a doutrina autorizada proclamam, de modo unissonante, que o sujeito ativo deste delito são os "diretores, gerentes ou administradores da empresa ou sociedade que tiveram influído diretamente na elaboração ou circulação do documento, ainda que não o tenham assinado" (Júlio Mirabete, *Código Penal interpretado*, São Paulo, Atlas, 1999, p. 1.147).

Ademais, tem-se consagrado no âmbito deste Colegiado que o trancamento do inquérito policial ou de ação penal por falta de justa causa, pela via estreita do *habeas corpus*, somente se viabiliza quando, pela mera exposição dos fatos na denúncia, se constata que há imputação de fato atípico ou que inexiste qualquer elemento indiciário demonstrativo da autoria do delito pelo paciente.

Esta, todavia, não é a situação emoldurada nos autos.

Ora, imputa-se à paciente a prática de emissão de duplicatas simuladas, verberando-se que os mencionados títulos não guardam correspondência com a venda efetivamente realizada. Para desconstituir tal acusação seria necessário demonstrar por prova cabal que ou não houve o fato ou a paciente não seria sua autora. E para tanto seria imperativo não só a realização de uma longa incursão na prova condensada nos autos da ação penal como também a efetiva produção de prova em audiência, providência incompatível com o rito especial de *habeas corpus*. À luz dessas considerações, é certo que somente após o curso regular da ação penal, com plena realização da prova e sua discussão no contraditório, poderá o Juiz da causa decidir sobre a inocência do impetrante.

A tese foi objeto de judiciosa análise pelo Tribunal de origem, que assim acentuou:

A farta documentação acostada aos autos pela paciente está a noticiar a existência de crime em tese.

Em verdade, o contrato de promessa de compra e venda acostado às f. refere-se expressamente à possibilidade de emissão de notas promissórias da parte variável do preço contratado do bem. Obviamente descabe a substituição de tais títulos por duplicatas que, num enunciado simples, revelam-se num crédito que emerge de uma compra e venda mercantil ou da prestação de serviços, na forma do que dispõem os arts. 2º e 20 da Lei 5.474/68. A duplicata que não se alicerça no contrato de compra e venda mercantil ou na prestação de serviços é, como adverte Carlos Fulgêncio da Cunha Peixoto, tida como inexistente.

Em seu alentado arrazoado, o impetrante argumenta que, não obstante a ausência de dolo por parte do paciente, o crime é impossível porque os títulos não continham o aceite e, portanto, são lidos como inexistentes e não chegaram a circular, posto que não foram endossados, apenas encaminhados à rede bancária para cobrança.

O crime previsto no art. 172 do CP revela-se na emissão, pelo agente, de duplicata ou nota de venda que não corresponda à mercadoria vendida, em quantidade ou qualidade. Para caracterização do tipo, é mister que o título não corresponda a uma venda positiva, real, certa, seja em seu valor quantitativo, seja em seu valor qualitativo, e que tenha saído das mãos do emitente, adquirindo movimento próprio.

No caso em análise, as duplicatas foram emitidas, encaminhadas para cobrança e para o cartório competente para o protesto, o que motivou a ação judicial que culminou com a expedição de mandado de sustação de protesto (f.) (f.).

Assinale-se, ainda, que a descaracterização do *animus* de emitir duplicatas simuladas, elemento subjetivo do tipo previsto no art. 172 do CP, requer o revolvimento da prova condensada nos autos, especificamente quanto à efetiva realização da venda mercantil em função da qual a duplicata foi extraída, o que situa o tema fora do alcance do *habeas corpus*.

Tenho, assim, que a pretensão deduzida no presente *writ* escapa ao seu campo de incidência.

Isto posto, denego a ordem de *habeas corpus*.

4. Sem nada de útil a acrescentar, e reportando-me ainda à douta manifestação ministerial de f., opino pelo improvimento do recurso.

É o relatório.

VOTO (PRELIMINAR)

O Exmo. Sr. Min. Sepúlveda Pertence (Relator): Sr. Presidente, rejeito a preliminar argüida pela Procuradoria-Geral ao contra-arrazoar o recurso.

A Jurisprudência da Casa não distingue, para o efeito de cabimento do recurso ordinário, entre a decisão ordinária dos Tribunais Superiores e aquela decorrente de impetração substitutiva de recurso ordinário nas decisões de segundo grau.

VOTO

O Exmo. Sr. Min. Sepúlveda Pertence (Relator): Quanto ao mérito, de certo, não atentaram as decisões anteriores no primeiro dos fundamentos da impetração – o da falta de assinatura da empresa emitente ou sacadora em cinco das seis duplicatas incriminadas.

Do contrário, por certo não teria denegado integralmente a ordem.

E, de fato, no acórdão local, cujo núcleo o do STJ reproduz, responde-se à alegação de crime impossível, como se atinente à falta do aceite, o que, evidentemente, não implicava a inexistência do título.

Mas, como visto no relatório, o que a título de crime impossível se argúi é a ausência da assinatura de representante da sacadora, o que, de resto, se prova à simples visão das cártulas (f.), com a exceção de uma só, que traz a rubrica ilegível (f.).

Ora, ao contrário do aceite, a assinatura dos sacados, tanto na letra de câmbio quanto na duplicata, é o requisito fundamental da existência do título.

É que, como explícito no art. 2º da Lei 5.474/68, função característica da duplicata é "documentar o saque do vendedor pela importância faturada ao comprador".

Donde a crítica do meu saudoso Prof. João Eunápio Borges (*Títulos de crédito*, Forense, 1971, p. 207) à tendência – advinda da redação defeituosa do art. 3º, § 1º, da Lei 187 – de "equiparar a duplicata à nota promissória, na qual se contém a promessa de pagar, feita pelo emitente".

Ao contrário, dilucida o mestre, "a verdade é que, embora resultando do contrato de compra e venda, a duplicata nunca foi a expressão de tal contrato e sua existência nunca dependeu da promessa de pagamento do preço a ser firmada pelo comprador. Mesmo recusado pelo comprador o reconhecimento de sua dívida e, pois, a promessa de pagá-la, a duplicata não deixará de existir, não deixará de ser duplicata suscetível de circular, como título de crédito, de inteira responsabilidade de seus signatários: o vendedor-emitente e endossador, os demais endossadores, avalistas etc.".

Não é, pois, à "nota promissória" – conclui –, "mas à letra de câmbio que se assemelhava e que se assemelha a duplicata".

Donde, prossegue Eunápio, o erro grave de afirmar não existir a duplicata sem o aceite.

"Pelo contrário" – assinala –, "sendo em regra facultativa a apresentação da letra ao sacado, para o aceite, o normal é que a letra – circulando sem o aceite – seja apresentada ao sacado – no seu vencimento –, não para ser aceita, mas para ser paga. Assim, a letra pode existir, circular e preencher plenamente a sua finalidade, sem o aceite. Ela é uma ordem de pagamento, para cuja existência e validade não é necessária a declaração do sacado lançada na letra – o aceite – de que no vencimento a cumprirá. A essência de letra de câmbio é, pois, o saque, mediante o qual ela é criada pelo sacador.

Essencial, ao contrário – como corretamente acentua o impetrante –, é a assinatura do emitente que materializa o saque.

"Como a do sacador, na letra de câmbio" – lê-se ainda em João Eunápio (ob. cit., p. 211) –, "a declaração do vendedor-emitente é, na duplicata, a declaração originária e fundamental, da qual resulta a criação do título.

"Sem a assinatura do emitente não existirá a duplicata".

Sendo a duplicata simulada um crime formal, mais que de um crime impossível, a sua remessa ao sacado sem a assinatura do sacador, implicando a inexistência de título, é caso de inexistência de crime, por falta de elemento essencial.

O vício, contudo, não atinge uma das cártulas (f.), o que basta a impedir o trancamento do processo.

Certo, no mesmo capítulo da fundamentação do pedido, alega-se que a rubrica da sexta duplicata não é do paciente.

O que, entretanto, não basta a elidir de logo a denúncia, que se limita a atribuir a emissão da cambial à empresa da denunciada.

Se a firma aposta é de representante credenciado da sociedade e se o saque – mesmo não sendo do punho da paciente – lhe é imputável a título de dolo, é questão de fato, a cujo deslinde não se presta o *habeas corpus*.

Na redação original do art. 172 do CP, o núcleo do tipo consistia em expedir ou aceitar a duplicata simulada.

A esse tempo, a melhor doutrina reclamava para que se consumasse o crime na modalidade de expedir que o agente pusesse ou tentasse pôr o título em circulação, pelo menos, apresentado-o a terceiro para desconto ou caucionamento (Hungria, *Comentários ao Código Penal*, 4ª ed., 1990, VII/264; Fragoso, *Lições de Direito Penal*, 2ª ed., 1962, 2/370).

A Lei 8.137/90 alterou a figura, que agora tem por núcleo o verbo emitir.

Diversos doutrinadores, não obstante, continuam a reclamar à realização do tipo a circulação ou a tentativa dela (*v.g.*, Delmanto, *Código Penal comentado*, 4ª ed., p. 356; Silva Franco e outros, *Código Penal*, 6ª ed., art. 172, p. 2.777).

Estou, porém, em que o novo tipo legal não o exige.

A circulação da duplicata não se faz sem o endosso do sacador.

E ao endosso não posso identificar a emissão do título, que, no direito cambial, tem sentido técnico, de todo diverso: na duplicata a emissão se confunde com o saque, não com o endosso.

"Com a nova redação dada ao tipo" – entende Mirabete (*Código Penal interpretado*, 1999, p. 1.150) –, "sendo a conduta inscrita no tipo a de emitir fatura, duplicata ou nota de venda, basta sua criação, ou seja, sua extração, ao contrário da lei anterior, que se referia à expedição do título".

Não vou a tanto.

Creio não haver crime se, formado o título, o sacador o retém consigo.

Basta, no entanto, que dele faça qualquer uso, como o de confiá-lo a instituição bancária para cobrança e protesto, mesmo sem endosso, para que a emissão se torne juridicamente relevante e o crime formal se aperfeiçoe.

Desse modo provejo só parcialmente o recurso, para excluir da imputação as duplicatas que não se formaram, à falta de saque (f.): É o meu voto.

EXTRATO DE ATA

Decisão: A Turma deu provimento, em parte, ao recurso ordinário em *habeas corpus*, nos termos do voto do Relator. Unânime. 1ª T., 14.12.1999. Presidência do Sr. Min. Moreira Alves. Presentes à Sessão os Srs. Ministros Sydney Sanches, Octávio Gallotti, Sepúlveda Pertence e Ilmar Galvão.

Subprocurador-Geral da República, Dr. Wagner Natal Batista.

Comentários de

Haroldo Malheiros Duclerc Verçosa

Introdução

Na oportunidade em que a nossa *RDM* presta uma justa homenagem ao Prof. Waldirio Bulgarelli, por ocasião de sua recente aposentadoria como Professor Titular de Direito Comercial da Faculdade de Direito da USP, destacam-se os ingentes esforços que realizou para a continuidade de sua edição e para o seu crescimento contínuo em qualidade. Vem bem a propósito, portanto, comentar um acórdão do STF sobre títulos de crédito, tema sempre tão caro ao ilustre Mestre e ao qual dedicou um dos volumes do seu *Curso de Direito Comercial* e diversos artigos em publicações especializadas.

Essa área do direito é uma verdadeira armadilha de areia movediça para quem pretende por ela passar. Muitos, freqüentemente, têm sucumbido na empreitada porque lhes falta o necessário e profundo conhecimento da teoria geral dos títulos de crédito, presos exclusivamente a uma das faces desse Janus jurídico, voltada para o direito comum, esquecidos da sua face principal, cujos contornos deslumbram o analista, ante um panorama tão especial e diferente, criado séculos atrás pelo gênio dos mercadores e por ele continuamente aperfeiçoado.

Já se contam três décadas desde que um grupo de jovens bacharéis iniciou nas Arcadas o primeiro Curso de Pós-Graduação em Direito Comercial que ali se instalava. E, ao lado do saudoso Professor Oscar Barreto Filho, estava o nosso caro Professor Bulgarelli, tendo ambos vindo a compartilhar conosco, entre outros tantos conhecimentos, o que haviam aprendido em Ascarelli e em outros magníficos autores sobre os mistérios dos títulos de crédito. Aqueles tempos privilegiados nos deram, ainda, em muitos outros ramos do Direito Comercial, o magistério de Sílvio Marcondes, de Mauro Brandão Lopes, de Fábio Konder Comparato, de Luiz Gastão Paes de Barros Leães, de Modesto Carvalhosa e de Nelson Abrão, somente para ficarmos na seara dos comercialistas do Largo de São Francisco. Se alguns deles já nos deixaram, os demais continuam destacando a pujança da Faculdade de Direito da Universidade de São Paulo no cenário brasileiro, em especial naquele ramo dedicado ao tráfico mercantil. Os frutos aí estão, não por este comentarista, mas pelas mãos de alguns daqueles estudantes que chegaram a dominar temas tão áridos, a partir das preciosas lições dos seus Mestres, tendo se tornado doutrinadores respeitados. E muitos deles navegam sobranceiros no tenebroso oceano do direito cambial, graças, sem dúvida alguma, à escola aqui formada por Tullio Ascarelli e do qual todos nós somos discípulos.

O Professor Bulgarelli aposenta-se compulsoriamente, mas não deixará de compartilhar conosco, ainda, e por muito tempo, as suas preciosas luzes jurídicas, especialmente nessa matéria tão importante. E ele, certamente, não subscreveria aquela parte do acórdão adiante examinado, que pecou contra a teoria geral dos títulos de crédito. Vejamos, em seguida, onde e como deu-se tal tragédia.

1. Breve análise dos fatos

Maryam Mikhael Borges adquiriu, mediante contratos particulares, dois apartamentos junto a "Império Romano Empreendimentos Imobiliários Ltda.", na cidade de Caldas Novas (GO).Tendo feito a compradora o pagamento parcial das duas unidades, a vendedora teria concordado com proposta daquela no sentido de que as parcelas pagas fossem utilizadas como pagamento integral de um dos apartamentos, desfazendo-se o negócio quanto ao outro.

Alegando não ter existido tal negociação, a vendedora sacou seis duplicatas contra a compradora pelo saldo devedor apurado, tendo feito a sua remessa a esta última, a qual devolveu algumas delas, tendo retido as demais. Em vista disso, a vendedora providenciou a sua substituição na forma de "boletos", em atendimento ao disposto nos arts. 6º e §§ e 13, da Lei 5.374, de 18.6.68, a chamada "Lei das Duplicatas".

Dos seis títulos, cinco deles não apresentavam assinatura do vendedor/sacador e o último revelava a existência de uma rubrica não devidamente identificada, mas que não seria de representante legal da emitente.

Em vista dos fatos resumidamente aqui expostos, houve denúncia criminal por delito previsto no art. 172 do Código Penal, observada a nova redação que lhe foi dada pela Lei 8.137/90.

O desfecho da ação criminal, resumido na ementa, foi no sentido de que *o delito estaria consumado quanto à cambial formada com o saque, se o emitente dela fizesse qualquer uso,* ***mesmo sem endossá-la****, como, por exemplo, o seu envio para instituição bancária para cobrança e protesto.* Como visto, das seis duplicatas, cinco foram descaracterizadas para efeito do crime em tela, mas a última foi considerada válida para tal finalidade, no estrito âmbito de um *habeas corpus*, onde não cabia discutir a autenticidade da assinatura e a qualidade do signatário como representante legal da sociedade emissora daquele título.

O tipo em vista está ligado, portanto, ao instituto da duplicata e especialmente vinculado ao conceito de sua emissão.

2. A duplicata e o crime de emissão de duplicata simulada

De acordo com os arts. 1º e 2º da Lei 5.474, de 18.7.68, efetuada uma venda mercantil entre partes domiciliadas no território brasileiro, com prazo não inferior a trinta dias, o vendedor poderá sacar uma duplicada, *na qualidade de único documento representativo do saque referido.* Isto significa dizer que não pode ser utilizado qualquer outro título de crédito para tal objetivo.

Verifica-se, desde o início, que não poderia jamais a "Império Romano Empreendimentos Imobiliários Ltda." sacar duplicadas contra a adquirente de imóveis comprados junto àquela empresa, pois não se tratava absolutamente de venda mercantil. Infere-se haver sido utilizado abusivamente o instituto em causa pelo sacador, como forma muni-lo de um instrumento de pressão contra o seu cliente, em vista do inadimplemento alegado quanto ao pagamento dos imóveis que este havia adquirido. Seu intuito inaceitável poderia ter sido "*melhor atendido*", digamos assim, caso tivesse se utilizado de letras de câmbio, títulos abstratos, que podem nascer livremente de quaisquer negócios, exceto aqueles legalmente reservados ao campo da própria duplicata. Neste sentido, no direito brasileiro a área de utilização da letra de câmbio, embora muito mais amplo do que o da duplicata, é de natureza residual.

Entre os requisitos legais da duplicata, mencionados no art. 2º da Lei 5.474/68, encontra-se a *assinatura do emitente*, ou seja, do vendedor/sacador. Nesse sentido, faltou tal elemento em cinco das seis duplicatas enviadas à adquirente dos imóveis. Considerando que os demais elementos tenham estado presentes nos documentos, por meio dos quais procurou o sacador consubstanciar os títulos em causa, mesmo assim pode-se concordar perfeitamente com a orientação adotada na decisão em estudo, no sentido de que tais "pedaços de papel" (os cinco sem assinatura formalizadora do saque) duplicatas não eram.

Não se trata, no caso concreto, da questão dos chamados "títulos em branco" ou "títulos incompletos", cujos elementos deverão ser preenchidos até o momento de sua apresentação ao devedor para que possam constituir-se efetivos meios de exigência da importância que representam.[1]

É oportuno reproduzir aqui a sábia lição de Antônio Pavone La Rosa a respeito desse importante tema:[2] "La legge non precisa 'quali' elementi della dichiarazione cambiaria posso essere lasciati 'in bianco' al momento della emissione del documento. Bisogna quindi dedurne che in linea di principio non esistono limite alla 'incompletezza' del titolo. Ma (...) la responsabilità cambiaria, sia pure di fronte al terzo pos-

1. Conforme Ascarelli, *Teoria Geral dos Títulos de Crédito*, Saraiva, São Paulo, 1969, p. 24.

2. *La cambiale*, Dott. A. Giuffrè Editore, Milão, 1982, pp. 115 e 116.

sessore di buona fede al quale il titulo pervenga già completo, non può nascere dal documento (che è una res), ma pressupone un fatto idoneo a generarla.

"Per esso si richiede anzitutto, ed ovviamente, la sottoscrizione del documento, perché, se manca nella forma autografa di colui nei cui confronti si intende far valere na pretesa cambiaria, non soltanto non si ha un atto attributivo di paternità che consenta di ricollegare al (l'apparente) sottoscritore la dichiarazione cartolare inserita nel documento, ma lo stesse documento non può in alcun modo esergli attribuito, essendo egli estraneo alla sua creazione."

A falta de saque em cinco das duplicatas em causa redundou, portanto, na inexistência de elemento essencial ligado à sua própria criação juridicamente válida. A duplicata em branco somente pode estar configurada a partir do momento em que existam, pelo menos, o saque e a indicação do sacado. Os demais elementos podem estar em branco e serem preenchidos ao longo da circulação do título. Havendo aceite e/ou endosso, estará formalizada a relação cambial, que tornar-se-á autônoma e abstrata por meio da circulação do documento, em favor de titulares de boa-fé, mesmo inexistente o negócio jurídico fundamental.

Quanto à ultima daquelas duplicatas, em havendo uma assinatura à guisa de saque aparente, o requisito legal estaria preenchido e, a partir do momento em que o documento fosse aceito ou endossado mesmo antes do aceite, ele tornar-se-ia um título cambiariforme para todos os efeitos legais, aplicando-se os institutos da cartularidade, literalidade e autonomia das relações cambiais. O aceite não ocorreu, tendo o sacador se valido indevidamente também do mecanismo do protesto por falta de devolução e/ou pagamento, muito provavelmente por meio de indicações na forma do art. 13, § 1º da Lei 5.474/68.

A redação atual do art. 172 do Código Penal corrigiu um problema de terminologia técnica existente na versão anterior. Isto porque esta referia-se à "*expedição ou aceitação de duplicatas*". O direito cambial desconhece o termo "expedir" como dotado de sentido técnico jurídico. A redação atual refere-se, corretamente, à *emissão de duplicata*, do que decorre haver o legislador diferenciado, para efeito do tipo, o simples ato de criação daquele correspondente à emissão.

Dessa forma, "*criar uma duplicata*", significa redigir um documento com todas as características formais previstas em lei, o qual, no entanto, permanece em mãos do autor, disso não surgindo qualquer conseqüência jurídica.

A "*emissão da duplicata*" corresponde ao ato de encaminhamento para aceite ou cobrança, caso esteja completa sob o aspecto formal. Nesse sentido, o acórdão sob comentário entendeu ter ocorrido a aludida emissão quanto ao documento que apresentava uma assinatura tomada como comprobatória do saque, conclusão perfeitamente viável à luz do direito cambial.

No entanto, não se pode concordar com a interpretação dada ao tema, quando se faz referência à consumação do crime de emissão de duplicata simulada, conforme se encontra na ementa, "*se o emitente fizer qualquer uso do título, como de confiá-lo a instituição bancária para cobrança e protesto,* ***mesmo sem endossá-lo***".

Como se sabe, o título de crédito sujeito ao aceite pode circular antes mesmo deste momento. Para tal efeito, o sacador deve endossá-lo em favor de terceiro, sendo possível formar-se uma cadeia de proprietários do título, por via de endossos sucessivos, até o seu aceite e/ou pagamento.

Também pode o sacador incumbir uma instituição financeira para efetuar a apresentação a aceite ou a pagamento. Mas, neste caso, *é imprescindível a aposição do chamado "****endosso procuração****" ou "****endosso mandato****"*, expressamente previsto no art. 18 da Lei Uniforme, promulgada pelo Decreto 57.663, de 24.1.66. Em vista desse requisito, não se pode entender como o título poderia ser confiado a um banco para tal finalidade, mesmo sem o endosso. Ausente tal requisito, o banco não teria qualquer legitimidade diante do sacado para apresentá-lo para o fim de aceite ou de pagamento.

Também não é verdadeira afirmação encontrada no texto do acórdão, atribuída a Carlos Fulgêncio da Cunha Peixoto, no sentido de que *a duplicata que não se alicerça no contrato de compra e venda mercantil ou na prestação de serviços é* ***tida como inexistente***. Essa afirmação não se coaduna com os princípios que regem os títulos de crédito, principalmente a partir do reconhecimento de sua autonomia e abstração.

De acordo com tais princípios, o título de crédito pode, preenchidas certas circunstâncias, desligar-se do negócio jurídico subjacente (no caso concreto, da falta dele) e adquire vida própria. E os mecanismos deflagradores de tais efeitos são o aceite ou o endosso.

Tendo sido um título de crédito objeto de aceite, seu endosso pelo beneficiário a terceiro de boa-fé torna autônoma e abstrata a obrigação nele mencionada, podendo ser judicialmente exigida pelo credor junto ao devedor com força cambiária. Esse benefício segue, evidentemente, os endossos posteriores.

De outro lado, aplicando-se os mesmos princípios, caso o título tenha sido endossado pelo beneficiário a terceiro de boa-fé, em transferência de propriedade, mesmo antes do aceite, este terceiro adquire direitos cambiais autônomos e abstratos perante o transmitente e os demais devedores cambiários, independentemente de vir ou não a ser aceito no futuro e de haver nascido ou não de uma venda mercantil efetiva, no caso da duplicata, por exemplo.

Na verdade, a partir da criação e da emissão do título, cada ato de sua transmissão baseia-se em um negócio subjacente novo, vinculado às relações entre as partes: o título pode estar sendo utilizado para cumprir qualquer obrigação de um devedor perante um credor. Há um negócio jurídico fundamental, ou deveria haver — precisamente determinado nos títulos causais —, e outros tantos negócios jurídicos subjacentes, um para cada transmissão sucessiva. Nesse sentido, o devedor poderá opor contra o credor ao qual transmitiu diretamente o título as exceções pessoais inerentes a eventuais questões surgidas no negócio subjacente entre eles realizado. Mas, pela aplicação dos princípios da autonomia e da abstração cambiárias, não poderá fazê-lo em relação a terceiro de boa-fé em benefício de quem o título tenha circulado.

Isto ocorre também com a duplicata regularmente criada e emitida. E, quanto à duplicata simulada, inexistente a venda mercantil que propiciaria a sua criação regular, esse defeito não inquina de nulidade ou de anulabilidade o título, muito menos redunda no reconhecimento de sua inexistência, a partir de aceite ou de endosso que venha a ser realizado, de modo que o crédito referente àquela cártula venha a estar nas mãos de terceiro de boa-fé.

Essas características representam verdadeiramente a grandeza dos títulos de crédito e o gênio presente na sua invenção e evolução ao longo dos séculos, que não podem ser destruídas por decisões judiciais equivocadas, pois é necessário garantia a segurança e a certeza da circulação da riqueza presente na atividade mercantil.

É certo que a teoria geral dos títulos de crédito enfrenta hoje em dia grandes desafios, especialmente aqueles relacionados com a "desmaterialização" do documento no qual o direito cambiário é mencionado, segundo a expressão de Vivante. Mas os seus sólidos fundamentos proporcionarão certamente os mecanismos necessários a essa acomodação, sem a perda das características próprias que os fazem o apanágio do direito mercantil.

De todo o exposto, pode-se concluir que o fato da inexistência de endosso traslativo da propriedade ou a título de procuração em favor do banco, no caso concreto, contrariamente ao entendimento adotado na decisão comentada, tornou impossível o uso do título para quaisquer finalidades jurídico-cambiais. Ausente um endosso necessário, aquele documento era como um arco sem flechas ou um revolver sem balas: completamente inócuo, nada podendo fazer o banco detentor de sua posse e nenhum efeito jurídico poderia ser alcançado pelo pretenso favorecido.

Portanto, não estaria completo o tipo do crime sob exame, tendo sido equivocada a decisão em vista do já proverbial problema da falta do adequado conhecimento da teoria geral dos títulos de crédito. Ser ou não ser um determinado papel um título de crédito, diante de uma dúvida hamletiana, é uma questão solucionada de uma maneira até bastante simples, bastando verificar-se se os elementos formais essenciais estão preenchidos. Da mesma forma, está o alcançar ou não um determinado objetivo cambiário, o que não era absolutamente possível no caso aqui examinado pela falta de uma simples assinatura a título de endosso. Mas essa assinatura era tudo e, na sua ausência, fez-se o nada.

Prestando atenção ao julgado enfocado, no seu equívoco, e parafraseando uma frase infeliz, cunhada em outra época, poderíamos dizer: "títulos de crédito: amem-nos ou deixem-nos em paz!".

ANTECIPAÇÃO DE TUTELA E DISSOLUÇÃO PARCIAL DE SOCIEDADE

Comentários de
CARLOS AUGUSTO DE ASSIS
ao acórdão do agravo de instrumento 095.656-4/8-Guarulhos/SP, do TJSP

"*Antecipação de tutela*. Diante da notória e injustificada resistência de sociedade por quotas e sócios permanentes em cumprir execução de sentenças que mandam apurar os haveres do sócio que se retira do quadro social (art. 15 do Decreto 3.708/19), é juridicamente ponderável antecipar tutela para garantir a rentabilidade do capital explorado durante o período de litigiosidade da liquidação. Incidência do artigo 273 do Código de Processo Civil em ação de arbitramento de remuneração de capital. Agravo improvido" (TJSP, 3ª Câmara de Direito Privado, agravo de instrumento 095.656-4/8-Guarulhos/SP, rel. Des. Ênio Santarelli Zuliani, j. 3.11.1998, v.u.).

ACÓRDÃO

Vistos, relatos e discutidos estes autos de agravo de instrumento 095.656-4/8, da Comarca de Guarulhos, em que é agravante Indústria (...) Ltda., sendo agravado D. M.: *Acórdão*, em 3ª Câmara de Direito Privado do Tribunal de Justiça do Estado de São Paulo, por votação unânime, negar provimento ao recurso.

D. M. ganhou ação que ajuizou em face de Indústria (...) Ltda., obtendo o direito de contar e receber os seus haveres, proporcionais ao total de 42% das quotas sociais. Consta que a r. sentença que comandou a exclusão do autor, com direitos proporcionais, passou em julgado (fl. 298).

Para garantir-se enquanto processa a liquidação, intentou ação de "arbitramento de remuneração de capital", pretendendo evitar o congelamento do patrimônio a ser partilhado, pois com idade avançada corre o risco de comprometer seu padrão de vida em não obtendo uma imediata remuneração das quotas integralizadas.

O MM. Juiz de Direito concedeu tutela antecipada, arbitrando a remuneração em R$ 5.000,00 mensais (fl. 63). Daí o agravo interposto por Indústria (...) Ltda. Em busca de reconsideração, forte no sentido de que a imposição de um ônus dessa natureza desestrutura o organismo da empresa, até porque o *pró-labore* permitido pelo balanço não ultrapasse R$ 1.000,00. A agravante entende que o art. 273 do Código de Processo Civil não foi bem aplicado.

Neguei o efeito suspensivo.

O ilustre Magistrado sustentou a decisão e o agravo respondeu no mesmo tom.

É o relatório.

O Decreto 3.708/19 necessita de uma revisão urgente e que o coloque em sintonia com a realidade social. O dinamismo das relações comerciais, reclamando cada vez mais circulação de créditos para atender às reivindicações do mercado competitivo, obriga o sistema jurídico a contar com uma legislação que racionalize a forma de liquidação dos fundos sociais, facilitando a fruição dos haveres de formas rápida e desburocratizada.

As sociedades de responsabilidade limitada que são dissolvidas parcialmente pela exclusão de um sócio (art. 15 do Decreto 3.708/19), continuam resolutas com a atividade rentável, até porque a quebra da continuidade dessa rotatividade anuvia o fim do lucro social. Os haveres do ex-sócio, no entanto, não recebem igual tratamento e isso é causa de preocupação, conforme expõe Hernani Estrella (*Apuração dos Haveres de Sócio*, Forense, 1992, p. 357):

> No caso específico de que nos ocupamos aqui, miríade de circunstâncias podem levar a sociedade a não satisfazer ou retardar o pagamento do que é devido ao sócio que se retira. Não raro, o desligamento se deu como resultado de continuados atritos e divergências entre os sócios. Então, tudo se processou num clima de obstinada repulsa e acusações mútuas, excludentes de qualquer entendimento. Nessa emergência, a conclusão judicial da apuração de haveres, embora torne líquido o direito do ex-sócio, não é por si só bastante para levar a entidade devedora, ou os sócios remanescentes, à pronta e direta satisfação. Esta, sendo uma necessidade jurídica, derivada da essência da obrigação, é, conforme salienta Giorgio Giorgi, puramente moral, no sentido de que não cria um constrangimento perfeito sobre o devedor, a cujo arbítrio fica a possibilidade de não executar a obrigação, conquanto venha a suportar as conseqüências, reparando os prejuízos advindos ao credor. Por isso, são freqüentes os casos em que, a despeito de já exigível, não ser pago voluntariamente o crédito do sócio despedido. A recusa tanto pode ter causa legítima, tanto pode derivar de mero capricho, oriundo da animadversão para com o ex-sócio.

Cumpre verificar o direito do ex-sócio, que pretende "arbitramento de remuneração de capital", posicionado exatamente nesse contexto, em face da evolução do processo civil brasileiro agora revitalizado por alterações que permitem ao Juiz atuar de forma efetiva e antecipadamente (art. 273 do Código de Processo Civil).

E a mudança demorou. Na década de sessenta, Tomás Pará Filho alertava para a necessidade de se ter uma medida para restaurar direitos individuais incontestáveis quando violados por particular, tal como sucedia com o mandato de segurança para remediar ofensas cometidas pela administração pública ("A Proteção Jurisdicional de Direitos Interindividuais Líquidos e Certos", in *Revista de Direito Processual Civil* V/217, Saraiva, 1962).

Surgiu a antecipação de tutela como providência extraordinária contra a deterioração do direito pelo tempo de percurso da sentença. Antes da reforma do Código de Processo Civil, o sócio ansioso por receber seus haveres jamais poderia conceber a possibilidade de ingressar com uma "ação de arbitramento de remuneração de capital", como a que o agravado intentou, porque a demora na solução dessa matéria seria proporcional à da própria execução e eliminava a compensação do serviço da demanda extra.

Agora não. A antecipação de tutela é uma realidade que conforta o detentor de uma alegação verossímil. É possível, em rápida atividade processual, criar uma sentença que vai irradiar conseqüências produtivas durante a fase de litigiosidade da liquidação, marcada por uma excessiva e angustiante morosidade pela sistemática da perícia contábil e de estimativa de fundos comerciais e ativo imobilizado.

Os juízes estão estruturados para suavizar o peso de uma apuração de haveres com enunciado final catastrófico. Além da incerteza dos balanços que comprometem a descoberta do valor real das cotas a serem liquidadas, concorre também a administração empresarial contemporânea desmotivada pela execução da sentença que favorece o sócio dissidente, tudo a compor uma história nada edificante em torno de um resultado satisfatório da sentença expedida.

Até o momento a única certeza do conflito social entre os irmãos italianos reside no afastamento do agravado, sem contraprestação alguma. Estamos analisando a expectativa patrimonial de um septuagenário e que, segundo consta dos autos, deu mais da metade da sua vida ao crescimento da empresa.

A sociedade continua a operar e não existe a mínima possibilidade de, a curto prazo, garantir ao sócio excluído os créditos decorrentes de sua participação societária (42%). O arbitramento de uma verba mensal, como típico rendimento do capital, é juridicamente sustentável.

Presume-se que os sócios que ficarem estão obtendo lucros, porque não se fala em falência ou insolvência. Os quotistas têm "direito de participar dos lucros sociais, na proporção da quota, ou quotas, que tiver" (Waldemar Martins Ferreira, *Sociedade por Quotas*, Ed. Monteiro Lobato, 1925, p. 124).

Anote-se que não cabe raciocinar com retenção de parte dos lucros para criar fundos de desenvolvimento, como ocorre nas sociedades anônimas, porque nas sociedades por quotas não existe reserva legal (Egberto Lacerda Teixeira, *Das Sociedades por Quotas de Responsabilidade Limitada*, Max Limonad, 1956, p. 326).

O agravado conta com uma sentença, confirmada por este Tribunal, outorgando-lhe direitos aos haveres da sociedade. Isso é um fato. A demora na satisfação do julgado não pode jamais acabar com o privilégio econômico da quota, que é o de auferir vantagens proporcionais nos lucros.

Como a sociedade conta com ampla disponibilidade de cumprir voluntariamente a execução, não o fazendo sem um motivo justificado (sequer alternativas para uma composição foram formuladas para confirmar pré-disposição em cumprir a sentença), assume publicamente o enunciado que retarda o cumprimento da obrigação para valorizar o interesse social.

Ora, priorizando o fundo comercial à custa do direito do ex-sócio, é natural que adiante, enquanto dure a execução, uma renda do capital alheio que continua usufruindo, sob pena de enriquecimento sem causa.

As quotas dão privilégios econômicos para os seus possuidores, desde "que esses privilégios sejam justificados" (Fran Martins, *Sociedades Por Quotas no Direito Estrangeiro e Brasileiro*, II/680, Forense, 1960).

Diante do abuso verificado pela sociedade e sócios permanecentes, que não cumprem o julgado e que continuam desfrutando do capital do ex-sócio, deve o Juiz agir para a justa conciliação, como aconselhou Hernani Estrella ao aplaudir a intervenção judiciária para distribuir os lucros que foram recusados pela maioria, desde que atendidas as necessidades de funcionamento normal da empresa segundo seu gênero de comércio e dimensão do capital ("Direito do Acionista ao Dividendo", in *Direito Comercial*, Ed. José Konfino, 1969, p. 196).

Exerceu o ilustre Magistrado a discricionariedade judiciária com ponderação e critério.

A alegação do autor da ação é verossímil (próxima da verdade absoluta, dado o trânsito em julgado da sentença que lhe deferiu créditos) e a demora da ação poderá vir a frustrar completamente a prerrogativa do capital empregado, um risco que compensa evitar.

A agravante afirma que existe perigo de um colapso empresarial pela abertura de um débito mensal em conta corrente, o que não deixa de ser um argumento impressionante, dada a notória dificuldade econômica que abala o comércio mundial.

Porém, não existe prova que permita fazer previsível a ocorrência desse tipo de dano. Essa situação dignifica ainda mais o direito do agravado, por ser mais razoável e lógico preservar a eficácia patrimonial das antigas quotas. Ademais, os valores pagos são conferidos como adiantamentos e sujeitam a uma compensação futura com o resultado da liquidação dos haveres.

Nega-se provimento.

Participaram do julgamento os Desembargadores Flávio Pinheiro (Presidente sem voto), Antonio Mansur e Mattos Faria.

São Paulo, 3 de novembro de 1998.

Ênio Santarelli Zuliani, Relator.

Comentários de

Carlos Augusto de Assis

O aresto em comento é ilustrativo da enorme repercussão prática do instituto da antecipação de tutela (tornado genérico no processo civil pátrio através da Lei 8.952/94) no cotidiano forense, e, no que nos diz respeito, particularmente, na seara do direito comercial.

Esse, naturalmente, é apenas um dos exemplos. Apenas a título de referência, podemos citar, ainda, pedidos de antecipação de tutela em processo visando à restituição de mercadoria em concordata,[1] ação de nulidade de deliberação assemblear,[2] ou a suspensão dos efeitos do registro e do uso de marca em ação de nulidade, conforme art. 173, parágrafo único, da Lei 9.279/96.[3]

E, especificamente em casos como o objeto do acórdão, a antecipação de tutela — se aplicada de forma correta — pode vir a ser uma forma de dar uma solução mais adequada para o tormentoso problema da dissensão entre sócios.

Pode-se dizer que este é um passo a mais num tema que vem passando por significativa evolução. De lembrar-se que a dissensão entre os sócios poderia provocar a própria dissolução da sociedade, a teor do disposto no art. 335 do Código Comercial. É evidente que esta solução não era compatível com a necessidade de se preservar a empresa, tendo em vista sua relevante função social. Como se sabe, a jurisprudência acabou por se orientar no sentido de que o pedido de dissolução deveria ser recebido como de apuração de haveres, para saída de sócio.[4] Em contrapartida, também vem admitindo, cada vez com maior largueza, a exclusão de sócio, por vontade da maioria.

Outras dificuldades existem, porém, gravitando sobre o mesmo tema. Na verda-

1. Admitindo a antecipação, em casos como este, veja-se julgado da 9ª Câmara de Direito Privado, do TJSP, AI 10.811-4-SP (publicado no *JTJ-LEX* 189/91, rel. Des. Ruiter Oliva). Em sentido contrário, por se tratar de lei especial, confira-se decisão da 4ª Câmara de Direito Privado, AI 6.108-4/1-00–SP, rel. Des. Cunha Cintra, j. 25.4.1996, maioria de votos, in *Boletim da Associação dos Advogados de São Paulo* 1970, de 25.9 a 1.10.1996, p. 308-j.

2. Referimo-nos ao exemplo figurado por Kazuo Watanabe (*Tutela antecipatória e tutela específica das obrigações de fazer e não fazer*, p. 35): "(...) na ação em que se peça a anulação de uma decisão assemblear de sociedade anônima de aumento de capital, em vez de antecipar desde logo o provimento desconstitutivo, deverá ater-se à antecipação de alguns dos feitos do provimento postulado, como o exercício do direito de voto correspondente segundo a situação existente antes do aumento de capital objeto da demanda ou a distribuição de dividendos segundo a participação acionária ao aumento de capital impugnado etc.".

3. O dispositivo em questão, na realidade, fala que o "juiz poderá, nos autos da ação de nulidade [do registro], determinar liminarmente a suspensão dos efeitos do registro e do uso da marca, atendidos os requisitos processuais próprios". Em tese, é possível pensar até mesmo que a medida teria natureza de cautelar, uma vez que o art. 173 não especifica exatamente de qual instituto se trata. À primeira vista, parece-nos que se trata de antecipação de tutela, não só por ser concedida "nos mesmos autos", mas, principalmente, tendo em vista que o objetivo é antecipar efeitos. Nelson Nery Jr. e Rosa Maria de Andrade Nery indicam o art. 173 como exemplo de antecipação de tutela" (cf. *Código de Processo Civil Comentado e legislação processual civil extravagante em vigor*, pp. 754-755). Já Sérgio Sahione Fadel (*Antecipação da Tutela no Processo Civil*, p. 135) parece colocar em dúvida este entendimento: "A questão que se apresenta complexa, nas ações relativas à propriedade industrial, concerne principalmente ao alcance que a antecipação de tutela poderá ter diante da dicção do § 2º do art. 56 (suspensão dos efeitos da patente), do art. 118 (suspensão dos efeitos do registro do desenho industrial) e do parágrafo único do art. 173 (suspensão dos efeitos e do uso da marca), que aludem mais especificamente a providências de índole cautelar (suspensão dos efeitos) do que propriamente tutelar".

4. Para uma referência sobre o entendimento jurisprudencial, consulte-se Fábio Ulhoa Coelho, *Código Comercial e Legislação Complementar Anotados*, pp. 152-156.

de, a justa solução envolve um delicado equilíbrio entre as necessidades de preservação da empresa e a exigência de efetividade da tutela jurídica a ser dada a cada um dos sócios em particular.

Assim, não se pode ignorar que a demora no recebimento dos valores a que tem direito pode gerar situação verdadeiramente aflitiva para o sócio retirante. O direito material não oferece resposta satisfatória a tal caso, mas o direito processual, atualmente, dispõe de meio adequado para tal mister. É precisamente o que veio a ser utilizado no acórdão em apreço: a antecipação de tutela do art. 273, do Código de Processo Civil, com a redação dada pela Lei 8.952/94.

Cabe, aqui, uma breve análise do objetivo e requisitos deste instituto. Fala-se em antecipação de tutela ou tutela antecipada, mas está expresso na lei como sendo "antecipação dos efeitos da tutela". Há diferença? Depende, naturalmente, do conceito que se adote de tutela (seria o provimento jurisdicional ou os resultados práticos do provimento?).[5] De qualquer forma, parece-nos claro que o legislador, ao dizer que a antecipação seria dos *efeitos* da tutela, expressou a idéia de que o instituto em apreço objetiva efetivar, desde logo, resultados práticos para a parte.

Está aí uma das principais diferenças, apontadas pela doutrina majoritária, entre a antecipação de tutela e a tutela cautelar. Esta última visa apenas a assegurar o possível e futuro resultado prático visado pelo litigante (no processo principal). A antecipação de tutela, ao contrário, traz, provisória mas imediatamente, ao litigante, total ou parcialmente, precisamente aquilo a que ele visa obter no final.[6]

A partir dessa diferença, fica mais fácil compreender a razão de ser dos requisitos para a concessão da antecipação de tutela, conforme expresso no art. 273, *in verbis*:

"Art. 273. O juiz poderá, a requerimento da parte, antecipar, total ou parcialmente, os efeitos da tutela pretendida no pedido inicial, desde que, existindo prova inequívoca, se convença da verossimilhança da alegação e:

"I — haja fundado receio de dano irreparável ou de difícil reparação; ou

"II — fique caracterizado o abuso do direito de defesa ou o manifesto propósito protelatório do réu.

"§ 1º. Na decisão que antecipar a tutela, o juiz indicará, de modo claro e preciso, as razões do seu convencimento.

"§ 2º. Não se concederá a antecipação da tutela quando houver perigo de irreversibilidade do provimento antecipado.

"§ 3º. A execução da tutela antecipada observará, no que couber, o disposto nos incisos II e III do art. 588.

"§ 4º. A tutela antecipada poderá ser revogada ou modificada a qualquer tempo, em decisão fundamentada.

"§ 5º. Concedida ou não a antecipação da tutela, prosseguirá o processo até final julgamento."

A primeira dificuldade que se põe àquele que se dedica à interpretação do dispositivo legal é a aparente antinomia entre as expressões "prova inequívoca" e "verossimilhança da alegação". Num primeiro raciocínio, poderíamos dizer que prova inequívoca dá margem a juízo de certeza, e não de verossimilhança.

Muito se discutiu na doutrina quanto ao exato significado dessas duas expressões. Houve quem dissesse, por exemplo,

5. No sentido de que tutela significa o próprio resultado prático, veja-se Cândido Dinamarco (*A Reforma do Código de Processo Civil*, p. 140).

6. De forma simplificada podemos dizer que se, num determinado caso, a parte visa a receber um determinado valor, a tutela cautelar, que eventualmente ele necessite, será por exemplo, um arresto (evitando que o devedor dissipe seus bens e frustre a futura execução). No mesmo caso, se o credor tiver direito a uma antecipação de tutela, poderá efetivamente receber o valor a que provavelmente teria direito.

que prova inequívoca seria sinônimo de prova documental,[7] o que, a nosso ver, contrasta com o princípio da persuasão racional, adotado no direito pátrio, segundo o qual nenhuma prova — considerada em abstrato — possui maior valor que outra (a valoração fica a cargo do juiz, em cada caso concreto). A prova inequívoca seria melhor definida, assim, como prova robusta. Podemos dizer que seria uma prova tal que, se tivesse sido esgotada a fase probatória, o juiz a acharia suficiente para chegar a uma conclusão sobre a matéria fática controvertida.

E a verossimilhança? A palavra, isoladamente considerada, transmite a vaga idéia daquilo que parece ser verdadeiro. Entretanto, a palavra verossímil (e seu derivado verossimilhança) pode ter conotação fraca ou forte, dependendo do contexto, como bem demonstrou Calamandrei.[8] No art. 273 do Código de Processo Civil a verossimilhança aparece reforçada, em alto grau, pela presença da expressão "prova inequívoca".

Desse modo, podemos entender como sendo um dos requisitos para a concessão da antecipação de tutela a presença de elementos probatórios suficientes para convencer o juiz da boa probabilidade[9] de a parte que pleiteia a medida ter razão. Esta interpretação é coerente com a sistemática da tutela sumária, que estabelece diferenciação entre a tutela cautelar e a antecipada. A primeira, que não satisfaz, apenas assegura, a cautela, preserva, requer simplesmente a aparência do bom direito (*fumus boni juris*). Já a segunda, que satisfaz, exige maior rigor para a sua concessão, ou seja, uma boa probabilidade.

A mesma razão levou o legislador a instituir outro requisito genérico para a concessão da antecipação, este de caráter negativo: a impossibilidade de se deferir o pedido de antecipação quando houver risco de "irreversibilidade do provimento" (*rectius*: dos efeitos do provimento,[10] ou da tutela em si, entendida como resultado prático, já que o provimento pode ser sempre revertido, a teor do disposto nos §§ 4º e 5º do mesmo dispositivo legal).

Este é o outro dos muitos pontos delicados na interpretação do novo art. 273. O perigo de irreversibilidade há de ser razoável e presente, e não mínimo e remoto, caso contrário nunca se haveria de conceder a antecipação de tutela.[11] Ademais, o juiz — e essa é uma das decorrências do dispositivo — deve procurar, sempre que possível, minimizar os riscos, às vezes até impondo caução. Seja como for, este ponto também deverá ser objeto de análise no tocante à

7. É o que defende Antônio Cláudio da Costa Machado (*Código de Processo Civil Interpretado, artigo por artigo, parágrafo por parágrafo*, p. 253), para quem "(...) por 'prova inequívoca' só pode o intérprete entender 'prova literal', locução já empregada pelo CPC, nos arts. 814, I, e 902, como sinônima de prova documental".

8. Não podemos deixar de mencionar, aqui, o formidável estudo de Piero Calamandrei intitulado "Verità e verosimiglianza nel processo civile", onde se analisa com muita percuciência as acepções que a palavra pode assumir.

9. Cf. Cândido Rangel Dinamarco, que assevera: "O grau dessa probabilidade será apreciado pelo juiz, prudentemente e atento à gravidade da medida a conceder. A exigência de *prova inequívoca* significa que a mera aparência não basta e que a *verossimilhança* é mais que o *fumus boni iuris* exigido para a tutela cautelar" (*A Reforma do Código de Processo Civil*, p. 143). Ou, como assevera José Roberto Bedaque (*Tutela Cautelar e Tutela Antecipada. Tutelas sumárias e de urgência*, p. 316), com apoio em Kazuo Watanabe, "seria necessário aqui, não apenas versão verossímil dos fatos, mas também a existência de prova apta a revelar o *elevado grau de probabilidade* da versão apresentada pelo autor" (grifos nossos).

10. Nesse sentido, Carreira Alvim (*A Antecipação de Tutela na Reforma Processual*, p. 74): "No fundo, irreversível não é uma qualidade do provimento — na medida em que toda decisão num determinado sentido comporta decisão em sentido contrário —, mas da conseqüência fática que dele resulta (...)". Em sentido oposto, porém, há a lição de Luiz Guilherme Marinoni, *A Antecipação da Tutela*, p. 166.

11. Não é demais repetir a advertência de Teori Albino Zavascki (*A Antecipação da Tutela*, p. 97): "(...) a vedação inscrita no citado § 2º deve ser relativizada, sob pena de comprometer quase por inteiro o próprio instituto da antecipação de tutela".

antecipação direcionada ao recebimento dos haveres do sócio retirante.

Finalmente, é de magna importância destacar que o art. 273 prevê duas modalidades de antecipação de tutela, a do inciso I, motivada, inegavelmente, pela urgência (estabelecendo requisito equiparável ao *periculum in mora* do processo cautelar), e a do inciso II, destinada a dar maior efetividade ao processo (procurando evitar que a parte que muito provavelmente tem razão tenha de suportar demora injustificada para obter a satisfação do seu interesse).

De posse desses elementos doutrinários, colhidos sobre a tutela antecipada em geral, podemos nos dedicar ao exame do instituto aplicado ao processo de dissolução parcial de sociedade comercial, com a apuração de haveres, e, mais especificamente, diante da ação de arbitramento de remuneração de capital, que gerou o acórdão objeto destes comentários.

Em primeiro lugar, vejamos de qual modalidade de antecipação se trata. A do inciso I ou a do inciso II? O acórdão não faz remissão expressa a um dos incisos, apenas se referindo, em termos de fundamentação legal, ao art. 273. *Quid juris*?

A leitura atenta do aresto faz crer que seu fundamento é, efetivamente, o inciso II. De fato, a despeito de, a certa altura, o relato mencionar que o sócio retirante é *septuagenário*, o que sugere uma certa preocupação em termos de urgência, a conclusão parece estar fundada no abuso do direito de defesa. Confira-se, nesse sentido, os trechos: "assume [*a sociedade*] publicamente o enunciado que retarda o cumprimento da obrigação para valorizar o interesse social" ou "diante do abuso verificado pela sociedade e sócios permanecentes, que não cumprem o julgado e que continuam desfrutando do capital do ex-sócio (...)".

A decisão faz lembrar outro julgado, da lavra do mesmo relator, Des. Ênio Santarelli Zuliani, cuja ementa ora transcrevemos:

"*Sociedade por quotas*. É possível, em ação de apuração de haveres pela retirada de sócios da sociedade por cotas, deferir a eles tutela antecipada parcial (art. 273, do CPC), permitindo que executem o valor incontroverso, destacado do balanço exibido pelos permanecentes. Agravo provido" (TJSP, 3ª Câmara de Direito Privado, agravo de instrumento 4.634-4/7–São Bernardo do Campo, rel. Des. Ênio Zuliani, 2.4.1996, v.u., in *Boletim AASP* 1971, de 28.10.1996, p. 314-j).

Nesse caso, porém, não há sombra de dúvidas de que o fundamento foi o inciso II, do art. 273. Não bastassem os termos da própria ementa, que estão desenvolvidos no voto do relator, há expressa referência ao art. 273, II, no corpo do acórdão. Aliás, a *antecipação de valores incontroversos* é justamente uma das possibilidades abertas pelo mencionado inciso II. O raciocínio é o seguinte: se a parte adversa concorda que, pelo menos, uma parte daqueles valores são devidos, a sua resistência em pagá-los de imediato configuraria, propriamente, *abuso do direito de defesa*.[12]

Mas, é de se perguntar, seria cogitável a antecipação de tutela para o sócio retirante com base no inciso I do art. 273? Parece-nos que sim. A urgência, nessas situações, não é de difícil configuração. Basta imaginar, por exemplo, situação em que o sócio retirante não possua mais nenhuma fonte de renda e que, portanto, necessite dos valores para seu próprio sustento.

12. O argumento é desenvolvido com maior profundidade por Luiz Guilherme Marinoni, *A Antecipação da Tutela*, pp. 144-146. Realmente, a exegese equiparando o abuso do direito de defesa, autorizador da antecipação, à litigância de má-fé seria muito pobre. Pode-se dizer, ao revés, que a configuração do requisito do inciso II prescindiria da comprovação de má-fé. Como disse Arruda Alvim (*Tutela Antecipatória: algumas noções — Contrastes e coincidências em relação às medidas cautelares satisfativas*, p. 99), "a defesa de uma tese 'bisonha', ainda que não possa configurar má-fé, nem por isso deixará de constituir pressuposto possível para a tutela antecipatória, pois, em termos práticos, o processo está sendo injustificadamente procrastinado".

De qualquer modo, seja pelo inciso I, seja pelo inciso II, a antecipação de tutela poderá vir a ser freqüente em casos de dissolução de sociedade, com a apuração de haveres do sócio retirante. O problema que normalmente será colocado como obstáculo à concessão da antecipação de tutela pelo juiz é justamente aquele que será subjacente no acórdão em comento: a eventual impossibilidade de a empresa arcar com o ônus do imediato pagamento dos valores.

Aí está, novamente, o delicado equilíbrio de que falamos anteriormente. De um lado, devemos preservar a empresa, de outro, não podemos onerar em demasia o sócio retirante. A questão, inclusive, está ligada ao requisito negativo do perigo da irreversibilidade, de que trata o § 2º do art. 273. A antecipação de tutela não deve provocar a ruína da empresa, pois isto significaria efeitos fáticos irreversíveis.

O equilíbrio só pode ser alcançado em cada caso concreto, considerando as peculiaridades das circunstâncias. A prudência do magistrado será fundamental para este intento. No acórdão em questão pesou bastante o fato de a sociedade não ter feito prova alguma da dificuldade que supostamente teria em pagar os valores ao sócio retirante. De qualquer modo, há de se levar em conta, para a concessão, total ou parcial, da tutela antecipada, algumas salvaguardas eventualmente encontráveis no contrato social (como o pagamento parcelado dos haveres). Outro ponto a ser ponderado, e parece ter sido considerado no julgamento objeto da nossa análise, é a possibilidade de ser revogado o provimento concessivo da antecipação, caso venha a se demonstrar, no futuro, que ele irá provocar a ruína da empresa.

Em suma, como se pode entrever do aresto em comento, está definitivamente aberto um novo caminho para a solução mais justa da questão relativa à saída do sócio e o recebimento de seus haveres. Os instrumentos existem, devem ser utilizados, mas, sempre, com sabedoria e prudência.

São Paulo, 12 de julho de 2000

Bibliografia

ARRUDA ALVIM, José Manoel de. "Tutela Antecipatória: algumas noções — Contrastes e concidências em relação às medidas cautelares satisfativas", *Reforma do Código de Processo Civil*, São Paulo, Saraiva, 1996 (coord. Sálvio de Figueiredo Teixeira).

BEDAQUE, José Roberto dos Santos. *Tutela Cautelar e Tutela Antecipada. Tutelas Sumárias e de Urgência*, São Paulo, Malheiros Editores, 1998.

CALAMANDREI, Piero. "Verità e verosimiglianza nel processo civile", *Studi sul Processo Civile* VI, Padova, CEDAM, 1957.

CARREIRA ALVIM, José Eduardo. "A antecipação de tutela na reforma processual", in *Reforma do Código de Processo Civil*, São Paulo, Saraiva, 1996 (coord. Sálvio de Figueiredo Teixeira).

COELHO, Fábio Ulhoa. *Código Comercial e Legislação Complementar Anotados*. 3ª ed., São Paulo, Saraiva, 1997.

DINAMARCO, Cândido Rangel. *A Reforma do Código de Processo Civil*, São Paulo, Malheiros Editores, 1995.

FADEL, Sergio Sahione. *A Antecipação da Tutela no Processo Civil*. São Paulo, Dialética, 1998.

MACHADO, Antônio Cláudio da Costa. *Código de Processo Civil Interpretado; artigo por artigo, parágrafo por parágrafo*, 3ª ed., São Paulo, Saraiva, 1997.

MARINONI, Luiz Guilherme. *A Antecipação de Tutela*, 3ª ed., São Paulo, Malheiros Editores, 1997.

NERY JR., Nelson *et alii*. *Código de Processo Civil Comentado e legislação processual civil extravagante em vigor*, 4ª ed., São Paulo, Ed. RT, 1999.

NERY, Rosa Maria Andrade *et alii*. *Código de Processo Civil Comentado e legislação processual civil extravagante em vigor*, 4ª ed., São Paulo, Ed. RT, 1999.

WATANABE, Kazuo. "Tutela antecipatória e tutela específica das obrigações de fazer e não fazer", in *Reforma do Código de Processo Civil*, São Paulo, Saraiva, 1996 (coord. Sálvio de Figueiredo Teixeira).

ZAVASCKI, Teori Albino. *Antecipação da Tutela*, São Paulo, Saraiva, 1997.

Espaço Discente

CONSIDERAÇÕES SOBRE O SISTEMA DE TELEFONIA AMERICANO E O BRASILEIRO SOB A ÓTICA DO DIREITO ANTITRUSTE

Érica Cristina Rocha Gorga

I — Introdução. II — Monopólio natural: o problema da regulação. III — A formação e a quebra do monopólio da AT&T. IV — A formação e a quebra do monopólio da Telebrás: 1. Análise histórico-política da consolidação do monopólio; 2. A crise do monopólio estatal; 3. A adaptação do Direito; 4. Uma nota sobre o processo de privatização do PND; 5. Atuação recente da ANATEL. V — Conclusões. VI — Bibliografia.

"Transportation companies with all the uses to which they may be applied in transporting goods, wares, merchandise and other kinds of property, and for furnishing suitable and proper accommodations, not to be surpassed, to any who desire to travel are no more convenient and indispensable to the commercial business of the world than those which furnish means for transmitting intelligence by electricity" (S. Walter Jones, *A treatise on the law of telegraph and telephone companies*, 1916).

I — Introdução

Presentemente, passa-se pela fase de mudanças operacionais ditas advindas da privatização e da conseqüente quebra do monopólio do sistema de telecomunicações do país. A partir de julho deste ano, os usuários dos serviços de telefonia devem optar pela operadora que completará a ligação interurbana, discando, para isso, além do código da cidade chamada, o número da operadora escolhida. Os consumidores terão duas alternativas para executar chamadas DDD, podendo assim decidir pela Embratel ou pela operadora regional específica de cada localidade.

Trata-se da inserção do sistema de concorrência na prestação de serviços telefônicos, que, até a privatização da Telebrás, no ano passado, era provido exclusivamente por empresas estatais. A continuidade da transição deverá se dar no final deste ano, quando deverão existir mais duas empresas para prestar o serviço de ligação interurbana, quais sejam, a Bonari (empresa-espelho da Embratel) e a empresa-espelho da operadora regional. O fomento da competição nos mercados de telecomunicações é o objetivo governamental assegurado por lei, a fim de que os consumidores sejam beneficiados com a diminuição de tarifas e o aumento da qualidade dos serviços, sem prejuízo da universalização e da continuidade da oferta.

É incontestável que tais mudanças no sistema de telecomunicações pátrio tiveram como origem e pano de fundo a evolução que tem ocorrido no mesmo setor em outras partes do mundo. Desse modo, assinala-se a precursora quebra do monopólio privado do Sistema Bell nos Estados Unidos, que revela considerações de extrema importância para o estudo da competitividade e da aplicação do direito antitruste.[1] Neste país, o *Telecommunications Act* de 1996 visou implementar uma série de conciliações estruturais que possibilitem a promoção da concorrência na prestação dos serviços de telecomunicações, os quais foram longamente considerados como mercado de monopólio natural.

O próprio mentor do projeto da privatização em nosso país, o então Ministro das Telecomunicações Sérgio Motta, em entrevista em dezembro de 1996, fazia menção expressa às semelhanças do projeto nacional em relação às medidas norte-americanas, que foram tidas como base de reflexão para a concepção do projeto de quebra do monopólio da Embratel.[2]

Portanto, tendo em vista as relevantes medidas que vêm sendo implementadas na política concorrencial do Brasil, o presente trabalho tem o escopo de debater questões suscitadas no bojo de tal processo.

Para isso, proceder-se-á, inicialmente, à análise das caracterísiticas de um monopólio natural. Em seguida, abordar-se-á

1. Yves Dezalay e David M. Trubek, *A reestruturação global e o direito. A internacionalização dos campos jurídicos e a criação de espaços transnacionais*, pp. 61-63. Da mesma forma o enorme crescimento da importância do direito antitruste em outras partes do mundo é o fenômeno bem recente — a par, é claro, do relevante papel que tal ramo apresentou durante todo o século no direito americano. Dezalay e Trubek afirmam que "quando a comissão propôs a legislação da Comunidade Européia sobre concorrência nos anos setenta, inicialmente os Estados-membros resistiram, pressionando contra qualquer expansão no plano do direito concorrencial europeu além das regras já estabelecidas no Tratado" (os autores referem-se ao Tratado de Roma, que contém apenas duas provisões — arts. 85 e 86 — sobre direito antitruste, as quais até os anos 80 foram raramente utilizadas). A explosão de fusões e incorporações sucedida na Europa no final da década de 80 foi causa de transformação do modo de concepção do direito europeu. Com a instalação do Mercado Comum da Europa, na década de 90, evidenciou-se a necessidade de uma nova forma de legislação européia de controle da concorrência. Num sistema híbrido, influenciado pelo *Bundeskartelsant* (BKA) alemão e pelas técnicas da *common law*, "o regulamento da Comunidade Européia de controle das fusões e outros aspectos da política concorrencial da Comunidade Européia criaram, com efeito, na maior parte da Europa, e pela primeira vez, um direito antitruste, abrindo desta forma um novo mercado para aquelas firmas com experiência necessária para explorá-lo". Nesse diapasão, também as considerações de Gesner Oliveira, *O papel do CADE na nova economia brasileira*, p. 802: "(...) os anos noventa registram o fortalecimento da aplicação da legislação antitruste na Comunidade Européia e nos EUA e mesmo em países de menor tradição na área, como Japão. Na mesma direção, verifica-se maior onda, desde o pós-guerra, de florescimento de defesa da concorrência, especialmente em regiões antes sob o domínio do socialismo real ou sob modelos estatizantes de industrialização, como na América Latina. Recente estudo do Banco Mundial contém ilustração abundante a esse respeito em países tão díspares como Rússia, Peru, Venezuela, México, Jamaica, República Tcheca e dezena de outros".

2. *Revista Nacional das Telecomunicações* 210-A, fev. 1997. Seguem trechos extraídos da entrevista coletiva de Sérgio Motta, em 13.12.1996: "(...) Depois de algum tempo, todos os operadores podem prestar qualquer serviço, em qualquer lugar. Vamos estabelecer uma ampla competição. *É um ambiente muito parecido com o que propõe a nova lei americana (Communications ACT) em vigor desde fevereiro de 1996.* (...). Teremos, então, um mercado de plena competição com um número de operadoras globais. A idéia é, assim, chegarmos num horizonte de cinco anos a *um mercado totalmente competitivo para todos os serviços*. É esse mercado competitivo que vai assegurar a melhora da qualidade. Os preços, não só da linha telefônica, mas também dos serviços, cairão significativamente. (...). Mesmo nesta fase que antecede a privatização, não falamos em aumento de tarifas, mas, sim, em reestruturação tarifária, com a eliminação de subsídios cruzados. É este sistema de subsídios que inviabiliza qualquer processo de privatização. (...). Nossa posição é preservar totalmente o desenvolvimento tecnológico do setor, seja o CPqD ou todos os centros de treinamento. (...). Vale refletir na experiência americana dos laboratórios Bellcore, criados para prestar serviços para as Baby Bells e cuja estratégia não deu certo. O Bellcor está se transformando agora numa espécie de empresa. (...) Não há risco de monopólio privado, a não ser por um período muito curto. Mas o nosso plano é disparar o processo de competição o mais depressa possível. (...) Nós não admitiremos monopólios, isso não interessa. (...)" (grifo nosso).

as condições que ensejam a dissolução do monopólio do Sistema Bell, à luz do direito antitruste americano, fonte indispensável para a discussão do assunto. Passar-se-á ao estudo do caso brasileiro, investigando-se as causas políticas e estruturais da formação do monopólio da Telebrás e os fatores que ensejaram a sua quebra e, após, serão levantadas algumas das principais discussões jurídicas que estiveram (e ainda estão) presentes na condução do processo que longe está de terminado.

II — Monopólio natural: o problema da regulação

O monopólio natural consiste na situação de monopólio criada *naturalmente*, em decorrência das características do próprio meio, e não em razão de eventual comportamento dos agentes econômicos direcionados a esse fim. Tal situação é verificada nos setores onde a competição é impossível, seja por fatores físicos, decorrentes da existência de fontes de insumo únicas ou em função de uma tecnologia protegida por patente ou segredo industrial; ou ainda por fatores econômicos advindos de características inerentes a um setor específico da indústria, as quais tornam a competição ruinosa ou destrutivas.[3]

Os ganhos de economia de escala extremados são características de monopólios naturais. Havendo grande predominância dos custos fixos totais (parcela dos custos totais decorrentes dos gastos com fatores fixos de produção, independendo portanto da quantidade produzida) sobre os custos variáveis totais (parcela dos custos totais que variam de acordo com a quantidade de produção, significando a despesa com fatores variáveis de produção), cada quantidade produzida ensejará a diluição do custo fixo total, resultando em ganho de escala que será proporcional ao aumento da produção.[4]

Daí, retornos crescentes de escala (ocasionados devido à apropriação do custo fixo no longo prazo juntamente com a necessidade e utilidade[5] contínuas do produto para o consumidor) aliados a altas barreiras à entrada de outros competidores potenciais no mercado, em razão de custos irrecuperáveis e disponibilização de grandes investimentos iniciais no processo produtivo, acabam por determinar a citada situação de monopólio natural.

Em tal ambiente, a produção de determinado bem ou o fornecimento de serviço específico por uma única firma minimizará os custos do processo produtivo. Assim, um agente econômico poderá eventualmente suprir a demanda de todo o mercado ao expandir continuamente sua produção na medida em que tal conduta acarretará ganhos de escala crescentes. Porém, tendo conquistado mercado, a racionalidade monopolística fatalmente levará o agente a praticar preços monopolistas.[6]

Discorrendo acerca da regulação em monopólios naturais, Viscusi, Vernon e Harrington Jr. explicam que se o ambiente

3. Calixto Salomão Filho, *Direito concorrencial, as estruturas*, pp. 191-192.

4. De acordo com a "teoria da produção", a função de produção de curto prazo é caracterizada pela existência de fatores fixos e fatores variáveis, enquanto a função de produção de longo prazo engloba fatores unicamente variáveis (L. C. Pereira de Carvalho, *Manual de Economia*, p. 151).

5. Cf. a explicação do Prof. C. Salomão Filho, ob. cit., p. 194: "Quanto maior o número de usuários, maior a utilidade do produto para o usuário seguinte e, portanto, maiores a probabilidade e lucratividade da venda sucessiva. Em alguns casos extremos, esses retornos crescentes de escala impõem a existência de um monopólio natural. O sistema de telefonia é um bom exemplo. O sistema só tem utilidade para o consumidor na medida em que todos se utilizem daquela mesma companhia. Isso faz com que os usuários com suas linhas telefônicas possam alcançar todas as pessoas e serviços desejados. Obviamente, um serviço telefônico concorrente encontrará tremendas dificuldades para entrar no mercado. Não há nenhum interesse para o usuário em adquirir uma linha telefônica que não permita a comunicação com praticamente ninguém já que todos adotam o primeiro sistema telefônico" (*apud* V. A. E. Kanh, *The economics of regulation: principles and institutions*, v. II, New York, 1971, p. 123).

6. W. Kip Viscusi, John M. Vernon e Joseph E. Harrington Jr., *Economics of regulation and antitrust*, p. 351.

econômico fosse estático, não sofrendo quaisquer mutações, a determinação de uma política regulatória por parte das autoridades governamentais seria fácil. Uma vez que fosse averiguada a existência de um monopólio natural em um dado mercado, as autoridades determinariam um preço social ótimo (*the socially optimal price*), requerendo que o agente monopolista atendesse toda a demanda existente a esse preço.[7] Dessa forma, estando estabelecida a regulação, aos agentes reguladores caberia zelar pelo cumprimento da obrigação imposta ao monopolista.

Ocorre que a dinâmica é característica intrínseca de todo ambiente econômico real. Assim sendo, sabe-se que a demanda oscila constantemente em razão de variáveis exógenas, como, p. ex., nas mudanças de preferência dos consumidores, alterações de renda no ambiente mercadológico, ou descoberta de novas tecnologias.

Por isso, a política governamental regulatória deverá adaptar-se de acordo com as mudanças de mercado, já que condições de demanda e de custos podem se alterar até o ponto em que a indústria não seja mais passível de ser considerada como monopólio natural.

Nos EUA, conglomerados privados como a *Consolidated Edison*, a *AT&T* (*American Telephone and Telegraph Company*) e *El Paso Natural Gas*, eram considerados monopólios naturais típicos. Tais empresas são controladas por agências regulatórias que operam nos níveis locais e estaduais, devendo aprovar os preços praticados pelos monopolistas, impondo parâmetros a partir da estimativa dos custos e retornos da atividade produtiva para a proteção dos interesses dos consumidores finais.

Sucede que, conforme observado no gráfico, em um monopólio natural,[8] o monopolista alcança uma quantidade eficiente de produção ("yCmg") ou ótimo de Pareto,[9] quando o preço se iguala ao seu custo marginal. Entretanto, a esse nível de preços o monopolista não consegue cobrir seus custos, já que o preço pelo qual venderá é menor que seu custo médio, incorrendo em prejuízo.[10]

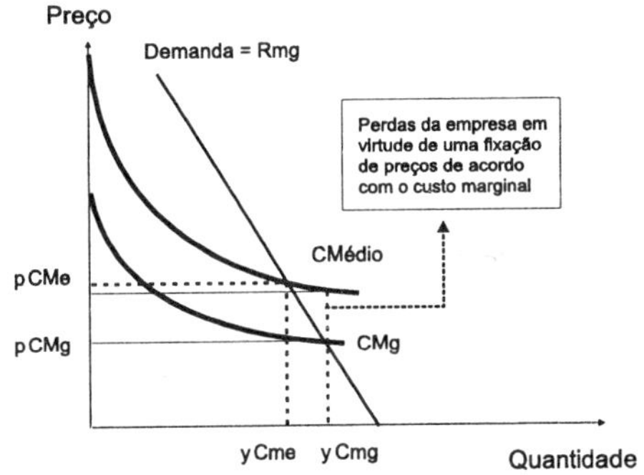

7. Ob. cit., p. 475. No mesmo sentido, expõe Herbert Hovenkamp, *Federal antitrust policy. The law of competition and its practice*, p. 33: "The problem of natural monopoly is easily state: if the market is occupied by a single firm, the firm will charge a monopoly price. If it is occupied by a multiple firms, even assuming that the firms behave competitively, they will have higher costs and will charge higher prices. The traditional solution to the problem of persistent, recognized natural monopoly is price regulation. (...)". E adiante: "When a natural monopoly is recognized as such and subjected to price regulation, it acquires at least a limited immunity from the federal antitrust laws. For some time this has been true of local telecommunications, electric companies, gas companies, and other price regulated utilities".

8. Cumpre lembrar que as economias de escala existentes no monopólio natural decorrem de o custo médio e o custo marginal serem declinantes tal como esboçado no gráfico.

9. Vilfredo Pareto (1848-1923), economista e sociólogo italiano, reformulou as idéias de Walras, desenvolvendo o conceito de eficiência nas trocas (economia "parentiana" do bem-estar). A eficiência de Pareto constitui na situação econômica onde não é possível a realocação dos fatores para maior bem-estar de determinado grupo sem que haja diminuição do bem-estar de outro grupo. No "ótimo de Pareto" existe a maior eficiência econômica possível na interação dos agentes.

10. Hal R. Varian, *Microeconomia: princípios básicos*, p. 447, define o monopólio natural como a situação de mercado em que a produção envolve grandes custos fixos e custos marginais pequenos, citando o exemplo da telefonia: "(...) uma empresa telefônica local envolve custos muito grandes para instalar fios e redes de comunicação, enquanto os custos marginais de uma unidade extra de serviço telefônico são muito baixos".

Em outras palavras, a questão fundamental, segundo Varian, está na contraposição do tamanho da "escala mínima de eficiência" — que significa o nível de produção capaz de minimizar o custo médio da empresa — com relação ao tamanho da demanda existente para o mercado. Pode-se dizer que com a diminuição do valor que representa a escala mínima de eficiência, haverá condições crescentes para a entrada de competidores potenciais no mercado. Assim, se a escala mínima de produção eficiente for pequena em relação ao tamanho da demanda (se "y" se deslocar consideravelmente à esquerda em razão de mudanças na curva de custo médio) existe a preponderância de condições competitivas no mercado. Os monopólios surgem porque a escala mínima de eficiência é relativamente grande frente ao tamanho do mercado.[11]

Por outro lado, se produzir a quantidade necessária para que o preço se iguale ao custo médio ("yCme"), diminuindo então a produção, o monopolista cobrirá seus custos mas estará produzindo numa escala que provocará uma ineficiência de Pareto, uma vez que para a receita marginal corresponder ao custo médio a produção será inferior à demanda efetiva do mercado.[12]

Os órgãos reguladores utilizam, em grande parte, uma fórmula semelhante à descrita abaixo, a fim de se chegar ao preço que deveria ser cobrado pelo monopolista:[13]

$$P = CVMe + \frac{(D + T + sK)}{Q},$$

onde *CVMe* é o custo variável médio, *Q* é a quantidade produzida, *s* é a taxa de retorno permitida, *D* é a depreciação, *T* é o imposto e *K* é o estoque de moeda da empresa. A grande discussão gira em torno da variável *s*, pois a sua determinação envolve conceitos subjetivos de *razoabilidade* e *competitividade*.

Com efeito, um dos maiores problemas apontados sobre tal sistema consiste na impossibilidade de se alcançar o preço ideal a ser praticado pelos monopolistas devido às dificuldades de se proceder às estimativas e de comprovar os verdadeiros gastos da empresa no processo de produção.[14]

Uma outra forma de solução aplicada aos setores de monopólio natural trata da empresa pública, por meio da qual o governo exercerá o papel de agente monopolista, procurando administrar uma produção eficiente a partir da cobrança de um preço social otimizado. Nesse caso, visando à consecução da economia "paretiana de bem-estar", o governo subsidia a produção da firma a fim de que haja otimização da quantidade produzida (no ponto em que o preço equivale ao custo marginal), arcando com as despesas da diferença entre o custo médio e o custo marginal (em destaque no gráfico).

Ao subsidiar o preço para a continuidade da produção, a fim de se conseguir ofertar a quantidade ótima do ponto de vista da eficiência econômica para o consumidor, surgem questões acerca da origem

11. Id., ibid., pp. 449-450.

12. Geralmente os reguladores determinam o preço que estaria próximo a essa segunda possibilidade, igualando-o ao custo médio da firma e deixando que exista uma situação que não configura o ótimo de Pareto. Isso se dá porque se o monopolista tivesse que vender seu produto abaixo do valor do custo médio, ou ele se retiraria do mercado já que não auferiria lucros, ou o governo teria que subsidiar a produção da empresa, o que geraria grandes controvérsias.

13. Robert S. Pindick e Daniel L. Rubinfeld, *Microeconomia*, p. 456. Os autores explicam que se trata do critério denominado "regulamentação da taxa de retorno", baseado na taxa de retorno auferida sobre o capital investido, sendo que o preço máximo permitido é baseado na taxa de retorno esperada que será auferida pela empresa.

14. Id., ibid., e também Viscusi, Vernon e Harrington Jr., ob. cit., p. 371: "There is a serious problem implicit in this procedure, however, because a large proportion of a firm's costs are usually common costs. For example, high voltage power lines are used in common by all costumer groups. And although arbitrary accounting rules can be made up to apportion these costs among groups (for instance, in proportion to their respective annual purchase of the product), none are meaning full in an economic sense as a basis for setting prices".

dos recursos financeiros que serão alocados no subsídio e acerca da transparência dos burocratas administradores das empresas públicas ao mostrarem os custos justificadores do montante de subsídios utilizados para tal financiamento pelo governo.

III — A formação e a quebra do monopólio da AT&T

Em consonância ao anteriormente abordado, transformações ocorridas no mercado, decorrentes da sua inerente dinâmica, podem resultar em maiores condições de competitividade, fazendo com que a empresa monopolista natural deixe de assim se configurar. Assim, a demanda do mercado a um preço ótimo exigirá que empresas menores (em relação à empresa monopolista natural) passem a atuar visando à maximização da eficiência alocativa. É o que vem acontecendo em certos ramos de mercado como o caso da telefonia nos Estados Unidos, o qual passaremos a estudar em seguida.

Cabe salientar, nesse ínterim, que um dos maiores problemas a ser enfrentado consiste exatamente na forma em que se dará a necessária transição do sistema de monopólio natural para o sistema competitivo. Viscusi, Vernon e Harrington Jr. analisam três formas de conduta que são expostas sinteticamente abaixo.[15]

A primeira consiste na manutenção do monopólio natural, não obstante tenha havido mutações econômicas relevantes que apontam para o seu esvaecimento. Aqui, a política de regulação do monopólio natural nos moldes convencionais (regulação de preço e acompanhamento) produziria custos sociais significativos ao impedir a competição que tem condições de fazer baixar os preços, gerando melhor alocação de riquezas no sistema, o que deverá ocasionar melhoras para o bem-estar do usuário final.

Uma segunda possibilidade diz respeito à desregulação total ao se permitir a livre entrada de novos competidores e se remover o controle de preços. No entanto, a quebra da situação do monopólio natural pode não ser suficiente para ensejar tal liberalização, já que severas mudanças podem ocasionar efeitos adversos, com o surgimento de barreiras e *lobbies* para impedi-las.

Por isso, a terceira forma de conduta, qual seja, a desregulação parcial, é a mais aconselhável política a até economicamente, sobretudo quando existem incertezas sobre as condições efetivas de preço e de demanda no mercado. Nesse caso, é permitida a entrada de competidores a partir do preenchimento de certos padrões demandados. O principal fator consiste na manutenção de controles substanciais na prática de preços como, p. ex., limites máximos e mínimos com flexibilização entre as bandas com vistas à defesa da concorrência ainda incipiente.

Em particular, deve-se atentar para as distorções que podem surgir de uma política de regulação que trate diferentemente a empresa já estabelecida das empresas ingressantes no mercado, observando-se a prática de preços conhecida como *cross-subsidization*. Esta ocorre quando o preço de um produto é fixado com finalidade de gerar rendas adicionais para o subsídio de vendas de um segundo produto ofertado pela empresa. É usualmente praticada a partir da elevação significativa de preço de um produto com baixo custo relativo para que se cumpra um preço inferior de um produto com alto custo relativo. Assim, a renda obtida da venda superfaturada de um produto subsidiará a venda subfaturada de outro. Em última instância, o usuário de "A" subsidiará o consumo do serviço "B". Tal mecanismo é utilizado muitas vezes por empresas telefônicas, aéreas e rodoviárias.

O *cross-subsidization*, ou subsídio cruzado, pode ser utilizado como prática predatória sendo forma ineficiente da alocação de preços, na medida em que a empresa monopolista atuante nos mercados "X", "Y" e "Z", hipoteticamente, tente coibir o

15. Ob. cit., p. 483.

estabelecimento da empresa ingressante no mercado "X", ao utilizar de ganhos monopolistas em "Y" e "Z" para subsidiar a oferta a preço abaixo de custo em "X", visando assim provocar a retirada da nova empresa do mercado "X".

Passa-se para uma abordagem histórica do caso objeto de estudo.

A invenção do telefone por Alexander Graham Bell em 1876, num primeiro instante, não chegou a produzir efeitos significativos uma vez que a comunicação providenciada pelo novo instrumento limitava-se à ligação entre curtas distâncias. Em razão dessa insipiência, a invenção não foi tida como ameaça pela empresa telegráfica *Western Union*, principal fornecedora e monopolista dos serviços telegráficos à época, a qual se recusou a adquirir a patente que lhe foi ofertada por Bell.

O inventor, então, teve a iniciativa de criar em 1877 sua própria empresa, a *Bell Telephone Company*. Sucede que para o desenvolvimento e a eficiência do sistema fazia-se necessária a construção do comutador que providenciaria a interconexão das chamadas à rede, realização que exigiria investimentos consistentes, os quais a empresa recém-constituída não tinha condições de bancar.

Théodore Vail, um dos primeiros diretores da companhia, veio a conceber um sistema que permitisse a realização do empreendimento. Este sistema consistia na contratação de outras empresas que seriam autorizadas a operar os serviços de telecomunicações patenteados por Bell em cada localidade. Em contrapartida, tais operadoras financiariam a construção das redes nos territórios preestabelecidos e designariam de 30% a 50% dos seus retornos à empresa outorgante.[16]

A empresa telegráfica *Western Union*, concorrente direta da *Bell Telephone Company*, não obstante sua vantajosa posição financeira na época, estava impedida de desenvolver a nova tecnologia em função da proteção jurídica decorrente da patente de propriedade de Bell. Em 1879, devido a um processo cujo objeto consistia em infração à legislação sobre patentes, a *Western Union* foi compelida a revender à *Bell Telephone Company* o parque telefônico que ela havia começado a instalar, uma tentativa de estabelecer alicerces no novo mercado.

Por isso, com a consumação da separação legal entre a prestação de serviços telegráficos e a prestação de serviços telefônicos, havia condições para a dominação progressiva do ramo de telefonia pela *Bell Telephone Company*, que após subscrição de aumento de capital teve sua razão social alterada para *American Bell Company* em 1880.[17]

Acerca das condições que levaram Bell a consolidar sua posição no mercado, Encaoua e Koebel dispõem:

"On peut distinguer essentiellement quatre types de stratégies employées par Bell pour assurer as domination: 1. Porsuite de la politique contractuelle de concession accordée à des opérateurs locaux; 2. Extension de la politique de recherche et de protection par les brevets; 3. Création de quelques liaisons de longue distance; 4. Intégration amont par la price de contrôle d'une entreprise d'équipament".[18]

Interessa para a análise uma breve discussão dos últimos três itens abordados pelos pesquisadores.

A utilização de patentes aliada ao alto custo de implantação do sistema fizeram desde logo que se constituísse um potencial mercado de monopólio natural no setor de telecomunicações americano.[19] Há várias

16. Cf. David Encauoua e Philippe Koebel, *Réglémentation et déréglementation des télécommunications...*, p. 479.

17. Id., ibid.

18. Id., ibid., p. 480.

19. Id., ibid. Os autores afirmam a expansão de 66 patentes em 1879 para 900 patentes em 1894, na data em que a proteção jurídica das patentes originais se expirava.

teorias que procuram explicar o significado da patente para o direito, sendo que, especialmente para o direito antitruste, a patente apresenta-se como tema de relevância particular.

Não obstante o surgimento das patentes na Idade Média esteja relacionado à garantia de perenidade das técnicas de produção utilizadas nas corporações de ofício civis, no *Mercantilismo* a patente assume uma função pública e estatal, passando a significar um "certificado de qualidade" chancelado pelo Estado. Na época, a patente protegia a exclusividade e os privilégios monopolísticos do Estado na execução de determinadas atividades. Posteriormente, em retomada à sua concepção original, a evolução do instituto foi adquirindo um caráter mais privado. A patente, então, passou a ser concebida como direito natural do inventor fazer uso exclusivo de sua própria invenção; ou, em uma ótica contratual positivista, como a contraprestação a ser recebida, assegurada pelo Estado, pela atividade inventiva executada.[20]

Areeda e Kaplow suscitam algumas desvantagens apontadas no sistema de patentes em relação à concorrência. Em princípio, uma vez que o conhecimento da técnica foi alcançado, o custo marginal da sua utilização é igual a zero, por isso, a cobrança feita pelo titular da patente em razão de seu uso, necessariamente implicará a subutilização do invento. Contraditoriamente, o sistema de patentes poderá vir a impedir a busca de progresso tecnológico que é o que ele busca fomentar, já que novos inventores serão dissuadidos da pesquisa de aperfeiçoamento tecnológico que poderá ensejar infração da patente original. Patentes relevantes podem reforçar concentração econômica com a perpetuação do monopólio de certa tecnologia durante o prazo de vigência da proteção jurídica.[21]

Por outro lado, a patente pode ser vista como incentivo para o estímulo de processo inventivo.[22] Atualmente, sob o ângulo de um conceito eminentemente concorrencial, esse entendimento prevalece como explicação para a adoção do sistema de patentes como necessário ao progresso tecnológico, pois: 1) a proteção jurídica da patente visa estimular investidores a financiar o processo inventivo, o que assim não seria caso existissem riscos reais de qualquer empresa copiar a tecnologia inventada, sem ter para isso despendido quaisquer recursos no seu desenvolvimento. Logo, a duração da patente propicia tempo para a recuperação dos investimentos utilizados no processo de criação (e para a consecução dos lucros visados em qualquer atividade comercial num sistema capitalista de produção); 2) a partir da garantia de condições que estimularão o processo inventivo, objetiva-se a distribuição de aprimoramentos e de eficiência alcançados aos consumidores finais, que serão beneficiados com a inovação.

A outra estratégia referida para a consolidação do monopólio da Bell nas telecomunicações foi a integração vertical. Em 1881, a Bell passou a controlar a sociedade *Western Electric* que era a principal fornecedora de equipamentos da empresa te-

20. Outra é a posição que sustenta o *disclousure*, conforme a definição de Denis Borges Barbosa, *Uma introdução à propriedade intelectual*, p. 129: "Uma patente, na sua formação clássica, é um direito, conferido pelo Estado, que dá ao seu titular a exclusividade da exploração de uma tecnologia. *Como contrapartida pelo acesso público ao conhecimento dos pontos essenciais do invento*, a lei dá ao titular da patente um direito limitado no tempo, no pressuposto de que é socialmente mais produtiva em tais condições a troca da exclusividade de fato (a do segredo da tecnologia) pela exclusividade de direito. A outra forma usual de proteção da tecnologia é a manutenção do segredo — o que é sempre socialmente desaconselhável, eis que dificulta o desenvolvimento tecnológico da sociedade. (...)" (grifo nosso).

21. *Antitrust analysis: problems, text, cases*, pp. 167-168.

22. Id., ibid., para uma discussão detalhada sobre a questão crítica de a patente fomentar invenções que não teriam ocorrido sem a sua existência, ou se, adversamente, a patente implica em custo social por ser aplicada também a invenções que seriam concebidas mesmo se não existisse essa proteção.

legráfica *Western Union*. Com a formalização de um contrato, segundo o apontado por Encaoua e Koebel, a Bell obrigava-se a utilizar somente os equipamentos fabricados pela *Western Electric*, enquanto esta somente produziria os equipamentos patenteados pela Bell, limitando a sua oferta às empresas que atuavam sob *franchising* do conglomerado.[23] Dessa forma, os serviços da Bell só poderiam ser completados com equipamentos fornecidos por sua controlada, sendo que tais equipamentos, por outro lado, não poderiam ser conectados em outros sistemas de comutadores sem que houvesse perda de qualidade dos serviços.

A *Bell Company* que era monopolista do mercado de serviços telefônicos, por meio de integração vertical, passou então a dominar outro segmento, o mercado de equipamentos telefônicos, no qual não atuava anteriormente. Observe-se, nesse ponto, que a integração vertical não consiste em infração à ordem econômica per se, mesmo se envolver a compra de fornecedor por uma empresa com posição dominante no mercado, como no caso ora abordado. Primordialmente no setor de telecomunicações, tido como monopólio natural, a integração com outros elos da cadeia produtiva pode significar maiores ganhos de escala, aumento de eficiência e melhora da produtividade, acarretando na distribuição de benefícios aos consumidores, através de serviço de maior qualidade ou barateamento dos preços de oferta. Aliás, esse foi um dos argumentos utilizados pelo grupo Bell perante as autoridades antitruste americanas, como veremos posteriormente.

Assim, tendo ocupado sua posição dominante no mercado de telefonia local, em 1885 houve a criação da *American Telephone and Telegraph Company*, a filial da *American Bell Company* incumbida do desenvolvimento da infra-estrutura para as ligações de longa distância no país.

O mercado encontrava-se em plena expansão, proporcionando altos lucros às operadoras telefônicas. Com a expiração das patentes originais em 1894, outros concorrentes se dispuseram a entrar no mercado tendo em vista tais possibilidades. Devido aos altos preços cobrados pelos serviços ofertados pela Bell, estabelecimentos industriais, bancários e financeiros tomaram iniciativas de desenvolver sua própria rede telefônica para usos comerciais. Outrossim, foram constituídas cooperativas de consumidores para a criação de redes fechadas onde a empresa não estabelecera seu domínio, principalmente na zona rural.

A companhia Bell negou aos concorrentes qualquer tipo de interconexão à sua rede que era então utilizada pela maioria dos usuários. No entanto, o impedimento de interconexão com a rede já estabelecida fez com que os agentes independentes interligassem seus comutadores para concretizar o objetivo comum de ampliação da nova rede alternativa. Noll e Owen revelam que devido à aliança formada por tais grupos, o setor estava se direcionando rumo a um duopólio com redes não comunicáveis.[24]

Diante do ingresso de tais concorrentes no mercado, a Bell tentou diminuir os preços, porém em razão da estrutura organizacional do grupo houve dificuldades em fazer com que as sociedades operadoras locais licenciadas os baixassem também.

A saída encontrada pelo grupo consistiu na intensificação de pesquisa, com a finalidade de obtenção de maior número de patentes que assegurassem o domínio de novas tecnologias, mormente o desenvolvimento dos serviços de chamadas de longa distância.

Logo, com o desenvolvimento da tecnologia telefônica de longa distância, o sistema Bell passou a oferecer vantagens não ofertadas pelos agentes independentes. A detenção da patente do sistema de longa

23. Ob. cit.

24. Roger G. Noll e Bruce M. Owen, *The anticompetitive uses of regulation: United States v. AT&T*, p. 330.

distância não só proporcionou à Bell o monopólio nesse mercado, como também ensejou a consolidação definitiva do monopólio no setor de telefonia local que se encontrava ameaçado; para os usuários, tornou-se imediatamente preferível ser assinante de um sistema que providenciasse ao mesmo tempo a comunicação local e a em longa distância. Assim, com a aquisição ou a falência do resto da indústria, o sistema Bell passou a deter 90% da rede nacional de assinantes de serviços de telefonia.[25]

Mais do que simplesmente patentear as tecnologias relacionadas com a criação original do telefone, o grupo Bell empreendeu um verdadeiro processo de acumulação de patentes, no qual o aprimoramento de qualquer instrumento de telecomunicação era patenteado como nova invenção. Com isso, praticamente ao tempo da expiração de cada patente, a empresa havia desenvolvido uma nova tecnologia que substituiria a antiga patente já expirada. Desse modo, existiam grandes barreiras à entrada para os novos concorrentes, que eram impedidos, inclusive, da pesquisa tecnológica em relação a qualquer patente em vigor; a tecnologia tornava-se acessível ao uso dos concorrentes quando já obsoleta, fazendo com que não existissem as mínimas condições de competição no mercado. Leia-se o que Areeda e Kaplow dizem, com propriedade, a respeito do assunto:

"Patent accumulation in the hands of a monopolist presents a dilemma. On the one hand, we certainly do not want to impede research, development, and innovation by all, including monopolists. Nor can we totally prevent a patentee from selling the use of its invention to an existing monopolist without sometimes depriving the patentee of any reward from that invention or without sometimes depriving the public of the best products at lowest cost. On the other hand, the more patents that a monopolist accumulates, whether from internal invention or from acquisition, the greater the impediment to competition".[26]

Entretanto, a política de absorção de agentes independentes ou ainda de separação de nichos de mercado de modo a formar uma situação de cartel dominada pelo grupo Bell ensejou uma série de reclamações por violações do *Sherman Act*.[27]

Em 1913, houve a formalização do *Kingsbury Commitment* entre a companhia e o *Department of Justice*, no qual aquela se comprometia a não adquirir empresas concorrentes, inclusive abrindo mão da *Western Union* que havia adquirido em 1908.[28] O grupo Bell concordou em interconectar sua rede à rede dos agentes independentes remanescentes. Esse acordo permitiu que o grupo mantivesse suas posições no serviço de telefonia local e a distância, tidos como mercados de monopólio natural que seriam regulados por agentes fiscalizadores.[29]

25. Id., ibid.

26. Ob. cit., p. 557. Na doutrina pátria, anota Paula Forgioni em *Breves notas sobre a posição dominante e seu abuso*, p. 63: "Caso típico da total ausência de controle potencial é o das patentes, em que ao titular do direito é assegurado o monopólio. Mas, da mesma forma que qualquer outro caso de posição dominante, o agente econômico não poderá dela abusar, p. ex., açambarcando direitos de propriedade industrial".

27. Editado em 1890, o *Sherman Act* veio a atender, principalmente, aos anseios do setor rural frente aos abusos advindos do monopólio das estradas de ferro. O diploma visou assegurar a liberdade de atuação dos agentes econômicos e a proteção dos consumidores perante o poder dos monopólios e oligopólios originados em decorrência da concentração industrial no nordeste dos Estados Unidos e das influências dos *trustees*, que formavam amplas barreiras à concorrência nos mercados que controlavam.

28. Com a evolução e crescimento do setor de telefonia e a conseqüente diminuição de importância da indústria telegráfica, a *Western Union* passara por dificuldades financeiras que acarretaram na sua venda ao grupo Bell, que viera a atuar também nesse segmento.

29. Théodore Vail sustentava que sua empresa necessitava do monopólio para a prestação de *serviços universais*, isto é, para "garantir a todos os cidadãos norte-americanos o acesso aos serviços telefônicos locais e interurbanos em qualquer ponto do território americano".

A regulamentação americana de telecomunicações interurbanas (*Intercity Telecommunications Market — ITM*) é datada de 1910 com a edição do *Mann-Elkins Act*, que atribuiu ao *Interstate Commerce Commission* a competência para regulação da telefonia interurbana e a fiscalização da *American Telephone and Telegraph* (*AT&T*), a qual já havia consolidado seu monopólio na transmissão de longa distância.

Com o *Communications Act* de 1934, houve transferência da competência de regulação do *ITM* para a agência regulatória criada, a *Federal Communications Commission (FCC)*, então responsabilizada pelo controle sobre preços praticados no mercado, pela entrada de produtores e pela interconexão das ligações de longa distância com as linhas telefônicas locais. O modelo engloba agências estaduais de regulação em cada Estado norte-americano, subordinadas à *FCC* da esfera federal.[30]

A agência recém-investida passou logo a investigar a integração vertical existente no mercado, sendo que a controvérsia ensejou interposição do processo antitruste *United States v. Western Electric* pelo governo federal em 1949. A queixa fundava-se na monopolização do mercado de equipamentos telefônicos pela *Western Electric* (que não era submetida ao controle da *FCC*) e nas práticas restritivas empenhadas pelas operadoras Bell e pela *AT&T*, que somente adquiriam equipamentos da *Western Electric*.

A *AT&T* refutava as acusações, argumentando que havia necessidade da integração entre o grupo para a prestação de serviços mais vantajosos. A empresa também quis afastar a competência da autoridade antitruste (*Department of Justice — Antitrust Division*) justificando que o caso era da alçada da agência regulatória específica da matéria, a *FCC*.[31] As querelas acabam resultando na formulação de um acordo, o *Consent Decree*, em 1956. Assim, foi mantida a estrutura operacional e a *Western Electric* foi obrigada a restringir o fornecimento dos equipamentos às empresas do grupo *AT&T*, o que foi considerado como uma vitória dos réus. Por outro lado, as atividades operacionais do grupo deveriam se limitar àquelas regulamentadas pelos agentes reguladores, o que em pouco tempo significou uma severa medida, pois barrava a entrada do grupo em outros mercados, como, p. ex., o de informática. Havia, ademais, a obrigação de o grupo conceder permissão de operação sob o sistema Bell a qualquer agente independente que assim o quisesse, ou seja, em última instância tal determinação significou a liberalização da política de autorização do uso das patentes detidas pela Bell e mais do que isso: "le Consent Decree de 1956 reconnaissait ainsi implicitement que l'immense potentiel de brevets accumulés par le groupe Bell avait été une arme maîtresse pour maintenir son pouvoir de monopole au cours du temps, en agissant comme une barrière stratégique à l'entrée de concurrents potentiels".[32]

Até finais da década da 50, a *AT&T* permaneceu monopolista do mercado dos serviços de *ITM*, considerado monopólio natural devido aos elevados custos fixos de operacionalização do sistema e ao relativo baixo custo marginal. O monopólio era fundado na superioridade tecnológica do grupo. Ocorre que, devido basicamente ao

30. *FCC, Connecting the globe*: "The American model for regulating telecommunications is derived from the powers vested in the federal and state governments by US Constitution. As a means of regulating interstate and foreign commerce in wire and radio communication, the United States Congress passed the Communications Act of 1943, and created the Federal Communications Commission (FCC)".

31. Posteriormente no caso *United States v. RCA*, 358 US 334 de 1959, a Suprema Corte americana veio a consolidar o entendimento de que as aprovações da FCC não apresentavam "imunidade antitruste", isto é, a agência desempenhava função de fiscalização do mercado de telecomunicações que não excluía a apreciação dos atos por ela aprovados pela agência antitruste específica, o *Department of Justice*.

32. David Encaoua e Philippe Koebel, *Réglémentation et déréglementation des télécommunications...*, p. 488.

advento do desenvolvimento da tecnologia de transmissão por microondas, após a Segunda Guerra Mundial, houve a redução significativa dos custos fixos da prestação de serviços de telecomunicações. Com isso, surgiam pedidos de permissão à *FCC* para a construção de sistemas de linhas de telecomunicações baseados na nova tecnologia, tanto de firmas privadas quanto governamentais. Assim, houve condições para prestação de serviços de *ITM* por agentes econômicos mais pulverizados, cuja demanda crescera consideravelmente em razão do desenvolvimento de computadores e da expansão de seu uso a partir dessa época.

Em decorrência, em 1959, a *FCC* determinou que somente em determinada freqüência de transmissão haveria a entrada de novos competidores no mercado, então dominado pela *AT&T*. Posterior e paulatinamente, a *FCC* foi empreendendo uma política de regulação (*deregulation*)[33] e fomento de competitividade. Fez-se necessária a imposição de limites de preços para a *AT&T* devido a desconfianças de práticas de *cross-subsidization*.

As operadoras telefônicas locais da *AT&T* (*Bell System Local Operating Companies*) monopolizaram o serviço de telefonia local por mais de meio século, sendo que sua *Western Electric*, provedora de equipamentos — como o próprio aparelho de telefone — era a única fornecedora para consumidores finais, usuários desse sistema. Outra decisão significativa originou-se a partir da recusa da *AT&T* de prover a conexão de um equipamento terminal ao seu próprio equipamento já que não se tratava de invenção concebida dentro do Sistema Bell. Em 1968, na decisão conhecida como *Caterfone*, a *FCC* e os tribunais permitiram que, gradualmente, produtores não ligados ao *Bell System* viessem a vender telefones para o uso doméstico, que concorriam diretamente com tal subsidiária industrial da *AT&T*, o que acarretou na abertura do mercado de equipamentos de telefones à concorrência.[34]

Posteriormente, o governo federal ingressou com ação antitruste contra a *AT&T* (*United States v. AT&T*), alegando que as relações desta com sua subsidiária produtora de equipamentos configuravam ilícito antitruste, e que o monopólio do mercado de telefonia de longa distância assentara-se em bases ilegais. Como explicam Areeda e Kaplow, o governo contestou a integração vertical do conglomerado *AT&T* em dois principais aspectos, argumentando que o monopólio local de serviços telefônicos, embora legítimo, estava casado com a produção de equipamentos telefônicos e com o fornecimento de serviços telefônicos de longa distância também.[35]

33. Nesse ponto devemos aludir ao significado de uma política de *deregulation* empreendida pela agência norte-americana, que é precisamente analisada pelo Prof. Eros Grau: "A busca de 'mais sociedade, menos Estado' supõe a substituição da *regulação estatal* (= *regulamentação*) por *regulações sociais*. Aí a *deregulation* dos norte-americanos, que designamos mediante o uso do vocábulo 'regulação'. Como os norte-americanos usam o vocábulo *regulation* para significar o que designamos 'regulamentação', *deregulation*, para eles, assume o mesmo significado que indicamos ao usar o vocábulo 'regulação'; vale dizer: a *deregulation* dos norte-americanos está para *regulation* assim como, para nós, a 'regulação' está para a 'regulamentação'" (*O direito posto e o direito pressuposto*, p. 93). No mesmo sentido, Carlos Ari Sundfeld anota que "quando, especialmente na doutrina americana, fala-se em 'desregulação' como sendo (ou devendo ser) a tendência da postura estatal relativamente aos lá denominados 'serviços de utilidade pública', está-se tratando justamente do movimento de introdução da competição nesses serviços, eliminando-se a parte da regulação que, tendo sido criada para controlar os monopólios (controle das tarifas, p. ex.), passou a ser apontada como a grande responsável pela própria manutenção deles. Mas essa 'desregulação' não elimina, antes supõe, a intervenção estatal via 'regulação', só que agora com novas técnicas e novos objetivos, todos coerentes com o projeto de eliminação dos monopólios" (*Direito global*, p. 161).

34. Encoua e Koebel, id., ibid., afirmam que tal decisão "devait donner naissance à ce qu'on a appelé le *marché de l'interconnexion*" (grifo nosso).

35. Philipp Areeda e Louis Kaplow, *Antitrust analysis: problems, text, cases*, p. 527.

E segundo Noll e Owen: "the essence of the government's case against Bell System was that it had used its status as a regulated monopoly in most of its markets to erect anticompetitive barriers to entry in potentially competitive markets". Os autores consideram que o governo abordou o problema por meio de uma simplificação do mercado relevante: "It viewed the telephone system as selling basically one relatively homogeneous technical product: electronic communications capacity of given technical characteristics". Tal delimitação era possível devido à fungibilidade da capacidade da rede telefônica que possibilitava a prestação de vários serviços, em quaisquer proporções, com a utilização da mesma infra-estrutura.[36]

As cortes americanas, paulatinamente, consolidaram o entendimento de que para a configuração de poder de monopólio, deve-se verificar o poder que o agente econômico tem de controlar o preço e de excluir potenciais competidores do mercado, independentemente da detenção de elevado *market share*. No caso Bell, o serviço telefônico não encontrava substitutibilidade de demanda, ou relevante substitutibilidade de oferta que pudessem vir a ser consideradas. Caso a *AT&T* resolvesse aumentar seus preços, os consumidores não teriam outras alternativas, senão pagar o preço pedido ou deixar de utilizar o serviço telefônico. Os consumidores encontravam-se, assim, em situação de dependência com relação ao serviço prestado pelo grupo, já que existia um baixíssimo grau de elasticidade cruzada (*cross elasticity*) do produto, praticamente inexistindo possibilidade de intercambialidade no mercado. Mesmo se a *Western Electric* resolvesse aumentar os preços de seus equipamentos, as operadoras locais sob *franchising* do sistema Bell teriam que pagar o preço repassando-o aos consumidores, já que estavam adstritas à compra de equipamentos dessa empresa. Ademais, o próprio setor apresentava características de barreiras naturais à entrada com os altos custos de infra-estrutura e os custos irrecuperáveis (*sunk costs*).

Com efeito, foi alegado que o sistema Bell não havia consolidado seu monopólio através da eficiência na prestação de serviços, mas por intermédio de uma série de práticas anticompetitivas contra potenciais agentes concorrentes. As acusações principais consistiam na recusa do conglomerado em negociar a interconexão à sua rede, práticas discriminatórias que aumentavam os custos dos competidores, abuso contra o processo de regulação por meio de falhas no fornecimento de informações às autoridades e como mecanismo de protelação à entrada de novos agentes, precificação de serviços com vistas à exclusão de potencial concorrência.[37]

Como conseqüência da ação antitruste promovida pelo *Department of Justice* contra a *AT&T*, em janeiro de 1982, os litigantes anunciaram um acordo pelo qual a empresa concordava em separar suas conexões das 22 companhias telefônicas locais, as quais se organizaram em sete *holdings* denominadas *Regional Bell Operating Companies* (*RBOCs*).[38] Assim, o grupo Bell

36. Ob. cit., pp. 333-334.

37. Roger G. Noll e Bruce M. Owen, *The anticompetitive uses of regulation: United States v. AT&T*, p. 339.

38. Vernon Viscusi e Harrington Jr., ob. cit., p. 493: "(...) These twenty-two companies were made into seven holding companies, the regional Bell operating companies (RBOCs). Local Bell system operations were subdivided into 161 'local exchange and transport areas' (LATAs) with each LATA being assigned to one of the RBOCs. The key restriction on RBOCs is that they are not allowed to provide inter LATA services. (...)".

E discutindo sobre o aspecto econômico do monopólio natural, os autores colocam (p. 499): "The argument that the local telephone is not a natural monopoly rests on two points. First, the development of digital switching technology has greatly reduced the economies of scale associated with switching services. It is now economically feasible to have a local neighborhood connected to multiple switching facilities which is essential for competition as each carrier would have its own facility. Innovations like this one lie behind some preliminary estimates that the local telcos may have no longer be a natural aceitou abrir mão de suas operadoras que lhe propiciavam o monopólio de serviços de telefonia local. Em contrapartida a *AT&T* manteve sua divisão *Western Electric* e seus laboratórios de pesquisa, e as *Long Lines* que proviam os serviços de telecomunicação interurbana.[39] Também foi revogado o *Consent Decree*, de 1956, que proibia a *AT&T* de atuar em qualquer mercado que não os regulamentados, sendo permitido então que a *AT&T* entrasse em outros setores, como o de computação. A consolidação da quebra de seu monopólio foi consumada em 1984.[40]

Recentemente, foi editado o *Telecommunications Act of 1996* que intencionou a abertura de todo o mercado de telecomunicações norte-americano para a concorrência. Com o novo *Act*, as *Bell Operating Companies* são proibidas de ofertar serviços telefônicos de longa distância até que certas condições sejam preenchidas. Fundamentalmente, o *act* reestrutura os mercados de telefonia locais, acabando com o monopólio concedido às local *exchange carriers*, sendo impostas obrigações e condutas que visam à promoção da competição no mercado.[41]

Segundo dados da *FCC*, enquanto o *market share* da *AT&T* no mercado de longa distância caiu de 90% em 1984 para 45% em 1997, as rendas da companhia aumentaram de US$ 35 bilhões para US$ 40 bilhões no mesmo período.[42] Assim, mesmo com perda de parcela de seu mercado, a *AT&T* conseguiu aumentar seus retornos devido a uma atuação mais competitiva no mercado que implicou na redução de seus custos de operação.

A *Federal Communications Commission* (*FCC*) explica os métodos de introdução de competição no mercado de telecomunicações estipulados na nova legisla-

monopoly" (*apud* Bruce C. Greewald e William Sharkey: "The economics of deregulation of local exchange telecommunications", *Journal of Regulatory Economics 1* (1989):319-339).

39. Roger G. Noll e Bruce M. Owen, ob. cit., pp. 348 e 350: "The government did not contend that the Bell System's prices were predatory for two reasons. First, it could not prove that any price was below some reasonable definition because the data on costs were so poor. Second, even if adequate data existed, the government saw no reason to believe that the prices could satisfy the second test — that they were temporary, for the purposes of creating short-term losses that would be made up later when competition abated. (...). Nevertheless, the government decided not to pursue total dissolution. For one thing, it could not establish that vertical integration between manufactoring and service did not provide some efficiency benefits. (...)".

40. Cf. o comentário de Eleanor M. Fox e Lawrence A. Sullivan, *Cases and materials on antitrust*, p. 236 sobre o caso: "The government, having won round one in its case against AT&T, proceeded to negotiate a settlement that would be heralded as the biggest break-up in American industrial history".

41. A *Southwestern Bell* foi obrigada a permitir que a *Time Warner* fizesse conexão com sua rede a fim de que esta pudesse ofertar determinados serviços utilizando-se da infra-estrutura já existente. O "47 USC § 251 (c)" sujeitou os agentes estabelecidos no mercado "to share their networks with competitors".

V. no caso *AT&T Corp. et al. V. Iowa Utilities Board et al.*: "Until de 1990s local phone services was thought to be a natural monopoly. States typically granted na exclusive franchise in each local service area to a local exchange carrier (LEC), wich owned, among other things, the local loops (wires connecting telephones to switches), the switches (equipment directing calls to their destinations) and the transport trunks (wires carrying calls between switches) that constitute a local service exchange network. Technological advances, however, have made competition among multiple providers of local service seem possible, and Congress recently ended the longstanding regime of state-sanctioned monopolies.

"The Telecommunications Act of 1996, Pub. L. 104-104, 110 Stat. 56 (1996 Act or Act), fundamentally restructures local telephone markets. States may no longer enforce laws that impede competition, and incumbent LECs are subject to a host of duties intended to facilitate market entry. Foremost among these duties is the LEC's obligation under 47 USC § 251(c) (1994 ed., Supp. II) to share its network with competitors. Under this provision, a requesting carrier can obtain access to an incumbent's network in three ways: It can purchase local telephone services at wholesale rates resale to end users; it can lease elements of the incumbent's network 'on an unbundled basis'; and it can interconnect its own facilities with the incumbent's network."

42. *FCC, Connecting the globe*.

ção.[43] O primeiro consiste na *facilities-based competition* que é o caso do agente ingressante no mercado usar de seus próprios conhecimentos tecnológicos para desenvolver uma nova rede. Dessa forma, o agente não se submeterá à exploração de uma rede já existente e possivelmente obsoleta, estando hábil a prestar novos serviços de maior eficiência e capacidade. São esses agentes que provocam a pressão competitiva que acarretará em inovações tecnológicas em todo o setor. No entanto, como haverá necessidade de interconexões para a troca mútua de tráfego com outros provedores, é fundamental que a agência regulatória adapte normas que possibilitem que os ingressantes no mercado tenham poder de barganha para transacionar tal conexão em outras redes, já que o custo de interconexão pode significar uma barreira considerável à entrada. Contudo, a desvantagem existente consiste nos altos custos envolvidos no desenvolvimento de tecnologia própria pressuposta no mecanismo.

Outro método é denominado *unbundled networks elements*. Nesse caso, a empresa ingressante no mercado construirá parcelas da rede, comprando acesso a outras facilidades essenciais que serão providas por agentes estabelecidos no próprio mercado. As vantagens de tal sistema consistem na redução de barreiras à entrada, já que a firma ingressante prestará seus serviços sem necessitar desenvolver sua própria rede, prevenindo a formação de um monopólio a longo prazo por parte do agente estabelecido, uma vez que este fornecerá sua rede para os novos ingressantes, os quais poderão criar novas tecnologias adaptáveis àquela rede para diferenciar seus serviços daqueles já ofertados pelo agente estabelecido. Mister é destacar que o *Telecommunications Act of 1996* dispôs uma lista de serviços controlados pelo agente já estabelecido no mercado, os quais deverão ser providenciados junto à empresa ingressante no mercado.

A terceira forma de incentivo à competição consiste na *resale*, que é definida pela *FCC* como a situação em que competidores obtêm serviços com uma taxa de desconto junto ao agente estabelecido, para posteriormente vender tais serviços à sua própria clientela. Trata-se da revenda de produtos ofertados pelo agente estabelecido no mercado. A *FCC* considera que a revenda pode promover competição no setor de telecomunicações, já que é providenciado um veículo de entrada aos agentes ingressantes que não dispõem inicialmente de capital suficiente para desenvolver seus próprios sistemas de serviços. A revenda de serviços de telecomunicações funcionaria como a arbitragem existente nos mercados de capitais.

No entanto, Kuttner aponta o problema existente em se determinar os descontos a serem dados ao agente revendedor. Tais descontos são calculados parcialmente pela oferta e demanda do mercado e por mecanismos de regulação. Caso o desconto concedido ao repassador dos serviços seja muito alto, na prática o provedor primário estará subsidiando os preços de seu próprio concorrente, o que irá de encontro aos seus interesses. Na hipótese contrária, sendo o desconto baixo demais, poucos concorrentes serão capazes de entrar no mercado.[44]

Outrossim, a concorrência pode acabar por produzir excessos de capacidade. O autor cita a corrida na instalação de fibras ópticas em 1990, as quais se caracterizam por sua capacidade de transmissão de centenas de milhares de ligações, sendo o custo marginal de se adicionar uma chamada ao fluxo praticamente nulo. Por isso, as empresas operadoras de cabos ópticos têm incentivos para aumentar o volume de ligações. Em 1995 era estimado que nos EUA existiam cabos de cobre e de fibras ópticas numa proporção quatro vezes superior à necessidade de comunicações de

43. In *Connecting the globe*.

44. Robert Kuttner, *Tudo à venda: as virtudes e os limites do mercado*, p. 312.

longa distância. Nitidamente, um excesso de oferta acarretará na queda dos preços no curto prazo, entretanto, como o sustentado por Kuttner, é evidente que tal exorbitância não constitui em alocação de recursos desejável. Assim, constata-se um *boom* no setor de telecomunicações americano.[45]

A concorrência para a prestação de serviços telefônicos locais ainda é incipiente, sendo que o *Telecommunications Act* de 1996 acabou por ensejar uma enxurrada de reclamações judiciais de consumidores e de agentes reguladores contra as despesas detentoras dos monopólios nestes mercados.

IV — A formação e a quebra do monopólio da Telebrás

1. Análise histórico-política da consolidação do monopólio

Conforme o salientado por A. Rocha Filho em tese sobre o desenvolvimento dos meios de comunicações frente ao processo político brasileiro, até o começo da década de 60, quando da elaboração do Código Nacional de Telecomunicações, as estruturas de comunicações nacionais encontravam-se em estado de anacronismo singular. Com a promulgação deste texto visouse à compatibilização do ordenamento pátrio em relação à modernização que outros países já experimentavam, sendo ressaltada a preocupação com o setor devido à instrumentalização de controle geopolítico intrínseco ao seu desenvolvimento. Fica claro que originalmente a fomentação e o incremento do ramo de telecomunicações foram fruto de razões políticas, internas ou externas, que surtiam efeitos na economia e sociedade brasileiras.[46]

Pode-se dizer que a história nacional das telecomunicações teve início em 1808 com a vinda da Família Real ao Brasil e a conseqüente abertura dos portos, situação que ensejou um "banho" efêmero de prosperidade à então colônia, que passava por fase de profunda estagnação advinda da decadência do ciclo do ouro.[47] A partir dessa época, surgiram as primeiras providências consideráveis na reorganização dos serviços postais, dada a centralização das atividades da Coroa Portuguesa no Brasil e o incremento comercial que exigia a concepção de serviços de comunicação mais eficazes, sendo criado pelo rei D. João VI o Regulamento Postal do Brasil.[48]

O telégrafo veio a ser utilizado mais tarde em 1852, quando o imperador Dom Pedro II tomou iniciativas quanto à sua implantação, sendo que desde logo assinalou-se a função militar da nova tecnologia.[49]

O Decreto 4.491, de 23.3.1870, autorizou o cidadão norte-americano Charles T. Bright e outros a desenvolver linhas telegráficas submarinas. O Decreto 5.058, de 16.8.1872, autorizou o Barão de Mauá a explorar cabo telefônico entre Brasil e Portugal. A firma *Western and Brazilian Telegraph Co.* obteve permissão para explorar serviço telegráfico nacional e internacional por intermédio do Decreto 5.498, de 10.8.1873.[50] O imperador Dom Pedro II tornou possível a primeira ligação telefônica do país, do Palácio de São Cristóvão para a Praça XV, no Rio de Janeiro.

O Brasil torna-se membro da União Telegráfica Internacional por meio do Decreto 6.701, de 1.10.1877, no mesmo ano da inauguração do serviço telefônico nacio-

45. Id., ibid. O autor faz paralelo ao *boom* ocorrido no setor ferroviário do século XIX. Cf. a obra para a crítica dos principais abusos que têm sido praticados por empresas telefônicas contra os consumidores.

46. Aloísio da Franca Rocha Filho, *Comunicação e tecnologia. Mutações da comunicação e da política no Brasil contemporâneo*, pp. 90 e ss.

47. Cf. Celso Furtado, *Formação econômica do Brasil*, p. 91.

48. Aloísio da Franca Rocha Filho, loc. cit.

49. Id., ibid., "Estudos envolvendo o uso de telegrafia eram feitos no Brasil, com o objetivo de melhor policiar o litoral do país" (*apud* Brasil, Ministério das Telecomunicações, *História dos serviços postais e de telecomunicações no país*, p. 6).

50. V. J. C. Mariense Escobar, *O novo direito de telecomunicações*, p. 16.

nal. De fato, diz Vianna, conforme nos relata Escobar, que o direito internacional das telecomunicações com a celebração de tratados e convenções chega a preceder o regramento da matéria no âmbito interno nacional.[51] Por isso considera-se o direito das telecomunicações como eminentemente internacional. Também Perdomo e Maio assinalam a cooperação e regulamentação internacionais como características do direito das telecomunicações.[52]

Nos primeiros quarenta anos deste século, a ausência de controle e atuação significativa do Estado nos setores da telefonia e telegrafia determinaram o permanente prevalecimento da iniciativa privada, a qual controlava a prestação de cerca de 80% dos serviços no território nacional.

A estratégia das empresas voltava-se ao estabelecimento das telecomunicações em regiões de alta densidade, buscando-se a maior lucratividade possível, sem que houvesse qualquer preocupação com a "natureza pública" da prestação dos serviços. A oferta de serviços, então, concentravase na área litorânea, sendo que "o outro Brasil do interior" permanecia adstrito às iniciativas do governo federal que atendia as áreas deficitárias por meio da Repartição Geral dos Telégrafos.[53]

Após a Segunda Grande Guerra, as telecomunicações experimentaram largo desenvolvimento em vários pontos do globo, sendo que no Brasil permaneceu a estagnação até a década de 60. Rocha Filho aponta como causas de tal anacronismo: a inexistência de projeto nacional, política ou órgão do Estado que coordenasse e regulasse os serviços; a inexistência de política tarifária que possibilitasse a manutenção de redes através da consideração dos custos, depreciação e remuneração dos investimentos; a falta de orientação e de conhecimento técnico das cerca de 1.000 companhias telefônicas então existentes; a concentração de 75% da rede telefônica do país, já saturada, na região do triângulo Rio de Janeiro, São Paulo e Minas Gerais; o prevalecimento do rádio como instrumento de comunicação;[54] a fragmentação do poder concedente entre a União, os Estados e os Municípios, que não beneficiava a prestação dos serviços;[55] a inexistência de planos de expansão tanto privados como públicos.[56]

Dessa forma, os fatores mencionados constituíam barreiras ao desenvolvimento da indústria de telecomunicações, de forma que não havia quaisquer condições político-administrativas e econômicas que possibilitassem alterações relevantes no setor.

51. J. C. Mariense Escobar, ob. cit., p. 15. *Apud* Gaspar Luiz Grani Vianna, *Direito de telecomunicações*.

52. Ob. cit., p. 20. Na expressão dos juristas: "Históricamente, el area de las telecomunicaciones ha sido desde siempre objeto de cooperación y regulación internacional. Quizás en ningún otro aspecto los órdenes jurídicos reconocen un protagonismo tan intenso a los organismos internacionales, que de hecho han sustituído como marco de actuación regular, al mecanismo de tratados específicos negociados entre Estados". Os autores citam Jean Michel Arrichi, *Derecho internacional público y comunicaciones*, que explica as razões para a importância da normatização internacional no direito das telecomunicações, que consistem nas condições físicas em que se prestam tais serviços. O espectro radioelétrico de freqüências é limitado, exigindo uso racional e consensual. Além do mais, faz-se primordial evitar as interferências entre as estações, daí a necessidade de cooperação internacional para a coordenação do meio radioelétrico.

53. *Apud* Gaspar Vianna, *Direito das telecomunicações*, p. 117.

54. O rádio vai assumindo seu caráter de meio de comunicação de massas desde a década de 20, alcançando enorme importância como instrumento de veiculação da propaganda político-ideológica do governo populista de Getúlio Vargas. V. Aloísio da Franca Rocha Filho, ob. cit.

55. Na vigência da Constituição de 1946 cabia à União, Estados e Municípios a exploração dos serviços de telecomunicações, diretamente ou por meio de outorga às empresas telefônicas.

56. Ob. cit., pp. 99-101. "A espera de uma simples ligação podia durar horas ou dias e a instalação de um aparelho telefônico era apenas uma esperança que se arrastava ao longo dos anos", p. 104.

O grande divisor de águas que deflagrou o processo de desenvolvimento foi o Código Nacional de Telecomunicações, que entrou em vigor em 1962, determinando as bases jurídicas para a formação de um novo modelo. Todavia, a importância desse texto legal toma vulto na transformação da situação política, verificada a partir de 1964, com a instalação do governo militar, e as conseqüentes mudanças de cunho predominantemente ideológico que sustentaram a continuidade do projeto de fomentação do desenvolvimento das telecomunicações.[57]

De fato, o governo militar concebeu as telecomunicações como setor estratégico, indispensável ao plano de integração de todo o território e à concretização da doutrina da "Segurança Nacional" elaborada pela Escola Superior de Guerra.[58] Havia a preponderância do significado militar sobre o civil, sendo que o desenvolvimento dos meios de comunicação buscava a modernização com vistas à inserção do país no plano mundial.

A adoção de política clara de fomentação da infra-estrutura das telecomunicações no governo autoritário pós-64, conduzida por planejamento estatal, de fato propiciou a entrada de meios eletrônicos à sociedade brasileira com finalidade de dinamização das estruturas econômicas, sociais e culturais do país. Por outro lado, é inegável que tal desenvolvimento serviu à perpetuação do próprio regime político que fez uso de densa propaganda através de meios de massa (com destaque ao novo sistema de televisão), censurando toda a forma de expressão que pudesse vir a afrontar o sistema estabelecido.

Segundo a análise do sociólogo Aloísio da Franca Rocha Filho: "A conclusão a que se chega da implantação de uma política de comunicação dos governos militares é que ela não trabalhou apenas em um nível. Os governos militares, ao implantarem as infra-estruturas de telecomunicações simultaneamente sofisticaram a rede estatal de comunicação mass-mediática como também desenvolveram políticas de comunicação tendo em vista a sedução das massas pelas campanhas publicitárias empreendidas no período Médici pela AERP — que era o órgão que dava as diretrizes temáticas. Aliás a época dos governos militares pode-se dizer que foi o período em que a propaganda brasileira cresceu enormemente. Tanto em quantidade como em qualidade. Isso em razão da expansão econômica que o país experimentou onde a propaganda e a publicidade passam a integrar o próprio mercado sob a pena de as mercadorias (de toda a ordem) circularem sob um ritmo lento em contradição com as regras básicas do mercado capitalista oligopolizado, e, no caso, sob o timbre de um regime político de exceção que orientava a sua ação política para também influenciar o imaginário das massas".[59]

Em 1965 foi criada a Empresa Brasileira de Telecomunicações — Embratel, incumbida da implantação do sistema internacional de telecomunicações conforme esboçado no Código de 1962. O Ministé-

57. *Apud* Michéle e Armand Mattelart. *O carnaval das imagens. A fixação da TV*, São Paulo, Brasiliense, 1989, p. 37: "(...) O ano de 1962 apresenta uma virada decisiva; o Código Brasileiro de Telecomunicações é promulgado. O Código assim representa tanto uma normatização jurídica da matéria telecomunicações mas sobretudo um instrumento político eficaz para a montagem da infra-estrutura e posteriormente da regulagem e controle desse sistema complexo. Portanto, dois anos antes do golpe de Estado de 64, o Estado-Maior das Forças Armadas (e mais particularmente a Marinha e o Exército) fez pressão para que este código viesse à luz o mais depressa possível. Pressente-se o elo que o regime militar instaurará entre os objetivos da instalação de uma rede nacional de comunicação e os de segurança nacional".

58. Esta foi criada em 1948, com vistas à proteção nacional no contexto de potencial beligerância que predominou durante os quarenta e cinco anos de guerra fria entre as duas superpotências que emergiram da Segunda Guerra Mundial.

59. A. F. Rocha Filho, ob. cit., p. 129. O autor cita os apelos à vida, ao trabalho, à saúde, à segurança, ao patriotismo, ao esporte (às vitórias do Brasil nas Copas do Mundo) etc., veiculados nos meios de comunicação.

rio das Telecomunicações foi criado em 1967 com a reforma administrativa executada por Castello Branco (Decreto-lei 200).[60]

O II Plano Nacional de Desenvolvimento (PND), diploma que organizava as diretrizes do Estado militar, referia os fundos de investimento que se destinariam ao financiamento do sistema de telecomunicações. Foram repassados recursos do Fundo Nacional de Telecomunicações (FNT), além de financiamento proveniente da FINEP, do BNDES e até mesmo de outras empresas estatais como a Vale do Rio Doce.[61] A *holding* Telebrás, possuidora do controle acionário das empresas estatais, foi criada em 1972, no governo Médici, constituindo-se no órgão centralizador do planejamento e execução da política de telecomunicações a partir das diretrizes do Ministério das Telecomunicações.[62] Desde então, a atuação da Embratel foi concentrada nos serviços de longa distância e de radiodifusão. Em 1977 implantou-se o Centro de Pesquisas e Desenvolvimento (CPqD) que funcionava sob a coordenação da *holding*. O centro visava ao desenvolvimento de tecnologia interna que seria repassada às empresas telefônicas nacionais. Havia a orientação política de apreensão de conhecimentos a partir da transferência de tecnologia das filiais de multinacionais instaladas no país, sendo determinado que seu controle majoritário fosse nacional. Dessa maneira, construiu-se um ideal de formação de tecnologia nacional, orientado pelo corpo dirigente do sistema de telecomunicações, em grande parte, constituído por administradores e engenheiros especialistas em telecomunicações, destacando-se aqueles formados pelo Instituto Tecnológico de Aeronáutica (ITA).

O sistema possuía elevado grau de capitalização devido ao autofinanciamento, que consistia na participação do promitente-assinante de serviços telefônicos na expansão da infra-estrutura operacional por meio da aquisição compulsória de ações da Telebrás, as quais poderiam ser negociadas livremente, e devido ao Fundo Nacional de Telecomunicações (FNT).

Assim, um conjunto de fatores existentes naquele contexto histórico (legislação adequada, política de fomento, aplicação de recursos, independência orçamentária e capacitação técnica qualificada) propiciou que o setor de telecomunicações de fato alcançasse um largo desenvolvimento até finais da década de 70.[63] Todavia, há no processo a ressalva do caráter excludente do crescimento desse setor, marcado pela desigual distribuição dos meios em estreita simetria com o fenômeno da precária distribuição de renda do país.[64]

60. O mesmo governo nacionalizou a Companhia Telephonica Brasileira (CTB) de capital canadense, cujo patrimônio foi avaliado em US$ 96 milhões (in Ethevaldo Siqueira, *Privatização ou caos*, p. 14).

61. Maria Conceição da Costa, *Constrangimentos e mudanças no setor de telecomunicações no Brasil (1979-1995)*, p. 20.

62. A Telebrás executava a política de compras das empresas telefônicas pelo governo. A Companhia de Telefones do Brasil Central (CBTC) foi a única empresa privada que sobreviveu em meio ao monopólio estatal que *de fato* se estabeleceu. A própria Constituição de 1988, que obrigou a instituição da exclusividade de exploração do sistema de telecomunicações pela União, por intermédio de empresas estatais, com o estabelecimento do monopólio *de direito*, apresenta ressalvas no art. 66 das Disposições Transitórias, no sentido de manter as concessões de serviços públicos que estavam em vigor na ocasião, tornando possível a continuidade de operação da CBTC.

63. Como o salientado por Maria C. da Costa, ob. cit., p. 18, o setor de telecomunicações do país não só não era deficitário, como era inclusive utilizado como garantia de empréstimo no exterior para outros setores, devido ao seu "desempenho exemplar".

64. Rocha Filho, ob. cit., p. 143: "Guardando também profundas simetrias com o modelo econômico adotado no país, o sistema de comunicação social, além de excludente e autoritário revela uma forte tendência à concentração da propriedade, das estruturas de produção e transmissão nas redes mais adiantadas no país. O caso da radiodifusão é particularmente gritante. (...)". Na p. 127: "*Finalmente, importa reter que a elaboração e a execução da política de telecomunicações dos governos autoritários militares pós-64 — de resto como aconteceu com*

A bem-sucedida política de desenvolvimento não teve continuidade a longo prazo. O aparato estatal montado não se adequou à crescente demanda de fluxos de informação, sendo caracterizado um rompimento no processo na década de 80. A revolução da informática transformou todo o instrumental de operação das redes de telecomunicações. A fusão entre telecomunicações e informática exigia investimentos e adequação tecnológica constantes para o acompanhamento do progresso mundial do setor.

No plano interno, o próprio regime militar estava em decadência, assolado pela crise fiscal, pela crise da dívida externa, pela crise do modo de intervenção burocrático-estatal. Por isso, pela crise das telecomunicações, a partir de então, deve ser entendida no contexto da crise geral do Estado nacional, na entrada da chamada "década perdida".[65]

2. *A crise do monopólio estatal*

Podem ser apontados como fatores endógenos preponderantes da ruptura: crise financeira e descapitalização, resultando na incapacidade de manutenção dos investimentos nas telecomunicações; aguda crise de gerenciamento manifestada na inabilidade do Estado em proporcionar soluções alternativas e, sobretudo, no uso dos cargos funcionais do conglomerado Telebrás como política, acarretando a substituição do fator de conhecimento técnico pela indicação burocrática baseada na "troca de favores", o abandono do CPqD e do ideal de desenvolvimento tecnológico.[66]

todas as outras políticas governamentais gerais e setorializadas — processou-se ao completo arrepio da sociedade, pelas características do regime militar que ao cercear as liberdades ostentava uma enorme tendência para a 'centralização crescente em desmedro do espírito federativo (que era defendido pelos 'históricos' de 64); preponderância do executivo sobre os outros poderes (que, em certas circunstâncias, perdem substância e passam a cumprir funções quase ornamentais, mas de valioso simbolismo, como nas sucessões presidenciais); convivência entre a ordem jurídica (existe uma constituição) e o arbítrio corporificado no AI-5; censura à imprensa; condicionamento da cultura, um regime de liberdades prescritas cujo exercício é restrito e de arbitrariedades que se rotinizavam'" (*apud* Fernando Henrique Cardoso, *Autoritarismo*, p. 188). Também Maria C. da Costa, ob. cit., p. 10: "(...) no setor de telefonia, o preço de um terminal ou linha telefônica nunca foi pensado como acessível a todas as camadas da população" (grifo nosso).

65. Maria C. da Costa, ob. cit., pp. 12-16, aponta "uma aproximação da crise do Estado colbertista francês, enquanto sinônimo de empreendedor, e o Estado brasileiro chamado desenvolvimentista e/ou mobilizador que marcou a integração da vida política, da vida econômica e dos atores sociais". A cientista política, utilizando o referencial da "Escola de Grenoble", aplicado aos países onde o Estado desempenhou papel fundamental na condução de políticas industriais, analisa o processo de mudanças políticas ocorridas no setor das telecomunicações. A mudança de paradigma coloca-se em relação a conjuntos de dados situados em dois níveis distintos, o setorial e o global. O setor de telecomunicações enquanto referencial setorial orienta sua dinâmica em relação ao referencial global (o II PND sendo a última expressão da política desenvolvimentista do Estado, e as crises financeiras e de gerenciamento e a dinâmica da economia mundial como causadoras das suas *démarches*).

66. Ethevaldo Siqueira, ob. cit., pp. 20-22, cita as tarifas, os confiscos de *superavits*, a imposição de limites irrealistas de investimentos, a proibição de empréstimos, desvio de recursos de investimento, atrasos na autorização para o lançamento de debêntures, protelações sucessivas nas autorizações para a captação de recursos no exterior (ADRs), os reajustes tarifados aplicados sistematicamente abaixo da inflação. Salienta que "no decênio de 1975-1984, as autoridades econômicas do governo federal acabaram transferindo indevidamente para o Tesouro Nacional mais de US$ 7 bilhões, a valores de hoje, mediante o confisco dos recursos do antigo FNT (...)". A política de tarifas deficitárias, além do mais, contribuía para o crescente congestionamento geral dos serviços, já que a maioria dos assinantes sentia-se estimulada a falar muito mais do que o necessário devido aos baixos preços, sendo que não havia condições para a expansão da infra-estrutura dos serviços por parte das operadoras estatais. A contradição consistia em que, para compensar as baixas tarifas, a Telebrás cobrava altíssimos preços na venda de telefones para novos assinantes. Assim, tentando manter "uma tarifa a um preço socialmente ótimo", a Telebrás penalizava os novos consumidores e com isso impedia, inclusive, que o telefone chegasse às camadas sociais mais baixas, já que estas não dispunham de recursos para aquisição da linha telefônica, que aliás era o mais importante. Cf. o depoimento do ex-assessor jurídico da Telebrás, Wanderley

No panorama mundial, o neoliberalismo ganhava impulso frente às crises enfrentadas pelos Estados social-democratas e principalmente com o fim do socialismo após a queda da União Soviética. Assim, mudanças significativas exógenas (como as pressões políticas externas agravadas em função da dívida externa e da própria dependência do país com relação à cartilha do FMI, que entre outras coisas defendia a abertura de diversos segmentos dirigidos pela atividade estatal;[67] a assunção do paradigma microeletrônico sobre as técnicas eletromecânicas, alterando drasticamente as formas de competição na indústria) foram desenhando as condições para a retirada do Estado como agente econômico empreendedor.

No governo Collor, oficializaram-se temas como a desestatização com a promulgação da Lei 8.031/90 que criou o Programa Nacional de Desestatização, com objetivos expressos de redução da dívida pública e a retomada de investimentos empresariais a partir da iniciativa privada (art. 1º).[68] Concretamente, o processo de privatizações brasileiro já havia se iniciado ainda no governo militar do presidente Figueiredo, quando foram privatizadas cerca de 20 empresas estatais que geraram uma renda de US$ 190 milhões ao Estado. No governo Sarney, a privatização de 18 empresas havia gerado receita de aproximadamente US$ 533 milhões. Atingindo maiores proporções, o PND de Collor, em menos de três anos de governo, concluiu a privatização de 14 empresas com rendimentos da ordem de US$ 4.014 bilhões.[69]

Todavia, a Constituição Federal de 1988, diversamente das anteriores, pela primeira vez reservou a exclusividade da União na exploração dos serviços públicos de telecomunicações *mediante concessão a empresas sob controle estatal* (art. 21, XI).[70] A Carta Magna influenciada ainda

Gregoriano de Castro: "Diante da flagrante inconstitucionalidade do desvio dos recursos do FNT para o FND (Fundo Nacional de Desenvolvimento, ou Fundão), conforme reiterados pronunciamentos, em uníssono, de eminentes juristas, o governo extinguiu o FND em 1981(...)".

67. Cf. os comentários de Eric Hobsbawn, *Era dos extremos: o breve século XX (1914-1991)*, p. 556: "O problema era que, desde a década de 70, o Banco Mundial e o Fundo Monetário Internacional, politicamente apoiados pelos EUA, vinham seguindo uma política sistematicamente favorecedora da economia de livre mercado, empresa privada e comércio global, que servia à economia americana de fins do século XX, mas não necessariamente ao mundo (...)".

68. Segundos nos explica Marcos Jordão T. do Amaral Filho, *Privatização no Estado contemporâneo*, pp. 41-42, o conceito de desestatização possui um caráter ideológico, no sentido de ter se tornado um fim perseguido pela sociedade contemporânea, apresentando significado mais amplo que contém as normas de privatização e desregulamentação situadas no campo da realidade concreta e consubstanciadas por atos e leis de direito. Desregulamentação, por sua vez, significa "a eliminação total ou parcial de regras relativas ao mercado e às atividades econômicas". "Privatizar" trata-se de palavra com uso técnico recente, sendo empregada para "designar a transferência das empresas de propriedade do Estado e atividades por ele exercidas para o setor privado, obedecendo às mais variadas formas de transferência do capital aos particulares". O autor ressalta que a privatização embute a busca de democratização de oportunidades já que houve inversão de valores em relação às empresas públicas que passaram a ser vistas como estruturas burocráticas manipuladas por interesses num jogo corporativista em prejuízo do interesse geral. Nesse sentido o significado de privatização atual difere bastante das desnacionalizações ocorridas, p. ex., no governo Churchill, entre 1951 e 1955.

Zuleta Puceiro, *O processo de globalização e a reforma do Estado*, p. 108: "Os programas de privatização refletem uma tendência mundial, ainda que possam variar seus objetivos específicos em cada país. Nos países da América Latina tais programas procuram recursos para atender aos serviços de uma dívida externa acumulada durante as décadas precedentes. Na Europa Ocidental tentam amortecer os efeitos do grave *deficit* fiscal ocasionado pelas estruturas do Estado Social. No Sudeste Asiático, por outro lado, busca-se atrair capitais internacionais necessários para a consecução de objetivos mais gerais de modernização".

69. Leopoldo Mameluque, *Privatização: modernismo e ideologia*, p. 17.

70. Com efeito, cabe destacar que os textos constitucionais de 1967 e 1969 atribuíam competência à União para a exploração de todo e qualquer serviço de telecomunicações, diretamente ou por meio de outorga de concessão ou permissão para

pelos ditames de "defesa da segurança nacional" e de proteção "dos setores estratégicos", fruto da ideologia autoritária militar, ampliou consideravelmente os mono-

quaisquer empresas, pública ou privada, nacional ou estrangeira, incluindo as multinacionais (segundo Gaspar Vianna, *Os serviços de telecomunicações na Constituição de 1988*, p. 24, o artifício de uma redação genérica e imprecisa com relação a esta matéria conferia à União poderes próprios de um regime ditatorial). Daí percebemos que os fatores políticos foram preponderantes na consolidação do monopólio estatal *de fato*, que não era protegido por qualquer dispositivo jurídico que estabelecesse sua criação, já que perante os citados textos constitucionais a União estava autorizada a outorgar a exploração dos serviços a entidades privadas. Por outro lado, a Constituição de 1988, que assegurou a exploração dos serviços públicos de telecomunicações à União, diretamente ou por meio de empresas sob controle estatal, erigindo finalisticamente um sistema monopolista estatal *de direito*, não conseguiu com isso sustentar as estruturas em que se assentava o sistema de telecomunicações brasileiro por muito tempo. A contradição, em síntese, consiste em que o monopólio estatal do setor de telecomunicações brasileiro se consolidou não obstante à inexistência de qualquer mecanismo de direito que assim o determinasse. Prevaleceram, portanto, fatores eminentemente políticos tanto na formação do monopólio como na sua quebra, já que esta, conforme dito, foi ocasionada por constrangimentos do sistema político interno e por pressões externas que acabaram determinando a impossibilidade de manutenção do monopólio no panorama institucional. Assim, o apogeu das pressões políticas acabaram culminando na Emenda Constitucional 8, de 1995, que reabre a possibilidade *de direito* de delegação dos serviços às empresas privadas. E aqui devemos aludir a teoria que trata da constituição em seu sentido sociológico que, segundo as lições de Ferdinand Lassale, concebe a constituição, em essência, como a somatória dos fatores reais de poder que regem as leis e as instituições jurídicas em determinado contexto social. Desse modo, existem duas constituições em um país: a *real* e *efetiva*, formada pelo conjunto dos fatores reais e efetivos de poder, e a *escrita* que é a constituição incorporada em papel, transcrita a partir da constituição *real*. Para Lassale, conforme as explanações do Prof. José Afonso da Silva, a constituição escrita "só é boa e durável quando corresponde à constituição real, àquela que tem suas raízes nos fatores de poder que regem no país. *Onde a constituição escrita não corresponde à real, estala inevitavelmente um conflito que não há maneira de eludir e, cedo ou tarde, a constituição escrita, a 'folha de papel', tem necessariamente que sucumbir ante o empuxo da constituição real, das verdadeiras forças vigentes no país. Esse conflito irredutível importará sempre o desrespeito e o descumprimento da constituição escrita, e somente se resolverá se esta for modificada para ajustar-se à constituição real, ou, então, mediante a transformação dos fatores reais de poder.* Em suma, para esse autor, os problemas constitucionais são primariamente problemas de poder, e não de direito" (*Aplicabilidade das normas constitucionais*, pp. 23-24, *apud* Ferdinand Lassale, *Que es una constitución?)* (grifo nosso). Como já nos é notório, a doutrina parece pensada para explicar a situação pátria. É nesse sentido que devemos entender a afirmação de diversos autores de que, mesmo antes da Emenda Constitucional, os políticos "encontraram" formas de burlar a norma máxima. Diz L. C. Moraes Rego (*Privatização ou caos*, p. 51): "O governo Sarney tentou circunavegar a restrição constitucional do art. 21, que restringe às empresas estatais o direito de operar os *serviços públicos* de telecomunicações, caracterizando a telefonia celular, via decreto presidencial, como um *serviço público restrito*. Já o governo Collor chegou a regular os serviços de valor adicionado via portarias, criando, à semelhança do modelo norte-americano, as faixas de freqüência A e B para a telefonia celular, sendo uma para a empresa operadora estatal e outra para a futura empresa privada, respectivamente". Também a cientista política Maria Conceição da Costa, ob. cit., p. 68: "No Brasil, no final da década de oitenta, o governo decidiu avançar em direção a uma privatização setorial, sem esperar a revisão constitucional, inicialmente marcada para outubro de 1993 (...). Para isto classificou vários serviços, tais como telefonia móvel, televisão a cabo e transmissão de dados como 'serviços especiais de telecomunicações', o que significa não incluí-los na categoria de 'serviços públicos', até o presente, monopólio do Estado. Este recurso permitiu a entrada do capital privado no mercado de telefonia celular em vários Estados, e um conseqüiente loteamento da participação das empresas de telequipamentos já presentes no país, como NEC, Siemens e Ericsson, além da entrada de duas novas, AT&T e Alcatel. (...)".

Tais considerações vêm a demonstrar como, não raro, as mutações jurídicas são originadas por mudanças no contexto político, histórico e econômico de uma sociedade. Entretanto, com isso, de forma alguma pretendemos abalar a autonomia da ciência jurídica, como um sistema de conhecimento independente e intrinsecamente auto-suficiente, queremos, sim, reafirmar a importância da compreensão do ordenamento jurídico como parte de um todo maior, no qual a ciência política, economia, sociologia, história e outros sistemas organizados de conhecimento inter-relacionam-se e fundem-se; de onde devemos extrair substratos para uma análise que tem fulcro num entendimento interdisciplinar (e não unilateral) da realidade humana.

pólios estatais, mesmo a *contrario sensu* do que ocorria em outras partes do mundo. Ao mesmo tempo, no inédito capítulo sobre a matéria de comunicação social, a redação do art. 220 § 5º da Lei Maior determina que: "Os meios de comunicação social não podem, direta ou indiretamente, ser objeto de monopólio ou oligopólio", respondendo formalmente ao anseio de democratização social dos meios de comunicação de massa reclamado por camadas da população, em implícita indignação frente ao aparato do sistema Globo de Comunicação.[71]

As contradições desse jaez são comentadas por Celso Bastos em estudo sobre o monopólio estatal do setor petrolífero nacional: "Não obstante os princípios gerais albergados no art. 170, dentre eles o da livre iniciativa (*caput*) e o da livre concorrência (inc. IV), foi possível, ao mesmo Texto Constitucional, acatar e manter um setor monopolizado pela União, em grande dissonância com tais princípios, a ponto de constituir-se na mais extremada excepcionalidade em toda a tessitura jurídica por eles orientada. A convivência de princípios gerais com exceções desse calibre na Carta Política de 1988 só pode justificar-se pelo entrechoque das tendências ideológicas que contribuíram para a sua elaboração. Daí a necessidade de alterações que, aos poucos, vão ajustando seus preceitos aos fins maiores preconizados pelo Texto Constitucional, contribuindo não só para sua permanência como um todo sistêmico, mas conferindo mais racionalidade ao próprio entendimento de sua teleologia, fundamento de uma ordem jurídica homogênea".[72]

As alterações a que o autor se refere consistem nas emendas constitucionais que vêm sendo uma constante forma de remendar o texto constitucional. Entre essas, particularmente as editadas a partir de agosto de 1995 têm um direcionamento claro de introduzir mudanças de modo a adequar o ordenamento nacional ao neoliberalismo e à "globalização", com a abertura ao capitalismo internacional.[73] São, assim, apontadas as emendas constitucionais que serviram, *grosso modo*, para quebrar o monopólio estatal nos serviços de gás canalizado (EC 5/95), de telecomunicações (EC 8/95), de petróleo (EC 9/95).

Ulteriormente à constituição do monopólio estatal como regime legal, as eloqüentes falhas da política tarifária praticadas no setor de telefonia, em consonância ao apontado por Siqueira e Mancini, foram tornando o sistema insustentável: "As tarifas de telecomunicações no Brasil revelam altos e baixos absurdos. Uma chamada local custa irrisórios 2 centavos de dólar e uma assinatura residencial menos de um dólar por mês. Esses valores tendem a cair ainda mais a partir do início de 1993, com os subsídios da chamada tarifa social, um

71. É interessante observar a contraposição apontada por Rocha Filho, ob. cit., pp. 118 e 136, entre a empresa Embratel no setor estatal, e, no setor privado do "empresariado moderno" o grupo Globo de comunicações, que recebeu a concessão para a exploração do sistema de televisão, atuando também na comunicação escrita. No caso da TV e do rádio, a "privatização" decorrente da ausência de foros regulatórios que providenciassem a fiscalização das formas e dos prazos das concessões, incentivaram a criação de um sistema amparado na "padrinhagem" política ou na relação de troca de favores entre o poder concedente e o concessionário. E não cometemos injustiças ao afirmar que, até nossos dias, permanece o *status quo* do setor consolidado na fase áurea do governo militar, pois, como nos esclarece Vera Maria de Oliveira Nusdeo Lopes, *O direito à informação e as concessões de rádio e televisão*, p. 324: "Da análise crítica de toda a legislação vigente à luz das normas da Constituição Federal, percebe-se o quão pouco foi feito no sentido de as efetivar, principalmente no que diz respeito ao monopólio e oligopólio no setor de telecomunicação social, ao caráter educativo, cultural e informativo que a programação das emissoras deve atender (apesar de o CBT e o Decreto 52.795/63 proclamarem tais finalidades como ínsitas aos serviços de radiodifusão), ao estímulo à difusão da cultura nacional e regional e à produção independente, à efetiva busca de complementaridade entre os sistemas privado, público e estatal e mesmo em relação à defesa dos valores éticos e sociais da pessoa e da família".

72. Celso Bastos, *Direito Público: estudos e pareceres*, pp. 38-39.

73. V. Eros Roberto Grau, *A ordem econômica na Constituição de 1988*, p. 199.

conceito populista do governo Itamar Franco. Em contrapartida, uma ligação internacional pode custar o triplo dos preços vigentes no exterior, e os serviços de comunicações de dados, por sua vez, são excessivamente caros".

No mesmo ínterim, os autores alegam que para a compensação das baixas receitas operacionais dos serviços básicos, a Telebrás cobrava US$ 1.200 do consumidor para a aquisição de uma linha telefônica no plano de expansão direto das operadoras. Contudo, devido à demora do recebimento, no mercado paralelo os preços podiam chegar a US$ 5.000 ou até mais, conforme o lugar e a época.[74] Originou-se um verdadeiro mercado negro de especulação na comercialização de linhas telefônicas.

O próprio texto constitucional de 1988 foi muito criticado pela redundância e casuística resultantes da redação, ocasionando muitas discussões doutrinárias a respeito de sua exata delimitação. Na realidade sua concepção foi fruto de intensas negociações políticas entre partidos com opiniões antagônicas, defensores da manutenção do monopólio estatal (que já era severamente questionado) a partir da sua garantia jurídica ou favoráveis à abertura do setor à iniciativa privada; o que fica ainda mais evidenciado pela apresentação de diversas emendas no Segundo Turno dos Trabalhos da Constituinte — que comportava somente a supressão de palavras, expressões ou artigos — no sentido de se retirar do texto constitucional a expressão "a empresas sob controle acionário estatal" na tentativa de completa alteração do significado da redação que já havia sido aprovada, o que viria a possibilitar a exploração dos serviços por grupos privados.[75] Segue a redação original em epígrafe:

"Art. 21. Compete à União: (...) XI — explorar, diretamente ou mediante concessão a empresas sob controle acionário estatal, os serviços telefônicos, telegráficos, de transmissão de dados e demais serviços públicos de telecomunicações, assegurada a prestação de serviços de informações por entidades de direito privado através da rede pública de telecomunicações explorada pela União; XII — explorar, diretamente ou mediante autorização, concessão ou permissão: a) os serviços de radiodifusão sonora, de sons e imagens e demais serviços de telecomunicações; (...)".

Numa interpretação gramatical do dispositivo constitucional, o texto determinava expressamente que competia à União *explorar diretamente, ou mediante concessão a empresas sob o controle estatal,* os serviços telefônicos, telegráficos, de transmissão de dados e demais serviços públicos de telecomunicações. Como assinalou Gaspar Vianna,[76] o texto abrigava todos os processos de telecomunicações que possibilitassem a emissão, transmissão e recepção da palavra falada ou de outros sons, sendo assim irrelevantes o âmbito do serviço ou a tecnologia utilizada pelo meio de comunicação, ou seja, não importava se o serviço telefônico era manual ou automático, urbano ou rural, fixo ou móvel, analógico, digital ou celular, interior ou inter-

74. Ethevaldo Siqueira e Luciana Mancini in *Privatização ou caos*, p. 12. Adiante, os autores comentam acerca da divisão do desenvolvimento do setor de telecomunicações nacional em cinco fases distintas: Estagnação (1946-1962), Reorganização (1962-1967), Decolagem (1967-1975), Turbulência (1975-1985) e Crise (1985-até os dias em que escreviam, em 1993).

75. Cf. Gaspar Vianna, *Os serviços de telecomunicações na Constituição brasileira de 1988*, p. 31, *verbis:* "A julgar pela enumeração exemplificativa, os serviços de dados deveriam ter natureza autônoma quando, na verdade, eles são modalidade do gênero telegráfico, ao lado do telegrama, do telex e do fac-símile. O equívoco que se cometeu pode ser comparado ao de um anúncio que alardeie a venda de 'limões, laranjas, laranjas-lima e demais frutas cítricas'. Tecnicamente, bastaria a referência genérica aos 'serviços públicos de telecomunicações', sem explicitar nenhum deles e remetendo-se para a lei ordinária a conceituação de quais serviços de telecomunicações são, por sua natureza, 'serviços públicos' e quais deixam de sê-lo".

76. Id., ibid., p. 32.

nacional, por fio, fibras ópticas ou radioeletricidade. O dispositivo determinou a exploração dos serviços de telefonia *em geral*, alcançando o gênero e não determinando a espécie. Por isso, eram bastante pertinentes as discussões que suscitaram suposta inconstitucionalidade da abertura da prestação de serviços telefônicos celulares a empresas privadas anteriormente à vinda da Emenda Constitucional 8/95.

Além disso, a constituição de empresa pública ou sociedade de economia mista pelo Estado para a prestação do serviço público por ele outorgado diz respeito à descentralização administrativa por serviços a qual se dá por meio de *lei*. Por isso a pessoa jurídica criada (empresa pública ou sociedade de economia mista) adquire o *direito* à prestação do serviço. Apesar de a Constituição brasileira ter aludido à exploração dos serviços públicos de telecomunicações *mediante a concessão a empresas sob controle acionário estatal*, efetivamente não se delegou a prestação dos serviços por meio do instituto da concessão.[77] A exploração de serviços através de concessão é caracterizada através de contrato existente entre o Poder Executivo e a empresa concessionária, com a determinação das condições e prazos para a sua prestação. Ora, no caso das empresas estatais prestadoras de serviços de telecomunicações, não houve delegação da Administração pública, mas a instituição da prestação desse serviço pelo Poder Legislativo por intermédio de lei, no caso a *norma constitucional*. Assim, não existia qualquer prazo de prestação uma vez que o serviço deveria ser prestado permanentemente, ou até quando vigesse a norma suprema.

Não obstante a falta de tecnicidade na concepção do dispositivo constitucional, ou a inovação do legislador ao concebê-lo, tal como alguns respeitados juristas preferiram considerar,[78] o regime jurídico que vigorava era próprio das empresas concessionárias, devendo as empresas estatais observarem os princípios a ele aplicados, tais como, o da continuidade do serviço, subordinação à fiscalização, modicidade de tarifas e outros.

3. A adaptação do Direito

No âmbito internacional, a Rodada Uruguai do Acordo Geral de Tarifas e Comércio (GATT) que encerrou o "Acordo Constitutivo da Organização Mundial do Comércio",[79] promulgada no Brasil por meio do Decreto 1.355, de 30.12.1994, *DOU* de 21.12.1994, em seu "Anexo sobre Telecomunicações" dispôs acerca das medidas que afetam o acesso e a utilização da rede e serviços públicos de telecomunicações, definindo o seu significado: "Serviço público de transporte de telecomunicações significa qualquer serviço de transporte de

77. Maria Sylvia Zanella Di Pietro, *Parcerias na administração pública: concessão, permissão, franquia, terceirização e outras formas*, p. 42: "Quando a lei cria empresa e a ela atribui a prestação de um serviço público que a Constituição exige seja prestado *diretamente* ou *mediante concessão*, além de haver ofensa à Constituição, está tirando da Administração aquelas prerrogativas de que só é detentor o poder concedente, pela via contratual. Esse entendimento se reforça pelo fato de a atual Constituição, no art. 175, parágrafo único, inciso I, deixar claro que a concessão tem que ser feita por *contrato*".

78. Hely Lopes Meirelles, *Direito administrativo brasileiro*, p. 338. "Modernamente, o Poder Público vem outorgando concessões de serviço, *por lei ou decreto*, a entidades autárquicas e paraestatais (empresa pública e sociedade de economia mista), o que constitui uma inovação no sistema tradicional das concessões *por contrato*. Mas nada há a objetar nessa delegação legal, substitutiva da contratual".

79. V. André de Carvalho Ramos e Ricardo Thomazinho da Cunha, *A defesa da concorrência em caráter global: utopia ou necessidade?*, para discussão acerca da emergência de três sistemas concorrentes sobre matéria de política de defesa da concorrência: o sistema de produção unilateral, o sistema de produção regional inserido no processo de formação de blocos regionais e o sistema multilateral revigorado pelo acordo de Marrakesh que criou a Organização Mundial do Comércio. Os autores abordam as reações adversas provocadas pelo sistema unilateral, apontando a gestação de um sistema global de tutela no tocante às práticas restritivas à concorrência que afetem o comércio internacional.

telecomunicações que um membro determine, expressamente ou de fato, seja oferecido ao público em geral. Entre tais serviços podem figurar os de telégrafo, telefone, telex ou transmissão de dados, que envolvem, normalmente, a transmissão entre dois ou mais pontos em tempo real de informações fornecidas pelo cliente, sem que haja qualquer modificação de um ponto a outro da forma e conteúdo das informações em questão. Rede pública de transporte significa a infra-estrutura pública de telecomunicações que permite as telecomunicações entre dois ou mais pontos terminais definidos de uma rede".

O item "5" que trata sobre o "Acesso às Redes Públicas de Transportes de Telecomunicações e Serviços e Utilização dos Mesmos", dispõe sobre o direito de acesso não discriminatório às redes e serviços: "a) Cada Membro velará para que os prestadores de serviços de qualquer outro Membro tenham acesso às redes públicas de transportes de telecomunicações e serviços e possam utilizá-los em termos e condições razoáveis e não discriminatórios para a prestação de um serviço incluído em sua lista. (...). Fica entendido que o termo 'não discriminatório' se refere à nação mais favorecida e ao tratamento nacional tal como definido pelo Acordo que, utilizado a este setor específico significa 'termos e condições não menos favoráveis do que as concedidas, em circunstâncias similares, a qualquer outro usuário de redes ou serviços públicos de transportes de telecomunicações similares'".

Cada país signatário do acordo deverá assegurar que quaisquer prestadores de serviços "tenham acesso e possam utilizar qualquer rede pública de transporte de telecomunicações ou serviço oferecido dentro do território ou através da fronteira daquele Membro, incluindo-se os circuitos privados arrendados (...)".

O Anexo de Telecomunicações reconheceu a independência do setor e o seu papel fundamental como meio de transporte de outras atividades econômicas. Mais do que isso, uma política de integração comercial seria impossível sem a ampla interconecção das redes de telecomunicações que proporcionam atualmente a circulação e distribuição dos fluxos de capitais, constituindo-se em pré-requisito básico das atividades econômicas e financeiras.

Neste diapasão, o governo brasileiro assumiu compromissos com a comunidade internacional no sentido de flexibilizar o acesso às redes públicas de telecomunicações. Intensificaram-se as pressões políticas que visavam ao convencimento da opinião pública sobre a necessidade de quebra do monopólio estatal. Após muitas negociações entre os parlamentares e o poder executivo foi concebida a Emenda Constitucional 8, de 15.8.1995, que alterou a redação do inc. XI do art. 21 e da alínea *a* do inc. XII do mesmo artigo: "Art. 21. Compete à União: (...) XI — explorar, diretamente ou mediante autorização, concessão ou permissão, os serviços de telecomunicações, nos termos da lei, que disporá sobre a organização dos serviços, a criação de um órgão regulador e outros aspectos institucionais; XII — explorar, diretamente ou mediante autorização, concessão ou permissão: a) os serviços de radiodifusão sonora e de sons e imagens".

Primeiramente, enfatizamos que não obstante estejamos aqui tratando da quebra do monopólio da Telebrás (com a privatização das companhias estatais) num modo de alusão mais simples, fazemos a ressalva de que, juridicamente, a União permanece competente para explorar diretamente os serviços de telecomunicações. Isso significa que a exploração dos serviços, em última instância, é feita pela União, ainda que mediante autorização, concessão ou permissão para agentes econômicos privados, podendo teoricamente tal ente público retomar a exploração por meio da administração direta se assim o quiser. A *titularidade* do serviço permanece da União, a qual apenas transfere a sua *execução* a outrem, que, por sua vez, assumirá as prerrogativas públicas do serviço, estando sujeito ao regime jurídico por normas publicísticas.[80]

O dispositivo constitucional determinou expressamente a criação de órgão regulador por intermédio da lei que regulasse a matéria, dispondo a respeito da regulação da prestação dos serviços e outros aspectos institucionais.

Conforme nos relata Odete Medauar, as distinções entre descentralização política e descentralização administrativa são bem apontadas por Burdeau. Há descentralização política quando o ente, além de se auto-organizar, possui o direito de participar e, portanto, de influenciar a vontade estatal, concebendo normas que não extraem valor jurídico de nenhuma outra autoridade. O ente não exerce atividades jurídicas em função de concessão ou delegação do Estado, mas a partir de direito próprio detido por ele, existindo a idéia de direito distinta da que fundamenta o ente central. É o caso dos Estados e Municípios brasileiros, p. ex. No caso da descentralização administrativa, diversamente, as atividades desempenhadas pelo órgão descentralizado administrativamente só manifestam valor jurídico na medida em que assim lhes confere o órgão central, estando subordinadas à concessão do centro de poder maior. Tradicionalmente, pode-se distinguir dois modos de realização de descentralização administrativa: a territorial e a descentralização por serviços funcional ou técnica. Nesta última hipótese são encontradas, no direito brasileiro, as autarquias.[81]

As autarquias, assim, são entes da administração indireta que recebem incumbência para desempenhar atividades próprias da Administração Pública, ou serviços públicos. A administração direta exercerá a tutela administrativa que consiste na fiscalização e vigilância jurídica pelos órgãos centrais do Executivo sobre os atos editados pelas pessoas administrativas descentralizadas, dotadas de personalidade jurídica, com o fim de assegurar a legalidade e a consecução dos interesses coletivos. A tutela trata-se, em suma, de forma de controle administrativo.

O Decreto-lei 200/67, em seu art. 5º, I, define autarquia como sendo "serviço autônomo, criado por lei, com personalidade jurídica, patrimônio e receita próprios, para executar atividades típicas da Administração Pública, que requeiram, para seu melhor funcionamento, gestão administrativa e financeira descentralizada". O dispositivo, como percebemos, não se mostrou suficiente para que houvesse entendimentos pacíficos quanto ao regime jurídico do instituto. Com efeito, a inserção das agências reguladoras no direito constitucional é bastante problemática, encontrando-se numa área nebulosa: formalmente inseridas na administração pública, suas funções lembram mais as do poder judiciário, quando atuam como agentes fiscalizadores, ou as do poder legislativo, quando agem como entes normativos.[82]

Para o nosso trabalho, interessa saber que o normativo que veio a regulamentar as citadas exigências constitucionais foi a Lei 9.472/97 que cria a Agência Nacional de Telecomunicações (ANATEL), submetida a regime autárquico especial, tendo sido o seu regulamento interno aprovado pelo Decreto 2.338/97.

Recebe a denominação de autarquia especial o ente administrativo cuja lei criadora lhe conferiu maiores privilégios e autonomia. Assim, a ANATEL é dotada de independência administrativa, ausência de subordinação hierárquica, mandato fixo e estabilidade de seus dirigentes e autonomia financeira.[83]

80. Trata-se da superação do conceito do serviço público proposta por Léon Duguit, que concebia o Estado como grande prestador de serviços essenciais aos governados.

81. Odete Medauar, *Controle administrativo das autarquias*, pp. 27-28, *apud* Georges Burdeau, *Traité de science politique*, Paris, Librairie Générale de Droit et Jurisprudence, v. II, 1967.

82. Leopoldo Ubiratan Carreiro Pagotto, *Agências reguladoras: origem e natureza jurídica.*

83. Destaca-se que o Conselho Nacional de Telecomunicações (CONTEL) já possuía competên-

Quanto à caracterização da delegação da exploração dos serviços de telecomunicações a agentes privados, hodiernamente, autores apontam uma terceira forma de descentralização administrativa denominada de *descentralização por colaboração*, que é justamente aquela verificada quando a execução de determinado serviço público é transferida a pessoa jurídica de direito privado, conservando o poder público a titularidade do serviço.[84] Aqui devemos lembrar que o serviço público, ao ser delegado a ente privado, não deixará de ser considerado público, na medida em que continua sendo atividade considerada essencial à coletividade, e, por isso, regida predominantemente pelo direito público.[85]

4. Uma nota sobre o processo de privatização do PND

Em artigo publicado na *Gazeta Mercantil*, em 1997,[86] que teceu considerações sobre a exclusão de apreciações do CADE no processo de privatização, os jornalistas Arnaldo Galvão e Mariângela Gallucci apontavam dicotomias existentes entre o posicionamento da então Procuradora-Geral da autarquia e o entendimento de alguns advogados especialistas na matéria.

A Procuradora Marisa Freire, em análise do assunto, havia argumentado que, como não existiam critérios claros que pudessem ser aplicados aos interessados na compra das estatais, tanto no momento de participação nos leilões ou quando da venda das ações, foram se firmando alguns equívocos gerais com relação ao Programa Nacional de Desestatização, sendo usados raciocínios falaciosos com o título de excluir a competência do CADE, já que se falava que a sua apreciação dos atos apenas paralisaria ou retardaria o processo de privatização, contrariamente ao interesse público norteador do processo.[87] Primei-

cia normativa. O CADE, não obstante não ser caracterizado como autarquia sob regime especial, apresenta algumas características típicas dela, como a atribuição de mandatos aos Conselheiros não revogáveis *ad nutum*, mecanismo que visa assegurar a independência de influências políticas.

84. Maria Sylvia Zanella Di Pietro, *Parcerias na administração pública...*, p. 35.

85. Perdomo e Maio, ob. cit., pp. 26-27, assinalaram a imprecisão conceitual e crise classificatória refletidas no atraso da ciência jurídica em acompanhar o crescimento do setor de telecomunicações. "Existe desde el punto de vista del Derecho, una crisis classificatoria que impide regular adecuadamente todos los campos abarcados hoy por las telecomunicaciones en sentido amplio. La causa de esta crisis está en la acelerada evolución tecnológica, que introduce permanentemente nuevos servicios y equipos, y en la ausencia de técnica jurídica en la redacción de normas y legislación específica". Revelam a tendência de construção de novos modelos institucionais de regulação caracterizados pelas seguintes linhas gerais; "a) Renovación del concepto de 'servicio público'; b) Distinción entre 'mercado de suministros' y 'mercado de servicios'; c) Dentro del mercado de servicios, distinción entre 'básicos' y 'de valor agregado'; d) Liberación o desregulación como tendencia general; e) Descentralización de los mercados de telecomunicaciones nacionales; f) Separación de regulación y explotación".

86. *Lei das privatizações exclui apreciação do CADE*.

87. V. Luis Fernando Schuartz, *Dogmática jurídica e Lei 8.884/94*, pp. 74 e 76: "Acostumados (os advogados que atuam na área do direito econômico) durante anos a defender os seus clientes dos abusos estatais em questões ligadas à intervenção na economia, eles sem dúvida contribuíram para o estabelecimento de um superconceito de livre iniciativa, cujo conteúdo semântico deveria ser suficientemente elástico e indeterminado para servir de proteção e arma contra os atos administrativos governamentais. *Não é de se admirar que, invertida a posição de ataque e defesa no contencioso antitruste, o referido conceito tenha se tornado ainda mais indeterminado, só que no sentido oposto, isto é, do total esvaziamento e da inaplicabilidade.* (...). Trata-se, com efeito, de uma solução de compromisso intersistêmica aclimatada às condições institucionais e culturais brasileiras, que implicam, como é sabido, não apenas uma dose maciça de permeabilidade do sistema jurídico em relação às pressões exercidas pelos sistemas econômico, político, de parentesco etc. (e, no que se refere especialmente aos advogados e parecеristas, pelos próprios agentes econômicos concretos dotados de poder, via relações quase sempre hierarquizadas de clientela), mas também, complementarmente, as próprias vicissitudes do discurso dogmático nacional 'especializado', hoje muito pouco comprometido com a consistência, lógica nos usos dos termos e nas cadeias de argumentação, bem como, com a sintonia crítica em face das inovações técnicas surgidas nos centros desenvolvidos (...)".

ramente, pensava-se que como o Estado estava vendendo empresas as quais, muitas vezes, já detinham posição dominante no mercado relevante (algumas sendo até monopolistas), não haveria motivos para a análise da questão pelo órgão de defesa da concorrência. Outrossim, como a participação dos interessados nos leilões era precedida de inscrição formal englobando cadastramento e análises de propostas, pensava-se que a simples admissão ao leilão já pressupunha a autorização das autoridades para aquisição da posição dominante pelas empresas participantes da licitação. Além de tudo, prevalecia o argumento da *failing company defense*, ou seja, que se não aceitas as condições ofertadas pelos interessados nos leilões, a empresa a ser privatizada corria o risco de não sobreviver no mercado.[88]

Apontado o primado constitucional de defesa da livre concorrência, as disposições da Lei 8.884/94 e a necessidade de apreciação *a posteriori* prevista no Decreto 1.204/94, Marisa Freire defendia a submissão de todos os atos decorrentes da aquisição do controle acionário da empresa privatizada ao CADE, concluindo que: "Por outro lado, sempre que ficar evidenciado que a privatização resultou em prejuízo à concorrência, que não possa ser superado em virtude do não atendimento das condições legais, será competente o CADE para negar aprovação ao ato de privatização e até mesmo determinar a sua desconstituição total nos termos legais".[89]

Em consonância ao escrito por Galvão e Gallucci, o Advogado Onofre C. Arruda Sampaio, defensor de posição contrária, sustentava que não existia amparo legal para a opinião supracitada, argumentando que a lei que criou o PND (Lei federal 8.031/90) é uma lei especial que dispõe sobre todos os aspectos relevantes do processo de privatização. Nessa lei, segundo Arruda Sampaio, não há previsão de que os atos praticados deviam ser submetidos ao CADE, já que, nas suas palavras, "sendo lei especial, suas disposições prevalecem sobre aquelas da Lei 8.884/94, que tratam da concorrência em seu âmbito geral", e que "não havendo disposição determinando a submissão ao CADE na Lei 8.031/90, apenas se houvesse uma disposição específica na Lei 8.884/94, estabelecendo que as operações de privatização deveriam ser revistas pelo CADE, é que se poderia sustentar tal dever/poder do órgão".

Galvão e Gallucci apontavam que a opinião de Tércio Sampaio Ferraz Júnior era no mesmo sentido, não sendo possível o CADE desfazer uma privatização. Considerava o jurista que "a Lei 8.031/90 (PND) tem um processo de venda que se legitima desde que cumpridos os trâmites previstos", não sendo o caso de se submeter as privatizações ao CADE, pois na expressão citada pelos jornalistas "o espírito da Lei Especial 8.031/90 não foi esse, já que tal lei surgira antes da Lei federal 8.158, que criou o programa de exame pela Secretaria de Direito Econômico (SDE), e não incluía essa possibilidade". Além disso, Ferraz Jr. alegava que uma das partes envolvidas em um processo de privatização é o fundo que a Lei 8.031/90 estabelece, e atrás dele encontrava-se a própria União. O controle prévio do CADE com a sugestão de "guidelines", segundo o mesmo, chegou a ser previsto no Decreto 724/93, que regulamentava a Lei 8.031, onde existia uma norma para o gestor respeitar a defesa da concorrência e os direitos do consumidor, porém o Decreto 724/93 foi substituído pelo Decreto 1.204/94 e tal norma desaparecera. Os jornalistas, nesse diapasão, ainda esclareciam que: "os especialistas em direito da concorrência concordam que, depois de privatizada a empresa, há o controle comportamental e se ocorre um ato irregular o CADE pode, p. ex., até determinar a divisão da empresa (...)".

88. Marisa Vasconcelos Freire, *A atuação do CADE diante da desestatização*, p. 69. O Prof. José Reinaldo Lima Lopes, *Direito do consumidor e privatização*, manifestou sua concordância com a opinião da autora sobre a jurisdição do CADE (grifo nosso).

89. Id., ibid., p. 71.

Postas preliminarmente essas considerações, consideramos indispensável que teçamos algumas reflexões a respeito. Convém ressaltar que muito embora os normativos de que trataremos em seguida já tenham sido revogados, entendemos a discussão ainda como deveras pertinente para que possamos, por um lado, analisar o ocorrido na evolução do processo de privatização nacional, reavaliando os argumentos jurídicos nele argüidos e, por outro, confrontar as reflexões realizadas com o desenrolar da situação atual.

A Lei 8.031/90, que instituiu o Programa Nacional de Desestatização, elencou em seu art. 1º os objetivos fundamentais orientadores do processo (que, em essência, vieram a ser repetidos nos Decretos 724/93 e 1.204/94): "Art. 1º. É instituído o Programa Nacional de Desestatização, com os seguintes objetivos fundamentais: I — reordenar a posição estratégica do Estado na economia, transferindo à iniciativa privada atividades indevidamente exploradas pelo setor público; (...) IV — contribuir para a modernização do parque industrial do País, *ampliando sua competitividade e reforçando a capacidade empresarial* nos *diversos setores da economia*; (...)" (grifo nosso).

O Decreto 724/93 continha um dispositivo em sua Seção VI do Capítulo I que tratava "Das Diretrizes para os Projetos de Privatização", dispondo: "Art. 6º. Os projetos de privatização deverão obedecer e consolidar políticas governamentais relativas a: (...) III — (...) defesa da livre concorrência e do consumidor; (...)".

De fato, o Decreto 1.204/94, que veio a revogar o Decreto 724/93, não incluiu a Seção VI acima referida em sua estrutura, de forma que neste texto legal não existia expressa alusão à obediência dos princípios de defesa da concorrência e de defesa do consumidor. Porém, será mesmo que tal supressão acarretaria qualquer mudança com relação aos princípios que o PND deveria abraçar efetivamente?

Ora, sabe-se que a livre concorrência[90] e a defesa do consumidor são princípios orientadores da ordem econômica brasileira, conforme as disposições do art. 170 da Constituição Federal, a qual, dispensável aludir, consiste na *norma fundamental legislada* que rege *toda a vida jurídica do país*, de modo *imperativo*.

Em estudo acerca da aplicabilidade das normas constitucionais e da sua capacidade de produção de efeitos jurídicos (eficácia), o ilustre Prof. José Afonso da Silva, dispondo sobre os princípios conformadores das ordens econômica e social, valoradores das normas constitucionais disserta que "esses princípios são programáticos; mas apenas no sentido de que definem as bases dos fins e tarefas estatais e enquanto põem os objetivos e determinações do programa a ser cumprido pelo Estado. *Constituem direito imediatamente vigente e são diretamente aplicáveis.* Assim, a determinação constitucional segundo a qual as ordens econômica e social têm por fim realizar a justiça social constitui uma *norma-fim*, que permeia todos os direitos econômicos e sociais, mas não só eles como, também, toda a ordenação, porque nela se traduz um princípio político conformador, *que se impõe ao aplicador da Constituição.* Os demais princípios informadores da ordem econômica — propriedade privada, função social da propriedade, *livre concorrência*, defesa do consumidor, defesa do meio ambiente, redução das desigualdades regionais e sociais, busca do pleno emprego — são da mesma natureza. (...). Nesse sentido, hão de reputar-se *plenamente eficazes e diretamente aplicáveis*,

90. Aliás, consoante opinião de Eros Roberto Grau, *A ordem econômica na Constituição de 1988*, e Paula A. Forgioni, *Breves notas sobre a posição dominante e seu abuso*, p. 53, nem seria necessário que o legislador tivesse sido expresso ao incluir no rol dos princípios constitucionais, o da livre concorrência, já que o próprio princípio da livre iniciativa implica necessariamente a asseguração da livre concorrência, bastando a existência daquele para abrangê-la.

embora nem a doutrina nem a jurisprudência tenham percebido o seu alcance, nem lhes tem dado aplicação adequada, como *princípios-condição* da justiça social"[91] (grifo nosso).

Por isso, a Constituição preceitua normas e princípios de caráter geral, determinando as diretrizes em que o legislador ordinário deverá se pautar para possibilitar a sua aplicação *in concreto*. Da mesma forma, o intérprete da lei deverá sempre considerar os princípios constitucionais.

Talvez a nomenclatura *normas programáticas* faça o brasileiro lembrar dos programas políticos de governo, que, com pesar, em nosso país são associados a promessas que na maioria das vezes não são cumpridas. Ora, as promessas de governo são promessas pessoais dos candidatos que empenham sua palavra para conquistar eleitorado, muitas vezes num *marketing* pessoal maquiavélico (os fins justificam os meios). É certo que muitas das promessas de políticos guardam toda a relação com as prescrições de nossa constituição-cidadã, no entanto daí entender que a Constituição também postula normas vazias, desprovidas de coercibilidade, significaria rasgar a Carta Magna, transformando em letra morta todo o ordenamento jurídico erigido sob ela. As normas programáticas estipulam princípios tanto de conduta como de organização, são normas que dão as diretrizes para a concepção de outra norma que irá dotá-las de eficácia plena, ademais, da mesma forma que outras normas, as programáticas possuem caráter vinculativo.

Como nos coloca Eros Grau ao criticar o que se tem sustentado acerca das normas programáticas: "na atribuição de caráter meramente programático a determinadas disposições constitucionais, o que se pretende é transformá-las em estereótipos ou meros termos de efeito. (...) Cumpre reconhecer, assim, que a Constituição é, toda ela, norma jurídica e, como tal, todos os direitos nela contemplados têm aplicação direta, vinculando tanto o Judiciário, quanto o Executivo, como o Legislativo. Devemos ter por inconcebível, portanto, o estabelecimento de distinção absoluta entre direitos e garantias constitucionais, para o efeito de que se justifique a não institucionalização de tais direitos. E isso especialmente quando é certo que sobretudo os direitos fundamentais de ordem social e econômica não consubstanciam mero *status negativo*, por isso mesmo pressupondo, para a sua realização, o estabelecimento de certas instituições que às autoridades públicas cumprirá criar ou proteger. *Sustento, nestas condições, que as normas constitucionais programáticas, sobretudo — repita-se — as atributivas de direitos sociais e econômicos, devem ser entendidas como diretamente aplicáveis e imediatamente vinculantes do Legislativo, do Executivo e do Judiciário*"[92] (grifo nosso).

91. *Aplicabilidade das normas constitucionais*, pp. 143-144. O Prof. cita as lições de J. J. Canotilho, *Direito Constitucional*, nesse sentido: "os princípios políticos constitucionalmente conformadores são os que explicitam as valorações políticas fundamentais do legislador constituinte, nos quais se condensam as opções políticas fundamentais e se reflete a ideologia inspiradora da constituição. Entre elas, ele (Canotilho) inclui as disposições caracterizadoras da organização econômica e social. Finaliza, observando que, tal como acontece com relação aos princípios jurídicos fundamentais, *os princípios políticos constitucionalmente conformadores* são normas gerais que a própria constituição ou o legislador desdobram em normas mais precisas e individualizadoras. No entanto, como eles exprimem as concepções políticas fundamentais do poder constituinte, *todos os órgãos do poder devem considerá-los como princípios rectores e operantes quer no momento da criação do Direito, quer no momento de sua aplicação*" (grifo nosso).

92. *Direito, conceitos e normas jurídicas*, pp. 124-126. O autor ainda vai além, afirmando que "todas as normas constitucionais — inclusive as genericamente referidas como *normas programáticas* (normas perspectivas e normas programáticas propriamente ditas) — têm aplicação direta, sendo inteiramente compatível com o sistema constitucional vigente a declaração, pelo Poder Judiciário, da *inconstitucionalidade por omissão*, sempre que algum preceito constitucional resultar carente de condições de aplicação em razão da inexistência ou *omissão das normas legislativas* necessárias a dar-lhe execução" (grifo nosso).

Quanto à norma programática prevista no art. 173, § 4º, da CF: "A lei reprimirá o abuso do poder econômico que vise à dominação dos mercados, à eliminação da concorrência e ao aumento arbitrário dos lucros"; pode-se dizer que esta deixou de ser norma programática já que a lei competente para a sua concreção, qual seja, a Lei 8.884/94, foi concebia com o intuito de regulamentar toda a matéria referente à defesa da concorrência, determinando o órgão competente para aplicá-la.[93]

De forma que, do acima exposto, podemos verificar claramente que o fato de o legislador ter excluído a referência explícita aos princípios da *defesa da livre concorrência* e *defesa do consumidor* quando concebeu o Decreto 1.204/94, que regulamentava a Lei 8.031/90, não implicava em qualquer conseqüência jurídica que possibilitasse levar a crer que as condições em que se daria a defesa da concorrência eram diferentes sob a vigência desse decreto com relação às condições existentes na vigência do Decreto 724/93. E mais do que isso, pouco importaria também se o legislador não tivesse se referido a esses princípios em qualquer normativo que regesse o Programa Nacional de Desestatização. Os princípios da livre concorrência e da defesa do consumidor constituem-se nos alicerces sobre os quais está fundada a ordem econômica nacional, sendo que qualquer lei que vise afastar a sua aplicação está fadada a ser inconstitucional.

Com relação à supressão dos mencionados princípios pelo legislador do Decreto 1.204/94, temos a dizer que, de duas uma: ou o legislador percebeu a redundância da repetição na norma infraconstitucional dos princípios já embutidos no Texto Maior e portanto já implícitos em qualquer norma; ou o legislador, movido por quaisquer razões políticas ou econômicas, passou por cima do ordenamento jurídico ao intencionar que a simples não enunciação dos princípios significasse a sua aplicação.

93. Cf. José Afonso da Silva, ob. cit., p. 148.

Ademais, devemos observar outro ponto fundamental. O Decreto 1.204/94, em sua Seção V do Capítulo VI intitulada "Da Defesa da Concorrência", art. 48, veio substituir o art. 54 do Decreto 724/93, mantendo a sua mesma orientação. Lê-se no art. 48: "Art. 48. Os adquirentes de ações representativas do controle acionário da empresa privatizada obrigar-se-ão a fazer com que a sociedade privatizada preste à Secretaria de Direito Econômico — SDE, após a liquidação financeira da operação de compra, as informações que possibilitem aferir a aplicabilidade do disposto na Lei 8.884, de 11 de junho de 1994".

Da confrontação desse dispositivo com o dispositivo análogo existente no Decreto 724/93,[94] percebemos que o legislador adequou o Decreto 1.204/94 ao novo sistema de direito concorrencial instituído. Com efeito, a Lei 8.884 é datada de 11.6.1994 enquanto o Decreto 1.204 é de 29.7.1994, de modo que as empresas privatizadas foram submetidas a prestar *informações que possibilitem aferir a aplicabilidade do disposto na Lei 8.884, de 11.6.1994*. Resta saber, portanto, exatamente em que seria aplicável a Lei 8.884, *após a liquidação financeira da operação de*

94. O art. 54 do Decreto 724/93, por sua vez, tinha a seguinte redação: "Os adquirentes de ações representativas do controle acionário da empresa privatizada obrigar-se-ão a fazer com que a sociedade privatizada preste à Secretaria Nacional de Direito Econômico — SNDE, após a liquidação financeira da operação de compra, as informações que possibilitem aferir a aplicabilidade do disposto no art. 74 da Lei 4.137, de 10 de setembro de 1962, na redação dada pelo art. 13 da Lei 8.158, de 8 de janeiro de 1991". Note que o art. 13 da Lei 8.158, que dava nova redação ao art. 74 da Lei 4.137, dizia respeito justamente aos ajustes, acordos ou convenções de qualquer forma que pudessem limitar ou reduzir a concorrência entre empresas, os quais deveriam ser apresentados para o exame da SNDE. Segundo o § 2º do dispositivo, as fusões e incorporações eram abrangidas, sendo que a SNDE deveria tomar as providências para que houvesse a desconstituição total ou parcial dos atos caso concluísse pela sua não aprovação (§ 3º). O CADE, órgão judicante da estrutura, funcionava junto à SNDE, estando a ela vinculado administrativamente.

compra, uma vez que o legislador mencionou o artigo específico da Lei a ser aplicado, como havia feito no Decreto 724/93 ao referir o "art. 74 da Lei 4.137, de 10 de setembro de 1962, na redação dada pelo art. 13 da Lei 8.158 de 8 de janeiro de 1991".

Não se fazem necessárias grandes análises, para constatarmos, indubitavelmente, que o legislador referia-se à aplicação do art. 54 da Lei 8.884. Ora, no Decreto 724/93 que regulava a mesma matéria, o legislador havia aludido a observação do artigo específico para *o controle das estruturas* feito pela antiga SNDE. A sociedade privatizada, após a liquidação financeira da operação era *obrigada* a prestar informações à SDE de acordo com o § 4º do art. 54. Por isso, todo o processo de controle de atos e contratos previsto na Lei 8.884 seria usado para a verificação da ocorrência de eventuais prejuízos à concorrência.

E disso decorre, logicamente, que o CADE poderia concluir pela não aprovação dos atos em consonância ao disposto no § 9º do art. 54, podendo também determinar a firmação de compromisso de desempenho para assegurar o cumprimento das condições previstas no § 1º do citado dispositivo. Além do que, a própria Lei 8.884/94 é precisa e contundente em seu art. 15: "Esta Lei aplica-se às pessoas físicas ou jurídicas de *direito público ou privado*, bem como a quaisquer associações de entidades ou pessoas, constituídas de fato ou de direito, ainda que temporariamente, com ou sem personalidade jurídica, *mesmo que exerçam atividade sob regime de monopólio legal*" (grifo nosso).

Portanto, se, como quis o legislador, a Lei 8.884 é aplicável *integralmente* às pessoas físicas ou jurídicas de direito público ou privado, não está sendo referido somente o *controle comportamental de atos e infrações*, mas também o *controle de estruturas* estabelecido na lei. O legislador não excepcionou qualquer forma de tratamento específico a ser utilizado com relação às privatizações, e como a legislação foi concebida justamente na época do auge do PND e dos debates sobre a matéria, não havendo qualquer defasagem histórica passível de ser alegada, não resta dúvidas de que se fosse desejado tal tratamento diferenciado, haveria o legislador inserido expressamente a exceção na Lei 8.884.

A única diferença é a seguinte: uma venda de empresa privada a outra empresa privada segue as regras de direito privado estabelecidas no Código Comercial, já a venda de empresa pública a empresa privada, ou seja, a privatização, é realizada por intermédio das regras de direito público que visam defender o interesse público na alienação de patrimônio estatal. Por isso, a venda de empresas públicas é feita por processo específico regido por princípios de direito público. Após, superada a fase da venda e compra, ou como aludiu o art. 48 do Decreto 1.204, *após a liquidação financeira da operação*, seria aplicada a análise sob a ótica concorrencial da venda efetuada.

Alguns argumentavam que o CADE não poderia desconstituir a compra da empresa privatizada porque a análise posterior do ato implicava muito prejuízo financeiro devido aos gastos que já haviam sido mobilizados no processo. Ora, o ordenamento pátrio determinou que o controle das estruturas se desse *a posteriori* da realização do ato a ser analisado pelas autoridades antitruste.[95] O uso de tal sistema pode de fato ser desvantajoso em alguns aspectos, mas há que se notar que em qualquer caso de ato de concentração, o controle de estruturas se dá dessa forma, de modo que, legalmente nem poderia haver controle de estruturas prévio no processo de privatização, posto que, conforme o sustentado, pe-

95. O sistema de notificação varia de país para país. Nos Estados Unidos, p. ex., é requerida a prestação de informação básica durante negociação, antes da finalização do ato, para que as autoridades antitruste verifiquem a existência de problemas potenciais para a concorrência. Caso existam indícios, será requerido um segundo pedido de prestação de informação mais detalhada para a identificação dos reais efeitos do ato.

rante o direito concorrencial as empresas privatizadas não são tratadas em regime de exceção.

É claro que pelo fato de que parte das empresas públicas que foram privatizadas detinha elevado *market share* ou até monopólio do mercado em que atuavam, a autarquia deveria analisar cuidadosamente cada caso, atentando para o grau de concentração que já era existente no mercado.

Por todo o exposto, consideramos que o CADE era (e é) competente para observar o controle de estruturas das empresas privatizadas, verificando o impacto do ato para a concorrência, podendo, de acordo com a lei, aprovar o ato ou não aprová-lo, ou ainda definir compromisso de desempenho para a sua aprovação.

Queremos, também, mencionar a seguinte passagem, que diz respeito à interpretação reclamada pelo direito para a realização da jurisprudência prática, de autoria do professor Eros Grau: "O intérprete autêntico, ao *produzir* normas jurídicas, pratica a *juris prudentia* e não uma *juris scientia.* O intérprete autêntico, então, atua segundo a *lógica da conseqüência* (Comparato 1979/127): a *lógica jurídica* é da escolha entre várias possibilidades *corretas. Interpretar um texto normativo significa escolher uma entre várias interpretações possíveis, de modo que a escolha seja apresentada como adequada* (Larenz 1983/86). A norma não é objeto de *demonstração,* mas de *justificação.* Por isso a alternativa verdadeiro/falso é estranha ao direito; no direito há apenas o 'aceitável' (*justificável*). O sentido do justo comporta sempre mais de uma solução (Heller 1977/241)"[96] (grifo nosso).

O Professor explica a razão maior que repudia o entendimento de que o intérprete autêntico atua no campo de uma certa "discricionariedade". "Essa razão repousa sobre a circunstância de ao intérprete autêntico não estar atribuída a formulação de *juízos de oportunidade,* porém, exclusivamente, de *juízos de legalidade.* Ainda que não seja o juiz, meramente, a 'boca que pronuncia as palavras da lei', sua *função — dever-poder —* está contida nos lindes da *legalidade* (e da *constitucionalidade*). Interpretar o direito é formular *juízos de legalidade.* A discricionariedade — não será demasiada repetição — é exercitada em campo onde se formulam *juízos de oportunidade*, exclusivamente, porém, quando uma norma jurídica tenha atribuído à autoridade pública a sua formulação".[97]

Ou, como quer Celso Antônio Bandeira de Mello, a discricionariedade — na concepção da doutrina tradicional — consiste na "margem de liberdade" de que remanesça ao administrador para eleger, segundo critérios consistentes de razoabilidade, um dentre pelo menos dois comportamentos cabíveis, perante caso concreto, *a fim de cumprir o dever de adotar a solução mais adequada à satisfação da finalidade legal*, quando, por força da fluidez das expressões da lei ou da liberdade conferida no mandamento, dela não se possa extrair objetivamente uma solução unívoca para a situação vertente" (grifo nosso).

Assim, em síntese, a interpretação do direito deve fluir em função das disposições do texto legal (*juízo de legalidade*), de modo que mesmo havendo certa margem de discricionariedade para o administrador (*juízo de oportunidade*), este deverá utilizar (*poder-dever*) critérios de *razoabilidade* para a aplicação da solução mais *adequada* ao caso fático, a fim de que seja satisfeita a *finalidade* ou o *escopo legais.* O Poder Executivo, ao desempenhar a fun-

96. Eros Roberto Grau, *O direito posto e o direito pressuposto*, p. 33, e reiterado pelo autor na p. 154, *apud* Fábio Konder Comparato, "Reflexões sobre o método do ensino jurídico", *Revista da Faculdade de Direito da Universidade de São Paulo*, LXXIV, 1979; Karl Larenz, *Methodenlhre der Rechiswissenschaft*, 5ª ed., Berlin, Springer Verlag, 1983; Herman Heller, *Teoría del Estado*, trad. de Luis Tobío, México, Fondo de Cultura Económica, 1977.

97. Eros Roberto Grau, *O direito posto e o direito pressuposto*, p. 156.

ção de administrar a execução das normas jurídicas, levará a efeito o Direito de acordo com a *juris prudentia*.

Também sob esse aspecto, não nos parece adequado que o Executivo realize um processo de privatização que tem como uma das suas finalidades a *ampliação da competitividade* dos diversos setores da economia sem a participação efetiva do órgão administrativo competente para a defesa da concorrência, ou, apenas designando um representante do CADE para participação das reuniões da Comissão Diretora do PND, sem direito a voto, como foi estabelecido pelo Decreto 1.204/94 (alínea *d*, § 4º do art. 8º) que regulamentou a Lei 8.031/90.

Verificamos que, mais uma vez, administradores influenciados por fatores políticos (pressão de *lobbies* etc.) e econômicos (preocupação de que eventual possibilidade de análise da privatização efetuada pelo CADE viesse a diminuir o valor de venda das estatais etc.) deixaram que boa parte do processo de desestatização se fizesse ao completo arrepio do exame da matéria concorrencial, constituindo-se esta, aliás, em apenas mais uma falha imbuída no processo. Assim, passa novamente o Executivo por cima do Legislativo, permanecendo o Judiciário de mãos atadas, e o direito como mero coadjuvante.

Recentemente, a Lei 9.491, de 9.9.1997, veio revogar a Lei 8.031/90, determinando procedimentos relativos ao Programa Nacional de Desestatização. Os incs. I e IV do art. 2º dessa lei fazem referência às instituições financeiras que serão objeto de desestatização, a qual, consoante o § 5º do art. 6º, será coordenada pelo Banco Central do Brasil (BACEN).

Nesse ínterim vimos levantar breves questões que permeiam as privatizações que serão neste bojo empreendidas. Uma vez que a privatização das instituições financeiras se dará sob o controle do BACEN, devemos averiguar se o CADE será competente para analisar os atos de concentração e em que circunstâncias isso se daria.

Em consonância ao apontado pelo Prof. Calixto Salomão Filho, da leitura da Lei 4.595/64 (arts. 10, X, alíneas *c* e *g*, e 11, VII), percebe-se que o BACEN deverá vigiar as empresas que atuam nos mercados financeiros e de capitais com relação às modalidades operacionais por elas utilizadas, sendo competente para a aplicação de penalidades (art. 10, IX) (*controle comportamental*), também o BACEN deverá conceder autorização às instituições financeiras no caso de fusão ou incorporação (*controle das estruturas*). Por isso, essa autarquia é dotada de prerrogativas para exercer a fiscalização no tocante à defesa da concorrência no mercado das instituições financeiras (possuindo a mesma competência atribuída ao CADE pelo art. 54 da Lei 8.884) consoante o disposto no art. 18, § 2º, da Lei 4.595/64.[98]

Adota-se o referencial da *pervasive power doctrine* como base para a análise do poder conferido ao BACEN e da conseqüente possibilidade de afastamento da competência do CADE para o tratamento das questões antitruste em relação às instituições financeiras. Assim, percebe-se de fato que o BACEN é dotado de poderes regulamentares legais extensos o suficiente para afastar a competência do CADE, o que é salientado devido ao conhecimento específico do mercado financeiro que detém para exercer suas funções devidamente. No entanto, quanto ao âmbito concorrencial, a autarquia do setor financeiro nunca atuou efetivamente de modo a considerar os aspectos mercadológicos da competitividade, de modo que a sua atuação não se perfaz profunda ou *pervasive*. Segundo Calixto Salomão Filho, *verbis*: "O Banco Central jamais exerceu sua competência teórica em matéria concorrencial. Não é possível em qualquer justificativa ou exposição de motivos de normativos identificar qualquer referência à análise da situação do ponto de vista concorrencial. Portanto, em

98. Calixto Salomão Filho, *Atuação estatal e ilícito antitruste*, pp. 45-46.

sua profundidade, o poder do Banco Central não pode ser considerado *pervasive* e as condutas por ele aprovadas não podem ser tidas como imunes à aplicação do direito concorrencial e à revisão do órgão especificamente encarregado dessa função (CADE), pelo menos até que ele demonstre efetiva assunção da fiscalização do setor financeiro também do ponto de vista concorrencial. Perfeitamente possível, portanto, nessa esfera, não só a revisão administrativa do próprio ato administrativo. *O não exercício de uma competência legal em sua plenitude por um determinado órgão e a existência de competência concorrente de outro órgão tornam essa postura necessária*"[99] (grifo nosso).

Dessa maneira, se o órgão com atribuição específica de exercício da tutela concorrencial no mercado financeiro não atuar *adequadamente*, o órgão que tem competência geral para a matéria, o CADE, deverá proceder o controle das estruturas dos atos provenientes da privatização no setor das instituições financeiras.

5. A atuação recente da ANATEL

A Lei 9.472/97 regulou a desestatização das empresas de telecomunicações regulamentando os serviços telefônicos e instituindo o órgão regulador ANATEL.

O Decreto 2.592, de 15.5.1998, aprovou o plano geral de metas para a universalização do serviço telefônico fixo comutado prestado no regime público, cujo art. 1º define: "Para efeito deste plano, entende-se por universalização o direito de acesso de toda pessoa ou instituição, independentemente de sua localização e condição sócio-econômica, ao Serviço Telefônico Fixo Comutado destinado ao uso público geral, prestado no regime público, conforme definição do art. 1º do Plano Geral de outorgas, aprovado pelo Decreto 2.534, de 2.4.1998, bem como a utilização desse serviço de telecomunicações em serviços essenciais de interesse público, nos termos do art. 79 da Lei 9.472, de 16.7.1997, e mediante o pagamento de tarifas estabelecidas na regulamentação específica". O Plano estabelece prazos para a oferta de determinados serviços, cujos custos serão suportados exclusivamente pelas concessionárias de acordo com os respectivos contratos de concessão (sendo que nos casos específicos a ANATEL poderá propor fontes adicionais de financiamento segundo o § 2º do art. 4º).

Há projeto de lei para a criação do fundo de universalização dos serviços de telecomunicações destinado a providenciar recursos para cobertura de parcelas de custo advindas do cumprimento das obrigações de universalização para as operadoras em regime público que não possa ser recuperada com a exploração eficiente do serviço; e para o fundo de desenvolvimento tecnológico das telecomunicações. Nesse ponto, sobre aspectos do direito do consumidor, o Prof. José Reinaldo Lima Lopes destaca dois princípios que, como diz, até então inexistiam nas agências reguladoras brasileiras: a publicidade e uma quase judicialização[100] de seu processo decisório, e a necessidade de compatibilização do interesse do consumidor já incluído no mercado com o dos consumidores potenciais (que serão atendidos através da obrigação de ampliação dos serviços visando-se a universalidade).[101] As operadoras estarão sujeitas a obrigações de continuidade no to-

99. Id., ibid.

100. *Apud* Martin Shapiro, *Who guards the guardians?*, Athens (GA), The University of Georgia Press.

101. José Reinaldo Lima Lopes, *Direito do consumidor e privatização*. Remetemos aos seguintes trechos: "As relações entre consumidores e prestadores de serviços públicos desestatizados rege-se simultaneamente pelo direito especial do consumidor e pelo direito administrativo. Os direitos sociais de caráter universal e redistributivos podem ser também defendidos pelo direito do consumidor quando sua prestação for feita pela livre iniciativa e neste caso os respectivos prestadores estão sujeitos a regras públicas que impeçam discriminação e tratamento desigual injustificável em uma sociedade democrática".

cante a fruição dos serviços de forma ininterrupta, sem paralisações injustificadas de forma que existam condições adequadas de uso dos serviços.[102]

102. A título da comparação histórica, um jurista americano do começo do século, expondo sobre a discussão existente acerca das companhias de telégrafo e telefone deverem ou não ser responsabilizadas pela falha na continuidade dos serviços, ou "a correta transmissão de inteligência" nas suas palavras, transcreve um dos entendimentos precursores dado por um juiz presidente, comentando que existia apenas um caso anteriormente julgado na mesma linha, o qual ocorrera num tribunal inglês. Na expressão do juiz da época "The rules of law which govern the liabilities of telegraph companies are not new. They are old rules applied to new circumstances. Such companies hold themselves out to the public as engaged in a particular branch of business in which the interests of the public are deeply concerned. They propose to do a certain service for a given price. There is no difference in the general nature of the legal obligations of the contract between carrying a message along a wire and carrying goods or a package along a route. The physical agency may be different but the essential nature of the contract is the same. (...)" (*Parks v. Atla California Tel. Co., 13 Cal. 722, 73 Am. Dec. 589*). Não obstante, o autor sustentava posição contrária, entendendo que não se poderia ainda considerar o telégrafo e o telefone como *common carriers* uma vez que a tecnologia utilizada não era perfeitamente dominada, sendo que as companhias telegráficas e telefônicas só seriam responsabilizadas por falhas de transmissão se elas não despendessem a devida cautela na prestação do serviço. Enquanto isso, as transportadoras comuns eram sempre responsabilizadas pelas perdas total ou parcial das mercadorias, exceto se estas fossem causadas "by act of the parties, by public enemy or by the act of God". Contudo, o autor já previa à época a evolução para a responsabilização das companhias de telecomunicações em semelhança àquela aplicada para as companhias de transporte ordinárias: "As time advances, improvements on eletrical transmission of news are being rapidly made. We are approaching perfection in the art of telegraphy as the day pass, and it will only be a short time until the facilities for transmitting news will be even better and safer than for the transportation of goods by common carrier. When this time comes — if it should ever — there is no reason why the same stringent laws which are applicable to common carriers should not be applied with equal force and every particular to these companies; and when they are, of course they will then fall under the head of common carriers". Cf. S. Walter Jones, *A treatise on the law of telegraph and telephone companies*, pp. 26-28.

Através da Consulta Pública 147, de 21.6.1999, a autarquia submeteu à consulta os procedimentos administrativos a serem tomados pela agência nos casos de possibilidade de infração à ordem econômica, que deva vir a ser julgada pelo CADE.

O Anexo A da Análise 18/98-GCAV da ANATEL apresenta a justificativa para a criação de seu Comitê de Defesa da Ordem Econômica. A ANATEL passará a exercer o mesmo papel reservado pela Lei 8.884/94 à Secretaria de Direito Econômico (SDE), ficando, então, a agência das telecomunicações atribuída das competências enumeradas no art. 14, incs. I a XVI da Lei 8.884/94 no que se refere ao setor de telecomunicações.[103] Por intermédio da Resolução 58, de 14.9.1998, foi criado tal comitê, tendo sido aprovado seu regimento interno pela Resolução 59 do mesmo dia.[104] A Portaria Conjunta 1, de 9.9.1998, criou Comissão competente para a elaboração de propostas de cooperação institucional entre a ANATEL e o CADE.

Foi celebrado em 25.2.1999 um Convênio entre a Comissão de Valores Mobiliários (CVM) e a Agência Nacional de Telecomunicações (ANATEL) que tem a finalidade de promover o intercâmbio de estudos e informações entre os órgãos com relação a processos de reorganização societária de empresas de telecomunicações.

No plano internacional, o governo brasileiro celebrou em 19.2.1998 um ajuste

103. A Lei 9.472/97 dispõe em seu art. 19: "Art. 19. À Agência compete adotar as medidas necessárias para o atendimento do interesse público e para o desenvolvimento das telecomunicações brasileiras, atuando com independência, imparcialidade, legalidade, impessoalidade e publicidade, e especialmente: (...) XIX — exercer, relativamente às telecomunicações, as competências legais em matéria de controle, prevenção e repressão das infrações da ordem econômica, ressalvadas as pertencentes ao Conselho Administrativo de Defesa Econômica — CADE".

104. Foram criados o Comitê para a universalização dos serviços de Telecomunicações e o Comitê de defesa dos usuários de serviços de telecomunicações, por meio das Resoluções 96, de 1.2.1999 e 107, de 26.2.1999, respectivamente.

complementar com a União Internacional de Telecomunicações válido por três anos para cooperação da instituição internacional na implementação da Agência Nacional de Telecomunicações com o fornecimento de apoio técnico e metodológico para o desenvolvimento dos aspectos fundamentais na regulamentação setorial (art. 1º), disponibilizando US$ 22.145.000,00 ao organismo internacional.

V — Conclusões

A formação do monopólio no sistema de telefonia americano foi fundada em práticas anticoncorrências empreendidas pela iniciativa privada das operadoras do Sistema Bell. A quebra do monopólio detido pelo grupo processou-se paulatinamente por fatores eminentemente concorrenciais, devido a evolução de uma série de processos judiciais impetrados pela *Antitrust Division* do *Departement of Justice* que culminaram em 1984 com a dissolução do monopólio no âmbito da telefonia local. Desde 1996, com a promulgação do *Telecommunications Act*, as autoridades vêm tentando ampliar a concorrência no mercado, com o intuito de instalá-la principalmente nos setores de telefonia interurbana e internacional que eram ainda dominados pelo grupo.

Em contraste, o monopólio da Telebrás foi erigido pelo Estado brasileiro, que marca a história do país como grande agente empreendedor presente na economia. A quebra do monopólio deu-se por fatores predominantemente políticos e econômicos, de forma que a preocupação sob a ótica da concorrência toma vulto somente agora com a implantação dos mecanismos básicos que proporcionarão a atuação conjunta da ANATEL e do CADE com vistas à promoção da concorrência no setor de telecomunicações.

Sem embargo, o modelo brasileiro vem inspirando-se na experiência americana para balizar seus objetivos. Contudo, devemos ressaltar que, efetivamente, a consolidação da concorrência neste mercado não é factível a curto prazo, sobretudo devido a algumas barreiras naturais à entrada e ao fato de a privatização pressupor um regime de duopólio inicial. Toda a comparação de condutas e controles entre o sistema pátrio e o estrangeiro deve levar em conta a discrepante formação histórica dos processos da quebra do monopólio e mesmo da cultura antitruste existente em cada país.[105]

Comparado a outros setores privatizados nesta década, o das telecomunicações pode ser tomado como exemplo, mormente no que se refere à legislação que enfatizou a defesa da concorrência, existindo a preocupação da delimitação da competência das autarquias que disciplinarão o setor. Por outro lado, na maioria das privatizações ocorridas sob o PND, motivos políticos e econômicos resultaram na não participação adequada do CADE. Como o sustentado, tal autarquia é competente para proceder o controle das estruturas das empresas priva-

105. Pedimos licença a Luis Fernando Schuartz, ob. cit., p. 81, para parafrasear sua sábia crítica em nossa conclusão: "É sabido que um dos traços mais característicos do subdesenvolvimento cultural é o impulso à imitação, irrefletida e normalmente fora de contexto, de idéias estrangeiras e o Direito da Concorrência não é certamente exceção. Mesmo sendo certo que o processo mais amplo de globalização econômica converteu em puro engodo muita insistência na manutenção de um suposto caráter nacional nos nossos produtos intelectuais, é também verdade que peculiaridades nacionais ainda existem, e que esquemas abstratos gerados em outros meios sociais e culturais devem passar pelo filtro da reflexão crítica antes de serem aplicados aos distintos casos particulares. No Direito da Concorrência esta reflexão necessária jamais ocorreu; ao contrário, o valor e prestígio de uma idéia parecem crescer à medida que se consegue mostrar que ela foi copiada imediatamente de um manual antitruste estrangeiro. No caso do conceito de concorrência, esta circunstância foi agravada pelo fato de o nascimento do Direito da Concorrência no Brasil no início dos anos 90 ter coincidido historicamente com a onda neoliberal, de modo que foi irresistível a tentação de recorrer ao produto final do trabalho acumulado há décadas da doutrina e jurisprudência americanas, sem refletir sobre as suas condições sociais e históricas de aplicabilidade".

tizadas, devendo exercer atribuições de defesa da concorrência no caso da existência de órgão com competência concorrente que não exerça tais prerrogativas.

Bibliografia

AMARAL FILHO, Marcos Jordão Teixeira do. *Privatização no Estado contemporâneo*. São Paulo, Ícone, 1996.

AREEDA, Philip e KAPLOW, Louis. *Antitrust analysis: problems, text, cases*. Boston, Little, Brown and Company, 1988.

BARBOSA, Denis Borges. *Uma introdução à propriedade intelectual*. Rio de Janeiro, Lumen Juris, 1997.

BASTOS, Celso Ribeiro. *Direito público: estudos e pareceres*. São Paulo, Saraiva, 1998.

BRONCKERS, Marco, C. E. J. e LAROUCHE, Pierre. "Telecomunications services and the world trade organization", *Journal of World Trade* 3/5-48, v. 31, jun. 1997.

CELLI JÚNIOR, Umberto. "A liberalização das telecomunicações", in *Guerra comercial ou integração mundial pelo comércio? A OMC e o Brasil*, coord. Paulo Borba Casella e Araminta de Azevedo Mercadante. São Paulo, LTr, 1998.

_____ "A nova organização dos serviços na lei geral de telecomunicações", *Revista de Direito Administrativo* 211/151-61, Rio de Janeiro, jan.-mar. 1998.

COSTA, Maria Conceição da. *Constrangimentos e mudanças no setor de telecomunicações no Brasil (1979-1995)*. Tese (Doutorado em Ciência Política), Faculdade de Ciências Políticas da USP, São Paulo, 1997.

DI PIETRO, Maria Sylvia Zanella. *Parcerias na administração pública: concessão, permissão, franquia, terceirização e outras formas*. São Paulo, Atlas, 1997.

DEZALAY, Yves e TRUBEK, David M. "A reestruturação global e o direito. A internacionalização dos campos jurídicos e a criação de espaços transacionais", in *Direito e globalização econômica. Implicações e Perspectiva*, org. José Eduardo Faria. São Paulo, Malheiros Editores, pp. 29-80, 1998.

DUTRA, Pedro. "Regulação na forma da lei", *Gazeta Mercantil*, 7.1.1999, p. A-2.

ENCAOUA, David e KOEBEL, Philippe. "Réglementation et déréglementation des télécommunications: leçons anglo-saxonnes et perspectives d'évolution en France", *Revue Économique* 140F/475-520, Paris, 1987.

ESCOBAR, J. C. Mariense. *O novo direito de telecomunicações*. Porto Alegre, Livraria do Advogado Ed., 1999.

FEDERAL COMMUNICATIONS COMISSION. *Connecting the globe. A regulator's guide to building a global information community*. www.fcc.gov/connectglobe/foreword/html.

FORGIONI, Paula A. *Os fundamentos do antitruste*. São Paulo, Ed. RT, 1998.

_____ "Breves notas sobre a posição dominante e seu abuso", *RDM* 107/45-69, São Paulo, jul.-set. 1997.

FOX, Eleanor M. Sullivan e LAWRENCE, A. *Cases and materials on antitrust*. St. Paul, West Publishing Co., 1989.

FREIRE, Marusa Vasconcelos. "A atuação do CADE diante da desestatização", *Revista de Direito Econômico* 23/67-72, Brasília, abr.-jun. 1996.

FURTADO, Celso. *Formação econômica do Brasil*. São Paulo, Cia. Editora Nacional, 1991.

GALVÃO, Arnaldo e GALLUCCI, Mariângela. "Lei das privatizações exclui apreciação do CADE", *Gazeta Mercantil*, 5.2.1997, p. A-10.

GRAU, Eros Roberto. *O direito posto e o direito pressuposto*. São Paulo, Malheiros Editores, 1996.

_____ *A ordem econômica na Constituição de 1988*. 4ª ed. rev. e atual. São Paulo, Malheiros Editores, 1998.

_____ *Direito, conceitos e normas jurídicas*. São Paulo, Ed. RT, 1988.

HOBSBAWN, Eric. *Era dos extremos. O breve século XX: 1914-1991*, trad. de *Age of extremes: the short twentieth century: 1914/1991*, por Marcos Santarrita. São Paulo, Cia. das Letras, 1995.

HOVENKAMP, Herbert. *Federal antitrust policy. The law of competition and its practice*. St. Paul, West Publishing Co., 1994.

JONES, S. Walter. *A treatise on the law of telegraph and telephone companies*. Kansas City, Vernow Law Book Company, 1916.

KUTTNER, Robert. *Tudo à venda. As virtudes e os limites do mercado*, trad. de *Everything for sale*, por Cláudio Weber Abramo. São Paulo, Cia. das Letras, 1998.

_____ "As Baby Bells não querem concorrentes", *Gazeta Mercantil*, 2.4.1997, p. A-3.

LONDOÑO, Alfonso Miranda. "El derecho de la competencia en el sector de las telecomunicaciones", *Revista do IBRAC* 6/133-74, v. 4, 1997.

LOPES, José Reinaldo de Lima. "Direito do consumidor e privatização", *Revista de Direito do Consumidor* 26, ed. especial, São Paulo, abr.-jun. 1998.

LOPES, Vera Maria de Oliveira Nusdeo. *O direito à informação e as concessões de rádio e televisão*. São Paulo, Ed. RT, 1997.

MAMELUQUE, Leopoldo. *Privatização: modernismo e ideologia*. São Paulo, Ed. RT, 1995.

MARKS, Herbert E. "Telecommunications Act of 1996", in *Law and technology* 2/14-33, v. 29, 1996.

MEDAUAR, Odete. *Controle administrativo das autarquias*. São Paulo, Bushatsky, 1976.

MINISTÉRIO DAS TELECOMUNICAÇÕES. *Diretrizes gerais para a abertura do mercado de telecomunicações*. www.mc.gov.br/biblioteca/publicacoes/avisos/sumario_exec_I.html.

NOLL, Roger G. e OWEN, Bruce M. "The anticompetitive uses of regulation: United States v. AT&T (1982)", in *The antitrust revolution. The role of economics*. John E. Kwoka Jr. e Lawrence J. White. Oxford University Press [1994?].

OLIVEIRA, Gesner. "O papel do CADE na nova economia brasileira", in *Guerra comercial ou integração mundial pelo comércio? A OMC e o Brasil*, coord. Paulo Borba Casella e Araminta de Azevedo Mercadante. São Paulo, LTr, 1998.

OLIVEIRA, José Carlos de. *Concessões e permissões de serviços públicos*. Bauru, Edipro, 1996.

PAGOTTO, Leopoldo Ubiratan Carreiro. *Agências reguladoras: origem e natureza jurídica*. São Paulo, Pesquisa do PIBIC/CNPq, 1999.

PERDOMO, Matías Rodríguez e MAIO, Carlos Bastón. *Marco jurídico y formas de gestión en telecomunicaciones. Situación en derecho comparado y en el ámbito nacional*. Montevidéo, Fundación de Cultura Universitaria, 1991.

PINDICK, Robert S. e RUBINFELD, Daniel L. *Microeconomia*, trad. de Pedro Catunda. São Paulo, Makron Books, 1994.

PINHO, Diva Benevides e VASCONCELLOS, Marco Antônio Sandoval (org.). *Manual de Economia*. 2ª ed., São Paulo, Saraiva, 1992.

PIRES, José Cláudio Linhares e PICCININI, Maurício Serrão. *Serviços de telecomunicações: aspectos tecnológicos* 5, Rio de Janeiro, BNDES, 1997.

PUCEIRO, Zuleta. "O processo de globalização e a reforma do Estado", in *Direito e globalização econômica. Implicações e Perspectivas*, org. José Eduardo Faria. São Paulo, Malheiros Editores, pp. 105-26, 1998.

RAMOS, André de Carvalho e CUNHA, Ricardo Thomazinho da. "A defesa da concorrência em caráter global: utopia ou necessidade?", in *Guerra comercial ou integração mundial pelo comércio? A OMC e o Brasil*, coord. Paulo Rocha Borba Casella e Araminta de Azevedo Mercadante. São Paulo, LTr, 1998.

REVISTA NACIONAL DE TELECOMUNICAÇÕES 210-A [fev. 1997 (mensal)] e 216-A [ago. 1997 (mensal)]. São Paulo, Telepress Editora.

ROCHA FILHO, Aloísio da Franca. *Comunicação e tecnologia. Mutações da comunicação e da política no Brasil contemporâneo*. Tese (Doutorado em Sociologia), Faculdade de Filosofia, Letras e Ciências Humanas da USP, São Paulo, 1997.

ROCHA, Bolívar Moura. "Regulação de infra-estrutura de defesa da concorrência: proposta de articulação", *RDM* 112/85-92, São Paulo, out.-dez. 1998.

SALOMÃO FILHO, Calixto. *Direito concorrencial: as estruturas*. São Paulo, Malheiros Editores, 1998.

_____ "Atuação estatal e ilícito antitruste", *RDM* 106/35-47, São Paulo, abr.-jun. 1997.

_____ "Direito empresarial público", *RDM* 112/9-18, São Paulo, out.-dez. 1998.

SCHUARTZ, Luiz Fernando. "Dogmática jurídica e Lei 8.884/94", *RDM* 107/70-98, São Paulo, jul.-set. 1997.

SILVA, José Afonso da. *Aplicabilidade das normas constitucionais*. 3ª ed., São Paulo, Malheiros Editores, 1998.

SIMIONATO, Frederico. "A privatização no Brasil", *RDM* 112/93-96, São Paulo, out.-dez. 1998.

SIQUEIRA, Ethevaldo. *Privatização ou caos*. São Paulo, Telepress Ed., 1993.

SOUTO, Marcos Juruena Villela. *Desestatização, privatização, concessões e terceirizações*. Rio de Janeiro, Lumen Juris, 1997.

SUNDFELD, Carlos Ari e VIEIRA, Oscar Vilhena (coords.). *Direito global*. São Paulo, Max Limonad, 1999.

VARIAN, Hal R. *Microeconomia: princípios básicos*, trad. de *Intermediate microeconomics: a modern approach*, por Ricardo Inojosa. Rio de Janeiro, Campus, 1999.

VIANNA, Gaspar. "A nova Constituição brasileira e a exploração dos serviços públicos de telecomunicações", *Revista Forense* 305/324-9, jan.-mar. 1989.

_____ "Os serviços de telecomunicações na Constituição brasileira de 1988", *Revista de Informação Legislativa* 107/19-42, Brasília, jul.-set. 1990.

_____ "A exploração dos serviços dos serviços de telecomunicações na Constituição brasileira (interpretação da Emenda Constitucional 8, de 1995)", *Revista de Direito Administrativo* 204/145-61, Rio de Janeiro, abr.-jun. 1996.

VISCUSI, W. Kip, VERNON, John M. e HARRINGTON Jr., Joseph E. *Economics of regulation and antitrust*. Massachusetts Institute of Technology, 1997.

WALD, Arnoldo. "A evolução do regime legal da Petrobrás e a legislação antitruste", *RDM* 112/55-65, São Paulo, out.-dez. 1998.

Espaço Discente

ASPECTOS DA TEORIA JURÍDICA DA EMPRESA

BETYNA RIBEIRO DE ALMEIDA

1. Introdução. 2. Histórico: 2.1 Primeiras normatizações – 2.2 As corporações de ofício – 2.3 A formação dos Estados – 2.4 A codificação napoleônica. 3. Conceito e características da empresa. 4. O sistema francês: 4.1 A teoria dos atos de comércio. 5. O sistema italiano: 5.1 O "Codice Civile" – 5.2 A teoria da empresa – 5.3 A superação do sistema francês. 6. O Direito Comercial como o Direito das Empresas. 7. A empresa no Brasil: 7.1 O Código Comercial e o Regulamento 737, de 1850 – 7.2 A aproximação do Direito Brasileiro ao sistema italiano – 7.3 O Projeto do novo Código Civil. 8. Conclusão.

1. Introdução

Desde os tempos mais remotos é possível identificar na civilização humana a prática de atos que poderiam ser considerados comerciais. Por não ter meios para produzir todos os bens materiais necessários à sua subsistência, o homem conseguiu, através do escambo, uma maneira de suprir suas necessidades.

Estas necessidades cresceram com o passar do tempo, e a economia de escambo, em que participavam das relações comerciais produtor e consumidor diretamente, tornou-se ineficiente, forçando a criação de padrões monetários, representativos de valor.

Passou-se, então, à economia de mercado, que vigora até hoje, obviamente com diversas modificações decorrentes da própria evolução da Humanidade.

A criação de padrões monetários facilitou e estimulou o desenvolvimento do comércio, trazendo a necessidade de uma definição e regulamentação desta atividade.

Surge, então, o primeiro critério de definição da atividade comercial, dispondo que seriam comerciais os atos praticados por componentes de determinadas corporações de ofício. Só poderiam praticar o que se entendia por comércio as pessoas que fizessem parte destas verdadeiras "castas".

Não se pode negar a influência da estrutura da sociedade da época, extremamente estratificada. O critério utilizado para a determinação da atividade comercial era subjetivo, importava saber quem era o praticante do ato, e não o ato em si.

As Revoluções Liberais, em especial a Francesa, propuseram ideais de igualdade entre os homens, o que fez com que o critério de definição da atividade comercial utilizado até então não mais fosse compatível com a ordem que passara a viger. A ordem que se impunha não poderia aceitar um modelo que deferia apenas a determinada classe de pessoas a condição de comerciante.

A atividade comercial passa a ser considerada a partir da prática de certos atos, os chamados atos de comércio. Comerciante seria aquele que praticasse atos de comércio; passava-se, então, a um critério objetivo de consideração da atividade comercial. Tal sistema tem vigência até hoje identificando esta atividade, apesar de vir sofrendo certas modificações.

Durante certo tempo o sistema dos atos de comércio funcionou perfeitamente para regulamentar a atividade comercial. No entanto, a sociedade dos nossos dias apresenta necessidades de regulamentação que não conseguem ser supridas pelo sistema objetivo. O setor de serviços, crescente em todas as economias, não tem sua atividade incluída no sistema dos atos de comércio, o que demonstra uma necessidade de substituição.

Nos dias de hoje faz-se necessária a substituição de toda noção de comerciante pela de empresário. Para suprir tal necessidade surge a teoria da empresa, ampliando o alcance do Direito Comercial, tendo em vista que empresa seria a unidade econômica voltada para a produção e circulação de bens e serviços.

Vem ocorrer, então, um retorno ao critério subjetivo de avaliação da atividade comercial, pois se passa a considerar a figura do empresário, ou seja, do praticante do ato.

Não se poderia esquecer que um novo Código Civil está na iminência de entrar em vigor, extinguindo a dicotomia hoje existente no Direito Privado. Este novo Código, ao tratar da atividade comercial, o faz sob a égide da teoria da empresa.

Cabe-nos, então, analisar as mudanças que decorrerão deste novo enquadramento legal da atividade comercial, principalmente no que tange à utilização da teoria da empresa para as atividades atualmente reguladas pelo Direito Civil.

O presente trabalho tem o propósito de examinar diferentes aspectos teóricos da teoria da empresa, bem como determinar a maneira como foi apresentada no novo *Codex*.

2. *Histórico*

Segundo o jurista Tulio Ascarelli[1] sempre existiram regras sobre matéria mercantil, inclusive no Código de Hamurabi. Ocorre que jamais houve um sistema de Direito Comercial até que surgisse a civilização comunal, ou seja, as corporações de ofício, durante o feudalismo. No entender de Fábio Ulhôa Coelho, "a história do Direito Comercial é normalmente dividida em quatro períodos. No primeiro, entre a segunda metade do século XII e a segunda metade do século XVI, o Direito Comercial é o Direito aplicável aos integrantes de uma específica corporação de ofício, a dos comerciantes. Adota-se, assim, um critério subjetivo para definir seu âmbito de incidência".[2]

2.1 *Primeiras normatizações*

Nas civilizações antigas surgiram, ainda no bojo do Direito rudimentar que se operava, algumas regras de Direito Comercial, embora, não constituíssem um sistema nesta época.

"Os historiadores encontraram normas desta natureza no Código de Manu, na Índia; as pesquisas arqueológicas, que revelaram a Babilônia aos nossos olhos, acresceram à coleção do Museu do Louvre a pedra em que foi esculpido há cerca de dois anos a.C. o Código do Rei Hamurabi, tido como a primeira codificação das leis comerciais."[3]

Os romanos tampouco formularam um sistema que se pudesse denominar Direito Comercial. Suas atividades econômicas eram basicamente ligadas à propriedade e atividade rurais, portanto não era necessário um Direito que regulasse especificamente as atividades mercantis. A prática de algumas atividades mercantis era, inclusive, considerada degradante aos patrícios e senadores.

A aproximação da decadência de Roma e o conseqüente início das transformações nas estruturas econômicas levaram

1. *Apud* Fábio Ulhôa Coelho, *Curso de Direito Comercial*, v.1, p. 12.

2. *Curso* ..., cit., v.1, p. 13.

3. Rubens Requião, *Curso de Direito Comercial*, v. 1, p. 8.

a uma expansão comercial. As leis proibitivas relativas à atividade comercial acabaram por ser relaxadas ou contornadas.

A invasão bárbara e o início do feudalismo impediram o desenvolvimento do capitalismo que se iniciava.

2.2 As corporações de ofício

O primeiro período histórico do Direito Comercial, entendido como um sistema, inicia-se na segunda metade do século XII. Datam desta época as primeiras corporações de artes e ofícios, que surgiam concomitantemente ao aparecimento das cidades. De acordo com o professor Rubens Requião[4] os romanos já se reuniam em colégios, que poderiam ser considerados como os embriões das corporações medievais. Nestes colégios, assim como nas corporações, os comerciantes se reuniam para defender seus interesses, numa época tão refratária às suas atividades.

Tais corporações floresceram principalmente na Península Itálica, tanto pela importância de Veneza, Gênova, Florença e Amalfi no comércio internacional pelo Mar Mediterrâneo quanto por suas localizações estratégicas para as cruzadas. No entanto, estas associações se espalharam por toda a Europa Ocidental, em especial em áreas sem a presença de um poder centralizado, como a Alemanha, onde foi constituída a famosa *Hansa Teutônica*, liderada pelas cidades de Hamburgo e Lübeck.

Os comerciantes e artesãos constituíam jurisdições próprias, fundamentando as decisões nos usos e costumes que conheciam e praticavam. Assim começou a se consolidar um Direito Comercial oriundo das regras corporativas e da jurisprudência das decisões dos cônsules designados para a resolução dos conflitos que surgiam. Como não havia um Direito Comum para regular a atividade comercial, e o herdado dos romanos era demasiadamente formal, foi necessária a criação de um novo Direito.

As ligas e corporações foram adquirindo tamanho poder político e militar que seus estatutos passaram a se confundir com os estatutos das próprias cidades. Os tribunais classistas, julgando com base na eqüidade e nos usos e costumes, passaram a atrair disputas entre comerciantes e não-comerciantes.

"Temos, nesta fase, o período estritamente subjetivista do Direito Comercial a serviço do comerciante, isto é, um Direito corporativo, profissional, especial, autônomo, em relação ao Direito territorial e civil, e consuetudinário. Como o comércio não tem fronteiras, e as operações mercantis se repetem em massa, transpira nítido seu sentido cosmopolita."[5]

2.3 A formação dos Estados

Com a formação dos primeiros Estados na Europa Ocidental e com a ascensão do mercantilismo passa-se à segunda etapa do desenvolvimento do Direito Comercial, ocorrida na última metade do século XVI.

Rubens Requião[6] considera o Código de Savary, ordenança de Colbert, como o primeiro Código Comercial moderno. Apesar de ainda se basear na figura do comerciante, começou a estender o Direito Comercial aos praticantes de atos de comércio, mesmo que não fossem eles regularmente considerados comerciantes. Trata-se de uma passagem do sistema subjetivo puro para o eclético.

"No processo de unificação nacional da Inglaterra e da França, a uniformização das normas jurídicas sobre as atividades econômicas desempenha papel de especial importância, antecedendo em certa medida a própria criação da identidade cultural e política."[7]

A jurisdição das corporações de ofício foi totalmente absorvida pelos tribunais

4. *Curso ...*, cit. v. 1, p. 9.

5. Rubens Requião, *Curso ...*, cit. v. 1, pp. 10-11.

6. *Curso ...*, cit., v. 1, p. 11.

7. Fábio Ulhôa Coelho, *Curso ...*, cit., v. 1, p. 13

no país da *Common Law*, já na França elas foram perdendo a competência aos poucos, mas continuou a existir um Direito dos comerciantes, fundado em seus usos e costumes e só a eles aplicável. O Direito Inglês adotou, desde aqueles tempos, a *equity*, o que fez com que, ao contrário do Direito de raiz romanística, não conhecesse a distinção entre atividades civis e comerciais.

2.4 A codificação napoleônica

"O terceiro período (séculos XIX e primeira metade do século XX) se caracteriza pela superação do critério subjetivo de identificação do âmbito de incidência do Direito Comercial. A partir do Código Napoleônico, de 1808, ele não é mais o Direito dos comerciantes, mas dos atos de comércio."[8]

Esta etapa da evolução do Direito Comercial se inicia com a codificação napoleônica. O Direito Comercial passou a disciplinar determinados atos, e não mais pessoas, para estar em consonância com o princípio da igualdade entre os cidadãos, que excluía os privilégios de classe, e com o fortalecimento do Estado Nacional.

Cabe lembrar que a Lei *Le Chapelier*, de 14.6.1791, proibiu qualquer espécie de corporações de cidadãos do mesmo estado e profissão, seguindo a filosofia política que se instaurava.

Tal mudança de critério visou a abolir o corporativismo reinante, porém não impediu a continuidade da existência de certas normas de proteção exclusivas de comerciantes, como a concordata. A efetiva transformação ocorreu no que tange à não-obrigatoriedade de sua aceitação por parte de determinada corporação para que um cidadão pudesse comerciar.

3. Conceito e características da empresa

Segundo a sabedoria do professor Waldirio Bulgarelli, "a empresa continua sendo um fenômeno desafiante para o Direito, não obstante já tenham decorrido tantos anos desde o seu primeiro aparecimento, na legislação, através do Código Napoleônico e da sua consagração como base da concepção corporativa fascista, no Código Civil italiano de 1942".[9]

Ainda não se pode dizer que exista um conceito jurídico de empresa que seja aceito unanimemente entre os juristas. O legislador, especialmente o brasileiro, vem regulando a matéria sob diferentes prismas, conforme sua necessidade e o campo do Direito em questão.

Georges Ripert afirmou a dificuldade em se estabelecer um conceito de empresa: "Em Economia Política a imprecisão do termo autoriza definições pessoais. A empresa é chamada unidade econômica, mas o é com o intuito de não ser confundida com a exploração que tem significado técnico e com o estabelecimento que não é senão um de seus elementos. Ainda é preciso saber o que é a unidade econômica. Uns denominam empresa todo organismo tendente à produção dos bens destinados ao mercado; outros julgam indispensável acrescentar a noção de risco e de lucro. Alguns põem em equação a idéia de coordenação, enquanto os mais realistas se apegam às formas da empresa mais que à noção".[10]

Porém, do ponto de vista econômico é certo que "empresa" pressupõe organização complexa dos fatores de produção. Truchy,[11] em seu *Cours d'Économie Politique*, define empresa como "toda organização cujo objetivo é o de prover à produção, à troca, ou à circulação de bens ou de serviços", deixando clara a necessidade da existência de uma organização.

Broseta Pont define empresa, sob o aspecto econômico, como a "organização

8. Fábio Ulhôa Coelho, *Curso ...*, cit. v. 1, p. 14.

9. *Estudos e Pareceres de Direito Empresarial (O Direito das Empresas)*, p. 1.

10. *Apud* Waldirio Bulgarelli, *Estudos ...*, cit., p. 4.

11. *Apud* Waldirio Bulgarelli, *Estudos ...*, cit., p. 4.

de capital e de trabalho destinada à produção ou mediação de bens e serviços para o mercado".[12]

Os juristas também vêm concordando com o pressuposto da organização. É justamente este pressuposto que vai distinguir a empresa do estabelecimento, do empresário e do fundo de comércio, conceitos definidos e bastante utilizados pelos juristas. O professor Waldemar Ferreira estabeleceu um esquema de círculos concêntricos para diferenciar cada um destes elementos: "Tem-se – afirma o mestre –, partindo do centro para a periferia, o estabelecimento, circunscrito pela empresa, e esta pela pessoa natural ou jurídica, mercê de cuja vontade aqueles se instituem e movimentam-se. São três momentos ou expressões do mesmo fenômeno comercial, econômico-social e jurídico. Ostentam-se, no centro, os bens, corpóreos e incorpóreos, que constituem o estabelecimento, como universalidade de fato. A empresa superpõe-se-lhe como organização do trabalho e disciplina da atividade no objetivo de produzir riqueza, a fim de pô-la na circulação econômica. Tudo isto, porém, se subordina à vontade e às diretrizes traçadas pela pessoa natural ou jurídica, que as haja organizado, sujeito ativo e passivo nas relações jurídicas, tecidas pela empresa, no funcionamento do estabelecimento de lucros pelo comerciante, como empresário, procurados e obtidos".[13]

A empresa é decorrente da evolução técnica da produção, e, portanto, distinta dos sistemas primários de produção como o artesanato. Seu conceito deve ser abrangente o necessário para enquadrar esta evolução. Segundo Bulgarelli: "(...) podem ser isolados, desta maneira, alguns elementos que acentuam a distinção entre as formas aperfeiçoadas de produção, através da empresa moderna, e as anteriores rudimentares manuais e mesmo individuais. Entre eles, estão: a) o de produzir para o mercado; b) o dos atos em massa (que diferenciam a empresa do simples estabelecimento artesanal, característico até de uma economia de subsistência, ou de mercado em sentido acanhado, para troca ou venda em pequena escala); c) o de organização (que põe em evidência toda a técnica moderna operativa, pressupondo uma estrutura complexa totalmente diferente do simples estabelecimento artesanal); d) o emprego de trabalho alheio (que assinala o mecanismo de utilização de trabalhadores sob a orientação da empresa, não pertencentes à sua direção nem sendo seus proprietários)".[14]

Também devem ser entendidos como elementos da empresa o lucro e o risco.

Criação econômica que é, a empresa passou a necessitar de um enquadramento jurídico devido à sua crescente importância. Já Ripert assinalava que, pela falta de uma noção jurídica de empresa, "o legislador usa o termo quando lhe é cômodo fazê-lo, sem se preocupar em empregá-lo sempre no mesmo sentido".[15]

Bulgarelli[16] apontou que o conceito de empresa é apresentado na legislação sob os mais diferentes aspectos, de acordo com os objetivos a serem alcançados, seja para a concessão de benefícios pelo Fisco ou para a inserção em planos econômicos governamentais, para o enquadramento em relações trabalhistas, ou até mesmo como sinônimo de estabelecimento ou empresário.

Alguns doutrinadores, como Waldemar Ferreira,[17] chegaram a entender que a empresa não se enquadraria no Direito, idéia que desenvolveu na tese *Elaboração do Conceito de Empresa nos Domínios do Direito Comercial*, onde a comparava com

12. *Apud* Paulo Roberto Colombo Arnoldi, *Teoria Geral do Direito Comercial: Introdução à Teoria da Empresa*, p. 158.

13. *Apud* Waldirio Bulgarelli, *Estudos* ..., cit., p. 5.

14. *Estudos* ..., cit., p. 6.

15. *Apud* Waldirio Bulgarelli, *Estudos* ..., cit., p. 10.

16. *Estudos* ..., cit., p. 10.

17. *Apud* Waldirio Bulgarelli, *Estudos* ..., cit., p. 11.

a personagem *Rebeca*, sobre quem todos falam, mas ninguém conhece.

Para Bulgarelli[18] o problema da conceituação jurídica de empresa está no fato de sua crescente subjetivação, uma ânsia em se personalizar que acaba por trazer certa confusão com a personalidade jurídica do proprietário da empresa, em grande parte dos casos o próprio empresário.

Com o decorrer do tempo a empresa tornou-se figura de grande destaque, evoluindo em suas estruturas e conquistando cada vez mais importância na realidade sócio-econômica. Tal evolução fez com que surgisse a necessidade da criação de um papel autônomo para a empresa no Direito, segregado (e superior) ao do empresário.

Há quem entenda que o Direito Comercial passará, num futuro próximo, a ser denominado "Direito das Empresas" e enquadrará todos os aspectos desta instituição que seria o motor da economia mundial. Para tanto, obviamente, terá que invadir o campo de incidência do Direito Civil para enquadrar atividades como a prestação de serviços, a agricultura e a atividade imobiliária.

O professor italiano Giuseppe Valeri, citado por Rubens Requião em seu *Curso de Direito Comercial*,[19] considera haver na empresa quatro elementos que se relacionam uns com os outros. Seriam eles a organização, a atividade econômica, o fim lucrativo e a profissionalidade. Partindo destes elementos, chega a um conceito de empresa no qual ela se apresenta como "organização da atividade econômica destinada à produção de bens ou de serviços, realizada profissionalmente".

Entre os juristas pátrios, Ruy de Souza[20] entende que o conceito jurídico de empresa deverá englobar todos os seus aspectos, dentre eles o lucro, para que não sejam excluídas as empresas com fins lucrativos. Ensina o jurista: "(...) um conceito jurídico de empresa só poderá ser obtido para que dele se amputem os excessos ou nele se preencham os brancos, através de uma aferição de seus elementos essenciais: a) organização, no sentido de se destacar, ou não, a empresa do empresário e da *azienda*; b) dimensões, no sentido de saber se exige a organização e também de se entender quais os tipos de empresário que se deverão conter no Direito inovado; c) permanência da organização e profissionalidade; d) caráter produtivo para o mercado e fim de lucro".

Apesar de todos os esforços dos comercialistas, "ainda não se logrou verdadeiramente alargar o campo do Direito Comercial a ponto de abranger todos os tipos de empresas, tornando-o o Direito das Empresas".[21]

Em vista da dificuldade na obtenção de um conceito unitário de empresa, o professor Asquini[22] passou a analisá-la em seus diferentes aspectos, ou perfis, como preferiu chamá-los. Para o famoso jurista a empresa teria quatro diferentes perfis:

a) o perfil subjetivo, no qual a empresa é vista na figura de seu empresário;

b) o perfil funcional, no qual é analisada a atividade produtora, empreendedora, da empresa;

c) o perfil patrimonial ou objetivo, no qual é analisada a empresa como estabelecimento (*azienda*), patrimônio fazendário;

d) o perfil corporativo, que nada mais é que analisar a empresa como instituição.

O perfil subjetivo está ligado ao conceito de empresário dado pelo art. 2.082 do *Codice Civile*, ou seja, quem exerce profissionalmente atividade econômica organizada com o fim de produção ou troca de bens ou serviços. Para Rubens Requião[23] nesta definição estão incluídos o sujeito de

18. *Estudos* ..., cit., p. 11.
19. V. 1, p. 52.
20. *Apud* Waldirio Bulgarelli, *Estudos* ..., cit., p. 12.
21. Waldirio Bulgarelli, *Estudos* ..., cit., p. 13.
22. *Apud* Rubens Requião, *Curso* ..., cit., v.1, p. 52.
23. *Curso* ..., cit., v. 1, p. 53.

direito, a atividade específica, a finalidade produtiva e a profissionalidade.

Ainda segundo Asquini, "do ponto de vista funcional ou dinâmico, a empresa aparece como aquela particular força em movimento que é a sua atividade dirigida a um determinado escopo produtivo".[24]

O perfil objetivo, que encara a empresa como estabelecimento ou patrimônio, é resultado do reflexo de um fenômeno econômico na seara patrimonial. Este patrimônio próprio da empresa se difere e está afastado do patrimônio do empresário, principalmente por ter um fim diferente e específico. No entanto, é importante destacar que empresa e estabelecimento não são sinônimos.

Resta o perfil corporativo, a empresa considerada como a reunião do empresário e demais colaboradores em sua atividade.

"O empresário, segundo o perfil corporativo, e seus colaboradores não constituem simplesmente uma pluralidade de pessoas, ligadas entre si por uma soma de relações individuais de trabalho com fins individuais; antes, formam um núcleo social organizado, em função de um objetivo comum, no qual se fundem os fins individuais do empresário e dos colaboradores singulares do melhor resultado econômico da produção."[25]

O jurista italiano via a empresa como um "fenômeno poliédrico", de acordo com Rubens Requião.[26]

Francesco Ferrara, compatriota de Asquini, insurgiu-se contra sua teoria: "Na realidade, o problema foi analisado deste modo por Asquini, que fez uma cuidadosa investigação sobre o assunto, chegando ao resultado de que a palavra 'empresa' tem no Código diferentes significados, usada em acepções diversas: umas vezes para indicar o sujeito que exercita a atividade organizada, outra, o conjunto de bens organizados; outras ainda, o exercício da atividade organizada e, finalmente, a organização de pessoas que exercitem em colaboração a atividade econômica. Todavia, como observamos em outro lugar, nenhuma norma se pode encontrar, com segurança, em que a palavra 'empresa' possa ser utilizada no último sentido, de organização do pessoal, porque, na realidade, os quatro sentidos do termo – os quatro perfis de que falou Asquini – se reduzem a três. Pode-se observar, porém, que, fora dos casos em que a palavra se emprega em sentido impróprio e figurado de empresário ou de estabelecimento, e que deve o intérprete retificar, a única significação que resta é a da atividade econômica organizada, posta já, em outra parte, em relevo, por Carnelutti e Messineo."[27]

Para Ferrara[28] o conceito de empresa não chega a ter relevância jurídica, pois mais importante que a empresa é o sujeito que exercita a atividade, o empresário.

4. *O sistema francês*

4.1 A teoria dos atos de comércio

Com a promulgação do Código Napoleônico, em 1804, iniciou-se a objetivação do Direito Comercial. Passou-se a falar de um Direito aplicado a determinados atos, muito mais que a determinadas pessoas, embora ainda permanecessem alguns institutos somente aplicáveis aos comerciantes.

É sabido que o Código Civil francês era superior ao Comercial, mas isto não impediu que ele servisse de base para a criação de vários Códigos Comerciais no século XIX, principalmente nos países de tradição jurídica romanística e língua latina. Os Códigos belga de 1811, italiano de 1882,

24. *Apud* Rubens Requião, *Curso* ..., cit., v. 1, p. 53.

25. Alberto Asquini, *apud* Rubens Requião, *Curso* ..., cit., v. 1, p. 53.

26. Idem, ibidem, v. 1, p. 52.

27. *Apud* Rubens Requião, *Curso* ..., cit., v. 1, p. 52.

28. *Apud* Rubens Requião, *Curso* ..., cit., v. 1, p. 53.

espanhol de 1829 e português de 1833 podem ser citados como exemplos, assim como alguns Códigos latino-americanos.[29]

No entender de Fábio Ulhôa Coelho: "A teoria dos atos de comércio resume-se, rigorosamente falando, a uma relação de atividades econômicas sem que entre elas se possa encontrar qualquer elemento interno de ligação, o que acarreta indefinições no tocante à natureza mercantil de algumas delas".[30]

Rocco,[31] tentando localizar o elemento de identidade entre os atos mercantis enumerados no art. 3º do *Codice di Commercio del Regno d'Italia* de 1882, explicou que os atos mercantis seriam os que facilitam ou realizam uma interposição na troca. Para tanto, classificou tais atos nas seguintes categorias: a) compra para revenda; b) operações bancárias; c) empresas; e d) seguros. Em todos eles há a troca indireta, que Rocco identificou como o elemento comum. A unidade entre os atos de comércio só se verifica externamente, são as atividades profissionais de uma classe determinada, a burguesia.

A precariedade deste sistema reside, e sempre residiu, na dificuldade de se chegar a um conceito do que sejam os atos de comércio. Para alguns juristas, segundo aponta o mestre Rubens Requião,[32] a dificuldade em se chegar ao conceito fundamental do sistema está no fato de que a dicotomia do Direito Privado não é científica; assim, não seria lógica a distinção entre atos civis e comerciais.

De fato, o sistema francês não incluía certas atividades com fins lucrativos no rol dos atos de comércio. Um exemplo é a negociação de imóveis, excluída do rol no *Code de Commerce*, apesar de aparecer em certos outros códigos. A exclusão pode ser atribuída tanto ao caráter sacro da propriedade imobiliária, na época, quanto à tardia distinção entre circulação física e econômica dos bens, como aponta Estrella.[33] No caso específico da negociação imobiliária pode-se apontar como razão histórica o fato de a burguesia que ascendia ao poder querer preservar sua identidade em oposição ao feudalismo antes reinante. Na Inglaterra, onde a nobreza e a burguesia se uniram em aliança para construírem o Estado Nacional, não houve necessidade de segregar, no sistema jurídico, as atividades comuns à burguesia das atividade comuns aos senhores feudais, em geral as relativas a imóveis.

O fracionamento da atividade econômica é característico da teoria dos atos de comércio. A "mercantilização" das atividades civis tornou o sistema dos atos de comércio insuficiente com o avanço da economia.

O Direito Comercial não pode ser apenas o Direito dos atos de comércio isolados, ele desde há muito já se apresenta muito mais abrangente que isto.

5. *O sistema italiano*

5.1 *O "Codice Civile"*

Na Itália o Código Civil promulgado em 1942 passou a disciplinar, num mesmo diploma, a matéria civil e a comercial, acabando, assim, com a dicotomia do Direito Privado no país. Além disto, foi o primeiro Código a propor uma teoria que substituiria a teoria dos atos de comércio.

De fato, a dicotomia do Direito Privado já era objeto de preocupação para a doutrina italiana desde o fim do século passado. Em 1892 Vivante defendeu o fim da autonomia do Direito Comercial na aula inaugural de seu curso na Universidade de Bolonha, apontando diversas razões em favor da unificação do Direito Privado.

29. Fábio Ulhôa Coelho, *Curso* ..., cit., v. 1, p. 15.

30. Idem, ibidem.

31. *Apud* Fábio Ulhôa Coelho, *Curso* ..., cit., v. 1, p. 15.

32. *Curso* ..., cit., v. 1, p. 12.

33. *Apud* Fábio Ulhôa Coelho, *Curso* ..., cit., v. 1, p. 16.

Dentre tais argumentos estavam o fato de não-comerciantes, os consumidores, terem que se submeter às regras criadas de acordo com o interesse de comerciantes; a incompatibilidade de uma "lei de classe" com a solidariedade social; a insegurança decorrente do rol exemplificativo dos atos de comércio – entre outros. No entanto, o próprio Vivante, em 1919, convidado para presidir a Comissão de Reforma da legislação comercial italiana, abandonou esta tese e elaborou um projeto de Código Comercial.

A promulgação do *Codice Civile* é considerada o marco do início da última fase evolutiva do Direito Comercial, apesar de a Suíça ter editado em 1881 um Código único para as disciplinas do Direito Privado.

É inegável a influência do Código italiano, mas não se deve esquecer as contribuições da doutrina alemã em relação ao *ADGHB* de 1861 e ao *HGB* de 1897 e outras leis esparsas.

O *Codice Civile* foi importante por colocar em vigor um sistema normativo de empresa com um estatuto jurídico que qualificava empresário, *azienda*, atividade empresarial, e regulamentava as relações de trabalho que aconteciam na empresa.

Importante se faz contextualizar a criação do Código italiano. A época era de transição de um capitalismo comercial para um capitalismo industrial. Não era possível nem interessante submeter o industrial ao estatuto dos comerciantes. Transformando-o em empresário e agente da produção, o industrial foi colocado em igualdade de condições com o comerciante. Assim, todo o sistema foi modificado e seu centro de gravidade foi deslocado do comerciante para o empresário. O sistema corporativo da época acabou por deslocar a distinção comerciante/não-comerciante do Direito Privado para a distinção empresário/não-empresário, o sujeito da produção. Houve uma supressão do dualismo comerciante/empresário, passou a ser importante a distinção entre quem fosse empresário e quem não o fosse, como sujeito de direito que o primeiro é.

Não houve apenas a substituição da noção de comerciante para a de empresário; foi adotado um novo sistema em que o empresário aparece não como especulador, mas como responsável pela produção de bens ou serviços.

O antigo comerciante passou a ser considerado empresário comercial com a extinção da adoção dos atos de comércio. A atividade passou a ser elemento de qualificação dos agentes da produção enquanto empresários e do complexo de bens utilizados para o exercício desta atividade, como estabelecimento.

O Código Civil italiano abarcou uma visão unitária da empresa com seus quatro principais aspectos – o empresário, a atividade, a organização do trabalho e o estabelecimento –, captando no mundo jurídico o fenômeno econômico.

5.2 A teoria da empresa

O modelo proposto para a regulação da atividade econômica pelo Código italiano de 1942 tem sua base na teoria da empresa.

Para Fábio Ulhôa Coelho[34] tal teoria apenas deslocou a fronteira entre as disciplinas civil e comercial. Enquanto na teoria elaborada pelos franceses várias atividades econômicas de grande importância eram afastadas do tratamento do Direito Comercial, a teoria italiana englobava tais atividades, como agricultura, pecuária, prestação de serviços, e afastava da disciplina algumas poucas atividades de menor relevância econômica, como a dos profissionais liberais.

A diferenciação no tratamento das atividades não se daria mais de acordo com a espécie, e sim com a expressão econômica. No entanto, ainda haveria diferenciação entre certas atividades, portanto a teo-

34. *Curso* ..., cit., v. 1, p. 18.

ria da empresa deve ser encarada mais como uma nova forma de disciplinar a atividade econômica que como a forma encontrada para a unificação do Direito Privado.

O grande desafio da teoria da empresa é transpor para o mundo jurídico um fenômeno sócio-econômico. A empresa nos nossos dias tem grande relevância e, portanto, deve ser regulado pelo Direito.

Neste desafio, a doutrina divide-se em duas correntes no que tange à recepção do conceito de empresa: uma parte defende a simples transposição da noção econômica para o plano jurídico e a outra defende uma tradução desta noção em termos jurídicos.

Claro está que houve certo progresso em relação à noção jurídica da empresa se compararmos ao que existia anteriormente ao Código. Este progresso deve-se muito aos outros ramos do Direito que não o Comercial, como o Direito Tributário e o Direito Econômico.

A noção jurídica da empresa foi inspirada em sua função como agente da produção e circulação de bens e serviços, que é inegável e deve ser destacada em todos os campos da realidade. Esta função, por sua vez, serviu de base para o estatuto do empresário, que, sendo o sujeito ativo da produção, possui uma série de ônus, responsabilidades, obrigações, além de ter o direito de ser protegido. Com relação aos deveres do comerciante podemos enumerar os deveres do empresário perante a sociedade, visto que a empresa possui também certa função social.

Ao entrelaçamento dos conceitos autônomos de empresário, empresa e estabelecimento dá-se o nome de *empresarialidade*. A essência da empresarialidade foi captada principalmente partindo-se da idéia de atividade econômica organizada.

Para Bulgarelli[35] o Direito procurou, através de suas categorias instrumentais, conceituar o fenômeno da empresa e se utilizou da noção de empresarialidade para chegar a um fim satisfatório. Para ele: "(...) à compreensão da empresa só se chega pela empresarialidade, conceito composto, envolvendo as três manifestações concretas, o empresário, a atividade e o estabelecimento, que exprimem, no plano jurídico, esse tão maravilhoso quanto assustador fenômeno de nossos dias".[36]

Ao Direito Comercial compete regular a atividade econômica exercida pelos cidadãos destinada a produzir, para o mercado, bens ou serviços, de forma profissional.

5.3 A superação do sistema francês

O sistema italiano, com o decorrer dos anos, acabou por superar o sistema francês dos atos de comércio e vem influenciando vários ordenamentos ao redor do mundo.

As legislações deste século têm abandonado a dicotomia do Direito Civil, consagrando as disciplinas comercial, civil e trabalhista num mesmo diploma. A teoria dos atos de comércio vem sido substituída pela da empresa.

Nem todas as legislações fazem referência especificamente à teoria da empresa ou à dos atos de comércio, mas têm usado aquela em substituição à teoria francesa.

6. O Direito Comercial como o Direito das Empresas

Seguindo o entender de Alberto Asquini,[37] ainda não se pode considerar o Direito Comercial como o Direito das Empresas. Segundo ele tal redução é passível de crítica do ponto de vista histórico por ter sido o Direito Comercial anterior ao aparecimento da empresa; do ponto de vista econômico pois aquele surgiu antes da empresa e não necessitou dela para se afirmar; bem como do ponto de vista sistemá-

35. *A Teoria Jurídica da Empresa*, p. 202.

36. *A Teoria* ..., cit., p. 213.

37. *Apud* Waldirio Bulgarelli, *Estudos* ..., cit., p. 14.

tico pois não se pode apontar a existência da empresa em absolutamente todos os institutos mercantis.

Partindo de um outro ponto de vista, a empresa é um instituto demasiadamente complexo para ser totalmente abrangido pelo Direito Comercial, ou, no caso, o Direito das Empresas. Para que isto fosse possível, no entender de Manoel Broseta Pont,[38] o Direito Comercial teria que englobar todas as normas sobre empresas e todas as formas de empresas existentes.

Como fenômeno poliédrico que é, a empresa estará sempre presente em vários ramos do Direito, como o Direito Tributário e o Trabalhista, por exemplo. Assim sendo, não parece provável que o Direito Comercial, tornando-se o Direito das Empresas, consiga regular todos os aspectos desta, tampouco consiga abranger todos os tipos de empresas existentes (e os que ainda estarão por vir).

Para Bulgarelli,[39] aceitar esta impossibilidade é uma posição realista, da mesma forma que se aceitar juridicamente o conceito econômico de empresa, pois a realidade jurídica, principalmente neste caso, não deve se afastar da realidade econômica.

Muitos autores afirmam ser impossível a chegada a um conceito jurídico e unitário de empresa, como Hamel e Lagarde.[40] No entanto, para Broseta Pont[41] este conceito existe e se difere da natureza jurídica da empresa. Para o jurista houve um erro metodológico que dificultou a chegada a um conceito; não era possível que a empresa fosse tomada como um todo no Direito se, na verdade, tinha natureza múltipla. Segundo ele, o conceito jurídico unitário de empresa existe e deve ser equivalente ao conceito econômico; não se pode permitir que algo exista de uma forma para a Economia e de outra para o Direito, principalmente se não se verifica mudança alguma em sua substância.

Ainda seguindo o pensamento do ilustre jurista espanhol, unitário é o conceito de empresa, mas não o tratamento jurídico a ser dado a ela. A cada parte do Direito interessa um diferente aspecto deste conceito unitário, o que não quer dizer que tal conceito não possa existir.

Há certa unanimidade em relação ao conceito econômico de empresa, o que ajuda na aceitação de tal conceito pelo Direito. Para Sylvio Marcondes: "Há indubitavelmente na concepção da empresa comercial um substrato econômico consistente na organização dos fatores da produção, realizada pelo empresário, no sentido da atividade empreendedora, visando à obtenção de lucro e correndo o risco correspondente. Esse substrato, por estar implícito em todos os enunciados propostos para a definição de empresa, pode ser havido como ponto pacífico na controvérsia, a qual somente surge quando se trata de complementar o conceito econômico, mediante elementos de ordem jurídica".[42]

Assim sendo, a legislação seguiu regulando seus inúmeros aspectos sempre tendo em vista a empresa como "organização de capital e trabalho destinada à produção ou mediação de bens ou serviços para o mercado".

7. A empresa no Brasil

A empresa encontra-se presente em nossa economia como estrutura produtiva, diferenciando-se das empresas de outros países pelas características decorrentes da situação econômico-financeira do país.

Elas podem ser classificadas de acordo com vários critérios, de acordo com o tamanho, área de atuação, de acordo com a organização, dentre outros. Este, porém, não é o objeto do presente estudo.

38. *Apud* Waldirio Bulgarelli, *Estudos* ..., cit., p. 15.

39. *Estudos* ..., cit., p. 15.

40. *Apud* Waldirio Bulgarelli, *Estudos* ..., cit., p. 15.

41. *Apud* Waldirio Bulgarelli, *Estudos* ..., cit., p. 16.

42. *Apud* Waldirio Bulgarelli, *Estudos* ..., cit., p. 17.

Segundo Bulgarelli: "A situação se apresenta, pois, com um caráter dicotômico: de um lado, vige o Código Comercial, com seu sistema baseado no exercício profissional da mercancia (...), a que está vinculado, por seu turno, o regime falimentar (...) e de outro, vigem também as normas que se referem à empresa, com seus significados valoráveis juridicamente, ou seja, de empresário, de atividade, de estabelecimento e de organização".[43]

Até hoje a doutrina e a jurisprudência se preocupam em obter a qualificação de comerciante através de critérios seguros. Em alguns casos não há discordância na doutrina, como nas atividades de intermediação, de forma habitual, com fins lucrativos e nas atividades relacionadas no art. 19 (revogado) do Regulamento 737, pois é dado destaque ao tipo de atividade e à forma como é exercida. Em outros casos, onde não está clara a comercialidade ou a empresarialidade, surgem dúvidas e problemas, como, por exemplo, no caso de empresas de publicidade.

Tomando-se por base as teorias estrangeiras elaboradas sobre a empresa, a de Vivante foi a mais bem aceita pelos doutrinadores brasileiros, segundo estudo de Sylvio Marcondes.[44]

No entanto, não se pode afirmar que houve fixação de um conceito jurídico unitário de empresa. O conceito sempre esteve, de certa forma, centrado na atividade econômica organizada, e não foram esquecidas as importantes figuras do empresário, o agente animador da atividade e sujeito de direitos, e do estabelecimento, segundo J. X. Carvalho de Mendonça: "(...) complexo de bens destinados pelo empresário para o exercício das atividades econômicas, qualificado como universalidade de fato, e portanto na categoria dos objetos de direito".[45]

Ruy de Souza elaborou a seguinte conceituação: "É empresa a instituição jurídica não-personalizada, que se caracteriza pela organização com certa permanência e com autonomia administrativa de uma atividade econômica destinada à produção de bens ou de serviços para o mercado ou à intermediação deles no circuito econômico; essa organização põe em funcionamento um fundo de comércio, a que se vincula através do empresário individual ou societário, ente personalizado cuja missão é representar juridicamente a empresa no mundo dos negócios e cujos atos são praticados repetidamente, em série orgânica, e são sempre comerciais pela sua própria natureza".[46]

De acordo com Bulgarelli,[47] para que haja uma melhor compreensão deste fenômeno sócio-econômico que é a empresa, devemos examiná-lo de acordo com os interesses jurídicos protegidos. Se entendemos a empresa como atividade econômica organizada e voltada para o mercado, devemos, então, proteger seus destinatários.

Em cada campo do Direito em que a noção de empresa aparece haverá um diferente interesse a ser protegido. No Direito Comercial temos os credores, incluídos, aí, fornecedores, acionistas, o Estado e os trabalhadores.

Percebemos que, atualmente, a convivência do regime do comerciante com o da empresa em nosso Direito deixa sem solução uma série de problemas, mas isto não impede o reconhecimento da importância da empresa em nosso ordenamento jurídico atual, tanto que o Projeto do novo Código Civil deu especial atenção a ela.

7.1 O Código Comercial e o Regulamento 737, de 1850

Juridicamente, a primeira aparição da palavra "empresa" em nosso ordenamento

43. *A Teoria* ..., cit., p. 220.

44. *Apud* Waldirio Bulgarelli, *A Teoria* ..., cit., pp. 253-254.

45. *Apud* Waldirio Bulgarelli, *A Teoria* ..., cit., pp. 258-259.

46. *Apud* Waldirio Bulgarelli, *A Teoria* ..., cit., pp. 259-260.

47. *A Teoria* ..., cit., p. 293.

foi no art. 19, 3, do Regulamento 737, de 1850. O artigo, ao caracterizar "mercancia", inclui as "empresas: 1) de fábricas; 2) de comissões; 3) de depósitos; 4) de expedição, 5) de consignação e transportes de mercadorias'; e 6) de espetáculos públicos".

A partir desta menção os juristas pátrios passaram a se preocupar com a conceituação de empresa.

À época do Regulamento 737 a importância maior residia no aspecto processual do tema, pois a empresa, sendo mercancia, deslocava questões para a competência dos Tribunais do Comércio. Com a unificação da Justiça, ocorrida em 1875, o aspecto processual perdeu sua importância, porém a palavra continuou sendo usada em outros diplomas legais. O problema da qualificação do comerciante deixou de ser processual, mas permaneceram as dúvidas em relação a responsabilidade, obrigações e ônus e prerrogativas; portanto, continuou a ser importante a busca da afirmação jurídica de quem seria comerciante.

Mesmo revogado o art. 19 do Regulamento 737, a idéia de mercancia como a reiteração dos atos de comércio permaneceu entre nós e levou-nos à idéia da empresarialidade moderna, ainda que não por inteiro. De acordo com o entendimento de Bulgarelli: "Essa junção, entre nós, se deu tendo em vista mais a idéia de mercancia absorvedora dos atos de comércio, despertando a idéia do exercício profissional, assimilável à atividade empresária (cf. art. 4º do Código Comercial)".[48]

Não seria possível arrolar neste trabalho todos as referências feitas às empresas na legislação brasileira; mas, a título de exemplificação de seu constante uso, poderíamos citar os arts. 37, XIX, 71, V, 171, 222, 170, IX, e 179 da Constituição da República Federativa do Brasil; os arts. 677 e 678 do CPC; os arts. 52, IV, 54 § 4º, 58, § 1º, III, e 197, dentre outros, do CTN. A Consolidação das Leis do Trabalho faz diversas menções à empresa, assim como, no âmbito do Direito Comercial, a Lei das Sociedades Anônimas (n. 6.404, de 1976) e o próprio Código Comercial.

Desta breve enumeração podemos perceber que o conceito de empresa está presente nos mais diversos ramos do Direito pátrio e é utilizado das mais diferentes formas em cada um deles.

7.2 A aproximação do Direito Brasileiro ao sistema italiano

Como vem acontecendo na maioria dos países de tradição romanística, o Brasil tem aos poucos abandonado o sistema francês dos atos de comércio, dando lugar à adoção da teoria da empresa para a classificação da atividade comercial.

É sabido que o completo abandono da teoria dos atos de comércio somente se dará com a promulgação do novo Código Civil, que, além da unificação do Direito Privado, consagrará a teoria da empresa em nosso ordenamento.

No entanto, todas as tentativas de codificação do Direito Privado pátrio se inclinaram para a unificação, por conseqüência, para a adoção do modelo italiano em vários pontos. Podemos citar o Projeto do Código Comercial de Inglês de Souza, apresentado em 1912 ao Presidente Hermes da Fonseca, que propunha a unificação do Direito Privado.

Apesar de ainda nos encontrarmos sobre a égide do Código Comercial de 1850, claramente baseado na teoria dos atos de comércio, a legislação, além da doutrina e da jurisprudência, tem caminhado no sentido da adoção do sistema italiano, independentemente da promulgação do novo Código Civil.

O Código de Defesa do Consumidor, de 1990, adotou a teoria da empresa ao igualar os fornecedores, independentemente do ramo de sua atividade, e ao impor o mesmo tratamento dado aos comerciantes aos empresários em atividades bancárias,

48. *A Teoria ...*, cit., p. 224.

industriais, imobiliárias ou de prestação de serviços.

A Lei de Locações (n. 8.245, de 1991), ao contrário de sua antecessora, a Lei de Luvas, estendeu o direito à renovação compulsória do contrato de locação ao imóvel que abrigue exploração da atividade econômica. Assim, as sociedades civis com fins lucrativos passaram a usufruir de tal benefício, antes restrito à sociedade comercial.

A Lei 8.934, de 1994, transformou o antigo Registro de Comércio no "Registro de Empresas e Atividades Afins", denotando a intenção de dar maior abrangência ao registro.

As mudanças foram tamanhas que podemos notar que com a promulgação do novo Código Civil seriam resolvidos os dois grandes problemas restantes quanto à classificação de determinada atividade como mercantil: a execução judicial concursal e a possibilidade de impetração de concordata.

Para Fábio Ulhôa Coelho: "(...) deve-se situar o Direito Brasileiro, no que diz respeito aos modelos de disciplina privada da atividade econômica, numa fase de transição entre o sistema francês, de previsão de dois regimes distintos, e o italiano, de estabelecimento de regime geral marginalmente excepcionado. Mais precisamente falando, o Direito Brasileiro encontra-se já no limite desta fase de transição, consideravelmente próximo do modelo italiano, faltando para concluir o processo, a rigor, apenas a alteração da legislação falimentar".[49]

7.3 O Projeto do novo Código Civil

Não podemos pretender, aqui, ter uma visão geral do Projeto de Código Civil, tendo em vista a vastidão dos assuntos abrangidos, mesmo se considerarmos apenas a disciplina comercial, restringindo-nos, pois, a observar os aspectos concernentes à adoção do sistema italiano de classificação da atividade comercial.

O Código Civil francês de 1804 serviu de inspiração para a maioria dos Códigos dos países de tradição jurídica romanística. Segundo Fábio Konder Comparato[50] as principais idéias daquela codificação foram a preservação da certeza e da segurança jurídica, a uniformização legislativa e o racionalismo. Não se pode esquecer a benéfica influência da codificação francesa para os outros países.

Atualmente tramita no Senado Federal o Projeto de Código Civil, elaborado pelo grande jurista Miguel Reale. O Projeto foi encaminhado à Câmara dos Deputados em 1975 e aprovado em 1984.

O Projeto é inspirado no Código italiano, adotando expressamente a teoria da empresa como modelo de disciplina da atividade econômica.

Para chegar à atual versão do Projeto, diversas propostas e emendas foram apresentadas. Primeiramente cogitou-se da elaboração de um Código Civil e outro das Obrigações incluindo títulos de crédito e a matéria relativa aos empresários e sociedades. Pensou-se ainda na elaboração de um Código apartado tratando de empresários e sociedades, idéia que foi deixada de lado, apesar de ter sido defendida por alguns juristas.

Sylvio Marcondes inspirou-se diretamente no Código Civil italiano ao elaborar, em 1965, a primeira versão da parte referente aos empresários e sociedades do Projeto. Havia nela uma definição geral de empresário que excluía expressamente os profissionais que exerciam atividades intelectuais. Havia também definições de empresário rural e pequeno empresário. A definição de empresário comercial era obtida por exclusão: praticando a atividade empresarial e não sendo empresário rural, seria empresário comercial.

49. *Curso* ..., cit., v. 1, p. 26.

50. *Ensaios e Pareceres de Direito Empresarial*, p. 541.

Esta conceituação de empresário comercial, feita de forma residual, foi bastante criticada, por dar margem a uma série de dúvidas. "Empresário comercial" é conceito fundamental; portanto, sua definição deveria ser positiva; a analogia e os termos negativos acabam por gerar obscuridades. Além disto, o conceito de empresário comercial acabava por ficar baseado em outro conceito de contornos imprecisos, o de empresário rural.

Eram previstos um rol das atividades próprias do empresário comercial e ainda a subordinação às leis esparsas referentes aos comerciantes, como, por exemplo, a Lei Falimentar.

Ainda era clara a influência da comercialidade, tanto por se basear o Projeto no Código italiano quanto porque esta idéia ainda era bastante viva na mente dos juristas pátrios. De fato, a unificação do Direito das Obrigações não necessariamente significa a abolição da vida comercial. A concepção moderna do Direito Comercial como o Direito das Empresas não foi esquecida, porém o comerciante, então caracterizado como empresário comercial, ainda era colocado no centro do sistema.

Nas seguintes edições do Projeto, elaboradas a partir de 1972, foi corrigido o problema da conceituação de empresário comercial e acabou por ser adotado um novo esquema, distanciado do esquema italiano. O regime da comercialidade foi sendo aos poucos abandonado, principalmente com a eliminação da lista das atividades comerciais, para dar lugar ao regime da empresarialidade. Foi eliminada a subordinação das atividades industriais, intermediárias e de serviços à qualificação de empresário comercial, livrando o Projeto dos defeitos da comercialidade, criando um regime original.

A redação encaminhada ao Congresso Nacional, em seu Livro II, sob o título "Da Atividade Negocial", tratou da empresa sob os perfis do empresário, da atividade e do estabelecimento, excluindo apenas os perfis corporativo e institucional, ao seguir o entendimento de Asquini.

O Projeto estabeleceu um regime jurídico para o empresário, determinando suas principais obrigações, que seriam a inscrição no Registro competente e a manutenção de escrituração. Conceituou "estabelecimento" e regulou os negócios jurídicos que o têm como objeto. Tratou ainda da atividade em seus diversos aspectos, como localização, dimensão, impedimentos, continuação, dentre outros.

Em seu art. 969 o Projeto define "empresário", com base na teoria italiana:

"Art. 969. Considera-se empresário quem exerce profissionalmente atividade econômica organizada para a produção e circulação de bens ou de serviços.

"Parágrafo único: Não se considera empresário quem exerce profissão intelectual, de natureza científica, literária ou artística, ainda com o concurso de auxiliares ou colaboradores, salvo se o exercício da profissão constituir elemento de empresa."

O parágrafo único visou ao alcance dos profissionais liberais, que somente serão alcançados pela regulamentação da atividade econômica se de fato for provado que exercem sua profissão numa organização empresarial. Se não for possível identificar o "elemento de empresa" a atividade será regulada de acordo com o regime de cada categoria profissional específica.

O empresário, segundo descrito no art. 969, terá sua atividade regulada pelas normas referentes à matéria mercantil (art. 2.065).

O pequeno empresário assim como o empresário rural, de acordo com o art. 973 do Projeto, poderão fazer a opção de ingresso no regime geral de disciplina da atividade econômica. Não foram expressamente excluídos do conceito de "empresário", porém poderão se inscrever no registro de empresas e passarão a ser considerados como tal e, obviamente, ter a obrigação de respeitar todos os deveres impostos a este.

Com o fim da dicotomia entre atos civis e comerciais, ainda restará a questão da qualificação de empresário para que os agentes da atividade econômica se enquadrem num regime jurídico próprio. O sistema qualificador do comerciante deixou de ser baseado nos atos de comércio para se basear na atividade, que se revela pela organização que o suporta.

A prestação de serviços, como atividade econômica organizada que é, foi introduzida no âmbito do Direito Comercial com o advento da noção de empresarialidade. Devemos lembrar também que "(...) certas atividades que, natural ou substancialmente, não estariam, ou efetivamente não estão, dentro do conceito da comercialidade pura giram em torno dela, quer pretendendo nela ingressar, quer a ela não querendo se acoplar. O regime jurídico do comerciante e da prática profissional da mercancia atua, portanto, em dois sentidos: a) coloca-se como um verdadeiro imã, como pólo de atração no que concerne às vantagens concedidas aos comerciantes (basicamente a concordata mercantil); e b) como fator de repulsa no que se refere a obrigações e responsabilidades, notadamente em relação à falência".[51]

Não se pode considerar o Projeto um estatuto classista, porquanto determina normas para o exercício da atividade empresária, a atividade econômica organizada de produção e circulação de bens ou serviços para o mercado, não estando afeito a estatuto profissional algum.

O Código Civil italiano serviu-lhe de inspiração, mas, no decorrer de sua elaboração, o Projeto foi se diferenciando deste em pontos cruciais (muito porque os contextos histórico, econômico e político da elaboração eram bem diferentes). Podem ser destacadas três grandes diferenças entre eles: 1) a regulamentação do trabalho na empresa, que em nosso país ficou a cargo das leis trabalhistas; 2) a sujeição da empresa ao Estado, própria do Código italiano; 3) a manutenção do empresário comercial como o centro do regime na Itália, o que não ocorreu no Brasil. A visível distância entre os dois Códigos é benéfica, pois denota a preocupação dos projetistas em adaptar a idéia italiana à realidade brasileira.

A eliminação do rol enumerativo referente às atividades do empresário comercial trará para o intérprete a liberdade para identificar as atividades a serem consideradas empresariais baseando-se no fato de elas serem econômicas, organizadas e profissionais.

A economicidade refere-se à criação de riquezas, a organização refere-se à coordenação dos fatores de produção e a profissionalidade, por sua vez, ao exercício habitual e sistemático, com ânimo de lucro.

O exercício da atividade caracterizará o tipo previsto na lei. Dependendo da forma do exercício, do conteúdo da atividade ou de sua dimensão, haverá ou não o alcance da nova norma. Por exemplo, o pequeno empresário, por sua dimensão, só será alcançado se assim for de seu interesse, e as atividades intelectuais, pela forma como são exercidas, serão excluídas.

Uma atividade econômica com fim lucrativo mas não empresarial não estará atrelada às normas relativas à empresa, a menos que se trate de sociedade por ações. Para que se considere empresarial a atividade deve ser composta de três fatores inseparáveis: a habitualidade no exercício visando à produção ou circulação de bens ou serviços; o escopo de lucro e a organização.

A atividade foi tratada nos moldes do Código Civil italiano. Está disseminada em várias partes do livro da atividade negocial, infiltrando-se no tratamento dado ao empresário, ao estabelecimento e aos demais institutos. Foi dada grande relevância à atividade, que passou a produzir efeitos por si mesma, não mais dependendo dos diferentes atos que a integram. Grande parte das vezes o Projeto faz menção à atividade sem ligá-la à palavra "empresa", decerto porque muitas vezes ela pode não se referir à atividade empresarial.

51. Waldirio Bulgarelli, *A Teoria* ..., cit., p. 224.

A atividade tem grande significado na teoria da empresa, pois é o mais importante qualificador de empresário. Ela é mencionada para a conceituação de empresário e também de estabelecimento.

De acordo com o entendimento de Waldirio Bulgarelli,[52] um dos grandes avanços do Projeto é justamente a unificação das obrigações, que trará maior segurança jurídica. O Projeto foi uma oportunidade para atualizar o regime jurídico obrigacional pátrio, introduzindo inovação e consagrando práticas já existentes. Foram ajustadas normas de uso comum e normas concebidas para os agentes de atividade empresarial, porém sem que houvesse o fim da autonomia de qualquer dos ramos do Direito em questão.

No Código italiano foram inseridas normas de nítido caráter comercial, como a presunção da solidariedade das obrigações; o predomínio da aparência sobre o Direito para a garantia da segurança jurídica; a contagem de juros de pleno direito; a constituição em mora sem interpelação; a taxa objetiva das indenizações, dentre outras. No Projeto brasileiro nem todas estas normas foram adotadas. Não consta a presunção de solidariedade, mantendo o atual entendimento legislativo; os juros passaram a ser devidos mesmo que não se alegue prejuízo; a atual lacuna no que diz respeito à responsabilidade do devedor pelo inadimplemento das dívidas assumidas foi preenchida, pois passam a responder todos os seus bens, presentes e futuros. Vários contratos foram arrolados no Projeto, alguns que ainda não foram tratados no Código Comercial nem no Código Civil atuais. Foi estipulada também a presunção de onerosidade em certos contratos de tradição romanística, que passaram a ser exercidos com caráter profissional, como o de depósito, mandato e seguro.

Ainda que haja em seu corpo evidentes aspectos positivos, o Projeto do novo Código Civil é passível de críticas. Muitas delas referem-se à reunião da matéria obrigacional, comercial e civil num diploma a ser chamado de Código Civil.

Para Rubens Requião[53] não houve unificação do Direito Privado, como muitos pretendem. Diversas matérias privatistas foram deixadas à parte do novo Código e o que se chama de "reunião" constitui apenas justaposição da matéria civil e comercial. Para ele, deveria ter sido projetado um Código Civil e outro das Obrigações, que reuniria obrigações civis e comerciais. Deveria ser criada também uma lei própria para regular matéria referente a empresários e sociedades.

Fábio Konder Comparato[54] entende que o Projeto não conseguiu harmonizar a disciplina do Direito Privado. Num código, segundo o jurista, as normas, os diversos títulos, devem expressar um coerência e uma ligação entre si. Isto não aconteceu com o livro dedicado a disciplinar a atividade negocial, que parece estranho ao resto do Código. Parece-lhe estranho que a Parte Geral em nenhum momento menciona atividade jurídica, nem mesmo ao discorrer sobre negócio jurídico, e aquele conceito é imprescindível para que seja definida a atividade empresarial, em que se baseia todo o novo sistema do Direito Comercial. Para o jurista o fato de a matéria relativa às sociedades por ações ter sido excluída do Projeto dificulta a admissibilidade da manutenção da matéria negocial no Código. Por fim, destaca que o Projeto tem certo caráter doutrinário, o que não deveria ser admitido, visto que não se pode considerar um código como um manual de doutrina.

O Projeto tem seu mérito, por ter sabido transpor para o plano jurídico a realidade sócio-econômica da empresa, não apenas através da visão econômica já existente. Além disto, baseou-se no *Codice Civile* sem ignorar as peculiaridades de nossa rea-

52. *A Teoria* ..., cit., p. 346.

53. *Apud* Waldirio Bulgarelli, *A Teoria* ..., cit., p. 357.

54. *Ensaios* ..., cit., p. 546.

lidade, sabendo abandonar o modelo quando houve necessidade de fazê-lo. Foi responsável por um ajuste do nosso sistema à teoria jurídica da empresa, criando um regime próprio, revelando a competência e saber jurídico de seus projetistas.

8. Conclusão

A presente monografia não pretende esgotar a discussão do tema, tampouco a bibliografia relativa ao assunto. Ela apenas reflete o crescente destaque (certamente não recente) de um fenômeno que se iniciou há alguns séculos.

A importância da empresa é indiscutível nos nossos dias, e tal importância reflete-se no mundo jurídico, como não poderia deixar de ser. Durante muito tempo, e de certa forma até hoje, a transposição da realidade sócio-econômica da empresa para o plano do Direito tem-se apresentado como um ponto controverso na doutrina. Tal controvérsia agrava-se à medida que a necessidade da utilização das noções de empresa, empresário e atividade empresarial aumenta a cada dia, principalmente se tomarmos por base a realidade brasileira.

Desde o advento do Código Civil italiano, em 1942, a empresa começou a se fixar no plano jurídico através da teoria da empresa. Tal teoria alcançou grande relevância e influenciou várias codificações ao redor do mundo, e em cada país foi adaptada às necessidades e realidades peculiares.

A teoria da empresa surgiu como alternativa à então predominante teoria dos atos de comércio, criada com a codificação napolêonica em sintonia com a ordem da época. Em contraposição ao subjetivismo que dominava a disciplina da atividade comercial antes das Revoluções Liberais, a codificação propôs um sistema objetivo, a atividade passaria a ser qualificada como comercial com base num rol estabelecido em lei. O subjetivismo dava lugar ao objetivismo sintonizado com os ideais de igualdade da época.

Desde o surgimento da teoria italiana a teoria francesa vem perdendo a influência que havia conquistado em inúmeras codificações de países de tradição romanística.

A conceituação de empresa ainda desperta muitas discussões na doutrina em todo o mundo. Tentamos, de maneira obviamente sucinta, demostrar tal discordância e até que ponto já se pode falar em acordo quanto a certos aspectos da conceituação. No Brasil grande parte da doutrina se apóia nos perfis elaborados pelo jurista Alberto Asquini.

A relevância do fenômeno da empresa tornou-se tão clara que alguns doutrinadores cogitam, mesmo, da transformação do Direito Comercial no Direito das Empresas. Transformação, esta, que não chega a se tornar fundamental, sendo passível de sensatas críticas.

No Brasil o Regulamento 737, de 1850, filiou a legislação ao sistema objetivo de disciplina da atividade comercial. No entanto, desde o início de sua adoção o sistema deu margem a uma série de dúvidas, principalmente relativas à qualificação de "comerciante". Assim sendo, a legislação pátria há tempos vem, paulatinamente, adotando a teoria da empresa, e a adoção do sistema estará completa com a promulgação do novo Código Civil, que ainda tramita no Senado Federal.

Certo está que apenas a legislação que dispõe sobre falências e concordatas ainda adota a teoria dos atos de comércio de forma completa, e esta deverá sofrer as maiores transformações com o novo sistema, assim que seja promulgado o novo Código.

Bibliografia

ARNOLDI, Paulo Roberto Colombo. *Teoria Geral do Direito Comercial: Introdução à Teoria da Empresa*. São Paulo, Saraiva, 1998.

BORBA, José Edwaldo Tavares. *Direito Societário*. 3ª ed. Rio de Janeiro, Freitas Bastos, 1997.

BULGARELLI, Waldirio. *A Teoria Jurídica da Empresa*. São Paulo, Ed. RT, 1985.

———. *Estudos e Pareceres de Direito Empresarial: o Direito das Empresas*. São Paulo, Ed. RT, 1980.

———. *Questões Atuais de Direito Empresarial*. 1ª ed. São Paulo, Malheiros Editores, 1995.

CARVALHO DE MENDONÇA, José Xavier. *Tratado de Direito Comercial Brasileiro*. 5ª ed., v. 2. Rio de Janeiro, Freitas Bastos, 1953.

COELHO, Fábio Ulhôa. *Curso de Direito Comercial*. v. 1. São Paulo, Saraiva, 1998.

———. *Manual de Direito Comercial*. 6ª ed. São Paulo, Saraiva, 1995.

COMPARATO, Fábio Konder. *Direito Empresarial: Estudos e Pareceres*. São Paulo, Saraiva, 1990.

———. *Ensaios e Pareceres de Direito Empresarial*. Rio de Janeiro, Forense, 1978.

MARTINS, Ives Gandra da Silva. *Direito Empresarial: Pareceres*. 1ª ed. Rio de Janeiro, Forense 1995.

REQUIÃO, Rubens. *Curso de Direito Comercial*. 22ª ed., v. 1. São Paulo, Saraiva, 1995.

SHARP JR., Ronald A. *Elementos de Direito Comercial*. Rio de Janeiro, Destaque, 1997.

Pareceres

ANULAÇÃO DE ASSEMBLÉIA DE TRANSFORMAÇÃO DE SOCIEDADE ANÔNIMA*

ERASMO VALLADÃO A. E N. FRANÇA

I – A teoria das nulidades no Direito Societário. II – O caso concreto. III – Conclusão.

CONSULTA

Os doutos advogados Pedro Jorge da Costa Cury e Paulo Guilherme B. Cruz, da renomada sociedade de advogados "Peixoto & Cury Advogados S/C", solicitam nosso parecer acerca de questão envolvendo a invalidade de deliberações de assembléias de sociedade anônima, que assim pode ser resumida:

1. a) Em *12 de novembro de 1991* foi realizada assembléia-geral extraordinária da sociedade "Y" S/A (que é a cliente dos Consulentes), onde se tomou a seguinte deliberação:

"5. OBJETIVOS

"5.1 Alteração do Estatuto Social, para incluir a previsão de transformação do tipo de sociedade, conforme estabelecido no art. 221 da Lei 6.404, de 15.12.1976.

"5.2 Assuntos Gerais.

"6. DELIBERAÇÕES: Aprovadas pela unanimidade dos acionistas presentes à assembléia

"*6.1 Aprovada a inclusão no Estatuto Social de um Capítulo IX e de um artigo n. 24, com a seguinte redação*:

"'*Capítulo IX – Da Transformação*

"'*Art. 24. A transformação do tipo da sociedade poderá ser deliberada pela assembléia-geral de acionistas, conforme previsto no art. 221 da Lei n. 6.404/76*'" (destaques nossos).

b) Posteriormente, em *16 de dezembro de 1991*, nova assembléia-geral extraordinária da sociedade "Y" S/A se realizou, com a presença de acionistas representando mais de 90% do capital votante, tendo sido tomada a seguinte deliberação:

"Dando continuidade, propôs o Sr. Presidente a inclusão, no Estatuto Social desta companhia, de novo parágrafo único ao art. 19, com a seguinte redação.

"'Art. 19. A assembléia-geral reunir-se-á, ordinariamente, nos quatro primeiros meses após o término do exercício social, e extraordinariamente, sempre que os interesses sociais exigirem o pronunciamento dos acionistas.

"'*Parágrafo único. Todas as deliberações da assembléia-geral serão tomadas por maioria absoluta de votos, inclusive sobre as matérias de que tratam os arts. 136 e 221 da Lei n. 6.404/76*'.

"Colocada a proposta em debate e posterior votação, foi a mesma integral e unanimemente aprovada, declarando-se em

* Parecer oferecido na Ap. cível 1.566.252-4/8, do egrégio TJSP.

pleno vigor o novo parágrafo único do art. 19 do Estatuto Social, mantidos inalterados os demais artigos" (destaques nossos).

c) Finalmente, no dia *26 de dezembro de 1991* foi realizada uma última assembléia da sociedade "Y" S/A, onde se deliberou, com a presença de acionistas representando mais de 98% do capital votante, e por unanimidade de votos dos presentes, entre outras matérias, a seguinte: "A seguir, *a assembléia declarou efetivada a transformação desta companhia em sociedade por quotas de responsabilidade limitada* sob a denominação de 'Y' Ltda., e em pleno vigor o contrato social, para todos os fins e efeitos legais, inclusive quanto à nomeação dos diretores, desde já, empossados" (destaques nossos).

2. Insatisfeita com a *transformação* da "Y" S/A em sociedade por quotas de responsabilidade limitada, a acionista "X", titular de ações representativas do percentual de 1,25% do capital social, promoveu, primeiramente, em 11 de novembro de 1993, um protesto visando à interrupção da prescrição da ação anulatória daquela deliberação, tomada, como se disse, em 26 de dezembro de 1991.

Ao depois, em 26 de outubro de 1995 propôs demanda a que denominou "ação ordinária de anulação de deliberação assemblear", cujo pedido é absolutamente preciso:

"*Pelo exposto*, recebida a presente, só resta à suplicante pedir e requerer:

"1) a citação da ré ..., assim como das litisconsortes ...;

"2) seja, após a tramitação processual de estilo, julgada procedente a ação e *decretada a anulação da deliberação* tomada pela maioria dos acionistas de 'Y' S/A, que, *em assembléia-geral extraordinária, realizada em 26 de dezembro de 1991, a transformou em sociedade por quotas de responsabilidade limitada*, revertendo-a ao tipo jurídico das sociedades anônimas e restabelecidos integralmente os direitos societários titulados à autora;

"3) a condenação nos ônus da sucumbência" (destaques nossos).

Rememorando, pois, ocorreram *três assembléias* da sociedade "Y" S/A.

As *duas primeiras*, realizadas, respectivamente, em 12 de novembro de 1991 e 16 de dezembro de 1991, onde foi deliberada a *alteração dos Estatutos* daquela companhia, prevendo a modificação estatutária efetuada nesta última assembléia – expressamente – a possibilidade de a *transformação* da sociedade ser efetuada por maioria absoluta de votos; a *terceira assembléia*, realizada em 26 de dezembro de 1991, onde foi deliberada a transformação da companhia em sociedade por quotas de responsabilidade limitada, sob a denominação de "Y" Ltda.

O pedido formulado na demanda anulatória voltou-se – de forma inequívoca, como se viu – apenas contra a deliberação tomada na *terceira assembléia.*

A petição inicial, aliás, logo de início já deixa isso claro: "1.1 A deliberação assemblear que a requerente deseja anular – transformação do tipo jurídico da sociedade – foi tomada em 26 de dezembro de 1991"; repetindo, mais adiante: "3.3 Assim sendo, como de fato e de direito é, plenamente legitimada para tanto, vem a peticionária rogar a V. Exa. a decretação da anulação da deliberação assemblear, tomada em 26 de dezembro de 1991, por acionistas titulares da maioria do capital social da 'Y' S/A, transformando-a em sociedade por quotas de responsabilidade limitada".

3. De se ressaltar, por oportuno, que, após a realização da assembléia onde se deliberou a *transformação*, a autora da demanda, em 17 de novembro de 1992 – antes, portanto, de promover o mencionado protesto contra interrupção da prescrição –, exerceu, *sem qualquer ressalva*, seu direito de preferência para subscrição de novas *quotas* resultantes de aumento de capital da ré "Y" Ltda., desembolsando quantia equivalente a *US$19,957.30* para integralizá-las.

4. A ação foi contestada, tendo-se argüido preliminares de falta de interesse processual e de prescrição – esta última acolhida em primeiro grau e posteriormente afastada pelo E. Tribunal de Justiça.

Retomado o curso do feito, o MM. Juiz da ... Vara Cível deliberou julgar antecipadamente a lide, rejeitando a preliminar de ausência de interesse processual e decretando a procedência da ação para o fim de anular a deliberação que, em 26 de dezembro de 1991, transformou a companhia em sociedade por quotas de responsabilidade limitada.

Entendeu S. Exa., em suma, que as alterações promovidas no Estatuto com a finalidade de permitir a transformação do tipo social por maioria – objeto das deliberações tomadas nas assembléias realizadas em *12 de novembro de 1991* e *16 de dezembro de 1991* – só poderiam ter sido decididas pela unanimidade dos acionistas.

Em razão desse entendimento, anulou a transformação societária deliberada em *26 de dezembro de 1991.*

Também não viu o ilustre Magistrado sentenciante qualquer incompatibilidade entre o fato de se subscrever – sem qualquer ressalva, repita-se – *quotas* do capital de uma sociedade de responsabilidade limitada e a pretensão de invalidar *esse mesmo tipo societário.*

Da r. sentença foi interposta apelação, que pende de julgamento no E. Tribunal de Justiça.

5. Tendo os Consulentes instruído a consulta com cópias das peças principais dos autos, solicitam nosso parecer sobre a demanda em questão, em particular sobre a conclusão a que chegou a r. sentença apelada, formulando os seguintes quesitos:

a) A deliberação de transformação da sociedade "Y" S/A em sociedade por quotas de responsabilidade, tomada na assembléia de 26 de dezembro de 1991, violou o art. 221 da Lei 6.404, de 1976?

b) Eventual vício existente nas deliberações tomadas nas assembléias de 12 de novembro de 1991 e 16 de dezembro de 1991, que alteraram o *quorum* de deliberação para transformação da sociedade "Y" S/A, poderia ser alegado a qualquer tempo ou conhecido de ofício pelo Juiz?

c) A subscrição de quotas decorrentes de aumento de capital da sucessora da sociedade "Y" Ltda., sem qualquer ressalva, implicou aprovação tácita da deliberação de transformação?

PARECER

I – A teoria das nulidades no Direito Societário

> "Não foi sem razão que Vavasseur disse serem as nulidades das sociedades anônimas 'le plus merveilleux instrument de chantage que jamais legislateurs ont inventée'." (Carvalho de Mendonça, *Tratado de Direito Comercial Brasileiro*, 4ª ed., v. III, Rio de Janeiro, Freitas Bastos, 1945, p. 373, nota 2)

6. Antes da análise do caso concreto, cumpre fazer uma breve digressão sobre a teoria das nulidades no Direito Societário, uma vez que se deve ter em vista a *especialidade* dessa teoria para a correta interpretação dos dispositivos legais que cuidam da matéria na Lei 6.404, de 1976 – e, conseqüentemente, para a solução a ser dada à hipótese controvertida.

Essa digressão torna-se mais necessária ainda porque, infelizmente, a teoria das nulidades no Direito Societário, talvez por apresentar aspectos de grave complexidade, é muito pouco estudada em nosso país.

7. A necessidade de uma disciplina especial para as nulidades no Direito Societário foi por primeiro apercebida por Carvalho de Mendonça, ao comentar o regime do Decreto 434, de 4.7.1891, que durante quase 50 anos regeu as sociedades anônimas entre nós. Após examinar os inúmeros casos de nulidade da constituição da companhia previstos naquele diploma legal, observava ele: "Todas essas nulidades são de pleno direito e absolutas. São de ordem pública, porque visam não somente a proteger os sócios e terceiros contra os atos dos fundadores, como ainda salvaguardar o crédito público, facilmente exposto a perigo pela emissão e circulação de títulos de sociedades viciadas. Não podem ser ratificadas, expressa ou tacitamente, nem sanadas pelos interessados, nem relevadas pelo juiz. Qualquer pessoa a quem interessar a sua declaração a pode argüir ou propor independentemente da prova de prejuízo. A forma que a lei exige para qualquer ato presume-se não observada e preenchida se do mesmo ato não consta ter sido observada, ainda que por outro isso se prove".[1]

O eminente comercialista pátrio criticava, de forma contundente, esse regime de invalidades, com as seguintes considerações: "O sistema legal quanto à nulidade da constituição das sociedades anônimas não resiste à mais benigna censura. Derramaram-se profusamente os casos de nulidade para afugentar a fraude. A preocupação tornou-se obsessão. A sociedade exerce a sua atividade e explora o seu objeto por longos anos. Celebra contratos que tiveram execução, cria relações jurídicas; de repente se vê ameaçada pela ação de nulidade. Anima-se o apetite dos desonestos; dá-se foros de cidade à profissão de demandista. O portador de uma ação que seja, sem ter sofrido prejuízo direto, desacredita a mais forte sociedade com a demanda perversa, baseada, não raro, em futilidades, como esta: 'eu não assinei os estatutos, não obstante ter participado da assembléia constituinte, que os aprovou, ter recebido dividendo e vendido com ágio as ações que subscrevi. Comprei-as de novo na baixa e pretendo anular a sociedade'! A lei, procurando vedar a fraude, contradiz-se, açulando-a e ferindo mais duramente os inocentes do que os culpados".

Traçava Carvalho de Mendonça, logo a seguir, então, as linhas-mestras da reforma que viria a ser feita pelo Decreto-lei 2.627, de 26.9.1940 (mantida praticamente intacta, como veremos, pela Lei 6.404, de 15.12.1976): "Para quê esse rigor – perguntava ele –, se temos instituído o *Registo do Comércio*, no qual as sociedades depositam os seus *documentos legais* para poderem funcionar? Por que não se dá aos encarregados deste registo o direito de verificar a legalidade dos documentos fundamentais da organização da sociedade, isto é, se o ato constitutivo está conforme à lei e se as condições exigidas para a existência da sociedade foram cumpridas? Por que a lei não se limita a estabelecer sérias responsabilidades civis e penais contra os fundadores que a infringirem? As nulidades devem ser reduzidas às estritamente necessárias e em todo o caso sujeitas às seguintes regras: 1ª) prescrição da ação dentro do ano da constituição da sociedade; 2ª) ratificação pelas assembléias, funcionando com dois-terços. As infrações da lei, às quais não fosse cominada a pena de nulidade, teriam como sanção a responsabilidade direta e solidária dos fundadores para com os interessados pelos prejuízos, perdas e danos que estes sofressem".[2]

Como se vê, a crítica do grande comercialista punha a nu os problemas gerados pelo regime das nulidades, tal qual concebido no Direito Comum, quando aplicado às companhias.

No que tange à invalidade das deliberações de assembléia tomadas durante a vida da companhia, o eminente jurista pátrio também criticava o sistema adotado pelo Decreto 434 (arts. 144-146), sobretudo em

1. *Tratado* ..., cit., v. III, n. 1.000, p. 372. Os problemas gerados pela aplicação do regime das nulidades, elaborado no Direito Comum, às companhias passaram a ser primeiro estudados no tocante à *constituição* das sociedades anônimas, dadas as óbvias conseqüências negativas que a restituição ao *statu quo ante* – tradicional sanção prevista para os atos nulos e anuláveis – acarretaria nessa hipótese. As soluções imaginadas para a invalidade dos atos constitutivos irradiaram-se, na parte compatível evidentemente, às deliberações de assembléias realizadas durante a vida da companhia.

2. *Tratado* ..., cit., v. III, n. 1.002, pp. 372-374.

virtude de não ter estabelecido "prazo curto para a prescrição da ação do acionista".[3]

8. O legislador de 1940 terminou por acatar, no principal, as sugestões de Carvalho de Mendonça.

Atribuiu ao Registro do Comércio, no art. 53 do Decreto-lei 2.627, a função de examinar se no ato de constituição da companhia haviam sido observadas as prescrições legais, bem como se nele figuravam cláusulas contrárias à lei, à ordem pública ou aos bons costumes, e, ainda, o dever de exercer a mesma fiscalização nos casos de reforma ou alteração dos estatutos (§ 3º). Estabeleceu, no art. 155, prazo de prescrição ânua para anulação da constituição da companhia por vícios ou defeitos verificados no referido ato, prevendo expressamente, no parágrafo único desse mesmo dispositivo, ser lícito à sociedade, por deliberação de assembléia-geral extraordinária, providenciar a sanação do vício ou defeito mesmo depois de proposta a ação. Previu, no art. 156, o prazo prescricional de três anos para "anular as deliberações tomadas em assembléia-geral ou especial, irregularmente convocada ou instalada, ou violadoras da lei ou dos estatutos, ou eivadas de erro, dolo, fraude ou simulação". Determinou, expressamente, no art. 138, "a", que, na hipótese de anulação de sua constituição, a companhia dissolver-se-ia, entrando em liquidação.

Miranda Valverde, autor do Anteprojeto que viria a se converter no Decreto-lei 2.627, afirmou taxativamente, nos comentários que fez ao art. 155 desse diploma legal, que não se admitia mais a possibilidade de sociedades anônimas nulas ou inexistentes, *e que havia sido repudiado o regime comum das nulidades*, "de difícil ou impossível aplicação às pessoas jurídicas".[4] Argumentava o eminente jurista que "a afirmação de que o ato jurídico nulo não existe, é um nada – *nihil actum est* –, soçobra no mar agitado da vida econômica",[5] obtemperando, outrossim, que "a teoria das nulidades está, ainda, por fazer-se".

Daí ter o Decreto-lei 2.627, de 1940, previsto – *em sentido exatamente oposto ao Direito anterior* – um regime exclusivamente de *anulabilidade* dos atos societários, nos arts. 155 e 156 (correspondentes aos arts. 285 e 286 da atual Lei 6.404, de 1976), *in verbis*:

"Art. 155. A ação para *anular* a constituição de sociedade anônima ou companhia, por vícios ou defeitos verificados naquele ato, prescreve em um ano, a contar da publicação de seus atos constitutivos.

"Parágrafo único. Ainda depois de proposta a ação, é lícito à sociedade, por deliberação da assembléia-geral extraordinária, providenciar para que seja sanado o vício ou defeito.

"Art. 156. Prescreve em três anos a ação para *anular* as deliberações tomadas em assembléia-geral ou especial, irregularmente convocada ou instalada, ou violadoras da lei ou dos estatutos, ou eivadas de erro, dolo, fraude ou simulação."

Os ensinamentos de Miranda Valverde, muito embora criticados por Pontes de Miranda, foram aceitos pelos doutrinadores que comentaram o Decreto-lei 2.627, de 1940,[6] tendo, mesmo, o colendo STF, em acórdão da lavra do eminente comercialista Min. Cunha Peixoto, chegado ao exagero de afirmar, taxativamente, que: "(...) inexiste, na Lei de Sociedade Anônima – De-

3. *Tratado* ..., cit., v. IV, p. 37.

4. *Sociedade Anônima*, v. III, n. 809, p. 94.

5. Idem, v. III, n. 811, pp. 97-99.

6. Cf. Ruy Carneiro Guimarães, *Sociedades por Ações*, v. III, pp. 286-289, e, ainda, Cunha Peixoto, *Sociedades por Ações*, 5º v., p. 66.

A especialidade da teoria das nulidades no Direito Societário foi magistralmente demonstrada por Tullio Ascarelli em dois percucientes estudos publicados entre nós, abordando, especificamente, os arts. 155 e 156 do Decreto-lei 2.627, de 1940: "Os vícios de constituição das sociedades anônimas e a prescrição" e "Vícios das deliberações assembleais – Direitos individuais dos acionistas – Prescrição", *Problemas das Sociedades Anônimas e Direito Comparado*, São Paulo, Saraiva, 1945, pp. 379-393 e pp. 395-417, respectivamente.

creto-lei n. 2.627/40 –, nulidade absoluta, e tanto é verdadeira esta assertiva que, como se verifica pelos arts. 155 e ss., o prazo prescricional, no tocante aos atos eivados de irregularidades, não excede a três anos, o que contrastaria com a nulidade absoluta, pois é conhecido o brocardo latino: *quod nullum est, nullum producit effectum*".[7]

9. O regime especial de invalidade dos atos societários inaugurado com o Decreto-lei 2.62, de 1940, foi mantido praticamente intacto pela atual Lei 6.404, de 1976, que, em seus arts. 285 e 286, assim dispôs:

"Art. 285. A ação para *anular* a constituição da companhia, por vício ou defeito, prescreve em um ano, contado da publicação dos atos constitutivos.

"Parágrafo único. Ainda depois de proposta a ação, é lícito à companhia, por deliberação da assembléia-geral, providenciar para que seja sanado o vício ou defeito.

"Art. 286. A ação para *anular* as deliberações tomadas em assembléia-geral ou especial, irregularmente convocada ou instalada, violadoras da lei ou do estatuto, ou eivadas de erro, dolo, fraude ou simulação, prescreve em dois anos, contados da deliberação."

Como se vê, referidos dispositivos prevêem apenas a *anulabilidade* dos atos societários,[8] estabelecendo, outrossim, prazos prescricionais muito mais curtos do que aqueles existentes no Direito Comum (cf. CC, art. 178, § 9º, V).[9]

Essa diferença de regime com relação ao Direito Comum justifica-se em face do interesse na *estabilidade das deliberações da companhia*,[10] aliado à tutela do interesse de terceiros, que com ela contratam, confiando na regularidade do arquivamento de seus atos constitutivos e subseqüentes alterações, fiscalizado pelo Registro do Comércio, conforme ensinamento de Ascarelli.[11]

Esse regime especial de invalidades acha-se consagrado na Lei 6.404 e informa tanto as nulidades que dizem respeito ao ato de constituição da companhia quanto as que se referem às deliberações assembleares em geral.

Confirmando o quanto acima dito, eis a lição de Alfredo Lamy Filho (como se sabe, um dos autores do Anteprojeto que veio a se converter na Lei 6.404, de 1976):

"4.1 Com efeito – e vale como esclarecimento –, no âmbito do Direito Societário não tem aplicação irrestrita a teoria das nulidades do Direito Civil, regida pelo princípio *quod nullum est, nullum producit effectum*: como sustenta Trajano Valverde

7. *RTJ* 102/371.

8. Igualmente, o § 4º do art. 115 da Lei 6.404, de 1976, que trata de uma hipótese específica de *anulabilidade* da deliberação: "§ 4º. A deliberação tomada em decorrência do voto de acionista que tem interesse conflitante com o da companhia é *anulável*; o acionista responderá pelos danos causados e será obrigado a transferir para a companhia as vantagens que tiver auferido".

9. Mesmo assim, todavia, o Direito Societário Brasileiro está, nessa matéria, em dessintonia com o mundo atual, onde os prazos – *de decadência*, ressalte-se – para anulação das deliberações são significativamente mais abreviados ainda. Para ficar em alguns exemplos: a *AktG* alemã de 1937 previa um prazo de *1 mês*; a *AktG* de 1965, idem (§ 246, 1); o Código das Obrigações suíço de 1911, o prazo de *2 meses* (art. 706, n. 4); o Código Civil italiano de 1942, o prazo de *3 meses* (art. 2.377); o Código de Sociedades Comerciais português de 1986 estabelece o prazo de *30 dias* (art. 59º); a Lei de Sociedades Comerciais argentina de 1972, o prazo de *3 meses* (art. 251); o Código Comercial boliviano de 1977, o prazo de *60 dias* (art. 302); o Código Comercial venezuelano de 1955, o prazo de *15 dias* (art. 290); a Lei de Sociedades equatoriana de 1977, o prazo de *30 dias* (arts. 229 e 291, 1º); e assim por diante.

10. V. a lição de Francesco Galgano sobre o sistema de nulidades no Direito Societário Italiano: "La ragione della conversione della nullità in anullabilità non è qui dissimile da quella della analoga conversione che si verifica nella ipotesi di nullità dell'atto costitutivo della società (art. 2.332). *L'interesse protetto è l'interesse alla stabilità delle deliberazioni*: l'interesse a che le deliberazioni assembleari – anche quelle contrarie a norme imperative – non siano in perpetuo esposte all'azione di nullità di un qualsiasi interessato e restino, quindi, in una condizione di perenne incertezza" (*Il Negozio Giuridico*, Milão, Giuffrè 1988, p. 253 – grifos nossos).

11. "Os vícios ...", cit., *Problemas* ..., pp. 379-393.

(*S/A*, v. III, n. 811, p. 94), 'não seria possível, realmente, ainda quando nula *ab origine*, dizer-se que uma sociedade, como sujeito de direito, não existiu ou é como se nunca tivesse existido'. Pontes de Miranda (1954-1969, t. LI, p. 106), embora oponha restrições a Trajano, afirma: 'O princípio em que se assentou a doutrina contemporânea, diante da política protetiva dos interesses de terceiros, foi o *princípio de eliminação da causa de invalidade*, ou *princípio de sanação*, se, pela natureza da causa, é ela eliminável' (grifos do autor).

"4.2 Tal critério está consagrado no art. 285 da Lei das S/A (que repete o art. 155 do Decreto-lei n. 2.627/40):

"'Art. 285. A ação para anular a constituição da companhia, por vício ou defeito, prescreve em um ano, contado da publicação dos atos constitutivos.

"'Parágrafo único. *Ainda depois de proposta a ação, é lícito à companhia, por deliberação da assembléia-geral, providenciar para que seja sanado o vício ou defeito*' (grifamos).

"4.3 Quanto às deliberações da assembléia-geral, após a constituição, e com mais razão, prevalece a mesma norma. Ouça-se, a propósito, Trajano Valverde (comentando texto semelhante ao vigente): 'A assembléia-geral pode sempre rever as suas próprias deliberações. Pode assim cancelar ou anular deliberação anterior e ratificar todos os atos que interessem à sociedade. Ressalvados, pois, os direitos de terceiros, acionistas ou não, a deliberação atacada é passível, em princípio, de revisão e retificação. E a validade desta será indiscutível se teve por fim sanar irregularidades' (1959, v. III, p. 111, n. 832).

"4.4 Por outro lado, têm tranqüila aplicação no Direito Societário as normas gerais do Direito Comum, como, *v.g.*, os arts. 148 e 153 do Código Civil, que valem reproduzidos:

"'Art. 148. O ato anulável pode ser ratificado pelas partes, salvo direito de terceiro. *A ratificação retroage à data do ato*' (grifamos).

"'Art. 153. A nulidade parcial de um ato não o prejudicará na parte válida, se esta for separável. A nulidade da obrigação principal implica a das obrigações acessórias, mas a destas não induz a da obrigação principal'.[12-13]

10. O regime de invalidades no Direito Societário, portanto, tem como *regra geral* a *anulabilidade* das deliberações.

As hipóteses de *nulidade* são a *exceção*.

Quando ocorre nulidade absoluta, verdadeira e própria, dos referidos atos?

12. Cf. parecer intitulado "Acordo de acionistas sobre exercício do direito de voto", *A Lei das S/A*, Rio de Janeiro, Renovar, 1992, pp. 545-546.

13. No sentido de que a Lei 6.404, de 1976, afastou-se do regime comum de nulidades, v. Bulgarelli, "Anulação da assembléia-geral de sociedade anônima", *Estudos e Pareceres de Direito Empresarial (O Direito das Empresas)*, onde salienta que "(...) a tendência dominante é a de minorar o radicalismo da nulidade absoluta, no campo societário, para reconhecer os efeitos dos atos ditos nulos ou inexistentes, impedindo a sua retroatividade e permitindo a sua retificação, a que os espanhóis chamam de *subsanación* do vício" (p. 162; o parecer em questão foi publicado também no *Manual das Sociedades Anônimas*, pp. 181-189, e na *RT* 514/57).

No mesmo diapasão, Leães, no parecer denominado "Vícios em assembléia-geral ordinária" (*Estudos e Pareceres sobre Sociedades Anônimas*, São Paulo, Ed. RT, 1989), afirma que nossa lei "afasta-se do regime comum das nulidades" (p. 161).

Priscila Corrêa da Fonseca é do mesmo sentir, embora reconhecendo que em muitos casos "a ação é de nulidade e não de anulação" (*Suspensão de Deliberações Sociais*, pp. 150-154; a citação é da p. 154).

Wilson de Souza Campos Batalha acata as lições de Ascarelli constantes dos estudos acima citados (*Comentários à Lei das Sociedades Anônimas*, v. III, pp. 1.191-1.208, *passim*).

V., ainda, os julgados: da 4ª Câmara Civil do TJSP, relatado pelo preclaro comercialista Des. Freitas Camargo (*RT* 624/57); e do 1º Grupo de Câmaras do TJRJ, relatado pelo Des. Pedro Américo Rios Gonçalves (*RJTJRJ* 48/112, *apud* Wilson Bussada, *Sociedade Anônima Interpretada pelos Tribunais*, pp. 478-486), ambos repudiando a aplicação do regime comum de nulidades, com base nas lições de Valverde.

Em primeiro lugar, quando as deliberações atingem direitos ou interesses que *extravasam a órbita societária*, como aquelas que violam a ordem pública ou os bons costumes (determinando, por exemplo, que os administradores pratiquem crimes ou contravenções, simulações, fraudes etc.) ou interesses de terceiros (aprovando, por exemplo, um balanço falso, destinado a induzi-los em erro, ou dispondo de direitos dos terceiros que contratam com a sociedade); ou ainda quando, *dentro da órbita societária*, estabelecem disciplina estatutária em contraste com disposição imperativa (prevendo, por exemplo, responsabilidade *solidária* de alguns acionistas, diminuindo os prazos de convocação das assembléias etc.), ou atingindo direitos irrenunciáveis ou inderrogáveis dos acionistas (privando alguns acionistas de participar dos lucros, retirando direitos indisponíves da minoria etc.).[14]

Mesmo no tocante a essa última hipótese – de deliberação que viole direitos irrenunciáveis ou inderrogáveis dos acionistas – a doutrina faz importante distinção: é *nula* a *cláusula estatutária* ou deliberação que crie uma *disciplina* em contraste com a lei; mas a deliberação que, *no caso concreto*, desrespeitar o direito irrenunciável ou inderrogável do acionista é apenas *anulável*. É que tal direito, embora irrenunciável *a priori*, pode não ser exercido na hipótese concreta pelo acionista.[15]

Veja-se o claro ensinamento de Ascarelli a respeito, em comentário ao art. 78 do Decreto-lei 2.627, de 1940, que cuidava dos direitos essenciais dos acionistas (correspondente, quase que *ipsis litteris*, ao art. 109 da atual Lei das S/A): "É, por isso, no Direito Brasileiro, *impugnável* um aumento de capital que, *no caso concreto*, despreze o direito de preferência do acionista; é, ao contrário, *nula* a *modificação estatutária* (ou a cláusula do estatuto) que prive, de modo geral, o acionista do seu direito de preferência"[16] (grifos nossos).

11. Além dos *vícios das deliberações*, porém, o art. 286 da Lei 6.404, de 1976, repetindo redação criticada do art. 156 da anterior Lei das S/A, prevê duas outras espécies de vícios, a saber: a) *vícios da própria assembléia* – que pode ter sido irregularmente *convocada* (ou, mesmo, não convocada) ou *instalada*, por força de violação da lei ou do estatuto, hipótese em que o vício, obviamente, atingirá *todas as deliberações* que nela forem tomadas; b) *vícios do voto* – que podem ter sido proferidos em virtude de erro, dolo, fraude ou simulação (ou, ainda, em virtude da incapacidade do votante, ou de violação do disposto no § 1º dos arts. 115 e 134, ou § 2º do art. 228).

Os *vícios do voto* só acarretam a invalidade da deliberação, porém, *se forem determinantes para a formação da maioria*; do contrário a deliberação se mantém de pé, por força do princípio *utile per inutile non vitiatur*, previsto no art. 153 do CC. De qualquer forma, porém, referidos vícios, ainda quando decisivos para a formação da maioria, acarretam, tão-somente, a *anulabilidade* da deliberação.[17]

14. Sobre toda essa matéria cf. a magistral tese de Vasco da Gama Lobo Xavier, *Anulação de Deliberação Social e Deliberações Conexas*, Coimbra, Atlântida Editora, 1976, especialmente o Capítulo II, pp. 87-261. Cf., ainda, nosso *Invalidade das Deliberações de Assembléia das S/A*, São Paulo, Malheiros Editores, 1999, pp. 65-118.

15. Cf. Ascarelli, *Problemas* ..., cit., p. 404.

16. Idem, pp. 404-405. Acatava expressamente essa lição Aloysio Lopes Pontes (*Sociedades Anônimas*, v. II, Rio de Janeiro, Forense, 1954, pp. 494-495).

17. Mesmo quando o voto for *absolutamente nulo* a deliberação será apenas *anulável*, sujeita à propositura da ação respectiva no prazo do art. 286 da Lei 6.404 (cf.: Ascarelli, *Problemas* ..., cit., p. 413 e nota 47, referindo-se ao art. 156 do Decreto-lei 2.627, de 1940; Giuseppe Romano-Pavoni, *Le Deliberazioni delle Assemblee delle Società*, Milão, Giuffrè, 1951, pp. 354-355; Pietro Trimarchi, *Invalidità delle Deliberazioni di Società per Azioni*, Milão, Giuffrè, 1958, p. 128).

Pontes de Miranda, referindo-se à hipótese de nulidade de cessão de voto, afirma: "Nula, como é, a cessão, voto não houve. Contudo, como se trata de manifestação de vontade social, portanto ato coleti-

No tocante aos *vícios de assembléia* a regra geral também é a da *anulabilidade* do conclave, nos precisos termos do art. 286, com a única ressalva da hipótese de *ausência de convocação*, que a doutrina entende ser caso de nulidade absoluta, ou mesmo de inexistência.[18]

A ocorrência de defeitos na convocação ou instalação, porém, não esgota os casos de irregularidade que a doutrina costuma classificar como *vícios de assembléia*. Dentre tais casos acham-se também, exemplificativamente, os seguintes: a) inobservância da ordem-do-dia (art. 124, *caput*); b) recusa de participação ao acionista (ou seu representante, cf. §§ 1º e 4º do art. 126) na assembléia; c) inexistência do *quorum* legal ou estatutário das deliberações (arts. 129 e 136); d) falta de lavratura da ata (art. 130), condição de *eficácia* da assembléia; e) ausência de publicação prévia dos documentos da administração (art. 133, ressalvada a hipótese do art. 294, II); f) inobservância do procedimento e demais formalidades estabelecidas no art. 134, *caput* e seus §§ 1º e 2º; etc.

Assume especial relevância para o presente parecer o vício consistente no desrespeito a regras de *quorum* de deliberação em determinada assembléia.

Ascarelli opinou claramente pela *anulabilidade* do conclave ou da deliberação nesse caso.[19]

Esta também nos parece a melhor opinião, em face da interpretação sistemática da nossa lei. Basta pensar que, se a ausência de *quorum* deliberante se verificar posteriormente, em virtude da anulação de determinados votos, por exemplo, a solução será, expressamente, a *anulabilidade* (§ 4º do art. 115: "A deliberação tomada em decorrência do voto de acionista que tem interesse conflitante com o da companhia é *anulável*"; assim como é *anulável* a deliberação tomada em decorrência de votos eivados de "erro, dolo, fraude ou simulação", nos termos do art. 286).

12. Para finalizar, resta dizer que, diferentemente do que ocorre no Direito Comum, o caráter cogente ou imperativo das normas societárias, por si só, não define se os atos violadores das mesmas são nulos ou anuláveis.

São claramente cogentes, por exemplo, as normas referentes a convocação e instalação das assembléias;[20] no entanto, o

vo, a ação, que se tem de propor, é a *ação de anulação* (*anula-se a deliberação* porque o voto ou os votos são nulos e, sem eles, não houve deliberação, por deficiência de votantes no sentido do que se disse ter sido deliberado)" (*Tratado de Direito Privado*, t. 50, § 5.323, n. 12, "c", p. 313).

18. Cf. Pontes de Miranda (*Tratado* ..., cit., t. 50, § 5.322, n. 6, p. 289), Comparato (parecer in *RT* 507/35-49), Batalha (*Comentários* ..., cit., v. III, p. 1.205) e Waldemar Ferreira (*Tratado de Direito Comercial*, 4º v., São Paulo, Saraiva, 1961, p. 366).

19. Cf. "Sui poteri della maggioranza nelle società per azioni", *Studi in Tema di Società*, Milão, Giuffrè, 1952, pp. 103-104, continuação da nota 7, e "L'interesse sociale dell'art. 2.441 Cod. Civile. La teoria dei diritti individuali e il sistema dei vizi delle deliberazioni assembleari", *Rivista delle Società* I/110-111, 1956. V., ainda, Lobo Xavier, *Anulação* ..., cit., pp. 211-217, nota "d", com ampla notícia bibliográfica sobre o assunto.

20. "Art. 123. *Compete* ao Conselho de Administração, (...), ou aos diretores, (...) convocar a assembléia-geral.

"Parágrafo único. A assembléia-geral *pode* também ser convocada:

"(...).

"Art. 124. A convocação *far-se-á* mediante anúncio publicado por três vezes, *no mínimo*, contendo, além do local, data e hora da assembléia, a ordem-do-dia, e, no caso de reforma do estatuto, a indicação da matéria.

"§ 1º. A primeira convocação da assembléia-geral *deverá* ser feita com oito dias de antecedência, *no mínimo*, (...); não se realizando a assembléia, *será* publicado novo anúncio, (...), com antecedência *mínima* de cinco dias.

"§ 2º. Salvo motivo de força maior, a assembléia-geral *realizar-se-á* no edifício onde a companhia tiver a sede; quando houver de efetuar-se em outro, os anúncios *indicarão*, com clareza, o lugar da reunião, que *em nenhum caso* poderá realizar-se fora da localidade da sede.

"Art. 125. Ressalvadas as exceções previstas *em lei*, a assembléia geral *instalar-se-á*, (...).

"Art. 126. As pessoas presentes à assembléia *deverão* provar a sua qualidade de acionista, *observadas as seguintes normas*:

"(...).

art. 286 prevê que a ação para *anular* a assembléia irregularmente convocada ou instalada prescreve em *dois* anos (o que, obviamente, contrasta com a nulidade absoluta, que é, segundo alguns, imprescritível, ou, segundo outros, prescritível no prazo maior de 20 anos, previsto para as ações pessoais no art. 177 do CC).

Importante nessa matéria, pois, segundo a melhor doutrina, é perquirir o *interesse protegido pelo legislador*: se se tratar de violação de norma que proteja direito ou interesse concreto dos acionistas, o vício será o de *anulabilidade*; se se cuidar de violação a norma que proteja direito ou interesse estranho à órbita societária, o vício será o de *nulidade absoluta*.[21]

Examinado, sumariamente, assim, o regime das nulidades em Direito Societário, podemos nos debruçar sobre a questão versada na consulta que nos foi formulada.

II — O caso concreto

13. A demanda aforada pela acionista *"X"* em face da então sociedade "Y" S/A objetiva, única e exclusivamente, como se viu, a anulação da deliberação de transformação da companhia em sociedade por quotas, tomada em *26 de dezembro de 1991*.

A solitária objeção feita na inicial contra esse conclave foi o de que não poderia a transformação ser deliberada por maioria, nos termos do art. 221 da Lei 6.404, de 1976, que assim dispõe: "Art. 221. A transformação exige o consentimento unânime dos sócios ou acionistas, *salvo se prevista no estatuto ou contrato social*, caso em que o sócio dissidente terá o direito de retirar-se da sociedade." (grifos nossos).

"Art. 127. Antes de abrir-se a assembléia, os acionistas *assinarão* o 'Livro de Presença', indicando (...).

"Art. 128. Os trabalhos da assembléia *serão dirigidos* por Mesa composta, salvo disposição diversa do estatuto, de presidente e secretário, escolhidos pelos acionistas presentes."

21. Cf. Lobo Xavier, *Anulação ...*, cit., *passim*.

Ora, se alguma dúvida pudesse restar quanto ao alcance da modificação estatutária da companhia feita na assembléia realizada em *12 de novembro de 1991*, na assembléia subseqüente, realizada em *16 de dezembro de 1991*, essa dúvida se teria dissipado. Neste último conclave alterou-se o parágrafo único do art. 19 do Estatuto (alteração imediatamente vinculante para os acionistas, nos termos do § 1º do art. 135, *a contrario sensu*), para ficar constando expressamente o seguinte, repita-se:

"Dando continuidade, propôs o Sr. Presidente a inclusão, no Estatuto Social desta companhia, de novo parágrafo único ao art. 19, com a seguinte redação.

"'Art. 19. A assembléia-geral reunir-se-á, ordinariamente, nos quatro primeiros meses após o término do exercício social, e extraordinariamente, sempre que os interesses sociais exigirem o pronunciamento dos acionistas.

"*Parágrafo único. Todas as deliberações da assembléia-geral serão tomadas por maioria absoluta de votos, inclusive sobre as matérias de que tratam os arts. 136 e 221 da Lei n. 6.404/76*'.

"Colocada a proposta em debate e posterior votação, foi a mesma integral e unanimemente aprovada, declarando-se em pleno vigor o novo parágrafo único do art. 19 do Estatuto Social, mantidos inalterados os demais artigos" (grifos nossos).

Portanto, quando se deliberou, na assembléia de *26 de dezembro de 1991* – guerreada na petição inicial –, transformar a sociedade *por maioria*, este *quorum* já era previsto *estatutariamente*, *pelo quê a decisão da assembléia pautou-se, rigorosamente, pelo disposto no art. 221 da Lei das S/A*.

A deliberação de transformação da então "Y" S/A em sociedade por quotas, portanto, tomada no conclave realizado em *26 de dezembro de 1991*, *está isenta de qualquer vício*, sendo absolutamente hígida, em nosso parecer.

Não se lhe imputou qualquer outro defeito na inicial, além daquele – inexistente – consistente em suposto desrespeito ao aludido dispositivo legal.

14. Na verdade, se algum vício tivesse havido no caso *sub examine*, esse vício teria, então, de acordo com o que sustenta a demandante, ocorrido nas assembléias anteriores, que modificaram o *quorum* de deliberação para a transformação, especificamente na assembléia de *16 de dezembro de 1991*.

Mas o pedido formulado na inicial – inequivocamente, como se viu – não se volta contra as assembléias anteriores, mas unicamente contra aquela efetuada em *26 de dezembro de 1991*.

Ademais, qualquer pretensão anulatória contra a deliberação tomada nos conclaves realizados em *12 de novembro de 1991* e *16 de dezembro de 1991* estaria irremediavelmente prescrita, a teor do disposto no art. 286 da Lei 6.404, de 1976, que prevê um prazo de dois anos para o ajuizamento da ação.

De qualquer forma, é de se observar que respeitabilíssima opinião, trazida à colação na contestação, sustenta que os acionistas podem, *por maioria*, modificar o *quorum* de deliberação para a transformação, exercendo eventuais dissidentes o direito de recesso (pelo quê as assembléias de *12 de novembro de 1991* e *16 de dezembro de 1991 também* não padeceriam de vício algum):

"*Permissão estatutária para a transformação*

"Expõe o Consulente (item 1) que do seu Estatuto 'não consta a permissão para a transformação em qualquer tipo societário'. como mencionado no art. 221 da Lei das Sociedades Anônimas, e indaga se pode o Estatuto ser reformado para a inclusão de cláusulas autorizando a transformação mediante deliberação de acionistas que representem dois terços do capital social.

"A alteração do Estatuto, para a inclusão da cláusula permissiva da transformação, é possível, apesar da oposição ou restrições a esse ponto de vista feitas esporadicamente (v. Félix Ruiz Alonso, 'Sobre a transformação de sociedades', *RDComercial*, ano II, n. 4, janeiro-março de 1978, pp. 72 e ss.).

"Trata-se de mera reforma estatutária, requerendo, apenas, a presença de acionistas que representem dois terços das ações votantes (Lei das S/A, art. 135). A decisão será tomada por maioria simples (metade mais um dos votos de acionistas presentes, na forma do art. 129), já que a introdução dessa permissão no Estatuto não consta do elenco de restrições estabelecidas no art. 136. Contrariamente à opinião de Ruiz Alonso, a introdução dessa cláusula no Estatuto não necessita da aprovação da unanimidade dos acionistas, que não é exigida em nenhuma passagem da Lei das Sociedades Anônimas em relação a esse fato."[22]

15. Mas, ainda que se rejeite essa opinião e se aponte um vício na assembléia realizada em *16 de dezembro de 1991*, cuida-se, porventura, de vício de nulidade absoluta, que possa ser alegado a qualquer tempo ou conhecido de ofício pelo juiz?

Referida assembléia deliberou *por maioria*, como se viu, alterar o *quorum* de deliberação para a transformação da sociedade.

Segundo sustenta a inicial, somente a *unanimidade* dos acionistas poderia tê-lo feito, invocando o disposto no art. 221 da Lei das S/A.[23]

22. Cf. Fran Martins, *Direito Societário – Estudos e Pareceres*, pp. 288-289.

23. De se notar que o julgado colacionado pela autora da demanda na petição inicial, do colendo STF, a propósito de alteração de regra de *quorum* de *condomínio*, é totalmente inaplicável à hipótese de *sociedade*.

Antes de mais nada, o condomínio das partes comuns de um edifício é *compropriedade* (art. 623 do CC), pelo quê o julgado fundou-se, expressamente, no art. 153, § 22, da CF de 1969, que garantia o *jus proprietatis* ("Se a modificação das partes comuns está jungida à unanimidade, a da convenção que assim dispõe também fica vinculada à concordância de todos os condôminos, sob pena de cair por terra a garantia inicialmente consignada, colocando-se em plano secundário o princípio da não-contradi-

Qual o vício apontado pela inicial, *in casu*?

Evidentemente, um vício do *quorum* da deliberação. A lei prevê *unanimidade*, e a assembléia deliberou *por maioria*.

Ora, o vício do *quorum* deliberante, como se viu, acarreta apenas a *anulabilidade* do conclave, e não a sua nulidade.

Tanto assim é que, se tivesse havido unanimidade, mas alguns dos votos tivessem sido viciados por erro ou dolo, por exemplo, a invalidação desses votos causaria tão-somente a *anulabilidade* da deliberação, nos precisos termos do art. 286 da Lei 6.404, de 1976.

Ademais, a norma do art. 221 *protege interesse do acionista*. Sua infringência, pois, acarreta apenas a *anulabilidade* do ato.

Assim já decidiu, aliás, o colendo TJSP, em caso idêntico, mediante acórdão unânime da 5ª Câmara, de lavra do eminente Des. Marco César Müller Valente, e que tem o seguinte teor:

"*Sociedade anônima* – Assembléia-geral – Transformação em sociedade por quotas de responsabilidade limitada através de votação majoritária – Inadmissibilidade – Necessidade do consentimento unânime dos acionistas, por acarretar substanciais alterações nas responsabilidades no poder de decisão dos sócios ou acionistas – Art. 221 da Lei federal n. 6.404, de 1976 – Inexigibilidade, outrossim, de prova de prejuízo com a transformação – *Hipótese de anulação do deliberado, e não de declaração de nulidade* – Ação procedente – Recurso provido.

"(...).

"A autora, ora apelante, titular de ações que representavam 24,947% do capital social da primeira ré, propôs a presente ação visando à *anulação* ou *declaração de nulidade* de deliberação tomada em assembléia-geral extraordinária desta, debaixo de impugnação da demandante, *consistente em introduzir nos Estatutos Sociais a permissão de transformação da empresa de sociedade anônima para sociedade por quotas de responsabilidade limitada.*

"Em primeiro passo, deixe-se assentado, ante o pedido alternativo, ***que o caso é de anulação do deliberado****, não de declaração de nulidade.*

"Com efeito, ***o que se invoca é norma de proteção a acionista****, e este poderia deixar de postular tal proteção*, o que deixa evidenciado que *a decisão da assembléia não caberia ser declarada nula. Ao invés, operaria seus efeitos, não pedindo o acionista sua desconstituição*"[24] (grifos nossos).

Conclui-se, assim – ainda quando se entenda que a decisão tomada na assembléia de 16 de dezembro de 1991, alterando o *quorum* para deliberação sobre transformação, seja viciada –, que o vício da referida deliberação não encerra hipótese de nulidade absoluta, mas de mera *anulabilidade*, a qual não pode ser decretada de ofício pelo magistrado, estando, outrossim, irremediavelmente *prescrita* a ação para anulá-la no caso concreto.

16. De outra parte, a circunstância de a autora da demanda ter exercido, quase um ano após a assembléia de transformação,

ção. *Vulnera o preceito constitucional assegurador da intangibilidade do direito de propriedade* decisão judicial em que desse modo não se conclui").

A relação de condomínio, relembre-se, é de *direito real*; a de sociedade, de *direito pessoal*.

Ademais, na hipótese trazida a confronto na inicial a alteração da convenção de condomínio no tocante ao *quorum* deu-se *após o ajuizamento da ação*: "Dir-se-á, como o fez a Corte de origem, que, em data posterior, a maioria dos condôminos houve por bem alterar o teor do art. 2º da Convenção quanto ao consenso unânime. Isso realmente ocorreu *quando já ajuizada a presente demanda*". No caso *sub examine* a alteração da regra de *quorum* deu-se muito antes da demanda, explicitamente na assembléia de 16 de dezembro de 1991. Mas *não foi esta a assembléia impugnada na inicial*, e sim aquela em que se deliberou a transformação – quando já previsto estatutariamente, portanto, o *quorum* de deliberação majoritário.

24. *RJTJSP* 114/257-258.

direito de preferência para subscrição de novas *quotas* resultantes de aumento de capital da sociedade "Y" Ltda., *sem qualquer ressalva*, revela, com a devida vênia, inequívoca aquiescência com a transformação operada.

Não se compreende que a referida acionista, que se queixa, na inicial, de prejuízos que lhe foram causados pela *supressão de direitos ocorrida precisamente em razão da transformação*, não tenha minimamente ressalvado sua inconformidade por ocasião da subscrição de *quotas da sociedade transformada*!

Ora, tanto a doutrina como a jurisprudência têm recusado legitimação para agir ao acionista que, contemporânea ou posteriormente à deliberação, a tenha aprovado.[25]

A recusa de legitimação para agir ao acionista que aprovou a deliberação funda-se no princípio que inadmite o *venire contra factum proprium* – "principio di logica e di diritto, per cui non si può far valere in giudizio la pretesa lesione di un interesse allorquando si è posto in essere o concorso a porre in essere il fatto preteso lesivo".[26]

Pietro Trimarchi recorda, a propósito, que a proibição de impugnação da deliberação prevista no Código Civil italiano para essa hipótese (art. 2.377) deveu-se, consoante a Exposição de Motivos (*Relazione*), ao intuito de evitar que a ação de anulação pudesse "trasformarsi in uno strumento per tardive azione di dubbia serietà".[27]

25. Cf. Batalha, *Comentários* ..., cit., v. III, p. 1.204, e julgado na *RTJ* 39/441. O que, aliás, constitui mera decorrência da constatação segundo a qual, nos casos de *anulabilidade*, só se encontram em causa os interesses dos próprios acionistas, que, em hipóteses concretas, podem deixar de exercer os direitos que a lei ou os estatutos lhes conferem. Daí por que o acionista que votou favoravelmente à realização da assembléia, ou às deliberações nela tomadas, não está legitimado a propor a ação de anulação.

26. Cf. Aurelio Candian, *Nullità e Annullabilità di Delibere di Assemblea delle Società per Azioni*, Milão, Giuffrè, 1942, p. 159.

27. *Invalidità* ..., cit. p. 215.

III — Conclusão

17. Concluindo, passamos a responder aos quesitos que nos foram formulados.

a) A deliberação de transformação da sociedade "Y" S/A em sociedade por quotas de responsabilidade, tomada na assembléia de 26 de dezembro de 1991, violou o art. 221 da Lei 6.404, de 1976?

Não, em hipótese alguma. Por ocasião da mencionada deliberação o Estatuto já havia sido previamente alterado, prevendo-se *quorum* majoritário para a transformação. Dessa forma, a deliberação situou-se nos exatos limites do art. 221 da Lei das S/A, que assim reza: "Art. 221. A transformação exige o consentimento unânime dos sócios ou acionistas, *salvo se prevista no estatuto* ou contrato social, caso em que o sócio dissidente terá o direito de retirar-se da sociedade".

b) Eventual vício existente nas deliberações tomadas nas assembléias de 12 de novembro de 1991 e 16 de dezembro de 1991, que alteraram o *quorum* de deliberação para transformação da sociedade "Y" S/A, poderia ser alegado a qualquer tempo ou conhecido de ofício pelo juiz?

Não. Eventual vício consistiria em violação do *quorum* de deliberação para a transformação (ao invés de unanimidade, a assembléia deliberou por maioria), o qual, segundo interpretação sistemática da Lei das S/A, implica tão-somente *anulabilidade* do ato, prescritível no prazo de dois anos, nos termos do art. 286, não podendo, outrossim, ser decretada de ofício, a teor do art. 152 do CC.

c) A subscrição de quotas decorrentes de aumento de capital da sociedade "Y" Ltda., sem qualquer ressalva, implicou aprovação tácita da deliberação de transformação?

Sem dúvida, a nosso ver, aplicável à hipótese, portanto, o disposto nos arts. 150 e 151 do CC.

É o nosso parecer, s.m.j.

São Paulo, 26 de junho de 2000

Pareceres

DESESTATIZAÇÃO DO SISTEMA TELEBRÁS: DIREITO DE VOTO EM SEPARADO NA ELEIÇÃO DE MEMBROS DO CONSELHO DE ADMINISTRAÇÃO

CARLOS ALBERTO ALVAHYDO DE ULHÔA CANTO

1. Dispõe o Edital MC/BNDES-01/98 (EDITAL), que versa sobre a "Desestatização do Sistema Telebrás":

"*4.3 Obrigações Especiais*

"Além das demais obrigações previstas neste EDITAL, os PARTICIPANTES vencedores do LEILÃO de cada uma das COMPANHIAS e suas eventuais sucessoras, a qualquer título, inclusive em decorrência de posterior cessão e transferência de ações, nos termos da legislação em vigor, estará(ão) obrigado(s), solidariamente, de forma irrevogável e irretratável, a cumprir rigorosamente as seguintes obrigações especiais, exercendo para tal, se necessário, seu direito de voto nas Assembléias-Gerais, de maneira a:

"(...)

"XI – proceder, em até 180 (cento e oitenta) dias, à reforma estatutária da COMPANHIA com os seguintes objetivos:

"(...)

"b) estabelecer que os titulares de ações preferenciais terão o direito de eleger, por votação em separado, um membro do Conselho de Administração;

"(...)

XII – fazer com que a COMPANHIA proceda, em 180 (cento e oitenta) dias, a uma reforma de cada uma de sua controladas que sejam companhias abertas, com os mesmos objetivos referidos nas alíneas 'a', 'b', 'c' e 'd' do inciso XI acima."

2. Como se observa, o EDITAL impõe aos vencedores do leilão a obrigação de promover alteração estatutária que assegure aos titulares de ações preferenciais o direito de voto em separado na eleição de um dos membros do Conselho de Administração das empresas do "Sistema Telebrás"; ou seja, determina que se atribua às referidas ações uma vantagem política, conforme faculta o art. 18 da vigente Lei das Sociedades Anônimas (LSA), *verbis*:

"**Vantagens Políticas**. Art. 18. O estatuto pode assegurar a uma ou mais classes de ações preferenciais o direito de eleger, em votação em separado, um ou mais membros dos órgãos de administração."

3. Analisa-se, neste estudo, o conteúdo do EDITAL e da norma acima transcrita, para definir se os vencedores do leilão a que se refere o EDITAL – controladores diretos e indiretos das empresas do "Sistema Telebrás" – estão impedidos de exercer o direito de voto que toca às ações preferenciais das referidas empresas, de que sejam ou venham a ser proprietários.

4. Ao disciplinar a relação dos acionistas entre si e deles com a companhia, a LSA, além de listar os direitos individuais de todos os acionistas, estabeleceu uma série de direitos específicos que, para efeito deste estudo, distribuo em dois grandes grupos: a) direitos subjetivos atribuídos a acionistas ou grupo de acionistas em função da quantidade de suas ações; e b) direitos decorrentes das características de suas ações, independentemente do respectivo número.

5. No que se refere aos direitos que compõem o primeiro grupo, a regra básica é a de que o acionista que detém o maior número de ações com direito a voto exerce o controle da companhia. Não obstante, a LSA atribui a minoritários com determinados percentuais de participação direitos específicos, dos quais destaco os seguintes exemplos:

5.1 O acionista ou grupo de acionistas que detém pelo menos 5% das ações sem direito de voto tem o direito de pedir a instalação do Conselho Fiscal (art. 161, § 2º).

5.2 O acionista ou grupo de acionistas que represente pelo menos 5% do capital social, com ou sem direito de voto, tem os direitos de: a) promover ação para que seja ordenada judicialmente a exibição por inteiro dos livros da companhia (art. 105); b) exigir do Conselho Fiscal informações sobre matérias de sua competência (art. 163, § 6º); c) solicitar que os documentos a serem submetidos à assembléia-geral ordinária lhe sejam remetidos pelo Correio (arts. 133, § 2º, e 124, § 3º).

5.3 O acionista que represente 5% pelo menos do capital social com direito de voto tem o direito de convocar a assembléia-geral quando os administradores não atenderem, no prazo de oito dias, a pedido de convocação fundamentado e com indicação das matérias a serem tratadas (art. 123, parágrafo único, "c").

5.4 O acionista que represente pelo menos 5% das ações preferenciais, sem direito de voto, tem o direito de pedir a instalação do Conselho Fiscal em sociedade filiada a grupo de sociedades (art. 277).

5.5 O acionista que represente pelo menos 10% do capital social com direito a voto tem o direito de: a) requerer a adoção do processo do voto múltiplo na eleição do Conselho de Administração (art. 141); e b) exigir a instalação do Conselho Fiscal, elegendo um de seus membros e respectivo suplente (art. 161, §§ 2º e 4º, "a"). E

5.6 O acionista que represente pelo menos 20% do capital social votante tem o direito de eleger um dos membros do Conselho de Administração, desde que esteja prevista a existência deste órgão com menos de cinco membros (art. 141, § 4º).

6. Quanto aos direitos do segundo grupo, destaco os seguintes exemplos de direitos atribuídos especificamente a ações preferenciais:

6.1 O de eleger, quando instalado, um membro e respectivo suplente para o Conselho Fiscal (art. 161, § 4º, "a").

6.2 O de aprovar, em assembléia-geral especial: a) a criação de ações preferenciais; b) o aumento de classe existente sem guardar proporção com as demais; c) a alteração nas preferências, vantagens e condições de resgate ou amortização de uma ou mais classes de ações preferenciais; e d) a criação de nova classe mais favorecida (art. 136, § 1º). E

6.3 O de perceber dividendos fixos ou mínimos, conforme dispuser o Estatuto (art. 17).

7. A diferença básica entre os dois grupos é a de que o primeiro deles contempla direitos que *só beneficiam titulares de determinado número de ações*; já o segundo beneficia *indistintamente todos os titulares das ações*. O primeiro grupo compreende os *direitos da minoria* e o segundo os *direitos da ação*.

8. No caso concreto, trata-se de um direito específico atribuído a uma espécie de ações – as preferenciais – que beneficia a todos seus titulares. O EDITAL determinou que, nos termos do art. 18 da LSA, fosse atribuído às ações preferenciais o direito de voto em separado na eleição de um membro do Conselho de Administração; apenas isso. Ao que me consta, não há na doutrina nem na jurisprudência qualquer manifestação no sentido de que o art. 18 da LSA deva ser interpretado de forma a que o direito reservado às ações preferenciais (o de eleger um membro do Conselho de Administração) beneficie apenas acionistas minoritários. Muito ao contrário, a Exposição de Motivos da LSA deixa claro tratar-se de um atributo da ação, e não da minoria, quando diz: "e) o art. 18, sancionando práticas usuais, inclusive nas participações do BNDE, autoriza *a atribuição a determinada classe de ações preferenciais* do direito de eleger representante nos órgãos de administração e o poder de veto em modificações estatutárias".

9. Por outro lado, nada há no EDITAL que indique que o vencedor do leilão não possa contribuir com seu voto na eleição do membro do Conselho de Administração reservado às ações preferenciais. O EDITAL determina que se atribua determinado direito *a uma espécie de ação* – a preferencial –, e não à *minoria*. No meu modo de ver, nem o texto do art. 18 da LSA nem o do EDITAL comportam interpretação diferente.

10. Existem vários métodos de interpretação das normas jurídicas em geral. Não obstante, o ponto básico do trabalho do intérprete é a letra da lei, e não se deve recorrer a qualquer método de interpretação para modificar o que o texto diz; apenas se o faz para completar o que ele não diz de modo claro e cabal, mas nele está implícito, para apurar o verdadeiro sentido de vocábulos que podem ter mais de um significado ou para conciliar as aparentes contradições de diferentes comandos.

11. Não encontro no texto do art. 18 (no qual se apóia o EDITAL) palavra obscura, ambivalência ou qualquer outro fato que justifique o recurso à interpretação: o texto é absolutamente claro, e dizer que os controladores titulares de ações preferenciais estão impedidos de votar na eleição do membro do Conselho de Administração reservado a tais ações é modificar o conteúdo da norma. Quando a LSA quis atribuir determinado direito exclusivamente a minoritários, foi expressa nesse sentido, como se verifica, por exemplo, no seu art. 277:

"Art. 277. O funcionamento do Conselho Fiscal da companhia filiada a grupo, quando não for permanente, poderá ser pedido por *acionistas não-controladores* que representem, no mínimo, cinco por cento das ações ordinárias, ou das ações preferenciais sem direito de voto.

"§ 1º. Na constituição do Conselho Fiscal da filiada serão observadas as seguintes normas:

"a) os acionistas *não-controladores* votarão em separado, cabendo às ações com direito de voto o direito de eleger um membro e respectivo suplente e às ações sem direito a voto, ou com voto restrito, o de eleger o outro;

"(...)."

12. Sabe-se que a Comissão de Valores Mobiliários (CVM) tem entendimento contrário ao que apresento nesse estudo, baseando-se nos seguintes argumentos:*

12.1 No de que o cômputo do voto dos controladores tornaria inócuo o privilégio político atribuído aos preferencialistas, pois representaria a possibilidade de aqueles elegerem mais um membro no Conselho de Administração. E

12.2 No de que o exercício do direito de voto do acionista controlador na eleição do conselheiro reservado aos preferencialistas configuraria abuso de poder.

13. No que se refere ao item 12.1, o controle de uma sociedade anônima resulta da propriedade da maioria das ações com direito de voto, ou seja, das ações ordinárias, no caso das empresas do "Sistema Telebrás". Como o art. 18 da LSA cuida do exercício de voto em separado de ações preferenciais, para que o acionista controlador participe dessa votação será necessário que invista também em ações preferenciais, como os demais preferencialistas não-controladores da empresa. Assim, se lhe tocar o direito de eleger o membro do Con-

* Aparentemente, esse entendimento serviu de base para o inciso I da Instrução CVM-323, de 19.1.2000.

selho de Administração reservado às ações preferenciais será em razão dos investimentos que fez na aquisição de ações preferenciais, e não de sua qualidade de acionista controlador.

14. A LSA admite a figura do voto múltiplo na eleição do Conselho de Administração e reserva a minoritários que representem 20% das ações ordinárias o direito de nomear um conselheiro (art. 141, § 4º). Um acionista controlador deterá o poder de nomear tantos mais conselheiros quanto maior for sua participação no capital votante da companhia, e aquele que se dispuser a adquirir ações em número que exceda 80% do capital terá condições de eleger a totalidade dos conselheiros, caso o órgão seja composto por até cinco membros. Ora, por que razão o acionista que se dispuser a investir na aquisição de mais do que a metade das ações preferenciais não poderá eleger o conselheiro cuja escolha é reservada a tais ações?

15. Na verdade, o dispositivo em análise jamais seria inócuo, como sustenta a CVM (item 12.1), pois por causa dele as ações preferenciais das empresas integrantes do "Sistema Telebrás" passaram a ter valor, pois deixaram de ser totalmente passivas. E, para exercer os direitos políticos que competem a tais ações, o acionista controlador há que adquiri-las, como tem de adquirir lote adicional de ações ordinárias quando quer atingir percentual acionário que lhe atribua poder específico.

16. A interpretação da CVM pode produzir resultados totalmente ilógicos, para os quais ela possivelmente não atentou. Suponha-se que o acionista controlador de determinada empresa detenha 81% de suas ações ordinárias e 99,99% das ações preferenciais e toque a essas últimas o direito de eleger um conselheiro, por voto em separado. A prevalecer o entendimento da CVM, os titulares de 19% das ações ordinárias poderiam ser impedidos de nomear um representante no Conselho de Administração (se o órgão fosse composto por até cinco membros), em razão do percentual da participação do controlador; já o titular de 0,01% das ações preferenciais, não. Potencializando, a prevalecer o entendimento da CVM, o titular de uma única ação preferencial poderia ter o poder de nomear um administrador, como se fosse proprietário de uma *Golden Share*, caso todas as demais ações pertencessem ao acionista controlador.

17. O § 1º do art. 111 da LSA diz que as ações preferenciais adquirem o direito de voto quando, no prazo previsto no estatuto da companhia, deixam de receber os dividendos mínimos ou fixos a que fazem jus. Pode-se dizer que a aplicação desse dispositivo seria inócua sempre que o acionista controlador também detivesse a maioria do capital representado pelas ações preferenciais sem direito de voto; mas nem por isso pode-se dizer que as ações preferenciais detidas pelo acionista controlador deixariam de adquirir direito de voto, sob a alegação de que, se assim não fosse, o acionista controlador manteria o controle da empresa. Isso por uma razão muito simples: a lei versa sobre *direitos das ações* (como as demais hipóteses referidas no item 6), e não sobre *direito de minoria*. Tanto isso é verdade que não há norma que transfira o controle da companhia para minoritários quando a empresa deixa de distribuir o dividendo mínimo obrigatório.

18. O § 1º do art. 136 da LSA, por sua vez, diz que dependem da aprovação prévia dos preferencialistas (ou da ratificação por parte dos mesmos), reunidos em assembléia-geral, as deliberações sobre as matérias referidas no item 6.2. Da mesma forma que no item anterior, pode-se dizer que a aplicação desse dispositivo seria desnecessária sempre que o acionista controlador também detivesse a maioria do capital representado pelas ações preferenciais sem direito de voto; mas nem por isso pode-se dizer que o acionista controlador ficaria impedido de votar na assembléia especial de preferencialistas, sob a alegação de que, se assim não fosse, ele aprovaria, na assembléia, a deliberação já tomada ou que viesse a tomar na assembléia-geral extraordinária. Isso pela mesma razão apresentada no final do item anterior.

19. Quanto ao argumento referido em 12.2, não há que se falar em abuso de poder quando o acionista controlador, com observância da lei, exerce os direitos inerentes à sua qualidade de detentor da maioria do capital social. No caso em análise, diga-se de passagem, haveria apenas uma coincidência de pessoas entre o maior detentor de ações ordinárias (o acionista controlador) e o maior detentor de ações preferenciais. O direito de eleger administradores estaria sendo exercido por seu legítimo titular e no interesse da companhia, pois é de se supor que os acionistas sempre indiquem administradores competentes, que maximizem os lucros da companhia, dos quais são destinatários finais.

20. Se o exercício do direito de voto pelo acionista controlador, na eleição do Conselheiro destinado às ações preferenciais, configurasse abuso de poder, o exercício desse mesmo direito na eleição dos demais diretores também configurá-lo-ia, em face da absoluta identidade das hipóteses. Cabe às ações ordinárias eleger determinado número de conselheiros e às ações preferenciais um membro do órgão. Quem tiver investido em ações ordinárias vota com as ações ordinárias que adquiriu; quem tiver investido em ações preferenciais vota com essas ações.

21. As companhias são sociedades de capital, e, por isso, a identidade do acionista não é, em princípio, relevante. O direito é da ação e exerce-o quem for o proprietário da mesma, seja ele quem for. Esse princípio está expresso na LSA, cujo art. 109 dispõe: "§ 1º. As ações de cada classe conferirão iguais direitos aos seus titulares".

22. Ora, o entendimento da CVM contraria a norma acima transcrita, pois por ele os direitos conferidos pelas ações preferenciais das empresas do "Sistema Telebrás" variariam em função da identidade de seus titulares, sem que houvesse norma legal expressa e específica que justificasse a desigualdade de tratamento, para proteger minoritários, como ocorre, por exemplo, no caso do referido art. 277 da LSA. Se o titular fosse minoritário a ação conferir-lhe-ia direito de voto; se fosse controlador, não. Portanto, sendo o acionista controlador titular incontestável dos direitos derivados da propriedade das referidas ações preferenciais, como negar-lhe o exercício de tais direitos sem ferir o dispositivo legal acima transcrito?

23. Em face do exposto, entendo que os acionistas controladores das empresas integrantes do "Sistema Telebrás", titulares de ações preferenciais, têm o direito de votar na eleição do conselheiro reservado a essas ações, seja porque a LSA lhes confere esse direito, seja porque a manifestação de voto na eleição de um administrador é incapaz de caracterizar, por si só, abuso de poder.

Rio de Janeiro, 25 de novembro de 1999

* * *

RDM 119

HOMENAGEM AO PROFESSOR WALDIRIO BULGARELLI: PROFESSOR WALDIRIO BULGARELLI – Luiz Gastão Paes de Barros Leães • PRIVATIZAÇÃO E PARCERIAS: CONSIDERAÇÕES DE ORDEM CONSTITUCIONAL, LEGAL E DE POLÍTICA ECONÔMICA – Mauro Rodrigues Penteado • A PROPRIEDADE INTELECTUAL NA INTERNET E A QUESTÃO DOS NOMES DE DOMÍNIO – Newton Silveira • ***DOUTRINA:*** DIREITO E INCERTEZAS DA BIOTECNOLOGIA: CUSTO SOCIAL DAS PESQUISAS – Rachel Sztajn • CÉDULA DE CRÉDITO BANCÁRIO – Paulo Salvador Frontini • APONTAMENTOS SOBRE ASPECTOS JURÍDICOS DO *E-COMMERCE* – Paula A. Forgioni • ***ATUALIDADES:*** RESPONSABILIDADE ADMINISTRATIVA – A LEGISLAÇÃO DE "LAVAGEM DE DINHEIRO" – Odete Medauar e Marcos Amaral • A VISÃO JURÍDICA DA EMPRESA NA REALIDADE BRASILEIRA ATUAL – Marcos Paulo de Almeida Salles • FUNDO MONETÁRIO INTERNACIONAL (FMI) – ASPECTOS JURÍDICOS DE SUAS OPERAÇÕES DE SUPORTE ECONÔMICO AOS PAÍSES-MEMBROS – ASPECTO NÃO CONTRATUAL – Luiz Machado Fracarolli • REFORMA DAS S/A E CONSELHO FISCAL – Nelson Eizirik • *MONOPOLIZATION, ATTEMPT TO MONOPOLIZE* E A INTERPRETAÇÃO DO INCISO II DO ART. 20 DA LEI 8.884, de 1994 – Luis Fernando Schuartz • OS VALORES MOBILIÁRIOS COMO TÍTULO DE CRÉDITO – João Luiz Coelho da Rocha e Marcelle Fonseca Lima • O SISTEMA CAMBIAL BRASILEIRO E A IMPLANTAÇÃO DE PROGRAMAS DE *STOCK OPTION* – Almir Rogério Gonçalves • O USO DE DUPLICATAS PARA A COBRANÇA DOS SERVIÇOS PRESTADOS PELOS CONCESSIONÁRIOS DE SERVIÇO PÚBLICO – Plínio José Lopes Shiguematsu • ASPECTOS JURÍDICOS DA CÉDULA DE PRODUTO RURAL – Ilene Patrícia de Noronha • A EXECUTORIEDADE DO CONTRATO DE ABERTURA DE CRÉDITO EM CONTA CORRENTE – CHEQUE ESPECIAL – Daniella Maria Neves • ***JURISPRUDÊNCIA COMENTADA:*** DUPLICATA SIMULADA – Haroldo Malheiros Duclerc Verçosa • ANTECIPAÇÃO DE TUTELA E DISSOLUÇÃO PARCIAL DE SOCIEDADE – Carlos Augusto de Assis • ***ESPAÇO DISCENTE:*** CONSIDERAÇÕES SOBRE O SISTEMA DE TELEFONIA AMERICANO E O BRASILEIRO SOB A ÓTICA DO DIREITO ANTITRUSTE – Érica Cristina Rocha Gorga • ASPECTOS DA TEORIA JURÍDICA DA EMPRESA – Betyna Ribeiro de Almeida • ***PARECERES:*** ANULAÇÃO DE ASSEMBLÉIA DE TRANSFORMAÇÃO DE SOCIEDADE ANÔNIMA – Erasmo Valladão A. e N. França • DESESTATIZAÇÃO DO SISTEMA TELEBRÁS: DIREITO DE VOTO EM SEPARADO NA ELEIÇÃO DE MEMBROS DO CONSELHO DE ADMINISTRAÇÃO – Carlos Alberto Alvahydo de Ulhôa Canto

MALHEIROS EDITORES